AF576212

NIETZSCHE ET LA PENSÉE BOUDDHISTE

5-7, rue de l'Ecole polytechnique ; 75005 Paris

http://www.librairieharmattan.com
diffusion.harmattan@wanadoo.fr
harmattan1@wanadoo.fr

ISBN : 978-2-296-03354-2
EAN : 9782296033542

Alphonse VANDERHEYDE

NIETZSCHE ET LA PENSÉE BOUDDHISTE

L'Harmattan

Ouverture philosophique

Collection dirigée par Dominique Chateau, Agnès Lontrade et Bruno Péquignot

Une collection d'ouvrages qui se propose d'accueillir des travaux originaux sans exclusive d'écoles ou de thématiques.

Il s'agit de favoriser la confrontation de recherches et des réflexions qu'elles soient le fait de philosophes "professionnels" ou non. On n'y confondra donc pas la philosophie avec une discipline académique ; elle est réputée être le fait de tous ceux qu'habite la passion de penser, qu'ils soient professeurs de philosophie, spécialistes des sciences humaines, sociales ou naturelles, ou... polisseurs de verres de lunettes astronomiques.

Déjà parus

Sous la direction de Jean-Marc LACHAUD et Olivier LUSSAC, *Arts et nouvelles technologies. Collectif*, 2007.
Stéphane VINOLO, *Epistémologie du sacré. « En vérité, je vous le dis »*, 2007.
Philippe SOUAL (dir.), *Expérience et métaphysique dans le cartésianisme*, 2007.
Yoshiyuki SATO, *Pouvoir et résistance. Foucault, Deleuze, Derrida, Althusser*, 2007.
Nizar BEN SAAD, *Machiavel en France des Lumières à la Révolution*, 2007.
Paul SERENI, *Marx : la personne et la chose*, 2007.
Simon BYL, *Les* Nuées *d'Aristophane. Une initiation à Éleusis en 423 avant notre ère*, 2007.
Sylvie COIRAULT-NEUBURGER, *Le roi juif. Justice et raison d'État dans la Bible et le Talmud*, 2007.
Nicole ALBAGLI, *Descartes et les fondements de l'anthropologie*, 2007.
Christophe LAUDOU, *La mythologie de la parole*, 2007.
Dominique CHATEAU, *Sémiotique et esthétique de l'image*, 2007.
Ramsès BOA THIEMELE, *Nietzsche et Cheikh Anta Diop*, 2007.
Arno MÜNSTER, *Sartre et la morale*, 2007.
Aubin DECKEYSER, *Michel Foucault. L'actualité de la vérité*, 2007.

A ma mère

Remerciements

J'adresse mes remerciements les plus sincères ainsi que toute ma reconnaissance à mon directeur de recherche, Monsieur le Professeur Michel Hulin, pour m'avoir guidé avec un dévouement constant et quasi unique, durant 8 ans, dans mes travaux sur Nietzsche et la pensée indienne. Outre son exceptionnelle disponibilité, j'ai pu aussi apprécier son érudition et ouverture d'esprit à une pensée étrangère comme celle de l'Inde et notamment à l'ascétisme brahmanique. Que Monsieur Hulin soit également remercié pour m'avoir prêté quelques précieux livres.

Merci à Monsieur le Professeur François De Gandt de l'université de Lille III pour ses encouragements durant la préparation de mes mémoires de maîtrise et de D.E.A. J'ai pu apprécier sa profonde humanité, son sens du dévouement et sa puissance d'ouverture d'esprit à l'indologie (alors que lui-même est philosophe historien des sciences). Je lui suis très reconnaissant pour m'avoir incité à m'intéresser de près aux études indiennes.

Merci également à Monsieur Roger-Pol Droit pour m'avoir prêté le livre de Wilhelm Halbfass, *India and Europe*. Je lui rends hommage pour ses propres livres : *L'Oubli de l'Inde, une amnésie philosophique* (Livre de poche 1990), *Le Culte du néant* (Seuil 1997). Ils m'ont permis de mieux situer le rapport de Nietzsche à l'Inde.

Ce présent travail n'aurait jamais été possible si à l'origine, je n'avais pas suivi, pendant deux ans, les cours d'indologie à Lille III du Professeur Daniel Dubuisson, disciple de Georges Dumézil. Ses cours, particulièrement intéressants et simples, portaient sur « Mythe, société et religion dans l'Inde ancienne » (1989-1990), « Les Philosophies indiennes » (1990-1991). Je dois aussi mon initiation au sanskrit au Professeur Lyne Bansat-Boudon (1989-1990) à Lille III. Devant ces indianistes, je suis fasciné par leur intérêt profond pour l'Inde. Une telle ouverture à une culture étrangère, c'est-à-dire aux figures de l'autre est exceptionnelle dans notre monde où les fanatismes sont de retour (cf. Thérèse Delpech : *L'Ensauvagement, le retour de la barbarie au XXIe siècle*, Grasset, 2005).

Il peut paraître étrange de remercier mes professeurs de théologie catholique (de Lille) ; pourtant de 1999 à 2002, ils m'ont formé dogmatiquement (et non philosophiquement) à la théologie, une culture qui a façonné la pensée européenne pendant 2000 ans. En suivant leurs nombreux cours de « théologie dogmatique », de « théologie fondamentale », de « théologie spirituelle », j'ai pu mieux saisir (même si ce n'était pas l'objectif des théologiens) la critique polémique et violente de Nietzsche contre le christianisme et finalement contre l'Eglise catholique. Toutefois, l'intelligence de la foi vaut la peine d'être étudiée malgré notre monde déchristianisé (cf. Danièle Hervieu-Léger : *Catholicisme, la fin d'un monde,* Bayard, 2003).

Je tiens également à remercier Chantal Duhuy (CNRS) et Christian Bouy (maître de conférence au Collège de France) de l'Institut d'études indiennes de Paris pour m'avoir donné accès au tiré-à-part (ensemble d'articles) de François Chenet comme « L'Inde et la Grèce » (*in Le Discours philosophique*, tome IV, PUF 1998).

Je remercie amicalement Gilbert Callet du Lycée Saint-Pierre à Lille pour m'avoir prêté quelques précieux livres d'indianisme ainsi que Jacques Otton, bibliothécaire de l'Institut Catholique de Lille qui m'a fourni les commentaires majeurs de l'indianisme et de la théologie catholique (le plus souvent grâce au système de prêt inter-universitaire : la bibliothèque de l'université de Strasbourg m'a prêté de nombreux livres).

Merci à mon collègue et ami, Rémi Dulieu de l'Institution Saint-Pierre à Fourmies dans le Nord pour avoir fait le CD-rom de mes recherches doctorales. Enfin, je suis très reconnaissant à M. Arezki Aïtouche d'avoir mis en page cet ouvrage avec beaucoup de patience et de minutie.

Avertissement

Le présent ouvrage est une version remaniée de mes recherches doctorales présentées et soutenues publiquement en Sorbonne le 9 janvier 2006 devant un jury présidé par le professeur François Chenet et composé de Michel Hulin, Christine Maillard et François De Gandt, professeurs des universités.

Je publie ici le premier tome de ces recherches doctorales : *Nietzsche et la pensée bouddhiste* ; le deuxième tome : *Nietzsche et la pensée des brahmanes* est en cours de parution.

Abréviations :

- F.P. : Fragment posthume, suivi du tome (dans les *œuvres* philosophiques *complètes* établies par Colli et Montinari aux éditions Gallimard) de la date, du numéro de fragment et de la page.

- Les signes diacritiques servant à la transcription du sanskrit n'ont pas été respectés (excepté le u = ou).

Préface

Un des apports les plus marquants du travail de M. Alphonse Vanderheyde a consisté à faire ressortir l'originalité de la démarche « indianiste » de Nietzsche par rapport à celle de ses grands prédécesseurs, Schopenhauer et Hegel. On ne trouve pas chez lui l'équivalent de cette projection mimétique, à laquelle se livre Schopenhauer, de sa propre pensée sur des thèmes brahmaniques et bouddhiques, par ailleurs mal distingués. Il n'a pas cherché davantage à reconstruire, à la manière de Hegel (et plus tard d'E. von Hartmann), l'ensemble de la Figure Inde et à la replacer dans le devenir de l'esprit, quelque part entre la Chine et la Grèce. En même temps, cependant, depuis ses années bâloises jusqu'à la veille de son effondrement final, Nietzsche n'a cessé de s'intéresser à l'Inde, de se documenter sur sa civilisation et ses productions spirituelles et, tantôt par allusions tantôt de manière plus systématique, de se référer à elle dans ses propres écrits.

Mais ses centres d'intérêt dominants, et du même coup les références indiennes correspondantes, ont beaucoup varié au fil des années. Si *La Naissance de la tragédie* est encore très romantique et schopenhauerienne d'esprit, les œuvres de la maturité telles qu'*Aurore* et surtout *Par-delà le bien et le mal* se concentrent davantage sur les problèmes de la culture et des valeurs. Une des interrogations centrales de ces écrits porte sur les « idéaux ascétiques », et là, les renvois à l'Inde, tant bouddhique que brahmanique, sont omniprésents et incontournables. Ensuite, dans les *Fragments posthumes* rédigés au tournant des années 70-80, l'interprétation « perspectiviste », antirationaliste de l'activité de connaissance passe au premier plan. Nietzsche utilise alors dans sa polémique antiplatonicienne tout ce qu'il sait, ou croit savoir, des théories de la connaissance développées dans le cadre du Vedanta et du bouddhisme du Grand Véhicule. Quant aux textes des toutes dernières années (*L'Antéchrist, Ecce Homo*, etc.), ils sont dominés par les thèmes de l'anti-christianisme et du nihilisme. Et, ici encore, brahmanisme et bouddhisme jouent un rôle important : le premier, à travers notamment les *Lois de Manou*, fait littéralement fantasmer Nietzsche sur l'image d'une société aristocratique idéale, structurée de part en part par un principe de hiérarchie et impitoyable pour les faibles (les fameux « Tchandalas »). Pour lui, il s'agit d'une civilisation qui se situe aux antipodes de cette religion d'esclaves, sentimentale et égalitariste, qu'est pour lui le christianisme ; quant au second, il se présente sous un jour ambigu et complexe en ce sens que sa non-violence fondamentale apparaît d'abord comme expression d'une sagesse supérieure face à l'intolérance chrétienne, ensuite comme symptôme de l'épuisement vital d'une (trop) ancienne civilisation, et enfin comme un destin redouté pour l'Europe. Il y a donc non pas une mais au moins quatre ou cinq Indes de Nietzsche.

Dans ce matériel très riche et varié sa pensée va venir se refléter tout entière, avec ses intuitions fulgurantes, ses permanentes obsessions et ses volte-faces de toutes sortes. D'époque en époque, il n'a pas eu scrupule à puiser çà et là, dans l'immense réservoir de mythes et de spéculations offert par les littératures de l'Inde ancienne, ce qui pouvait sur le moment paraître confirmer ses propres choix intellectuels et existentiels, également tout ce qui pouvait lui servir de caution et de contre-modèle dans sa lutte acharnée contre l'esprit du christianisme. Un tel éclectisme désinvolte permet d'expliquer pourquoi l'Inde de Nietzsche se présente comme totalement « désarticulée » et pourquoi il a fallu, à ma connaissance tout au moins, attendre la parution du livre de M. A. Vanderheyde pour avoir entre les mains une étude qui réussisse le tour de force de passer en revue de manière systématique et exhaustive, *tous* les passages de l'œuvre nietzschéenne qui, de près ou de loin, se réfèrent à l'Inde. Certes, la littérature critique produite sur ce sujet au cours des trente dernières années est relativement abondante, mais il s'agit en général de l'examen de questions ponctuelles, le plus souvent en relation avec le bouddhisme. En particulier, personne n'avait avant M. Vanderheyde pris en compte le dyptique majeur bouddhisme / brahmanisme* dans l'œuvre de Nietzsche et cherché à tirer au clair les motifs pour lesquels ces deux grands courants de pensée sont traités par lui de manière si différente. Par ailleurs, un des aspects les plus intéressants de l'enquête menée à travers ce livre a consisté à s'informer au mieux de l'état de la recherche indianiste « scientifique » dans l'Europe des années 70-80, de manière à mieux faire ressortir les choix opérés par Nietzsche parmi l'ensemble des données qu'il avait alors, théoriquement, à sa disposition. On pourra s'interroger par exemple sur l'utilisation très partielle et partiale qu'il fait des travaux fondamentaux de son ami Paul Deussen, premier traducteur et interprète digne de ce nom, en langue allemande, des Upanishads et des Vedantas-soutras.

Cette magnifique enquête n'apprendra certes rien aux indianistes professionnels, auxquels elle n'est pas destinée. Elle représente en revanche, une contribution très significative aux études portant sur la problématique sous-jacente à l'évolution interne de la pensée de Nietzsche. Reflétée à travers le « prisme indien », celle-ci apparaîtra bien davantage régie par les catégories de l'expérience religieuse, dans ses diverses dimensions, qu'on ne le soupçonne généralement.

Michel Hulin,
Professeur honoraire de philosophie indienne et comparée
à l'Université de Paris-Sorbonne (Paris IV)

* Alphonse Vanderheyde : *Nietzsche et la pensée des brahmanes* (à paraître).

Introduction

Celui qui lit l'œuvre de Nietzsche est souvent surpris par les nombreuses allusions à l'Inde tant des brahmanes que des bouddhistes. Souvent on ne sait guère expliquer la présence de certaines références à l'Inde, notamment on ne se pose jamais les questions suivantes pourtant soulevées brillamment par le Professeur Mervyng Sprung dans son article intitulé « Nietzsche et son œil trans-européen ».

> « 1) Quelles étaient la nature et l'importance de l'intérêt de Nietzsche pour la pensée indienne ?
>
> 2) Quels sont les textes indiens que Nietzsche connaît ?
>
> 3) La compréhension par Nietzsche de la pensée indienne était-elle suffisante ?
>
> 4) Quel était l'impact de la pensée indienne sur la formation de Nietzsche elle-même ?
>
> 5) Est-ce que Nietzsche a fait quelque chose pour que les Occidentaux puissent accéder à la pensée indienne ? (cet impact ne se mesurant pas nécessairement à la connaissance qu'il en avait). »[1]

Ajoutons une sixième question, peut-être la plus fondamentale :

> 6) Comment Nietzsche utilise-t-il la pensée indienne à l'intérieur de son œuvre ? C'est-à-dire compare-t-il sa propre pensée avec le brahmanisme et le bouddhisme ? Invente-t-il lui-même des notions bouddhistes pour les opposer à l'esprit du christianisme ?

Ces questions légitimes de Sprung ont tendance à demander à Nietzsche de nous rendre compte de la pensée indienne. Or celui qui lit l'œuvre de Nietzsche avec sérieux se heurte aux nombreuses références à l'Inde[2]. Le plus souvent celles-

---

1 Article de Mervyng Sprung sur *« Nietzsche's trans-european eye »* in Graham Parkes : *Nietzsche and Asian thought,* The University of Chicago Press, 1991, p. 77-78.

2 Citons les études très partielles sur le thème de Nietzsche et la pensée indienne : *La Vie de Frédéric Nietzsche* (1909) de Daniel Halévy ; *Nietzsche, sa vie et sa pensée* (1924) de Charles Andler ; *La Renaissance orientale* (1950) de Raymond Schwab ; *La Rencontre du bouddhisme et de l'Occident* (1952) de Henri de Lubac ; *Nietzsche and Buddhism* (1981) de Freny Mistry ; *L'Âme de l'Inde* (1985) d'Amaury de Riencourt ; *India and Europe* (1988) de Wilhelm Halbfass ; *L'Oubli de l'Inde* (1989) de Roger-Pol Droit ; *Nietzsche and Asian thought* (1991) de Graham Parkes (cf. Les contributions de Mervyng Sprung sur *« Nietzsche's trans-european eye »*, de Michel Hulin sur *« Nietzsche and the Suffering of the Indian Ascetic »*) ; François Chenet, *Nietzsche et la pensée de l'Asie* in *Les Etudes philosophiques*, 1995/1; *Nietzsche et le problème de la civilisation* (1995) de Patrick Wotling ; *Le Culte du néant* (1996) de Roger-Pol Droit ; *Nietzsche and Buddhism* (1997) de Robert Morrison ; *Nietzsche et le bouddhisme* de Marcel Conche (1997) ; *La Rencontre du bouddhisme et de l'Occident* (1999) de Frédéric Lenoir ; *Lectures de Nietzsche*, sous la direction de J.-F. Balaudé et P. Wotling, (cf. article de Yannis Constantinidès *« Nietzsche législateur, grande politique et réforme du monde »*, p. 275-280), Le Livre de Poche, 2000 ; *Nietzsche*, cahier

ci tombent soudainement comme un couperet mal dégrossi et difficilement compréhensible et dont on se demande quel est le lien avec les thèmes développés par Nietzsche lui-même.

Comme ses prédécesseurs Hegel et Schopenhauer, Nietzsche s'intéresse à la pensée indienne mais ce qu'il en dit pourrait dérouter tout lecteur et surtout les indianistes de notre temps. Or le problème est ailleurs. Selon Halbfass, *« ce que* [Nietzsche] *dit de l'hindouisme et du bouddhisme est inséparable de sa pensée et de ses écrits en général »*[3].

On l'aura compris, il ne s'agit pas pour nous d'expliquer les références de Nietzsche à la pensée indienne *stricto sensu*, mais de les mettre en rapport direct avec la pensée de l'auteur. Une telle méthode s'explique par la quasi absence de discussion directe de Nietzsche avec tel ou tel élément de la pensée bouddhiste. Rien n'est plus contraire à l'esprit de la méthodologie de Nietzsche que celle utilisée par Freny Mistry[4] ou encore par Robert Morrison[5] : ils veulent tous les deux vérifier si les interprétations de Nietzsche sur le bouddhisme sont correctes. Un tel travail inutile montre leur incapacité à déchiffrer, à expliquer ce que Nietzsche pense du bouddhisme ou plus exactement ce qu'il en fait dans sa stratégie contre le christianisme ecclésial. Ils ne savent guère expliquer le bouddhisme vu par Nietzsche car ils ont voulu comparer les vues de Nietzsche sur le bouddhisme d'un côté et les vues des bouddhistes eux-mêmes de l'autre. Une telle méthode qui laisse finalement de côté d'abord la philosophie de Nietzsche elle-même, ensuite la pensée indienne, montre que rien n'a été fait pour expliquer l'Inde bouddhiste de Nietzsche. Pour une telle explication il n'est donc pas nécessaire d'être indologue puisqu'il ne s'agit jamais de vérifier les connaissances de Nietzsche sur le bouddhisme mais d'être simplement animé d'une intention de rendre compte de l'Inde de Nietzsche, de sa méthode surprenante de parler des bouddhistes mais pour dire autre chose. L'essentiel est, pour nous, de définir « cette autre chose », cela fait toute l'originalité de Nietzsche, un philosophe qui n'aime pas commenter les autres.

Si *« Nietzsche est fasciné par l'Inde »*[6], est-ce parce que certains thèmes de bouddhologie[7] et de brahmanologie l'intéressent particulièrement et font écho à sa

---

dirigé par Marc Crépon, article de Yannis Constantinidès : *Les législateurs de l'avenir*, (*« L'affinité des projets politiques de Platon et de Nietzsche »*), 214-217 (extrait consacré à *Platon le Brahmaniste*), L'Herne, 2000 ; Nietzsche : *Crépuscule des idoles*, traduction par Eric Blondel, (note explicative sur les *Lois de Manou*), Hatier, 2001, p. 55 ; *Zarathoustra-Bouddha, vers un lexique commun* (2004) par Christian Globensky ; *La Fascination de l'Inde en Allemagne 1800-1933* sous la direction de Marc Cluet, Presses universitaires de Rennes, 2004 ; on y lira avec profit quelques articles : « Nietzsche fasciné par l'Inde ? », par Angelika Schober, p. 117-127 ; « Schopenhauer et Nietzsche : des images de l'Inde contrastées » par Jean-Marie Paul, p. 103-115 ; « Eloge du polythéisme. Les dieux hindous et leurs interprètes (1800-1930) » par Christine Maillard, p. 51-52.

3 Wilhelm Halbfass, *India and Europe*, State university of New-York, 1988, p. 125.

4 Freny Mistry : *Nietzsche and Buddhism, Prolegomenon to comparative study,* Walter de Gruyter, Berlin, New York, 1981.

5 Robert Morrison : *Nietzsche and Buddhism,* Oxford University Press, 1997.

6 Angelika Schober : « Nietzsche fasciné par l'Inde » in *La Fascination de l'Inde en*

propre philosophie ? L'essentiel pour nous est de rendre compte de l'Inde de Nietzsche. Mais comme celle-ci est trop vaste, dans notre présent ouvrage, nous voulons nous concentrer sur l'Inde des bouddhistes et laisser l'Inde des brahmanes pour une prochaine édition, d'autant plus que Nietzsche ne met pratiquement jamais en parallèle le brahmanisme et le bouddhisme contrairement à la tradition indienne.

Qui n'est pas aujourd'hui fasciné ou bien interpellé par le bouddhisme en général[8] ? Mais cette fascination est-elle provisoire chez Nietzsche ? C'est alors que se pose le problème des thèmes du bouddhisme qu'il traite dans son œuvre: l'anti-ascétisme bouddhique, le culte du néant, le *nirvâna*, *« le bouddhisme européen »*, *« le Bouddha contre le crucifié »*, le bouddhisme comme physiologie et non comme morale. A priori, l'ensemble de ces thèmes n'a aucun rapport avec l'indologie *stricto sensu*, mais ce n'est guère une raison suffisante pour éviter l'étude passionnante de Nietzsche avec la pensée des bouddhistes. Ceci montre les ambiguïtés du statut de la philosophie indienne, notamment la philosophie du bouddhisme au XIXe siècle. A cette époque, il n'était guère aisé d'intégrer ou de faire allusion au bouddhisme dans une Europe rationaliste et chrétienne. Pour mieux cerner les enjeux de l'Inde bouddhiste de Nietzsche, nous proposons d'abord de vérifier le statut des philosophies indiennes tant brahmaniques que bouddhiques. Car on le sait, le problème posé par les anti-comparatistes, c'est l'existence d'une philosophie non-occidentale. Le même mot philosophie peut-il servir en Grèce et en Inde ? Plus précisément, comment un occidental peut-il appréhender le monde oriental sans le juger avec ses propres idées issues de la culture judéo-chrétienne ? Or s'intéresser à la pensée de Nietzsche dans ses multiples relations avec la pensée des bouddhistes, c'est tenter de jeter un pont entre l'Occident chrétien en révolte avec sa propre culture chrétienne et la culture bouddhiste. Pour cela, nous appelons avec Christine Maillard à pratiquer une *« distorsion du regard »*[9], c'est-à-dire à philosopher, à penser avec l'autre[10] non pour dire le même mais pour se servir de la culture de l'autre en l'augmentant par un travail fidèle de critique de ses propres préjugés.

Allemagne 1800-1933, sous la direction de Marc Cluet, Presses universitaires de Rennes, 2004, p. 111-117.

7 Frédéric Lenoir : *La Rencontre du bouddhisme et de l'Occident*, Fayard, 1999.

8 Lionel Obadia : *Bouddhisme et Occident*, L'Harmattan, 1999.

9 Christine Maillard : « Les intellectuels allemands, l'hindouisme et le bouddhisme (1890-1930) : un double regard sur l'autre » in *Passeurs entre Inde et Europe*, Revue française de yoga n° 27, sous la direction de Ysé Tardan-Masquelier, Dervy, 2003, p. 38.

10 Marc Ballanfat : *Introduction aux philosophies de l'Inde*, Ellipses, 2002.

PREMIÈRE PARTIE

Les difficultés relatives au statut de la philosophie indienne au XIXe siècle

Soulignons, avec Roger-Pol Droit, que les philosophes d'aujourd'hui se désintéressent plus ou moins de toute pensée orientale en tant que philosophie mise sur un pied d'égalité avec celle des Grecs. De sorte que l'Occident aurait le monopole de la philosophie. Or ceci est un problème accentué par l'irruption de la pensée indienne dans le débat intellectuel du XIXe siècle. Dès lors, les philosophes de ce temps ont donné naissance malgré eux au concept de philosophie comparée. Toutes les philosophies occidentales ou orientales apportent des réponses aux multiples interrogations humaines. La philosophie comparée veut justement confronter toutes ces réponses au-delà des différences entre les cultures. Elle démontre que d'autres manières de penser existent et nous instruisent sur notre propre façon de philosopher tout en bousculant nos habitudes mentales. Tout l'honneur de celui qui veut comparer les philosophies européennes avec les philosophies indiennes est de jeter ces différents ponts entre des philosophies plus ou moins radicalement différentes. Efforçons-nous de devenir des passeurs entre l'Inde et l'Europe[11]. Entrer ainsi en philosophie comparée, c'est d'abord accomplir un acte d'humilité prenant la forme d'une ouverture inconditionnelle aux discours philosophiques extra-occidentaux. Précisément, Nietzsche veut que cette disposition d'esprit habite tout philosophe. Mais est-il pleinement conscient de la tendance ethnocentrique ou européocentrique des intellectuels de son temps ? Le plus souvent, les hommes préfèrent se replier sur leur propre culture et penser à l'intérieur de leurs propres concepts et traditions culturelles. Pour sortir de nos préjugés, avec Nietzsche nous devons apprendre

> « à penser plus orientalement sur la philosophie et la connaissance. Vue du Levant sur l'Europe. »[12]

Il y aurait donc une façon de penser occidentalement et orientalement avec des méthodes sans doute diamétralement opposées et peut-être difficilement conciliables. Pourtant, Nietzsche, désirant cette conciliation, provoque la rencontre entre l'Occident et l'Orient indien. Car pour lui, penser orientalement signifie qu'il faut tenir compte des pensées chrétiennes, hindoues, bouddhistes[13]... Il fait preuve ainsi d'une approche multiculturelle de la philosophie et par conséquent des discussions sur l'homme, Dieu et le monde. En effet, devant l'Inde et sa pensée, les philosophes occidentaux passent par des attitudes équivoques. Pourquoi tiennent-ils des propos contradictoires, ambigus sur l'existence d'une philosophie orientale, sur le statut de la philosophie indienne, sur la découverte d'une méthode fiable en philosophie comparée ? Finalement ces difficultés jettent-elles le trouble sur les études de philosophie comparée, et par conséquent sur la philosophie indienne ?

---

11 *Passeurs entre Inde et Europe*, Revue française de yoga n° 27, janvier 2003, cf. Préface de Ysé Tardan-Masquelier, Dervy, 2003, p. 5.

12 F.P. X, été-automne 1884 26 [317], p. 260. Les références aux œuvres de Nietzsche qui suivent renvoient à l'édition de Gorgio Colli et Massino Montinari : *Œuvres philosophiques complètes*. Tomes I à XIV, Paris, Gallimard, 1982.

13 Cf. *La Philosophie à l'époque tragique des Grecs* in *Ecrits posthumes*, 1870-1873, I **, §1, p. 214.

Chapitre I
L'Inde des pionniers de l'indianisme

Pour comprendre les propos de Nietzsche sur l'Inde, il faut resituer l'auteur dans le contexte de son temps. En effet quel est l'état des études indiennes quand Nietzsche arrive sur la scène européenne de la philosophie ? A son époque, les Occidentaux se trouvent à la fin de la vogue de l'indianisme au XIXe siècle, c'est-à-dire à une période où les textes fondamentaux des Indiens sont connus. Mais comment est-on venu à comprendre et à interpréter la pensée indienne, vidée de son contexte (socio-religieux) dans une Europe dominée par le rationalisme et la soif de savoir ? Concernant l'Inde et l'Europe, Roger-Pol Droit nous donne le ton :

> « Aucune civilisation peut-être n'a fait délirer l'Occident avec autant d'abondance et de diversité dans l'invention, que celle de l'Inde. »[14]

Voyons pourquoi ce délire qui, d'après Schwab[15], est chargé de valeurs sentimentales, de peur, de passions, de répulsions, de déception, de séduction[16].

1) Le cas des missionnaires catholiques en Inde

Avant la fin du XVIIIe siècle, l'Inde est connue plutôt par l'imaginaire[17] des Européens et par fragments successifs. Geneviève Bouchon soutient que la spiritualité indienne telle qu'elle est connue aujourd'hui n'intéresse aucun homme lettré

---

14 *L'Oubli de l'Inde*, op. cit., p. 144.
Ce délire ou indomanie est souvent dû à quelques intellectuels européens du XIXe siècle et à l'intérêt éveillé chez eux par la découverte des textes indiens. Au XXe siècle, les études indiennes qui deviennent plus scientifiques se poursuivent grâce aux universitaires français comme Dumézil, Renou, Lacombe (...). Ceux-ci favorisent en profondeur le maintien d'un certain intérêt pour la culture indienne. Il y a un délire qui n'a aucun rapport avec l'indologie, c'est celui des voyages individuels en Inde. Régis Airault, psychiatre au consulat de France à Bombay, a étudié le syndrome indien qui frappe les Occidentaux séjournant en Inde. Parfois des personnes qui n'avaient jusque-là manifesté aucun trouble psychique particulier, perdent le sens des réalités. Cette fragilité psychologique montre que le contact avec l'indianité déstabilise en profondeur le vécu des hommes. Elle serait *« le triangle des Bermudes du mental »*. Cf. Régis Airault : *Fous de l'Inde. Délires d'Occidentaux et sentiment océanique,* Payot, 2000, p. 12.

15 R. Schwab : *La Renaissance orientale*, Payot, 1955, p. 12.

16 Pour une étude savante sur les débuts de l'indianisme en Europe, on se reportera à l'article de Jean Filliozat : *« La naissance et l'essor de l'indianisme »*, extrait du *Bulletin de la Société des Etudes Indochinoises*, nouvelle série, tome XXIX, n° 4, 1954, p. 265-296.

17 Hippolyte de Rome est sans doute le premier européen à donner un aperçu du brahmanisme dans *Philosophumena ou Réfutation de toutes les hérésies,* tome 1, p. 111, Rieder, 1928. Cf. Jean Filliozat, « La doctrine des brahmanes d'après saint Hippolyte », in *Revue de L'Histoire des Religions*, juillet-décembre 1945. Cf. également Jean Filliozat : *La Naissance et l'essor de l'indianisme,* op. cit., p. 267. Cf. aussi Olivier Lacombe : *Indianité*, Les Belles Lettres, 1979, p. 152-153.

dans l'Europe de la Renaissance[18]. Pour elle, ce désintérêt s'explique en partie par l'instauration du tribunal d'Inquisition à Goa en 1560 et la volonté des brahmanes de ne pas faire connaître les textes sacrés aux basses castes et aux étrangers. (Ceci restera encore vrai à l'époque romantique).

Les renonçants (qui n'étaient pas tous brahmanes) étaient connus sous le nom de gymnosophistes ou *« philosophes nus »*. Dès l'Antiquité grecque, ils envahissent l'imaginaire des philosophes européens. Tantôt les brahmanes sont admirés pour leur attitude héroïque face à la souffrance de la vie, tantôt ils sont décrits comme des êtres incarnant une fausse religion mêlée de fables, de rites inhumains qui prennent la forme d'atrocités en contradiction avec les principes du christianisme. Par exemple, les premiers missionnaires jésuites en Inde considèrent l'hindouisme comme une pratique diabolique et superstitieuse. Un philosophe comme Montesquieu dans *L'Esprit des Lois*, forge le concept de paradoxe dans la pensée indienne et dresse une sorte de géopsychologie ou ethnologie des peuples en fonction de trois zones climatiques principales (froide, tempérée, torride). Les Indiens font partie de la zone torride, c'est ce qui explique leur faiblesse, c'est-à-dire leur paresse, leur servitude. Montesquieu contribue, selon Catherine Weinberger-Thomas[19], à donner de l'Inde une image d'un peuple docile, bon pour être colonisé.

> « Les Indiens, *dit Montesquieu*, sont naturellement sans courage ; [...] Mais comment accorder cela avec leurs actions atroces, leurs coutumes, leurs pénitences barbares ? Les hommes s'y soumettent à des maux incroyables, les femmes s'y brûlent elles-mêmes : voilà bien de la force pour tant de faiblesse.»[20]

Dans ces mots, il y a une admiration cachée pour les pratiques indiennes, signes de force dans une apparente faiblesse. Ici, Montesquieu soupçonne une certaine puissance de la pensée indienne dissimulée dans des coutumes atroces et inhumaines. Il prend alors l'exemple de la Sâti, principe très connu depuis des siècles par le monde occidental. Même Montaigne connaît cette pratique. Il en fait mention dans ses *Essais* (I, 14 et II, 29). Voltaire également dans *Zadig*. En effet, la Sâti est le nom attribué à la femme qui se brûle sur le bûcher de son mari décédé. Celle-ci, parée de sa robe de mariée et de ses bijoux doit accompagner son défunt mari sur le bûcher. En effet la Sâti a l'obligation religieuse d'être aux côtés de son époux, dans la vie comme dans la mort. Etrange coutume qui nous incite à des interrogations : quelle est la fonction de ce sacrifice suprême ?

---

18 G. Bouchon : « L'image de l'Inde dans l'Europe de la Renaissance » in *L'Inde et l'Imaginaire,* direction C. Weinberger-Thomas, Collection Purusârtha, édition de l'Ecole des hautes études en sciences sociales, 1988, p. 82.

19 C. Weinberger-Thomas : « Introduction. Les yeux fertiles de la mémoire. Exotisme indien et représentation occidentale » in op. cit. p. 20.

20 Montesquieu : *De l'Esprit des Lois*, tome I, Livre XIV, chapitre III, Garnier-Flammarion, 1979, p. 377.

> « La Sâti par son acte, *explique Véronique Bouiller*, témoigne de l'absolu de sa pureté, de la transmutation qui s'opère en son corps qui devient possédé par le sat, *la vérité, ce qui est, le feu interne de la dévotion.* »[21]

Mais les Européens du XVIIIe siècle ne comprennent pas la Sâti et se préoccupent davantage de choses pratiques, comme dit Voltaire,

> « il est vrai qu'il faut lire avec esprit de doute presque toutes les relations qui nous viennent de ces pays éloignés. On est plus occupé à nous envoyer, des côtes de Coromandel et Malabar, des marchandises que des vérités. Un cas particulier est souvent pris pour un usage général »[22].

Les missionnaires comme les Jésuites, arrivés dès 1542 aux Indes portugaises (Goa), fournissent les premières sources de connaissance sur l'Inde. Ils ont pour noms, François-Xavier (1506-1552), Thomas Stephens (1549-1619), Roberto de Nobili (1577-1656), Calmette, Pons, Cœurdoux... A leur propos, Wilhelm Halbfass écrit ceci :

> « En fait, on a affirmé que les missionnaires français du XVIIIe siècle, flanqués de leurs collaborateurs indiens, sont les véritables fondateurs de l'indologie moderne. »[23]

L'expression *« French missionaries »* doit aussi être prise au sens de Jésuites européens comme Thomas Stephens (britannique), le premier à traduire le Marathi,

---

21 Véronique Bouiller : « Femmes et déesses dans le monde hindou » in *Religion en Inde aujourd'hui*, Dervy, 1999, p.174-175.

Le Père G.-L. Cœurdoux (s.j.) dans *Mœurs et coutumes des Indiens*, 1777 (texte établi et annoté par Sylvia Murr, Adrien-Maisonneuve, 1987, p. 90) rapporte que la Sâti n'est guère pratiquée dans l'Inde du XVIIIe siècle, excepté dans le Gujrat. Au passage Cœurdoux explique avec son expérience directe de l'Inde, la fonction de la Sâti :

« La mort la plus heureuse que puisse avoir une BRAHMANADIS est celle qui lui arrive dans l'état de mariage. Elle est le fruit des bonnes œuvres qu'elle a faites dans une génération précédente, disent les Livres Indiens. Elle ne peut être que la récompense du culte Spécial dont elle a honoré LAKCHMI et quelques autres Déesses. Si son mari meurt le premier, sa femme, au moment de son décès, va promptement s'orner de tous ses bijoux, et vient se jeter sur le cadavre de son époux. Elle jette, en l'embrassant, de grands cris, et se roule ensuite par terre, se donne de grands coups sur la poitrine, s'arrache les cheveux, et donne plusieurs autres démonstrations de la plus vive douleur. Elle parle beaucoup plus alors qu'une véritable et sincère affliction ne devroit, ce semble, le permettre. Pourquoi m'as-tu abandonnée, s'écrie-t-elle ? Ne te préparois-je pas du bon riz ? Qui aura soin de moi désormais ? et plusieurs autres semblables discours plus insensés les uns que les autres, souvent accompagnés de blasphèmes contre les Dieux, qui lui ont enlevé son appui. Plus une femme fait de grimaces et parle avec éloquence en cette occasion, plus elle passe pour une femme d'esprit. »

22 Voltaire : *Essai sur les mœurs*. ch. 143, cité par Jean-Luc Kieffer : *Anquetil-Duperron*, Les Belles Lettres, 1983, p. 42

23 *«As a matter of fact, the claim has been made that French missionaries of the eighteenth century, together with their Indian Collaborators, are the true founders of modern Indology »*. (Halbfass, *India and Europe*, State university of New York Press, 1988, p. 45).

Roberto de Nobili[24], le premier à faire dialoguer christianisme et hindouisme[25]. Les Jésuites sont aussi « coupables » de diffuser de fausses informations sur l'Inde. Lisons les propos bien résumés de Jean Biès :

> « La diffusion des Lettres édifiantes et curieuses[26] est loin d'être négligeable, qui alimenteront nos "philosophes" en renseignements multiples. C'est avec les Lettres édifiantes que les Jésuites, mêlant aux pires absurdités d'étonnantes intuitions, feront que l'indianisme deviendra quelque chose[27]. Tandis que le Père Bouchet fait dériver le Veda de la "loi de Moïse", le Père Martin expose de façon cohérente le système des castes dont on ne savait presque rien. Le Père Calmette prouve aux Hindous que leur croyance n'est pas différente du christianisme, mais qu'elle est entachée d'erreurs et d'inutilités ; et en un temps où beaucoup concluent à l'inexistence des Veda, lui, se met à leur recherche. Le Père Pons entend les doctrines brahmaniques, ainsi que le jaïnisme et le bouddhisme — qu'il nomme bauddamatham — ; il analyse la notion de mâyâ, ainsi que les six darçana, mentionne "Sankian", "Mimamsa", "Addvitam", traduit l'Amarakosa, et, quelque direction qu'il prenne, s'y engage toujours avec enthousiasme. »[28]

Tous ces jésuites manifestent-ils leur désir de boire à la culture indienne ? Nobili semble accorder quelque importance aux brahmanes puisqu'il les considère non comme des prêtres, mais comme des philosophes. Il essaie d'être un missionnaire très proche des hommes. En vivant comme un ascète brahmanique, il se fait indien (brahmane) parmi les Indiens pour inculturer, semble-t-il, le christianisme (dans le brahmanisme). C'est un prêtre de bonne volonté puisqu'il apprend le sanskrit[29] et connaît l'usage du Koudoumi (touffe de cheveux), le port du cordon brahmanique (qu'il porte lui-même), l'usage de la pâte de santal, les bains rituels. Mais ses jugements sur les Indiens sont presque toujours d'ordre religieux : les termes *païen*, *impie*, *idolâtre*[30] reviennent souvent. C'est toujours par rapport à sa propre culture

---

24 Figure très controversée, cf. Halbfass : *India and Europe*, op. cit., p. 38-45.

25 Ibid, p. 38-43.

26 R. Schwab : *La Renaissance orientale*, op. cit., p. 158-160.

27 Sur ce sujet, on se reportera à l'étude détaillée de J. Filliozat, *Les Premières étapes de l'indianisme* (G. Budé, oct. 1953).

28 Jean Biès : *Littérature française et pensée hindoue*, des origines à 1950, Librairie C. Klinksieck, 1992, p. 51.

29 Cf. Maria de Crisenoy : *Robert de Nobili, l'Apôtre des Brahmes*, Première apologie, 1610, Bibliothèque des Missions mémoires et Documents, Volume III, Paris, Editions Spes, 1931. Remarquons ici que pour un homme qui prétend connaître le sanskrit, il est étonnant que Nobili n'ait jamais eu l'idée même de rapprocher certains mots sanskrits du latin (par exemple *Pitar* et *Pater*). Mais le mode de vie indien qu'il adopte est le premier signe, la première étape d'une reconnaissance par l'Eglise catholique de la culture indienne. C'est le chemin le plus important vers l'indianisme dans un contexte culturel européen marqué par les erreurs de l'Eglise comme l'Inquisition, le mépris des Juifs et la traite des Noirs...

30 Ibid, p. 94.

religieuse que Nobili se permet de poser quelques questions et à travers elles, il n'oublie jamais le souci de convertir les Indiens au christianisme :

> « Le kudimi, le cordon brahmanique, le santal et les ablutions sont-ils en soi des emblèmes d'une fausse religion ? Tels qu'on les emploie dans la nouvelle Mission du Maduré, peuvent-ils être considérés comme entachés de superstition indebiti cultus ? »[31]

Le contraste est saisissant entre Nobili, missionnaire de l'intérieur des terres (à Madurai dans le sud de l'Inde), et homme d'une certaine ouverture à la culture indienne et François-Xavier, missionnaire des régions côtières, homme apparemment d'une certaine fermeture à la culture indienne, surtout quand il tient ces propos en 1544 :

> « Souvent il m'arrive d'avoir les bras fatigués de baptiser, et de ne pouvoir plus parler pour avoir récité tant de fois dans leur langue le Credo et les Commandements, ainsi que les autres prières et une instruction où je leur explique ce que veut dire être chrétien. »[32]

Ces mots attestent que dès le XVIe siècle, l'Inde aurait pu faire l'objet d'une première connaissance grâce à la maîtrise de quelques langues locales par les Européens. Mais les Jésuites ne manifestaient aucune soif de boire à la source de la culture indienne, excepté pour les besoins pratiques de leur apostolat. Ils ne pensaient pas que les Indiens pouvaient leur apprendre quelque chose sur leur conception du moi, du monde et de Dieu. Cela s'explique par le sentiment de supériorité des Jésuites sur les Brahmanes (...). Leur erreur, ainsi que celle des colonisateurs, est d'avoir tenté de substituer à la culture locale, une culture européenne marquée par le christianisme. Cette exportation culturelle a fait abstraction complète des cultures autochtones considérées comme des cultures païennes. Mais on peut constater que François-Xavier prie en langue locale avec les Indiens chrétiens. Ceci suppose une bonne connaissance de la langue et un peu de la culture indienne. François-Xavier aurait pu être un pionnier de l'indianisme, s'il avait mis sur le même plan l'évangélisation et l'apprentissage de la culture locale pour elle-même.

Le plus surprenant est le maintien d'une certaine évangélisation des « païens » du XVIe jusqu'au milieu du XXe siècle. Le langage est toujours un peu irrespectueux à l'égard de la tradition religieuse des Indiens et de leur culture. Nous trouvons cet écho *Dans l'Inde de François-Xavier,* du Père Gaston Lacouague (s.j)[33]. Dans ce livre, fortement marqué par la tradition missionnaire qui est au cœur des préoccupations des prêtres de la Compagnie de Jésus, Lacouague fait très peu référence à François-Xavier. Il est à remarquer aussi l'appellation de *« Brahme païen »*, *« d'infidèles »*, des termes qui impliquent que les Indiens sont dans l'erreur en ma-

---

31 Ibid, p. 90.

32 Lettre de Cochin en Inde, le 15 janvier 1544, adressée à la Compagnie de Jésus à Rome, citée in *Jésuite*: « *L'homme a été créé pour louer, respecter et servir Dieu* », Le Sarment Fayard, 1983, p. 13.

33 Editions de l'Aucam, Louvain, 1931.

tière de « vraie » religion : seule la mission chrétienne avec son cortège de martyrs est exaltée comme en témoignent les lignes suivantes de Lacouague :

> « L'Inde de François-Xavier, de Roberto de Nobili et de Jean de Britto hante toute une jeunesse éprise d'idéal et avide de se signaler au Roi des Rois : la grande voix de François-Xavier résonne encore à travers les siècles :
>
> « Que de fois l'envie m'a pris d'aller parcourir les écoles, là-bas, et, à grands cris, comme hors de sens, de crier à ces docteurs qui gardent pour eux leur science, combien d'âmes manquent ici leur ciel, par leur négligence à eux... J'avais presque décidé d'écrire à l'Université de Paris qu'il y a des millions et des millions d'infidèles qui se feraient chrétiens si les ouvriers ne manquaient pas. »[34]

Malgré cette attitude de fermeture aux figures de l'Autre, les missionnaires trouvent parfois des convergences entre culture indienne et culture européenne. Par exemple, l'histoire du déluge est racontée dans les *Brahmanas* : *Shatapathabrahmana* (1.8, 1-10). (Manou construit un bateau et survit au déluge. Cette arche de Noé a des origines sémitiques mais son traitement est typiquement indien, dit Louis Renou)[35]. Ensuite l'assimilation erronée entre *Christ* et *Christna*[36] relève encore une fois d'une volonté de trouver des sources européennes dans la culture indienne. De plus la *trimurti* (Brahma, Shiva, Vishnou) est assimilée à la Trinité, mais c'est un rapport qui se fonde largement sur des révélations différentes. Enfin les *avatars* de Vishnou sont considérés comme des incarnations de Dieu qui s'est fait homme.

D'emblée, les missionnaires ne jugent pas l'Inde pour elle-même mais par rapport à leur propre culture judéo-chrétienne. En projetant ainsi leurs propres catégories chrétiennes sur les cultures autochtones, les Jésuites se privaient d'emblée

---

34 G. Lacouague : *Dans l'Inde de François-Xavier*, op. cit. p. 80.

35 Jean-Luc Kieffer : *Anquetil-Duperron. L'Inde en France au XVIIIe siècle*, Les Belles Lettres, 1983, p. 278.

36 Ce mythe subsiste encore jusqu'en 1874 à cause de Louis Jacolliot, auteur de *La Bible dans l'Inde*, des *Fils de Dieu* et surtout de *Christna et le Christ* (Librairie internationale Lacroix et Cie, Editeurs, Paris, 1874). Dans ce dernier livre, Jacolliot conteste le Jésus de l'histoire des Evangiles et aussi le Christ de la foi. Il semble un indianiste fantaisiste très remonté contre le christianisme. Il prend alors prétexte « d'arguments » dans l'Inde pour attaquer la religion chrétienne. Il essaie vaille que vaille de montrer que le Christ n'a existé qu'en Inde sous la forme de « Christna ». Pour lui, le christianisme qui a ses origines dans le culte de Christna (cf. p. 344) a copié sur le brahmanisme. Mais comment comprendre le rapprochement fantaisiste de christna et kristna ? Voici la réponse de Jacolliot :
« *Christna ou kristna me sont parfaitement indifférents, le mot est le même en sanskrit et la légère différence d'écriture adoptée par les uns ou les autres, ne vient que du plus ou moins de respect et d'exactitude avec lesquels on rend le son phonétique sanskrit. Le radical kris ou chris, qui signifie sacré, a formé le mot grec Kristos ou christos, qui a le même sens, et que nous traduisons par Christ et non krist, sans qu'il y ait grammaticalement une bien grande différence entre l'un et l'autre.* » (p. 357).
Remarquons aussi que le Père Cœurdoux s'élève contre cette identification entre le Christ et Krishna (cf. J.-L. Kieffer. *Anquetil-Duperron et l'Inde*, op, cit., p. 282).

d'écouter l'Inde et ses traditions au nom du Christ, qui pour les prêtres est la seule Révélation à diffuser à travers le monde. Les Jésuites du XVIIIe siècle ne croient guère que toute culture soit métissée. Ils n'ont pas encore conscience que les cultures peuvent entrer en dialogue pour développer une pensée nouvelle...

Dans ce contexte d'une assimilation forcée des Indiens à la culture chrétienne, certains Jésuites, comme les Pères Cœurdoux, Pons, se détachent et contribuent malgré eux aux premières fondations de l'indologie. Wilhelm Halbfass reconnaît que les missionnaires jésuites sont les précurseurs de l'indologie en Europe. Par exemple, dans son étude sur les *Mœurs et coutumes des Indiens*[37], le Père Cœurdoux pressent la parenté du sanskrit avec le latin[38] et mentionne des points concernant la *trimurti*, les *ashramas*, les *varnas*, le roi Vishvamitra, le *Pantchatantra*, le récit du déluge, quelques noms de textes védiques... Le Père Cœurdoux établit exclusivement les mœurs des « *Brahmes* », ou un aperçu ethnographique des brahmanes. Son travail n'est pas celui d'un indianiste mais d'un précurseur qui manifeste son souci de comprendre les Indiens sans trop porter de jugements hâtifs ou péjoratifs inspirés par son christianisme. Son attitude tranche sur celle des Jésuites missionnaires de son temps car il évoque les Indiens pour eux-mêmes, comme s'il voulait montrer qu'il était heureux de parler de l'Inde indépendamment du christianisme et de son souci de l'évangélisation. Mais que reste-t-il de l'Inde au XVIIIe siècle ?

> « L'image de l'Inde dans un esprit européen, *écrit Kieffer*, reste bien sommaire, marquée de nombreux préjugés, tous nés de la supériorité culturelle de l'Europe sur le reste du monde. »[39]

La guerre entre Français et Anglais pour la possession des Indes, sur le sol indien, est le symbole de la rivalité impériale des nations européennes, dans ce contexte, la culture indienne est niée et par conséquent, elle ne fait pas l'objet à proprement parler de la conquête coloniale de l'Inde. En s'imposant définitivement en Inde après le traité de Versailles en 1783, les Anglais vont-ils faire découvrir la pensée indienne aux Européens ?

---

37 *L'Inde philosophique entre Bossuet et Voltaire* I. *Mœurs et Coutumes des Indiens* (1777), un inédit du Père Gaston-Laurent Cœurdoux, Adrien-Maisonneuve, 1987. Halbfass ne fait que mentionner ce livre sans plus.

38 Dans sa correspondance avec Anquetil-Duperron, vers 1768, le Père Cœurdoux tient ces propos à partir d'une liste de mots sanskrits traduits en français :
« *D'où vient que, dans la langue sanskroutane, il se trouve un grand nombre de mots qui lui sont communs avec le latin et le grec et surtout le latin ?* » (Cf. J.-L. Kieffer : *Anquetil-Duperron et l'Inde,* op. cit., p. 277).

39 J.-L. Kieffer : *Anquetil-Duperron et l'Inde*, op. cit.,p. 301.

2) ANQUETIL-DUPERRON, LE COLONEL DE POLIER, L'ABBÉ DUBOIS

Les débuts de l'indianisme sont quasiment dénués d'un quelconque intérêt culturel pour la civilisation indienne. Pourtant des hommes isolés commencent à s'intéresser à l'Inde pour elle-même comme Anquetil-Duperron, un contemporain du Père Cœurdoux, du Colonel de Polier et de Jean-Antoine Dubois. En effet, animé d'un esprit de savant-voyageur, Anquetil-Duperron part pour « les Indes »[40] non pour faire fortune, ni la guerre, ni pour évangéliser, mais pour trouver des textes indiens, et particulièrement pour connaître la religion de Zoroastre dont il a entendu dire qu'elle se perpétue à Bombay dans la communauté des Parsis (anciens Perses immigrés en Inde, après avoir fui l'arrivée des armées arabes en Perse/Iran). De son voyage, il rapporte le *Zend Avesta*[41], le grand livre de la Perse dont on peut dire qu'il est un peu comme le *Veda* pour les Indiens. Il publie ce livre en 1771[42]. En réalité, Anquetil-Duperron rapporte un tome de l'Avesta : le *Bundahishn,* livre de la création, ainsi que cinquante upanishads traduites du persan. En 1801, malgré son ignorance du sanskrit, il en propose une traduction intégrale en latin intitulée *l'Oupneck'hat*[43]. De nombreux philosophes du début du XIXe siècle, comme Schopenhauer, se reporteront à cet ouvrage pour s'instruire sur l'Inde. A la différence du Père Cœurdoux, Anquetil-Duperron, qui a voyagé en Inde de 1754 à 1762, a une vocation de savant : il a soif de connaître l'Inde afin d'apporter sa contribution à l'indianisme qu'il est en train d'inaugurer. Serait-il l'un des Pères de l'indianisme (français) ? A cette question, Pierre-Sylvain Filliozat, répond :

> « Duperron a été le premier indianiste du terrain professionnel. Il a de plus conçu l'encadrement institutionnel de la profession. Son projet "d'Académie ambulante" est justement célèbre. Il a inspiré après plus d'un siècle la fondation de l'Ecole Française d'Extrême-Orient et plus tard encore celle de l'Institut Français de Pondichery. »[44]

Mais pour Wilhelm Halbfass, Anquetil-Duperron n'est pas le premier indianiste et même, il n'est pas indianiste. Les premiers véritables indianistes ou indologues sont William Jones (1746-1794), Charles Wilkins (1749-1836) et Thomas Colebrooke (1765-1837), des administrateurs britanniques qui créent sous l'impulsion du gouverneur général du Bengale, Warren Hastings, la « *Royal Asiatic Society of Bengal* » (les « *Asiatic Researches* ») le 15 janvier 1784 à Calcutta. Wilkins publie à

40 Au XVIIIe siècle en Europe, l'Inde au singulier est rarement utilisé. Les Indes au pluriel sont synonymes de richesses, d'exotisme (...) et surtout ne sont pas considérées comme un Empire. Cf. Kieffer, op. cit. p. 301.

41 *Zend-Avesta, voyage de Zoroastre,* 2 tomes en 3 vol. Paris, Tillard, 1771.

42 Jones affirme que cet ouvrage existe déjà à la Bibliothèque Royale de Londres.

43 Anquetil-Duperron : *Oupneck'hat,* 2 volumes, Argentorati Levrault, 1801.

44 Pierre-Sylvain Filliozat, « Présentation » in *Voyage en Inde* (1754-1762). Anquetil-Duperron : *Relation de voyage en préliminaire à la traduction du Zend-Avesta,* Maisonneuve et Larose, 1997, p. 21.

Londres en 1784, *The Bhaghat-Geata or Dialogues of Kreeshna and Arjoon*, ensuite *Hitopadesha* en 1787. Jones publie *Shacountala* de Kalidasa (1789), *Gita-Govinda* (1792), *Ordinances of Menu* (1796). Colebrooke fait éditer les *Essays on the Philosophy of the Hindus* (traduction française 1833 par G. Pauthier, Paris, Firmin Didot).

Pour Jones, l'indologie commence réellement avec la publication de la *Bhagavad-Gita* par Wilkins[45]. Dans son *Discours de Président* de la Société asiatique de Calcutta, Jones établit pour la première fois la parenté du Sanskrit avec les langues européennes :

> « Quelle que soit son antiquité, la langue sanskrite est d'une structure admirable ; plus parfaite que le grec, plus abondante que le latin, plus raffinée que l'une et l'autre. Et pourtant son affinité avec ces deux langues est si grande, tant dans les racines verbales que dans les formes grammaticales, qu'elle ne peut avoir été l'effet du hasard ; si grande à la vérité qu'aucun philologue ne pourrait les examiner toutes les trois ensemble sans penser qu'elles ont jailli de quelque source commune qui ne subsiste peut-être plus. Et nous avons une raison similaire, quoique peut-être moins forte, de supposer que la langue gothique ainsi que la celtique, bien que mêlées à un idiome très différent, eurent la même origine que le sanskrit ; et on pourrait ajouter le vieux persan à la même famille, si c'était là le lieu de discuter des questions relatives aux antiquités de la Perse. »[46]

Pour le Colonel de Polier, membre de la Société asiatique de Calcutta, Jones est *« le seul Européen dans l'Inde qui possédât (le sanskrit) »*[47]. Le colonel est aussi un pionnier de l'indianisme et ainsi le premier véritable indianiste de langue française qui en 1809, via sa cousine la chanoinesse de Polier, publie *Le Mahabharat et le Bhagavat*. Les indologues contestent cette œuvre pour la raison qu'elle dénature la pensée indienne. Mais pour Georges Dumézil, leur jugement est un peu hâtif. C'est pourquoi en 1986, presque deux siècles après, Dumézil fait rééditer *Le Mahabarat et le Bhagavat*[48]. Voici comment il réhabilite le colonel :

> « Suisse de Lausanne, Polier avait pris tout jeune du service dans la compagnie anglaise des Indes. Pendant les années 80 du XVIIIe siècle, avant de rentrer en Europe, il avait longuement étudié les traditions de l'Inde avec un érudit, Ramtchund, c'est-à-dire Ramacandra, qui avait été aussi l'instituteur d'un des pères de l'indianisme, William Jones. A son retour, il rapporta à Lausanne des liasses de notes contenant des résumés détaillés du Mahabharata, du Bhagavatpurana, du Ramayana. Ces papiers ne furent exploités et publiés que beaucoup plus tard, au début du XIXe siècle, par sa cousine, la

45 Halbfass, op. cit. p. 63.

46 Discours du Président prononcé le 2 février 1786 à l'occasion du troisième anniversaire de la société asiatique de Calcutta. Extrait qui se trouve dans *L'Orient au miroir de la philosophie* (une anthologie présentée par Marc Crépon, Pocket 1993 p. 237). Cf. Aussi Halbffass op. cit. p. 63. Formule citée également par Maurice Olender : *Les langues du Paradis. Aryens et sémites : un couple providentiel.* Gallimard / Le Seuil, 1989, p. 25

47 *Le Mahabarat et le Bhagavat*, présenté par Georges Dumézil, Gallimard, 1986, p. 24.

48 Gallimard, 1986.

chanoinesse de Polier, dans un livre intitulé : La Mythologie des Indous. »[49]

Les travaux de Jones et de Polier[50] doivent beaucoup à leur ami commun, Ramacandra qui habitait Sultanpur, près de Lahore. Curieusement il n'est pas hindou mais sikh, de la caste des *kshatryas*. Il n'avait pas le droit d'enseigner les textes sacrés puisqu'il n'était pas brahmane, mais il écoutait régulièrement l'enseignement au cœur des rituels. *« Grâce à sa mémoire prodigieuse »*, il transmit oralement à Jones et à Polier des fragments du *Mahabharat* et du *Bhagavat*...

Parmi les pionniers de l'indianisme, il faut compter avec Jean-Antoine Dubois et son livre : *Mœurs, institutions et cérémonies des peuples de l'Inde*[51]. L'abbé Dubois accomplit son ministère à Pondichéry en tant que prêtre de la société des missions étrangères de Paris : il y resta 30 ans et mourut âgé de 83 ans en 1848. Il s'efforce, après le Père Cœurdoux, de donner un panorama, peut-être le plus complet de l'époque, de la culture indienne. Son écrit se fonde uniquement sur ses observations de la vie des Indiens dans leur quotidien. On sent qu'il n'a jamais eu accès aux textes de la culture indienne et qu'il n'a pas fréquenté un Ramacandra.

Quoi qu'il en soit, il dresse une vision assez complète de la mentalité indienne en abordant tous les thèmes indiens, comme la poésie, la magie, les rites, les conditions de la vie des brahmes, les castes, la condition misérable de certains Indiens, la métempsycose, les principales divinités, le culte des animaux, les temples indiens, les *« djeinas »*, le renoncement (le *« sannyassy »*)... On lit avec beaucoup de bonheur les premières transcriptions quoique hésitantes des termes sanscrits. Cet ouvrage, écrit en 1806, a été publié dans une version anglaise en 1816 et remanié par l'auteur en 1825. Or à ces dates, le statut de la culture indienne est encore très incertain. Par exemple, les six *darshanas* sont appelés des sectes. On décèle également chez l'abbé Dubois une ignorance radicale du bouddhisme entachée d'une confusion avec le brahmanisme. Par exemple, le Bouddha, (son nom est orthographié « Baoudah »), est considéré comme un dieu *« qui fut un homme parfait en tout genre »*, *« celui qui le reconnaît est le vrai bouddhiste, le vrai brahme, le gourou des brahmes »*[52].

En tant qu'Européen catholique, l'abbé Dubois insiste beaucoup sur les mœurs des Indiens notamment sur ce qu'il appelle la « sakti », suivie des conditions misérables des Indiens, *« du mépris où les femmes sont tenues dans la vie privée »*... Etrangement, l'abbé Dubois ne juge pas trop les Indiens d'après sa propre culture judéo-chrétienne. Il s'efforce d'adopter un ton neutre comme pour montrer qu'il rapporte exactement ce qu'il a observé dans ses rencontres avec les Tamouls et les Télégous de l'Inde. Il est l'un des premiers prêtres à ne pas traiter les Indiens de « païens » et de « sauvages », ni à les prendre avec mépris. On pourrait même affir-

---

49 G. Dumézil : *Mythe et épopée*, I, Gallimard, 1986, p. 42-43.

50 Cf. article de Guy Deleury : « Polier et ses cargaisons indiennes » in *Passeurs entre Inde et Europe*, Revue française de yoga n° 27, Dervy, 2003, p. 11-19.

51 Deux tomes, nouvelle édition en 1899, Pondichéry, Imprimerie de la Mission Catholique.

52 J.-A. Dubois : *Mœurs, institutions et cérémonies des peuples de l'Inde*, op. cit., tome second, p. 80-81.

mer qu'il a un certain respect pour ce peuple. Quoi qu'il en soit, il reste convaincu que la seule religion du monde est le christianisme. De plus, l'abbé est réputé d'après Guy Deleury[53] pour son intégrisme et sa condamnation de l'idolâtrie de la religion des brahmanes.

Ajoutons que l'abbé Dubois ne parait pas très honnête, car son livre *Mœurs, institutions et cérémonies des peuples de l'Inde* est analogue à celui du Père Cœurdoux : *Mœurs et coutumes des Indiens.* En effet, dans une étude remarquable, Sylvia Murr (*L'Inde philosophique entre Bossuet et Voltaire,* tome II, *L'Indologie du Père* Cœurdoux, Adrien-Maisonneuve, 1987) a mis en évidence, particulièrement dans le chapitre I, *« Histoire du Manuscrit »* (*« L'abbé Dubois démasqué »*), que l'abbé Dubois a copié de nombreux passages sur le manuscrit inédit du Père Cœurdoux dans la version de Nicolas-Jacques Desvaulx : *Mœurs et coutumes des Indiens*[54] ; ce texte compilé par Desvaulx en 1777 a été écrit par le Père Cœurdoux entre 1734 et 1777, or l'abbé Dubois n'arriva en Inde qu'en 1792. Quoi qu'il en soit, par la diffusion énorme et l'impact de son livre sur les intellectuels du XIXe siècle, l'abbé Dubois a contribué à ouvrir, malgré lui, les études indiennes en Europe. Il s'inscrit alors dans la lignée de ses contemporains : Cœurdoux, Jones, Anquetil-Duperron et le colonel de Polier.

---

53 Cf. « Présentation du *Pantcha Tantra* » par Guy Deleury in *Le Pantcha Tantra,* traduction de l'abbé Dubois, Editions Imprimerie Nationale, 1995, p. 23-24. Ce livre est un recueil de cinq fables indiennes très lues dans l'Europe du XIXe siècle. L'abbé les a traduites à partir de versions télégous, kanaras et tamoules et les publia en 1826. Encore aujourd'hui la réédition de 1995 montre tout l'intérêt que présente un tel recueil. Ce qui étonne dans ces fables est la place réservée à la critique des brahmanes, notamment de leur renoncement très incomplet. De plus, avant la publication de l'abbé Dubois, d'autres versions ont circulé, par exemple celle du Père Poussines en 1666, une version grecque à laquelle aurait eu accès Jean de la Fontaine dont certaines de ses fables s'inspirent largement du *Pantcha Tantra* comme en témoignent les nombreux passages insérés à la fin dans la version de l'abbé Dubois.

54 Sylvia Murr a fait publier ce livre en 1987 : *« L'Inde philosophique entre Bossuet et Voltaire - tome* I : *Mœurs et coutumes des Indiens »* (1977), Ecole française d'Extrême-Orient, Paris, 1987.

Chapitre II
L'Inde de Hegel, entre rejet et reconnaissance

1) Les débuts de la renaissance indienne en Europe

L'Inde est un continent qui a toujours fasciné l'Europe pour ses aspects mystérieux et parfois surprenants, extrêmes comme la *Sati.* Cette fascination s'accentue avec la découverte des textes sanskrits : fait innovant, à Calcutta, pour la première fois entre 1785 et 1839, les textes fondamentaux de la littérature védique sont traduits et publiés dans les *Asiatic Researches*[55]. Les principales traductions de quelques textes sanskrits par Jones et Wilkins sont sur les tables des romantiques, des philologues et des philosophes comme Schopenhauer, Schelling, Fichte, Hegel, Victor Cousin. Globalement ces textes provoquent une véritable indomanie prenant la forme d'une « *Renaissance orientale* » comparable à la *Renaissance antique* en Europe. Expliquons-nous.

La « Renaissance orientale »[56] que nous pouvons dater de 1771, c'est-à-dire de la parution du *Zend-Avesta* par Anquetil-Duperron, en passant par les publications de la Société asiatique de Calcutta en 1774 jusqu'en 1875, est le titre qu'Edgar Quinet donne au chapitre 2, du Livre II (« De la tradition ») de son *Génie des Religions* en 1841[57]. Ce titre désigne *« le renouvellement d'atmosphère produit au XIXe siècle par l'arrivée des textes sanskrits en Europe »*. Cette effervescence intellectuelle est comparable à la redécouverte des manuscrits grecs au XVe siècle et qui ont provoqué une « Renaissance de l'Antiquité ». Frédéric Schlegel explique clairement le sens du mot renaissance dans son célèbre *Essai sur la langue et la sagesse des Hindous*, publié en 1808 :

> « Puissent les études indiennes trouver quelques-uns de ces disciples et de ces protecteurs comme l'Allemagne et l'Italie en virent, au XVe et au XVIe siècles, se lever subitement et en si grand nombre pour les études grecques et faire en peu de temps de si grandes choses ! La renaissance de l'antiquité transforma et rajeunit promptement toutes les sciences : on peut ajouter qu'elle rajeunit et transforma le monde. Les effets des études indiennes, nous osons l'affirmer, ne seraient pas aujourd'hui moins grands ni d'une portée moins générale, si elles étaient entreprises avec la même énergie et introduites dans le cercle des connaissances. »[58]

Presqu'aucun intellectuel du XIXe siècle n'est resté indifférent devant l'irruption des textes indiens sur la scène européenne. Cet intérêt pour l'Inde est

---

55 Pour une recension plus complète, consulter le livre majeur de R.P. Droit : *L'Oubli de l'Inde*, op. cit., p. 115. Cf. Aussi Michel Hulin : *Hegel et l'Orient*, Vrin, 1979, p. 99-100.

56 Raymond Schwab : *La Renaissance orientale*, Payot, 1950, p. 18.

57 Récemment Jean-Michel Cornu a fait rééditer trois chapitres du *Génie des religions* sous le titre : Edgar Quinet, *De la renaissance orientale*, L'Archange Minotaure, 2003.

58 F. Schlegel : *Essai sur la langue et la sagesse des Indiens*, trad. Mazure, Paris, Parent-Desbarre, 1837, p. 12.

visible chez les missionnaires chrétiens, les historiens, les linguistes, les romantiques, les poètes, les philologues, les philosophes... En retraçant cette fascination pour l'Inde de la part des Européens, Raymond Schwab, dans son livre *La Renaissance orientale*[59], nous montre clairement que penser l'Inde est une exigence naturelle, une mode du temps et qui culmine dans l'apprentissage du sanskrit. Les philologues allemands, à la recherche de la langue parfaite, croient avoir trouvé dans le sanskrit l'origine de toutes les langues, d'autant plus qu'étymologiquement le mot sanskrit signifie « (langue) parfaite »[60]. Du coup le sanskrit est considéré comme la mère de toutes les langues et par conséquent, « la clé de tout » se trouverait en Inde. Une formule de Friedrich Schlegel va beaucoup plus loin :

> « Ici (en Inde) se trouve la source de toutes les langues, de toutes les pensées et toute l'histoire de l'esprit humain, tout sans exception est originaire de l'Inde. »[61]

Ainsi les débuts de la *Renaissance orientale* en Europe se caractérisent par des excès, des prises de position qui viennent de différents intellectuels, lesquels n'ont pas encore la qualité d'indologues. Leurs premiers commentaires de textes indiens, quoiqu'enflammés, ne semblent guère s'inscrire dans le registre spécifique de la philosophie comparée, d'autant qu'il y a de nombreuses erreurs d'interprétation, qu'il s'agisse de l'*Oupnek'hat* ou de la « religion » du Bouddha. La *Renaissance orientale* est très incomplète : par exemple le bouddhisme et ses nombreuses interprétations plus ou moins fiables posent problème aux philosophes. Roger-Pol Droit situe les premières études sérieuses sur le bouddhisme à partir de 1832 avec Eugène Burnouf qui remplace Léonard de Chézy, le premier en Europe à obtenir une chaire de sanskrit en 1815. Burnouf fonde l'étude scientifique du bouddhisme et publie en 1844, son *Introduction à l'histoire du bouddhisme indien*[62]. Ce livre sera lu par Wagner, Schopenhauer, Cousin, Taine, Renan... Rappelons qu'auparavant Burnouf avait publié avec Lassen, un *Essai sur le pâli* en 1826.

En réalité, la découverte du bouddhisme suscite des difficultés d'interprétation et de compréhension dans les concepts de la pensée occidentale. Cette histoire est retracée admirablement par Roger-Pol Droit dans *Le Culte du néant, les philosophes et le Bouddha*[63]. Un problème majeur se pose au début de la bouddhologie : les Occidentaux pensent le bouddhisme avec leur propre tradition culturelle. Affirmer que le bouddhisme est un « culte du néant », c'est la preuve d'une interprétation de la philosophie bouddhiste dans les concepts de la dogmatique chrétienne, d'une part, et de la culture occidentale plus générale, d'autre part. Même Victor Cousin en

---

59 Payot, 1950. Au XIXe siècle, notons que le mot Orient désigne exclusivement l'Inde. De sorte que l'expression *Renaissance orientale* a le même sens que *Renaissance indienne.*

60 Cf. Maurice Olender : *Les Langues du Paradis. Aryens et Sémites : un couple providentiel,* Seuil, 1994.

61 Cité par René Gérard : *L'Orient et la pensée romantique allemande*, Nancy, Thomas, 1963, p. 92.

62 Paris, imprimerie royale, (une deuxième édition préfacée par Barthélémy Saint-Hilaire sortira en 1876 à Paris, Maisonneuve).

63 Seuil, 1997.

1828, qui a proclamé que *« l'Inde est la terre natale de la plus haute philosophie »*[64] après avoir écouté Eugène Burnouf à l'Académie des sciences morales et politiques, s'exprime ainsi en 1847 :

> « S'il y a quelque chose au monde de contraire à la doctrine chrétienne, c'est cette déplorable idée de l'anéantissement qui fait le fond du bouddhisme. »[65]

Ces lignes témoignent à elles seules des ambiguïtés sur le statut de la philosophie indienne (et par suite de la philosophie comparée dont la question n'est pas encore posée au XIXe siècle). Si au début les intellectuels occidentaux accueillent en général assez favorablement la culture indienne, avec la découverte du bouddhisme, cet intérêt s'infléchit très nettement. Cette *« idée d'anéantissement qui fait le fond du bouddhisme »* prouve d'abord une mauvaise lecture du bouddhisme, ensuite, celle-ci est à l'origine de l'oubli de l'Inde.

Dans ce contexte, un philosophe comme Hegel est la plus grande voix discordante en Europe sur l'Inde. Son parcours est étrange, car dès le début de sa lecture des textes indiens, il développe une position de défiance en adoptant, selon la formule de Michel Hulin, *« une méthode hypercritique »*. D'après Halbfass, Hegel prend une position anti-indienne pour contrebalancer les réactions enflammées des romantiques allemands devant la culture indienne[66]. Comment Hegel comprend-il la pensée indienne ? Sa lecture de la *Bhagavad-Gîta* peut-elle nous éclairer sur ce point ?

2) Hegel, contre les philosophies indiennes

Michel Hulin publie en annexe de son ouvrage *Hegel et l'Orient, « Un essai de Hegel sur la Bhagavad-Gita »*[67]. Hegel y développe une critique plus ou moins voilée contre Humboldt. Cet essai sur la Gîta est-il la première grande polémique ouverte entre les Occidentaux sur la culture indienne et finalement sur la naissance de la philosophie comparée ? Autrement dit, cette querelle sur le statut philosophique de la pensée indienne témoigne-t-elle aisément des ambiguïtés, des difficultés d'une reconnaissance et d'une définition des philosophies indiennes, et par suite d'un accord sur le principe même d'une philosophie comparée ? Avant d'examiner ces questions, il convient de dire que Humboldt et Hegel suivent la vogue de l'indianisme au XIXe siècle. L'intérêt pour la langue sanskrite n'échappe pas à Humboldt dont toute la pensée sur l'étude du langage et des langues s'enracine sur un fond authentiquement philosophique, bien que sa philosophie, d'après Jean Quil-

---

64 Propos cité par R.-P. Droit in *L'Oubli de l'Inde*, op. cit. p. 153

65 Ibid, p. 153.

66 Halbfass : *India and Europe*, op. cit.,p. 85.

67 Paris Vrin, 1979, p. 190, Michel Hulin a traduit ce texte à partir de l'édition allemande, Hegel, Berliner Schriften, édition Hoffmeister, Hamburg, 1956, p. 136. Ce texte est lui-même formé de deux articles publiés en 1827 dans les numéros 7 et 8 des *Jahrbücher für Wissenschaftliche Kritik* dans lesquels Hegel recense l'étude de Wilhelm von Humboldt, *Uber die unter dem Namen Bhagavad-Gita Bekannte Episode des Mahabharata*, parue à Berlin en 1826.

lien, soit à l'état de brouillons et n'obéisse pas d'emblée au système[68]. Si pour les linguistes, Humboldt est une figure importante et si grâce à eux, il n'a pas été oublié, pour les indianistes, il l'est tout autant dans la mesure où, avant Hegel et Schopenhauer, il est l'un des premiers philosophes à consacrer un commentaire entier au célèbre passage du livre VI du *Mahabharata* : *la Bhagavad-Gita.* En tant qu'anthropologue-philosophe, son souci pour l'Inde et sa culture traduit une ouverture inconditionnelle à toute tradition différente de la sienne.

Cependant la *Bhagavad-Gita* et sa « tradition » brahmanique sont une chose, mais son commentaire et son interprétation par la « tradition » philosophique occidentale comme par Hegel en sont une autre. Il y a ici un problème de comparaison entre ces deux « traditions » : comment est-il possible pour un philosophe occidental d'appréhender la « tradition » indienne ? Contrairement à Hegel, Humboldt semble prudent en refusant de comparer directement les textes indiens entre eux et avec la culture occidentale, car indéniablement la culture indienne n'utilise pas les mêmes catégories. Selon les mots de Hegel, Humbolt ne sait pas distinguer ce qui est philosophie et ce qui est fable, l'authentique et l'inauthentique à l'intérieur de la culture indienne. On se demande pour quelle raison il jette ainsi le trouble sur les textes indiens et les pionniers de l'indianisme.

Remarquons d'abord que les *Vedas* désignent les textes de l'Inde ancienne écrits en sanskrit par les *rishis.* (Le mot *veda* signifie savoir, sagesse)[69]. Selon l'indianiste Daniel Dubuisson, disciple de Georges Dumézil, les textes du panthéon védique possèdent une authenticité certaine dans la mesure où, durant la période des études *(brahmacarin),* le jeune brahmane apprenait par cœur des textes auprès de son maître[70]. Grâce à cet apprentissage oral, les textes ont été conservés.

Selon la formule de R.-P. Droit[71], Hegel s'intéresse à l'Inde uniquement pour la combattre, comme lorsqu'il met en doute *La Mythologie des Indous* du Colonel de Polier.

> « Car, *dit Hegel*, il repose sur des témoignages dictés et des indications orales données par les brahmanes. »[72]

Envers la pensée indienne, la critique de Hegel porte d'abord sur l'authenticité des textes indiens, ensuite sur ceux qui les ont fait connaître comme Ramacandra, et enfin sur les pionniers de l'indianisme comme Jones, Wilkins, Polier, Wilford ; et enfin sur une origine indienne des philosophèmes majeurs de la tradition occidentale. Hegel considère que ces premiers indianistes ont eux-mêmes remarqué des incohérences dans les propos de certains « *brahmanes complaisants* ». Tout en ne manquant pas de remercier un Britannique comme Sir William Jones pour avoir

---

68 Cf. Jean Quillien : *L'Anthropologie philosophique de G. Humbolt*, P.U. Lille, 1991, p. 23.

69 Cf. Olivier Lacombe : *Orient et Occident, Ulima verba,* « Acte de linguistique indo-européenne au sujet du mot sanskrit *Veda* », Paroles et silence, 2001, p. 73.

70 Propos tenus par Daniel Dubuisson durant ses cours d'indologie sur *Mythe, société et religion dans l'Inde ancienne* à l'université de Lille III en 1989-1990.

71 *L'Oubli de l'Inde*, op. cit. p. 190.

72 *Hegel et l'Orient*, op. cit. p. 149, Hegel jette la suspicion sur les dialogues entre Polier et son maître en indianisme, Ramacandra.

publié certaines œuvres majeures de l'Inde comme les *Lois de Manou, Shacountala,* le *Hitopadesha,* la critique de Hegel à son encontre est un peu voilée, puisqu'il la déplace sur ses successeurs en leur reprochant vivement d'avoir cru que les textes indiens fourniraient les sources de certaines traditions de l'Histoire universelle, et une meilleure compréhension des légendes et des mythologies occidentales. Ici, Hegel n'admet guère l'idée même de comparaison comme la mythologie comparée, et par suite, la « philosophie comparée » entre l'Occident et l'Inde. Hegel semble interdire aux Occidentaux d'aller chercher les sources de la philosophie (européenne) ailleurs qu'en Occident. Car pour lui, la philosophie existe uniquement et originellement sur le vieux continent et particulièrement en Grèce.

Hegel a entendu les injonctions de Charles Wilkins contre la pensée indienne dans *The Bhaghat-Geeta or Dialogues of Kreeshna and Arjoon* (traduction allemande 1802, première œuvre de l'Inde à être publiée à Londres en 1785). Pour légitimer sa *« méthode hypercritique »*, Hegel cite directement les propos de Wilkins : le lecteur qui veut connaître l'Inde sera confronté

> « à l'obscurité, à l'absurdité, à des coutumes barbares et à une moralité corrompue » [73].

Hegel poursuit :

> « Le facteur moral consistant dans le respect de la vie humaine, n'existe pas chez les Indiens. »[74]

Ces mots, qui font écho à ceux de Wilkins, illustrent la « *méthode hypercritique* » de Hegel, laquelle est dirigée contre une morale opposée à la tradition chrétienne. Hegel ne comprend pas l'attitude de la femme qui se jette dans le bûcher avec son mari, ou des fils qui battent leur mère ou encore

> « des mères qui jettent leurs enfants dans le Gange en les laissant mourir d'inanition sous les rayons du soleil »[75].

Tout en posant quelque chose comme une logique (essentiellement de l'opposition brute / abstraite, fini / infini, sans médiation) qui serait immanente à tous les aspects de la culture indienne, des plus matériels aux plus intellectuels, et se révèlerait le plus directement dans les mœurs (*Sâti...*), Hegel s'arrête à des coutumes choquantes pour les condamner vivement. Mais il ne présente jamais les autres aspects de la culture indienne. Son défaut est de juger la pensée indienne en termes chrétiens / occidentaux. Il ne comprend pas le sens du détachement de la souffrance chez le peuple indien, ni le statut de l'homme dans l'hindouïsme pour la raison suivante bien exposée par Halbfass :

> « Hegel n'abandonne jamais sa confiance en soi occidentale et anthropocentrique. »[76]

---

73 Michel Hulin : *Hegel et l'Orient*, op. cit. p. 148.

74 Hegel : *Leçons sur la philosophie de l'histoire,* Vrin 1970, p. 116.

75 Ibid. p. 116.

76 *« Hegel never loses his Occidental and anthropocentric self-confidence. »* W. Halbfass : *India and Europe*, op. cit.p. 95.

Paradoxalement, ce sont des pionniers de l'indianisme comme Wilkins et Thomas Colebrooke qui fournissent à Hegel les meilleures armes pour combattre toute pensée qui n'est pas grecque ou qui ne prend pas modèle sur les grands penseurs grecs. Mais il est naturel qu'une période de découverte, d'initiation à une culture étrangère, passe inévitablement par des approches, des tâtonnements, des essais qui comportent parfois des « ratés » légitimes, surtout quand on ne connaît pas le sanskrit, qu'on est confronté à une culture très difficile à comprendre et que les textes de l'Inde au début du XIXe siècle sont peu défrichés, et que leurs traductions ne sont pas encore fiables totalement.

Hegel combat l'espoir que l'Inde suscite chez les romantiques allemands. En voulant démythifier la tradition brahmanique, il rejette l'idée d'une *Renaissance orientale* en Europe. Il discrédite autant certains Pandits que les chercheurs des *Asiatic Researches* qui étaient à l'origine des aventuriers, des administrateurs, des juristes, des militaires de l'armée britannique « déguisés » en indianistes improvisés, mais qui sont d'authentiques pionniers ayant ouvert la voie aux études indiennes dans l'Europe du XIXe siècle.

C'est dans cet état d'esprit que Hegel consacre une recension très critique à l'étude de Humboldt sur la Gita. Au début, il remercie Humboldt, d'une part, pour sa contribution à la bonne compréhension de la culture indienne et, d'autre part, pour ses conseils précieux sur la manière d'accueillir les textes indiens, c'est-à-dire de les étudier *« à fond »*[77] avant d'établir des comparaisons entre eux. Or, contrairement à ses promesses, Hegel ne suit pas les avertissements de Humboldt, puisque dans son commentaire, il fait de constantes comparaisons entre les œuvres indiennes d'un côté, et la philosophie européenne de l'autre. En partant avec des préjugés assez sévères sur la pensée indienne pour écrire sa dissertation sur la Gita, Hegel ne pouvait que rester en dehors de la philosophie elle-même et par suite de la philosophie indienne.

Mais Humboldt disparaît entièrement sous la critique abusive de l'indianité naissante. Hegel ne critique pas directement Humboldt pour son travail de pionnier de la lecture de la Gita, car il est trop préoccupé à jeter le trouble sur l'authenticité des textes indiens. Mais le fait est que Humboldt se sent attaqué très sévèrement. Il n'est pas sûr que Hegel mette sur la même ligne de front Humboldt, la tradition orale des brahmanes et les pionniers de l'indianisme. Mais il est certain qu'il a peu de considération pour les philosophes qui s'intéressent de trop près à une tradition lointaine et « douteuse » comme celle de l'Inde antique.

En conséquence, nous pouvons soutenir qu'à travers sa *« méthode hypercritique »*, Hegel critique moins Humboldt que les premiers indianistes et les Pandits. Mais cela ne signifie nullement que Humboldt ne soit pas mis en cause. Au contraire il l'est formellement, mais de manière indirecte, parce qu'il suit la vogue de l'indianisme au XIXe siècle. Et c'est à juste titre que Humboldt se défend devant Hegel, parce qu'il sent qu'il n'est pas considéré comme un philosophe mais comme un aventurier de la philosophie, puisqu'il s'est compromis dans le commentaire de la Gita, un texte qui pour Hegel n'appartient pas au registre de la philosophie, mais

---

77 Michel Hulin : *Hegel et l'Orient*, op. cit. p. 149.

plutôt de la fable, de la légende et d'une moralité anti-chrétienne et donc inadmissible. Il s'ensuit que deux visions de l'Inde se dessinent : celle de Hegel et celle de Humboldt. N'est-ce pas ici que se situent les véritables divergences entre ces deux philosophes et finalement, entre les partisans de la philosophie indienne et ses détracteurs ? Dès l'*Introduction du cours de Heidelberg*, le 28-10-1816, Hegel est très clair sur le statut de la philosophie orientale :

> « Ce qui est oriental, *dit-il*, doit donc s'exclure de l'histoire de la philosophie. »[78]

Hegel est conscient de tous les bruits que l'on fait autour des textes indiens : la sagesse indienne est mise en avant sans justification. Face à cette indomanie provoquée par les Romantiques[79], Hegel répond que la philosophie commence uniquement en Occident car c'est là seulement que l'esprit se libère et se pose comme libre. C'est en Grèce que sont nés la conscience de soi et le monde de la liberté. Comment comprendre cette position hégélienne par rapport à l'Orient ? En Orient seul le despote est libre, en Grèce plusieurs sont libres, dans la vie germanique[80] tous sont libres, c'est-à-dire « *l'homme est libre en tant qu'homme* » et Hegel poursuit :

> « [...] si en Orient un seul doit être libre, cet homme ne peut cependant pas l'être parce qu'il faut pour cela que les autres soient pour lui également libres. Ainsi ne trouve-t-on en Orient que le désir, l'arbitraire et celui-ci est fini, aucunement libre ; ce n'est qu'une liberté formelle, une égalité abstraite de la conscience de soi. (Moi = Moi). »[81]

Hegel vient d'établir la différence fondamentale entre l'Européen et l'Indien, celle-ci porte sur la conception de la liberté et de son rapport à soi et aux autres. Avec pertinence, Hegel a très bien saisi que l'Oriental comme l'Indien ne dispose pas de sa liberté, il est prisonnier de la hiérarchie sociale, des principes de la religion et de la morale : l'individu ne décide pas de ses actions à la différence de l'Européen, et il n'a pas la conscience de soi. C'est pourquoi Hegel se permet d'exclure la philosophie orientale de l'histoire de la philosophie. Par conséquent, le refus hégélien s'étend à la « philosophie comparée ». Mais ceci pose un sérieux problème à la philosophie occidentale elle-même.

Finalement, les conflits entre Hegel et Humboldt illustrent la première polémique ouverte entre deux philosophes sur la reconnaissance des philosophies indiennes et par suite de la « philosophie comparée ». L'oubli de l'Inde philosophique est déjà présent au cœur de l'indianité naissante. Ceci pose le problème du jugement culturel

---

78 Hegel : *Leçons sur l'histoire de la philosophie*, II, Gallimard, 1991, p. 22
Ceci est à nuancer fortement. Cf. « Un essai de Hegel sur la Bhagavad-Gita », in *Hegel et l'Orient*, op. cit., p. 154-157.

79 Cf. R.-P. Droit : *L'Oubli de l'Inde*, op. cit. chapitre 15.

80 Ici le mot germanique désigne le quatrième moment de l'histoire universelle et correspond à la vieillesse, signe de faiblesse et aussi de force, d'une maturité parfaite (cf. *Leçons sur l'histoire de la philosophie II*, p. 26) ; cf. aussi *Leçons sur la philosophie de l'histoire*, Vrin, 1987, p. 85.

81 Hegel : *Leçons sur l'histoire de la philosophie*, II, op. cit. p. 26.

de Hegel sur la Gita. Expliquons-nous : tout en ayant le mérite de s'intéresser à une partie de la culture indienne accessible en son temps, Hegel ne peut que faire violence à la philosophie elle-même et finalement au métissage des cultures. Il écoute la voix philosophique de l'Inde mais à la fois, il lui répond par des attaques inconsidérées sur telle ou telle pratique culturelle des brahmanes. Hegel est d'autant plus en discordance violente avec la Gita qu'il est héritier d'une formation initiale en théologie protestante. C'est donc davantage en théologien luthérien, sans aucun détachement par rapport à sa culture chrétienne, qu'il disqualifie l'anthropologie indienne d'une part et les philosophies indiennes d'autre part.

Face au conflit avec Hegel, Humbolt illustre une position d'anthropologue mais aussi de philosophe commentant la Gita. Sa puissance d'ouverture lui vient de sa capacité à apprendre les langues et à déchiffrer tout le sens des attitudes culturelles d'un peuple. C'est donc naturellement que Humboldt tente de rapprocher les rives du Rhin et du Gange, bien que sa tentative soit mal accueillie par Hegel et tous ceux qui veulent oublier l'Inde.

3) Hegel, pour les philosophies indiennes

Hegel est de loin le premier philosophe à attaquer les textes indiens par son commentaire de la Gita. Mais sa double polémique (contre Humbolt et contre la Gita), montre une volonté de s'expliquer sur la culture indienne à partir de ses aspects les plus grossiers, les plus dégradants par rapport à la culture chrétienne. Cette critique ne peut que profiter au vrai philosophe. En effet Hegel a mûri sa critique envers l'Inde : en l'attaquant, il la comprend comme *« une moralité corrompue »* en désaccord radical avec les lois élémentaires de la morale chrétienne centrée autour du respect de la personne humaine. Sa critique s'appuie sur une culture « indologique » immense et exceptionnelle pour son temps et que Michel Hulin met en valeur dans *Hegel et l'Orient*. En tant que philosophe, Hegel ne pouvait rester en dehors d'un réexamen complet de l'Inde et de sa culture. Vers la fin de sa vie, entre 1825 et 1831, il revient sur ses positions sur la Gita et par conséquent sur la philosophie indienne telle qu'elle était connue à son époque[82].

Hegel lance cette grande idée : philosophie et religion marchent côte à côte en Orient. La philosophie orientale est, en effet, une philosophie religieuse[83] en général et tout à fait digne de figurer dans le panthéon de la philosophie universelle. Pour Hegel, les religions orientales pensent les idées de Dieu, du moi et du monde

---

82 Ce changement lui vient de sa lecture des contributions de H.T. Colebrooke aux *« Asiatic Researches »* qui lui révèlent l'existence des *darshanas* brahmaniques. H.T Colebrooke : *Essays on the philosophy of the Hindous* (1824). Traduction française par G. Pauthier : *Essais sur la philosophie des hindous*, Paris, Firmin Didot frères, 1834. De cet ouvrage, Hegel fait une double lecture (dès son *Essai sur la Bhagavad-Gita* en 1826) : dans la première, il condamne la culture indienne, dans la deuxième, en philosophe, il réexamine l'indologie de son temps pour reconnaître l'existence d'une philosophie indienne et donc d'une philosophie non-occidentale.

83 La philosophie indienne n'est pas prisonnière de l'autorité d'une révélation, cf. François Chenet : *La Philosophie indienne,* Colin, 1988, p. 71-72.

contrairement aux religions grecques, romaines et parfois chrétiennes détachées presque entièrement de la pensée philosophique car les représentations et les interprétations sont uniques. Par exemple, les religions indiennes comportent des propositions philosophiques immédiates. A l'intérieur de la culture indienne, il y a donc de la réflexion qui prend la forme d'une généralité, y compris pour les notions de liberté et de personne. Quelques lignes des *Leçons sur l'histoire de la philosophie* résument parfaitement la séparation de la philosophie orientale (indienne) et de la philosophie européenne. Y a-t-il ici le début d'une reconnaissance de l'idée d'une philosophie en Orient ? Voici ses nouvelles positions datant du trimestre 1825-1826 :

> « En Orient, le rapport capital est donc le suivant que la substance une est comme telle le vrai et que l'individu en soi est sans valeur et n'a pour lui rien à gagner en tant qu'il maintient sa position contre ce qui est en soi et pour soi ; il ne peut avoir au contraire de valeur véritable qu'en se confondant avec cette substance d'où il résulte que celle-ci cesse d'exister pour le sujet et que le sujet cesse lui-même d'être une conscience et qu'il s'évanouit dans l'inconscient. C'est là le rapport fondamental dans les religions orientales, tandis que dans le principe grec et germanique le sujet se sait libre, l'individu existe pour soi et doit se conserver dans cet état d'être pour soi. En Occident l'individu s'arrache à la substance universelle et se repose sur lui-même ; toutefois cette autonomie rend bien plus difficile le labeur de l'esprit pour présenter en toute pureté la pensée ; car il faut, dans ce cas, que de son côté la pensée se détache de l'individu et se constitue pour elle-même. La position en soi plus élevée de la liberté grecque, la vie plus libre, plus joyeuse des Grecs formait donc un obstacle pour la pensée ; elle rendait moins aisé le travail de l'esprit pour faire valoir la généralité. En Orient, toutes les pensées de l'individu qui ne subsiste que dans la généralité ne portent guère que sur le général. Là, le principal est le substantiel et l'inconscience, l'absence de droits, l'évanouissement de l'individu dans le substantiel, s'y rattachent immédiatement. Dans la religion orientale, la substance est ainsi en soi et pour soi déjà l'essentiel ; et c'est bien là en effet une idée philosophique : le rapport de l'individu à cette substance doit être considéré comme un point important, surtout en tant que s'y exprime la négation de l'individu comme le fini. Mais le sujet n'est pas représenté, ainsi que dans la philosophie européenne[84], comme se maintenant dans la substance, ni comme cette subjectivité de la liberté qui ne s'évanouit pas dans son union avec le substantiel, mais qui se libère au contraire pour la véritable liberté. En tant que la conscience orientale en vient à des distinc-

---

84 Cette expression *« philosophie européenne »* est la première du genre. Car avant la découverte des textes d'indianisme, aucun philosophe ne distinguait entre philosophie européenne et philosophie orientale. Hegel ouvre les portes de la *« philosophie européenne »* à une comparaison directe avec ce que l'on peut appeler philosophie indienne, ou plus exactement philosophies indiennes. Nous assistons ainsi dans l'Europe du XIXe siècle à la reconnaissance progressive des philosophies orientales, notamment celle de l'Inde.

tions, des déterminations de pensées, de principes, etc., ces catégories, ces principes déterminés demeurent sans s'unir au substantiel. En conséquence, ou bien le substantiel, en ruinant tout le particulier, s'élargit à l'infini, démesurément, c'est le sublime de l'Oriental ; ou bien, quand il se détermine, quand il se pose dans ses moments, c'est-à-dire quand l'Oriental réfléchit, c'est une forme dépourvue d'esprit, extérieure, qui ne peut accueillir aucun principe de spéculation. »[85]

Dans la *« tradition philosophique occidentale »*, la religion est exclue de la philosophie. Mais dès le semestre d'hiver 1827-1828, quand Hegel évoque la pensée indienne, il accepte de ne pas séparer religion et philosophie et va jusqu'à accorder le titre de philosophie au système du Yoga :

> « Un yoghi, *écrit Hegel*, est un homme qui s'impose des pénitences et si ces pénitences s'exécutent par la voie de la pensée, cette doctrine est une philosophie. »[86]

Comparons avec les propos du même Hegel dans son *Essai sur la Bhagavad-Gita* :

> « Le yogin qui reste là assis, immobile intérieurement et extérieurement, fixant son regard sur l'extrémité de son nez, incarne cette pensée élevée jusqu'au vide de l'abstraction et fermement maintenue par un effort violent. Mais un tel état est pour nous quelque chose de tout à fait étranger, un pur au-delà, et employer à son propos l'expression « pensée », qui dans notre représentation désigne quelque chose de tout à fait concret, reviendrait à nous le rendre excessivement proche. »[87]

Force est de constater ici un infléchissement des positions radicales de Hegel dans des périodes différentes. Hegel comprend qu'un homme puisse vider sa conscience. Il admet en partie la pensée du vide sans concept, y compris en religion. La pensée indienne relève de la philosophie religieuse. Le couple philosophie-religion ne peut être séparé, au risque de disqualifier la philosophie indienne. Hegel présente des arguments sérieux en renvoyant les philosophes occidentaux à leur propre histoire de la philosophie chrétienne. Durant le semestre d'hiver 1827-1828, voici comment il définit la place de la pensée indienne dans l'histoire de la philosophie par rapport à la pensée chrétienne :

> « La philosophie hindoue occupe dans la religion des Hindous une place analogue à celle de la philosophie scolastique au Moyen Age dans la dogmatique chrétienne ; la foi de l'Eglise chrétienne y est présumée et en fait le fond. »[88]

---

85 Hegel : *Leçon sur l'histoire de la philosophie,II*, Gallimard, 1991, p. 68-69.

86 Hegel : Ibid. p. 99.

87 Cf. « Un essai de Hegel sur la Bhagavad-Gita » in M. Hulin : *Hegel et l'Orient*, op. cit. p. 189.

88 Hegel : *Leçons sur l'histoire de la philosophie, II*, op. cit. p. 96.

Sur le plan strictement religieux, Hegel va plus loin en soutenant grâce à Colebrooke que

> « la religion des Indiens, en ce sens qu'elle a d'essentiel, est comme un monothéisme »[89].

Sur le plan philosophique, par rapport aux années antérieures, pour la première fois, Hegel fait confiance à Colebrooke et ses *Essays on the philosophy of the Hindous* (1824). Il le reconnaît comme un indianiste sérieux qui maîtrise le sanskrit, et même il le cite :

> « Les Hindous possèdent de vieux systèmes philosophiques ; ils en considèrent une partie comme orthodoxes s'ils sont en accord avec la théologie et la métaphysique des vedas ; puis ils ont aussi des systèmes qu'ils considèrent comme hétérodoxes parce qu'ils ne s'accordent pas avec les doctrines de leurs livres sacrés. »[90]

Par Orient, aurore de l'esprit, Hegel entend uniquement les Chinois et les Hindous[91]. A travers les *Leçons sur la philosophie de l'histoire* et les *Leçons sur l'histoire de la philosophie II*, l'interprétation hégélienne de l'Orient apparaît comme unique dans l'histoire des idées[92], en ce sens que, pour la toute première fois, Hegel propose un panorama important des philosophies orientales : il met à égalité les philosophies indiennes avec les philosophies occidentales. Même si dans ses débuts, il n'accorde pas à l'Orient le statut de philosophie, Hegel change ses vues en considérant que les Indiens ont développé des philosophies (systématiques) aisément comparables avec celles de l'Occident. Suite aux *Essays on the Philosophy of the Hindus* qui d'après Michel Hulin, «*fondent l'étude scientifique de la philosophie indienne en Europe* » [93], Hegel est le premier philosophe systématique à admettre le concept de philosophie indienne. Donnons un autre exemple : durant l'hiver 1825-1826 ; il reconnaît que

> « dans l'ensemble, les Vedas renferment le contenu de la philosophie hindoue »[94].

Ainsi Hegel adopte deux positions différentes envers la culture indienne. Il a commencé par juger l'Inde à partir de sa culture chrétienne et de sa propre philosophie. Autrement dit, il montre son refus d'entrer en dialogue avec les philosophies indiennes pour la raison qu'il ne retrouve pas en elles la tradition culturelle occidentale, héritière du christianisme. C'est alors qu'il commet l'inévitable : le jugement européocentrique. Ceci relève moins du jugement d'un philosophe que de

---

89 Hegel : *Encyclopédie des sciences philosophiques en abrégé*, Gallimard, 1990, p. 493.

90 Hegel : *Leçons sur l'histoire de la philosophie*, op. cit. p. 102.

91 Le bouddhisme indien n'étant connu scientifiquement qu'à partir de 1844, Hegel ne pouvait donner sa position bien qu'il ait quelques notions. Cf. M. Hulin, *Hegel et l'Orient*, op. cit. p. 122-124 : *Annexe* : *Les civilisations bouddhiques*. Cf. également, R.-P. Droit, *Le Culte du néant*, op. cit.

92 Michel Hulin : *Hegel et l'Orient*, op. cit.p. 139.

93 Michel Hulin : *Hegel et l'Orient*, op. cit.p. 39.

94 Hegel : *Leçons sur l'histoire de la philosophie, II*, Gallimard, 1991, p. 95.

celui d'un théologien du christianisme. Il est étonnant qu'il « comprenne » l'Inde en occidental sans se poser la question : qu'est-ce que penser veut dire dans la civilisation indienne ? Pour lui, l'Inde se réduit globalement à la *« fantaisie et au sentiment »*[95] :

> « Dans l'Inde, *écrit Hegel*, la plainte devient muette dans l'héroïsme de la stupidité ; sans gémir les femmes se précipitent là-bas dans le fleuve et les hommes, ingénieux en supplice s'imposent les tourments les plus terribles, car ils ne s'abandonnent à l'inertie que pour annihiler la conscience dans une contemplation vide et abstraite. »[96]

Mais vers la fin de sa vie, Hegel adopte une autre position : il reconnaît que la pensée indienne obéit au concept et que la philosophie existe hors de la terre grecque (comme en Inde). C'est la première fois qu'un philosophe occidental tente de pénétrer globalement une pensée étrangère (orientale) à travers ses religions. Il juge les Indiens à partir de la culture indienne *stricto sensu* et donc de l'espace conceptuel indien, et qu'il ne peut que traduire dans les termes de sa propre philosophie systématique pour nous la rendre compréhensible. Un tel effort, pratiquement unique en son temps, montre la capacité de Hegel à investir les habitudes mentales d'une civilisation très différente, voire opposée à la sienne. Chez lui, une telle position n'est pas surprenante, déjà il nous a habitués à comprendre les autres manières de penser la vie chez les Musulmans, les Chinois, les Persans et les Africains. Concluons avec Michel Hulin que jamais personne avant Hegel n'avait présenté un panorama complet des diverses manières de penser dans le monde oriental[97]. Il transcende *« les oppositions classiques entre les Anciens et les Modernes, les Païens et les Chrétiens »*[98]. Désormais il faut compter avec l'Orient, tout en le tirant vers l'Occident car c'est à ce prix qu'il vivra. Cette attitude philosophique est à souligner, d'autant plus que Hegel vit à une époque où la pensée coloniale se manifeste par la domination du monde par l'Europe. Au lieu de suivre ce mouvement de conquête du monde pour propager les idées européennes en détruisant ou en se substituant aux cultures locales, Hegel reconnaît non seulement l'existence de la philosophie indienne, mais aussi, il examine avec les informations dont il dispose, comment d'autres peuples pensent la vie. C'est alors qu'il s'oppose à l'Orient des Romantiques : il en extirpe les vues exotiques pour y déceler la pensée.

Or c'est en Grèce que commence la philosophie parce que l'essence des choses parvient à la conscience sous la forme de pensée pure, vidée de ses idées mythiques et religieuses. L'Occident est le lieu où l'esprit se pose comme libre pour soi : l'individu existe librement. Mais aussi l'histoire de la philosophie est le développement de la philosophie elle-même que Hegel a l'audace de situer à égalité entre l'Occident et l'Orient. De part et d'autre, les sources de l'histoire générale de la

---

95 Hegel : *Leçons sur la philosophie de l'histoire*, Vrin, 1987, p. 109 : leçons données par Hegel entre 1822 et 1831 d'après les notes de cours recueillies par Edouard Gans en 1837. Cf. sa préface aux *Leçons sur la philosophie de l'histoire,* op. cit. p. 11.

96 Ibid. p. 149.

97 M. Hulin : *Hegel et l'Orient*, op. cit. p.138.

98 Ibid. p. 138.

philosophie sont les œuvres des philosophes. La philosophie orientale, c'est-à-dire celle de l'Inde, de la Chine, de l'Egypte (à Alexandrie) est la première philosophie[99], même si, en général, elle est une philosophie religieuse parfois très différente de la pensée grecque.

En acceptant le concept de philosophie indienne, Hegel fait de la « philosophie comparée » dans ses différents écrits ultimes[100]. Pour évoquer la philosophie indienne et la philosophie européenne, il se demande où se trouve la raison, comment fonctionne-telle ? Cela lui permet de mieux saisir chaque attitude culturelle dans sa spécificité sans porter de jugement hâtif. Il compare parfaitement à égalité les deux philosophies. Ceci est très visible dans ses *Leçons sur la philosophie de la religion* (*La religion de la Nature*) :

> « Nous devons reconnaître, *dit Hegel,* que les religions ne sont dépourvues ni d'esprit, ni de raison. La difficulté consiste à en voir la vérité, le lien qui les rattache à la raison ; ce qui est plus difficile que de déclarer une chose absurde. »[101]

Appelons cette volonté d'entrer en dialogue avec des pensées étrangères à l'Occident, la méthode hégélienne en philosophie comparée, c'est-à-dire, la comparaison objective entre des éléments de la philosophie indienne et ceux de la philosophie occidentale d'une part, et l'étude rigoureuse d'un élément unique (et inexistant) dans l'une des deux parties de la philosophie, mais dont le néophyte comparatiste veut rendre compte dans les concepts de sa propre culture ou de la culture indienne, d'autre part. (Hegel ne peut rendre compte de l'Inde dans les concepts indiens puisqu'il n'est pas indologue, c'est pourquoi son mérite est d'autant plus grand). Il s'ensuit que Hegel a une idée de la « philosophie comparée » : celle-ci est une exploration démultipliée dans l'espace conceptuel d'une civilisation parfois radicalement opposée à la sienne. De cette confrontation interculturelle, ne peut naître qu'une attention pour toute figure de l'Autre, même parfois déroutante (cf. la Sâti), mais toujours indispensable pour éliminer les préjugés nés de l'éducation et de l'instruction. Par conséquent, Hegel pourrait bien être malgré lui un précurseur de ce que l'on appellera cent ans après lui : « la philosophie comparée ». Les ambiguïtés sur la reconnaissance de la philosophie indienne et par suite, de la « philosophie comparée », se manifestent à travers la double position de Hegel sur les philosophies indiennes. Celui-ci voit tardivement dans la civilisation de l'Inde une philosophie forcément différente du monde occidental, mais dont le travail comparatif est

---

99 Hegel : *Leçons sur l'histoire de la philosophie, II,* op. cit.p. 62. Mais pour Hegel, la « philosophie orientale » coïncide avec le commencement, si elle est la première philosophie (historique) de la philosophie tout court, cela a pour conséquence qu'elle est depuis longtemps dépassée, qu'elle n'a plus rien de nouveau à nous dire.

100 Cf. *Leçons sur la philosophie de l'histoire*, II op. cit. ; *Leçons sur la philosophie de la religion,* Vrin, 1972.

101 *Leçons sur la philosophie de la religion (La religion de la Nature)*, Vrin, 1972, p. 103. Ceci est une remarque de principe très générale, pour marquer sa différence d'avec la position des Lumières, rejetant toute religion comme superstition et exploitation par les prêtres de la crédulité populaire.

nécessaire. Si la philosophie indienne (comparée) n'est pas entièrement reconnue dans la première moitié du XIXe siècle (et encore maintenant), c'est en grande partie à cause des premières positions ambiguës de Hegel sur le statut des philosophies indiennes, mais aussi à cause d'une certaine malhonnêteté intellectuelle de la part de tous ceux qui veulent rester entre eux, cloîtrés dans leur propre culture tout en montrant qu'ils s'intéressent à tous les discours, toutes les cultures. Une telle attitude européocentrique aboutit inévitablement au sentiment de supériorité de la culture européenne ou à l'exclusion des pensées authentiquement philosophiques, comme celles des Indiens, de toute recherche[102]. Ajoutons que tout philosophe, digne de ce nom, devrait examiner attentivement la double position hégélienne sur l'Inde. Mais il semble que seule la première, centrée autour de la culture européenne, soit prise en considération. Dans ce cas, que fait-on de la deuxième position de Hegel (bien qu'elle soit encore plus ou moins figée dans l'espace culturel européen)[103] ? Autrement dit, en utilisant les écrits hégéliens relatifs au monde indien, le philosophe occidental a le choix dans l'adoption d'une position radicalement hostile à la philosophie indienne ou inversement. Les jugements des philosophes anti-comparatistes se fondent rarement sur les travaux de la maturité, mais toujours sur les travaux de « jeunesse » de Hegel[104].

---

102 Soulignons que si certains philosophes refusent d'accorder à la pensée indienne le statut de philosophie, une attitude confirmée par les premières positions de Hegel, c'est pour la raison qu'ils sont victimes d'une certaine ignorance des derniers textes hégéliens relatifs à la reconnaissance de la philosophie indienne. Mais lorsque certains indianistes ignorent ces textes, ils contribuent malgré eux à propager cette idée que Hegel est contre l'idée d'une philosophie indienne. Par exemple Heinrich Zimmer, indianiste de la première moitié du XXe siècle, écrit textuellement dans son premier chapitre : « La rencontre de l'Orient et de l'Occident » (in *Les Philosophies de l'Inde*, Payot, 1997, p. 31) :

« [Hegel] *bannit pourtant l'Inde et la Chine, ainsi que leurs philosophies, des principaux chapitres de sa pensée, considérant les accomplissements de ces civilisations [...] comme une sorte de prélude à l'arrivée en scène de la philosophie « réelle », qui était une invention des Grecs. L'argument de Hegel [...] est que quelque chose fait défaut aux systèmes orientaux...* »

Même R.-P. Droit, dans *L'Oubli de l'Inde*, a contribué à véhiculer cette idée que Hegel est « un ennemi de l'Inde ». Après avoir découvert les fragments tardifs de Hegel, il reconnaît sa méprise dans *Le Culte du néant* (p. 104-105) sans pour autant renier son premier écrit. R.-P. Droit a fait une mise au point dans « Hegel entre les Indes occidentales et les Indes orientales », commentaire de l'intervention de Pierre-Jean Labarrière, « Hegel et l'Amérique » (in *Penser la rencontre de deux mondes*, sous la direction d'Alfredo Gomez-Muller, p. 29-33, PUF, 1993).

103 En conclusion de *Hegel et l'Orient* (p. 138), en évoquant Hegel, M. Hulin affirme qu'*« aucun penseur n'a davantage contribué à détruire l'image à la fois traditionnelle et romantique de l'Orient comme source de la sagesse et de la science »*.

104 Il semble difficile de dater les dernières positions de Hegel sur l'Inde. *L'Essai de Hegel sur la Bhagavad Gita*, 1827, les différentes *Leçons sur la philosophie de l'histoire, Leçons sur l'histoire de la philosophie, Leçons sur la philosophie de la religion* qui traitent de philosophie comparée entre l'Occident et le reste du monde en fonction des connaissances de l'époque, sont formées par des manuscrits laissés par Hegel et des notes prises à ses cours

Un dernier point reste à souligner : Hegel est victime, dans ses premières approches, des ambiguïtés des philosophies indiennes elles-mêmes. En effet l'Inde est complexe, très difficilement compréhensible avec *« ses enfants aux ventres gonflés »*[105] les Maharadjahs dont le luxe éclate, la vie ascétique poussée à l'extrême... Dans les premiers écrits sur l'Inde, le lecteur sent que Hegel s'est profondément heurté à la complexité de la culture indienne et finalement aux Indiens eux-mêmes dans leur mode de vie. Mais cette approche tortueuse, avec des jugements tranchés, peut s'expliquer par un aspect de la pensée indienne que *« la parabole des aveugles et de l'éléphant »* résume bien. Voici le texte :

> « Alors, le Bienheureux dit : "Ô moines, il y avait jadis un roi nommé Face de Miroir. Il réunit une fois des aveugles de naissance et leur dit : "« Ô aveugles de naissance, connaissez-vous les éléphants ?" Ils répondirent : "Ô grand roi, nous ne les connaissons pas, nous n'en avons aucune notion." Le roi leur dit encore : "Désirez-vous connaître leur forme ? — Nous désirons certes la connaître." Aussitôt, le roi ordonna à ses serviteurs d'amener un éléphant et aux aveugles de toucher eux-mêmes l'animal avec leurs mains. Parmi ceux-ci, certains, en tâtant l'éléphant, prirent la trompe et le roi leur dit : "Ceci est l'éléphant". Les autres, en tâtant l'éléphant, saisirent soit l'oreille, soit les défenses, soit la tête, soit le dos, soit le flanc, soit la cuisse, soit la patte antérieure, soit les traces de pas, soit la queue. A tous, le roi dit : "Ceci est l'éléphant". Alors le roi Face de Miroir fit écarter l'éléphant et demanda aux aveugles : "De quelle nature est l'éléphant ?" Les aveugles qui avaient pris la trompe dirent : "L'éléphant est semblable à un timon courbe." Ceux qui avaient pris l'oreille dirent : "L'éléphant est semblable à un van." Ceux qui avaient pris une défense dirent : "L'éléphant est semblable à un pilon." Ceux qui avaient pris la tête dirent : "L'éléphant est semblable à un chaudron." Ceux qui avait pris le dos dirent : "L'éléphant est semblable à un monticule." Ceux qui avaient pris le flanc dirent : "L'éléphant est semblable à un mur." Ceux qui avaient pris la cuisse dirent : "L'éléphant est semblable à un arbre." Ceux qui avaient pris la patte antérieure dirent : "L'éléphant est semblable à une colonne." Ceux qui avaient pris les traces de pas dirent : "L'éléphant est semblable à un mortier." Ceux qui avaient pris la queue dirent : "L'éléphant est semblable à une corde. »[106]

---

dont les datations sont difficiles. Mais les rapports de Hegel à l'Inde, notamment sa reconnaissance d'une philosophie indienne, peuvent être considérées comme postérieures à son essai sur la Gita en 1826 et de la publication par Colebrooke de ses *Essais sur la philosophie des hindous* en 1824 (et dont la lecture, rappelons-le, a fait évoluer Hegel). Cf. M. Hulin : *Hegel et l'Orient*, op. cit. p. 113-114.

105 Formule de Madeleine Biardeau : *Clefs pour la pensée hindoue*, Seghers, 1972, p. 20.

106 Cette « Parabole des aveugles et de l'éléphant » se trouve dans le *Dîrgha-âgama, Lokaprajnapati sûtrâ* (traduction par A. Bareau), cf. *L'Inde des sages* de Michel Hulin, Félin, Philippe Lebaud, 2000, p. 31-32.

Cette parabole est-elle moins une auto-caractéristique de la pensée indienne dans ses contradictions (pour un esprit occidental) que l'expression de la croyance fondamentale selon laquelle, aucun point de vue (*darshana*) n'est capable de saisir adéquatement l'absolu, mais seulement telle ou telle de ses facettes, c'est-à-dire de façon partielle et jamais exhaustive ? A cette question, nous pouvons répondre avec les mots de François Chenet : cette *« parabole des aveugles et de l'éléphant »* (*andhagaja-nyâya)* partagée par les philosophes jaïnas et bouddhistes, montre que

> « nous sommes voués à percevoir le monde selon la limitation d'une perspective, il convient d'accepter une disjonction de tous les modes de prédication, et toutes les "vues métaphysiques" ne sont que des appréhensions partielles de la Vérité totale, laquelle est inconceptualisable et se tient au-delà du champ de notre connaissance, par-delà toute analyse rationnelle »[107].

L'inconceptualisable est une notion étrangère à la philosophie occidentale car elle implique l'impossibilité de se livrer à une analyse rationnelle. Ici se situerait la seule ligne de démarcation entre une certaine conception de la philosophie en Inde et la philosophie occidentale qui nous a habitués à interroger le réel, à le saisir dans un discours. Dans certains aspects de la culture indienne, nous nous trouvons alors dans un labyrinthe sans Minotaure et sans fil d'Ariane. Celui qui s'aventure dans ce dédale indien perd naturellement et inévitablement son chemin s'il a l'ambition de « plaquer » sa culture occidentale sur des textes indiens. C'est ici que nous pouvons, non pas excuser Hegel et tous ceux qui contestent encore actuellement l'authenticité de la philosophie indienne, mais comprendre les hésitations des philosophes occidentaux, sur l'adoption d'une position claire et commune devant l'indianité naissante et confirmée.

---

107 François Chenet : Article : « L'Inde et la Grèce », in *Encyclopédie philosophique universelle, IV, Le discours philosophique,* P.U.F., 1998, p. 1302.

Chapitre III
L'Inde de Schopenhauer, entre la fascination et le vague

Dans sa préface à la première édition, en août 1818, du *Monde comme volonté et comme représentation*, Schopenhauer (1788-1860)[108] expose son intérêt pour la pensée indienne en ces termes :

> « Si cependant le lecteur se trouvait en outre avoir fréquenté l'école du divin Platon, il serait d'autant mieux en état de recevoir mes idées et de s'en laisser pénétrer. - Maintenant supposez qu'il ait reçu le bienfait de la connaissance des Védas, de ce livre dont l'accès nous a été révélé par les Oupanischads - et c'est là à mes yeux le plus réel avantage que ce siècle encore jeune ait sur le précédent, car selon moi l'influence de la littérature sanscrite sur notre temps ne sera pas moins profonde que ne le fut au XVe siècle la renaissance des lettres grecques—, supposez un tel lecteur qui ait reçu les leçons de l'antique sagesse hindoue, et qui se les soit assimilées, alors il sera au plus haut point préparé à entendre ce que j'ai à lui enseigner. Ma doctrine ne lui semblera point, comme à d'autres, une étrangère, encore moins une ennemie ; car je pourrais, s'il n'y avait à cela bien de l'orgueil, dire que, parmi les affirmations isolées que nous présentent les Oupanischads, il n'en est pas une qui ne résulte, comme une conséquence aisée à tirer, de la pensée que je vais exposer, bien que celle-ci en revanche ne se trouve pas encore dans les Oupanischads. »[109]

Ces lignes témoignent-elles du souci de Schopenhauer pour l'indianité ? Son annonce de la connaissance des Védas, considérée comme l'avantage le plus important de son siècle, est-elle probante ? Comment comprend-il et utilise-t-il la pensée indienne ?

1) Une vision très confuse de l'Inde

L'essentiel des propos de Schopenhauer sur l'Inde se trouve dans le M.V.R. et dans une moindre mesure dans *Le fondement de la morale* et les « petits écrits philosophiques » appelés *Parerga et Paralipomena*. Le lecteur est d'abord frappé par l'éloge appuyé de Schopenhauer concernant le domaine indien. Par exemple, à certaines pages on lit :

> « La sagesse indienne [...] transformera de fond en comble notre savoir et notre pensée. »[110]

---

108 Pour une biographie de Schopenhauer, on se reportera à l'étude de Marie-José Pernin *« Biographie »* in *Présences de Schopenhauer*, sous la direction de R.-P. Droit, Grasset, 1989, p. 23-46.

109 Schopenhauer, *Le Monde comme volonté et comme représentation*, traduit par Burdeau, PUF 1989, p. 5, noté ici M.V.R.

110 M.V.R. p. 449, cette formule n'est pas très différente de l'idée développée par F.

Schopenhauer place Platon (culture grecque), Kant (culture chrétienne) à côté des Hindous (culture brahmanique) :

> « Je reconnais enfin moi-même que, dans le développement de ma propre philosophie, les écrits de Kant, tout autant que les livres sacrés des Hindous et que Platon, ont été, après le spectacle vivant de la nature, mes plus précieux inspirateurs. »[111]

La même idée est formulée dans *Le Fondement de la morale* en 1841 :

> « Dans ces cinquante dernières années, trois choses ont agi sur nous : la philosophie de Kant, les progrès incomparables des sciences physiques [...] ; enfin la connaissance des livres sanskrits, du brahmanisme et du bouddhisme. »[112]

Il s'ensuit alors un excès dans les conclusions sur le brahmanisme et le bouddhisme :

> « Ces deux religions les plus antiques et les plus répandues de l'humanité, c'est-à-dire les premières de toutes au regard du temps et de l'espace : elles furent même la religion primitive et nationale de notre propre race, car, on le sait, nous venons de l'Asie. »[113]

Nous pourrions multiplier les formules de Schopenhauer proclamant son amour de la culture indienne. Seulement, on s'aperçoit très vite que d'un côté, il fait un éloge enflammé de l'indologie, de l'autre, on est surpris, comme le note Roger-Pol Droit, par la généralité de ses propos[114]. De sorte que nous assistons à un éclatement de sa vision sur l'Inde. On comprend mieux les raisons pour lesquelles des auteurs comme René Gérard[115], Raymond Schwab[116], Roger-Pol Droit[117], Michel Hulin[118], Lakshmi Kapani[119], Jean-Marie Paul[120], lisant l'œuvre de Schopenhauer, aient

---

Schlegel. En ce sens Schopenhauer suit le mouvement enflammé des Romantiques pour la culture indienne.

111 M.V.R. « Appendice. Critique de la philosophie kantienne », p. 521.
La mise à égalité de ces trois cultures surprend dans une Europe dominée par le rationalisme.

112 Schopenhauer : *Le Fondement de la morale*, Aubier, 1978, p. 7.

113 Ibid., p. 7.

114 *Présences de Schopenhauer*, sous la direction de Roger-Pol Droit, cf. article de R.-P. Droit : « Une statuette tibétaine sur la cheminée », Grasset, 1989, p. 205.

115 René Gérard : *L'Orient et la pensée romantique allemande*, Didier 1963.

116 R. Schwab : *La Renaissance orientale*, op. cit., p. 447-455.

117 R.-P. Droit : *L'Oubli de l'Inde*, op. cit. p. 168-177.

118 Article de M. Hulin sur « Schopenhauer et la mort-renaissance » in *Présences de Schopenhauer*, articles réunis par R.-P. Droit, Grasset, 1989, p. 101-110.

119 L. Kapani : *Schopenhauer et l'Inde* in *Journal asiatique*, Tome 290, n° 1, année 2002, p. 163-292, (publication de la société asiatique de Paris).

120 Cf. article de Jean-Marie Paul : « Schopenhauer et Nietzsche : des images de l'Inde contrastées » in *La Fascination de l'Inde en Allemagne 1800-1933*, sous la direction de Marc Cluet, Presses universitaires de Rennes, 2005, p. 103-115.

éprouvé quelques difficultés légitimes, parfois insurmontables, pour expliquer les références de ce philosophe à l'Inde.

Comme le remarque L. Kapani, tout en se nourrissant (et encore...) de formules upanishadiques, les interprétations de Schopenhauer *« des textes védantiques (et bouddhiques) sont bien souvent étranges, voire erronées »*[121]. Un autre commentateur de Schopenhauer, comme René Gérard, propose dans *L'Orient et la pensée romantique allemande* une approche succinte de l'Inde dans le M.V.R. : il tente laborieusement de mettre sur un pied d'égalité la pensée indienne et la philosophie de Schopenhauer. Une telle méthode trop vague et trop rapide vise une comparaison de système à système, c'est-à-dire que le monde comme représentation est comparé directement à ce que René Gérard appelle la philosophie indienne[122] et le bouddhisme[123] ; ensuite le monde comme chose en soi est comparé au brahmanisme[124] puis au bouddhisme[125] ; enfin, la négation de soi est confrontée au Vedânta[126] et au bouddhisme[127]. En consacrant quelque quarante pages à l'Inde dans le M.V.R., René Gérard tient comme Schopenhauer des propos généraux tout en reconnaissant l'ambiguïté de cet auteur :

> « Malgré certaines ressemblances, la philosophie de Schopenhauer nous paraît donc irréductible et au Vedanta et au bouddhisme. A cause de ces ressemblances, elle nous semble également incompatible avec la pensée occidentale. L'impression qu'elle laisse, en fin de compte, est celle d'un système hybride où Orient et Occident s'affrontent, se compénètrent sans jamais parvenir à fusionner. »[128]

Ces mots sont aux antipodes du projet même de Schopenhauer de faire refluer la sagesse indienne sur l'Europe. Un tel antagonisme révèle d'abord que l'auteur du M.V.R. n'a pas une idée très précise de l'Inde, de sa philosophie, de sa culture en général. On a l'impression d'un homme hésitant, tout en aimant la sagesse des Indiens, il ne se livre jamais totalement à la comparaison *stricto sensu* entre sa propre philosophie et celle de l'Inde, ou entre la philosophie européenne et celle de l'Inde des sages.

---

121 L. Kapani : *Schopenhauer et l'Inde*, op. cit. p. 163.

122 R. Gérard : *L'Orient et la pensée romantique allemande*, op. cit, p. 215.

123 Ibid. p. 227-228.

124 Ibid. p. 232-234.

125 Ibid. p. 235.

126 Ibid. p. 240-241.

127 Ibid. p. 242-245.

128 R. Gérard : *L'Orient et la pensée romantique allemande*, op. cit. p. 251. Sur l'indomanie et la confusion entre brahmanisme et bouddhisme chez les intellectuels allemands, on se reportera à l'article de Christine Maillard : « Les intellectuels allemands, l'hindouisme et le bouddhisme (1890-1930) : un double regard sur l'autre » in *Passeurs entre l'Inde et l'Europe,* Revue française de yoga n° 27, Dervy, 2003, p. 21-43.

2) LES SOURCES INDIANISTES ET LES NOTIONS INDIENNES CONNUES DE SCHOPENHAUER.

Le flottement de Schopenhauer dans sa vision de l'Inde ne s'explique nullement par le manque de documentation sur l'indianisme à son époque. Au contraire, il a vu émerger, en Europe, les premiers textes de l'indianisme publiés par les *Asiatic Researches* à partir de 1788 à Calcutta et à Londres. En étant né en 1788 et mort en 1860, Schopenhauer se situe au début et pratiquement à la fin des publications des *Asiatic Researches* en 1875. Lui-même établit à plusieurs reprises la liste des ouvrages d'indianisme de son époque[129]. Citons-les d'abord sur l'hindouisme :

> « Oupnek'hat, studio Anquetil DUPERRON, II, 138, 144, 145, 146 ; - Mythologie des Hindous, par Mme de Polier, II, 13, 14, 15, 16, 17 ; - Asiatisches Magazin de KLAPROTH, I : "Sur la religion de Fô" ; ibid. : "Bhaguat-Geeta ou Dialogues entre Kreeshna et Arfoon" ; dans le deuxième volume : " Moha-Mudgara" ; - puis Institutes of Hindu - law, or the Ordinances of Menu, from the sanskrit, by William Jones, traduit en allemand par HUTTNER (1797), surtout chap. VI et VII ; - enfin, plusieurs passages dans les Asiatic researches. (Dans les quarante dernières années la littérature indienne s'est tellement multipliée en Europe, que si je voulais compléter aujourd'hui cette notice de la première édition, elle prendrait plusieurs pages. »[130]

Du côté du bouddhisme (avant la décennie 1820-1830, le bouddhisme est pratiquement inconnu sauf de manière partielle et inexacte)[131], Schopenhauher cite lui-même de nombreux textes.

> « Rgya Tcher Rol PA, Histoire de Bouddha Shakya-Mouni, traduction du tibétain par Fauchaux, 1848[132]. Foë-Kouë-Ki traduit par Abel Rémusat[133]. J. J. Schmidt : Ueber das Mahajana and Praschna-Paramita[134] (1838). Eugène Burnouf : introduction à l'histoire du bouddhisme indien (1844)[135]. Obry : Du nirvana indien[136]. Spence Hardy : A manual of Buddhism (1853). Spence Hardy : Eastern monachism, on account of the order of mendicants founded by Gotama budha 1850)[137]. Köppen : Manuel du bouddhisme. »[138]

---

129 Cf. L. Kapani : *Schopenhauer et l'Inde*, op. cit. p. 172-177.

130 M.V.R. p. 487.

131 R.-P. Droit : *Le Culte du néant, op. cit.*

132 M.V.R. p. 1131.

133 M.V.R. p. 479.

134 M.V.R. p. 516.

135 M.V.R. p. 1394.

136 M.V.R. p. 1254.

137 M.V.R. p. 1252.

138 M.V.R. p. 483. Dans sa traduction du livre de Schopenhauer : *Sur la religion,* (Garnier-Flammarion, 1996, p. 201-207), Etienne Osier est celui qui a le mieux établi la liste des textes indiens lus par Schopenhauer. Ajoutons que Schopenhauer partage avec Hegel jusqu'en 1831,

Dans cette double liste, l'*Oupnek'hat* d'Anquetil-Duperron[139] (rappelons que c'est une traduction parue en 1801 d'une version en persan d'une cinquantaine d'*Upanishads* : elle est très éloignée des originaux), est l'ouvrage auquel Schopenhauer se réfère constamment avec une passion étonnante. Il la considère comme la véritable source de la pensée indienne et va jusqu'à affirmer, encore en 1851, que cette lecture a été la consolation de sa vie et qu'elle sera celle de sa mort. On ne sera pas étonné qu'il défende son authenticité :

> « On a contesté l'authenticité de l'Oupnek'hat, en se fondant sur certains passages, qui étaient des gloses marginales ajoutées par les copistes musulmans, puis introduites dans le texte. Mais cette authenticité a été parfaitement établie par les indianistes F. H. H. Windischmann (le fils) dans son Sancara, sive de theologumenis Vedanticorum, 1833, p. XIX, et Bochinger. De la vie contemplative chez les Hindous, 1831, p.12. - Le lecteur, même qui ne sait pas le sanskrit, pourra comparer les traductions récentes de quelques Oupanishads, par Rammohun Roy, par Poley, celle de Colebrooke aussi, et même la traduction toute récente de Röer ; il se convaincra entièrement d'une chose : c'est qu'Anquetil, en faisant sa traduction latine, qui est un strict mot à mot, de la traduction persane faite par le martyr de cette doctrine, le sultan Daraschakoh, a eu besoin d'une connaissance exacte, parfaite, du sens des mots : les autres au contraire, procèdent par tâtonnements, par conjectures ; aussi il est bien certain qu'ils sont moins exacts. »[140]

Quand les premières traductions des œuvres majeures de l'indianisme sortiront à partir de 1812, Schopenhauer les accusera de dénaturer la pensée indienne[141]. Il va même jusqu'à porter des jugements du genre :

> « A part quelques très rares exceptions, telles que la Bhagavad-Gita de Schlegel et quelques passages de la traduction des Vedas par Colebrooke, ces traductions offrent des périodes dont le sens, général et abstrait, est sou-

---

une documentation commune provenant des *Asiatic Researches*. De la mort de Hegel en 1831 jusqu'en 1860 (mort de Schopenhauer), durant une trentaine d'années supplémentaires, Schopenhauer a bénéficié davantage de documents, notamment sur la compréhension quasi scientifique du bouddhisme grâce à E. Burnouf en 1844 : *Introduction au bouddhisme indien*, et pourtant, cela ne transparait guère dans son œuvre. Cette différence dans l'exploitation des documents d'indologie est dûe en grande partie au tempérament propre de chacun de ces deux philosophes, à l'intérêt plus ou moins prononcé pour l'élément indien. D'un côté, Hegel réagit en philosophe : il examine les textes indiens, les confronte avec la philosophie occidentale, produit sur eux un jugement quasi scientifique. De l'autre, Schopenhauer réagit en indomane romantique qui se livre à des jugements sporadiques provenant plus du sentiment que de la raison. Ce traitement enflammé mais non scientifique, explique en partie l'éclatement général, voire l'incohérence de ses propos sur l'Inde.

139 L'orientaliste Friedrich Maier (1771-1818) fait découvrir à Schopenhauer l'*Oupnek'hat,* dès 1811.

140 Schopenhauer : *Le Fondement de la morale,* Aubier, 1978, p. 185.

141 Cf. R.-P. Droit : *L'Oubli de l'Inde* op. cit. p. 171.

vent indécis et indéterminé, et dont le lien est lâche ; je ne perçois que des contours, des idées du texte original, avec des remplissages dont je remarque le caractère étranger ; des contradictions apparaissent aussi ; tout est moderne, vide, fade, plat, pauvre de sens et occidental. »[142]

Malgré ses propres lacunes manifestes en indologie, Schopenhauer identifie clairement certaines notions importantes de la pensée philosophique indienne : *mâyâ, samsâra* (orthographié *Sansara*)[143], *nirvâna* (orthographié *Nirwana*)[144], *guna, linga, yoni, prakriti, kalpa, trimûrti* (orthographié *Trimourti*)[145], *avatâra, moksha* (orthographié *Mokscha*)[146], *om* (orthographié *Oum*) [147], *brahman* (orthographié *Brahm* ou *brahme* ou *Brahma*)[148], *samnyasin* (orthographié *Saniassi*[149] ou *sanyasi*)[150], *Tat tvam asi*[151] (orthographié *Tat twam asi* ou encore *Tatoumes*, formule de l'*Oupneck'hat*)[152].

En trouvant ces concepts dans ses lectures relatives à la culture indienne, Schopenhauer les a plus ou moins compris. Il est étrange qu'un « *philindien* »[153], comme lui, n'ait jamais entrepris une explication minimale ou détaillée de certains aspects de la pensée indienne. Cette carence lui vient-elle de ce qu'il projette sur l'Inde la culture judéo-chrétienne dont il est imprégné malgré lui et de ses propres vues sur sa philosophie en gestation ?

3) QUELQUES DIFFICULTÉS DE SCHOPENHAUER POUR COMPRENDRE LA PENSÉE INDIENNE

a) Enumération de quelques notions indiennes évoquées par Schopenhauer

Il est nécessaire de dénoncer le sens de certaines notions indiennes telles qu'elles sont comprises par Schopenhauer. Sur ce point, l'étude de Lakshmi Kapani sur *Schopenhauer et l'Inde*[154] est très éclairante, car l'indianiste apporte des préci-

142 Schopenhauer : *Fragments sur l'histoire de la philosophie*, Alcan, 1912, p. 174.
Ici le mot occidental signifie que pour Schopenhauer les traductions sont faites dans un style européen, c'est-à-dire avec des préjugés venant de la culture européenne, de sorte que la pensée originale échappe aux traducteurs. Un tel jugement est singulier dans la mesure où Schopenhauer lui-même n'est pas neutre dans ses interprétations des *Upanishads* : sa culture occidentale s'y reflète aisément.

143 M.V.R. p. 1378.

144 M.V.R. p. 1378.

145 M.V.R. p. 500.

146 M.V.R. p. 1376.

147 M.V.R. p. 1379.

148 M.V.R. p. 611, 1204, 1235.

149 Schopenhauer : *Sur la religion,* Garnier-Flammarion, 1996, p. 71.

150 M.V.R. p. 411.

151 M.V.R. p. 283.

152 M.V.R. p. 447.

153 Expression de R.-P. Droit : *L'Oubli de l'Inde,* op. cit. p. 169.

154 In *Journal asiatique*, op. cit.

sions sur les sources indiennes de Schopenhauer et sa compréhension plus ou moins en rapport avec l'Inde. Dans l'ensemble, cet article, écrit de façon désordonnée, suit le même désordre complexe de Schopenhauer. Quoi qu'il en soit, L. Kapani se livre à une nécessaire revue critique des positions de Schopenhauer sur l'Inde. Un tel travail, unique en son genre, nous permet d'écrire que l'auteur du M.V.R. a compris correctement, par exemple, le voile de *mâyâ*[155], il lui donne le sens classique indien d'illusion cosmique ou pouvoir d'illusion[156]. Pour ce qui est de l'*omkhara* (*om*), Schopenhauer l'assimile à une extase du fakir[157].

Quant au *mahâvâkya* : *tat tvam asi,* d'après L. Kapani[158], Schopenhauer commet de graves erreurs sur son sens, à commencer par l'inexactitude de la traduction[159], la confusion entre brahmanisme et bouddhisme[160] et l'amalgame entre ontologie et éthique, métaphysique et morale[161]. Au *mahâvâkya,* Schopenhauer donne le sens de pitié[162], de règles *« des actions chez les hindous et les bouddhistes »*[163] de fondement de la morale[164]... En réalité, Schopenhauer ne connaît pas les lignes de la *Chandogya Upanishad* : *« Quant à l'essence subtile, c'est par elle que tout est animé ; elle est la seule réalité ; c'est l'âtman, et toi-même, Shvetaketu, tu es cela... »*[165]

b) Le concept de philosophie indienne (et de philosophie comparée), une notion très obscure chez Schopenhauer

Au-delà de la fascination de Schopenhauer pour l'Inde, il convient de lever certaines ambiguïtés. Selon R.-P. Droit, Schopenhauer retient *« peu de choses »*[166] de ses lectures d'indologie. Cela pose le problème de la validité de ses propos sur l'Inde. On peut lui reprocher d'aborder l'Inde selon sa fantaisie. Une telle méthode improvisée, personnelle exclut toute « philosophie comparée » telle qu'on l'entend à notre époque. L'auteur du M.V.R n'explique quasiment jamais ses références à

155 M.V.R. p. 25, p. 31.

156 Cf. L. Kapani : *Schopenhauer et l'Inde*, op. cit., p. 181-191. L. Kapani ne fait aucune comparaison des implications du voile de mâya chez Anquetil-Duperron : cf. Mario Piantelli, *La* Maya *nelle « Upanishad » di Schopenhauer,* Estratto da ANNUARIO FILOSOFICO, 2, Mursia, 1986.

157 M.V.R. p. 1379.

158 Cf. l'article de L. Kapani : « Schopenhauer et son interprétation du *Tu es cela* » in *L'Inde inspiratrice*, études réunies par Michel Hulin et Christine Maillard, P.U. Strasbourg, 1996, p. 45-69.

159 Ibid. p. 48-51.

160 Ibid. p. 51-53.

161 Ibid. p. 54-60.

162 M.V.R. p. 471.

163 Schopenhauer : *Sur la religion*, op. cit. p. 174-182.

164 Schopenhauer : *De l'Ethique*, Vrin, 1988, p. 97.

165 *Chândogya upanishad*, (6,9-4), traduction Emile Senart, Les Belles lettres, 1930, p. 85.

166 Roger-Pol Droit : « Une statuette tibétaine sur la cheminée », in *Présences de Schopenhauer*, op. cit. p. 205.

l'Inde parce qu'il présuppose que la pensée indienne est connue de ses lecteurs. Il s'adresse alors à un public indophile sachant découvrir en même temps que lui les textes indiens au fil de leurs parutions dans les *Asiatic Researches*. De plus, il ne consacre jamais une œuvre entière ou un chapitre entier à discuter de tel ou tel élément de la pensée indienne en confrontation avec la sienne ou celle de la pensée judéo-chrétienne. Autrement dit, son idiosyncrasie l'empêche d'investir complètement l'Inde et ses traditions philosophiques. Souvent c'est autour de sa propre philosophie que gravitent ses « références » partielles aux textes indiens. Cette méthode qui donne un rôle très secondaire à l'Inde, voire inexistant, a pour conséquence que Schopenhauer « schopenhauérise » la philosophie indienne, c'est-à-dire qu'il projette ses propres vues de manière inattendue sur les Védas et le bouddhisme, de sorte que le lien entre sa pensée et celle de l'Inde lui échappe ainsi qu'à ses lecteurs.

Le plus surprenant encore est sa volonté de ne jamais évoquer le concept de philosophie indienne et même de pensée indienne. Il lui préfère les termes religion, mythe, littérature, poésie[167]. De sorte que le lecteur se demande si pour l'auteur du M.V.R., la philosophie indienne est à la fois de la religion, du mythe, de la poésie ou bien encore si à ses yeux, l'Inde ne posséderait peut-être pas de philosophie. Par exemple, il n'accorde pas au brahmanisme, ni au bouddhisme, le statut de philosophie bien qu'il sente que ces religions sont très proches de sa propre pensée. Tout au plus, il évoque parfois ce qu'il nomme *« l'antique sagesse hindoue »*[168]. Mais en utilisant le mot hindou, il est ambigu : s'agit-il uniquement de la pensée brahmanique ou bien également de la pensée bouddhique ? De même, le mot sagesse a-t-il le sens d'une philosophie pratique désintéressée de toute pensée théorique ou bien d'une attitude héroïque et vertueuse face à la vie, à la manière d'un stoïcien ? Quoi qu'il en soit, Schopenhauer ne semble pas considérer l'Inde comme une terre de philosophie, mais plutôt comme une terre de religions, de mythes et de magies à caractère fortement exotique. En réalité, plus que d'un oubli de la philosophie indienne et de la philosophie comparée (terme qui n'existe pas à son époque), on peut soutenir que cette double expression ne se pose pas pour Schopenhauer, même si Colebrooke (Hegel aussi) utilise volontiers ces concepts pour entreprendre une comparaison avec la philosophie occidentale.

Pour un philosophe qui, d'après ses propres aveux se *« réclame de cette sagesse indienne »*[169], il est étonnant que Schopenhauer n'ait jamais entrepris d'apprendre le sanskrit et qu'il ne soit pas indologue. On aurait pu penser qu'il serait au moins bouddhologue, à cause de ses nombreuses références au bouddhisme : il aurait pu être un Burnouf ou un Lassen. Il ne semble jamais acteur de l'Inde mais spectateur. Malgré son « adhésion » à la sagesse indienne, il est très loin de la déchiffrer, d'étudier son sens. De sorte qu'il ne participe pas réellement au développement de l'indianisme au XIXe siècle. Il semble que Schopenhauer s'intéresse à l'Inde de

---

167 M.V.R. p. 487, Schopenhauer utilise également les termes de « sagesse primitive », « morale » pour désigner l'Inde (M.V.R. p. 449), mais aussi le mot *« philosophie Vedanta »* (M.V.R. p. 26). Dans tous les cas, l'explication fait défaut.

168 M.V.R. p. 5.

169 Schopenhauer : *Le Fondement de la morale*, op. cit ; § 22, p. 191.

façon extérieure, dans sa superficialité, et s'en sert au hasard dans le développement de sa propre philosophie. Il n'est pas certain que ses propres références indiennes soient en harmonie avec sa propre pensée[170].

c) Quelques utilisations de l'indianisme dans le M.V.R.

Quand Schopenhauer convoque l'Inde, il le fait souvent assez brutalement par quelques mots, quelques phrases, quelques pages et rarement par des citations[171] : il force ainsi son lecteur à posséder quelques rudiments d'indianisme pour le comprendre. Dès lors, il présente un souci « d'intégrer » à sa propre philosophie en développement, des principes « philosophiques » ou plutôt des considérations religieuses empruntées de façon amalgamée aux *Upanishad*, au *Vedânta*, au bouddhisme, à la *Bhagavad Gita*. Les relations avec la pensée indienne se distribuent de manière inégale, mais constituent toujours comme les preuves d'un certain intérêt pour l'Inde ou plutôt, pour une utilisation de l'Inde dans le conflit que Schopenhauer a ouvert avec la culture judéo-chrétienne et le rationalisme de son temps.

En lisant le M.V.R., il apparaît que Schopenhauer utilise deux méthodes pour faire « entrer » la voix de l'Inde dans sa philosophie. La première méthode consiste en des références très limitées à la pensée indienne, et tenant en quelques mots disparates et citations approximatives. Appelons ce genre de références, « la méthode préschopenhauérienne » en « philosophie comparée » comme dans l'exemple suivant :

> « Quand le voile de Maya, le principe d'individuation se soulève, devant les yeux d'un homme, au point que cet homme ne fait plus de distinction égoïste entre sa personne et celle d'autrui [...], alors [...] cet homme [...]

---

170 Le fait que Schopenhauer appelle son chien Atma (terme sanskrit : âme) ne change rien à son manque d'étude réelle de l'indianité naissante. Voici le témoignage de Paul Armand Challemel-Lacour (1827-1896, un agrégé de philosophie) : *« Schopenhauer avait alors soixante et onze ans, les cheveux et la barbe entièrement blancs ; mais c'était un vieillard alerte, avec les yeux et le geste d'un jeune homme. Je fus frappé d'un sillon sarcastique autour de sa bouche. Il n'avait rien de la raideur d'un philosophe de profession. Il me reçut bien, mais sans se lever et sans cesser de caresser de la main, d'une manière presque injurieuse pour les hommes, un bel épagneul noir (en fait un caniche blanc). Voyant que je le remarquais, il me dit qu'il l'avait appelé Atma (âme du monde en sanskrit), qu'il aimait les chiens parce qu'il ne trouvait qu'en eux l'intelligence sans dissimulation humaine. »* Cf. Paul-Armand Challemel-Lacour : article « Un bouddhiste contemporain en Allemagne » in *Revue des deux mondes*, mars 1870, p. 310 ; un extrait de cet article figure dans *Schopenhauer*, Cahier dirigé par Jean Lefranc, L'Herne, 1997, p. 265.

171 Schopenhauer cite à plusieurs reprises cette formule de l'*Oupnek'hat* : « Le nœud du cœur est fendu, tous les doutes sont dissipés, et ses œuvres s'évanouissent. » (M.V.R. p. 1413).
Cette répétition d'une même citation témoigne soit d'une carence en indologie : Schopenhauer aurait peu de choses à dire et ne saurait comment expliquer cette formule ; soit parce qu'il lui accorde une importance immense, mais dont la nature est difficile à définir. En la rapportant à l'ascétisme, nous pourrions peut-être éclaircir ce point.

considère aussi les infinies douleurs de tout ce qui vit comme étant ses propres douleurs. »[172]

Ici Schopenhauer n'explique guère ce qu'il entend par « voile de Mâyâ » (bien que la référence au « principe d'individuation » soit un début d'explication). Un autre exemple :

« Le vouloir-vivre se manifeste donc aussi bien dans le suicide, incarné en Siva, que dans la jouissance de la conservation, incarnée par Vichnou, et dans la volupté de la reproduction, incarnée par Brahma. Tel est le sens profond de l'unité de la Trimourti : la Trimourti, c'est chaque homme, bien que dans le temps elle montre tantôt l'une, tantôt l'autre de ses trois têtes. »[173]

Et là s'arrête sèchement l'explication de la *Trimourti.* Schopenhauer utilise également la citation, souvent extraite de l'*Oupnek'hat* :

« Et l'on appelle l'Atman suprême anandsroup, (bienheureux), ce qui est une sorte de joie, parce que partout où il y a la joie, celle-ci est une partie de sa joie. »[174]

La deuxième méthode que nous appelons « schopenhauérienne », consiste en une explication plus complète, mais toujours très disparate et répartie à travers le M.V.R comme dans l'ascétisme brahmanique[175]. Voici un exemple :

« Dans l'espoir d'atteindre [l'euthanasie de la volonté], il est ordonné aux brahmanes, les meilleures années de la vie une fois écoulées, d'abandonner leurs biens et leur famille et de mener la vie d'ermite (Manou, vol. VI). »[176]

Ces deux méthodes permettent à Schopenhauer de faire parler l'Inde brahmanico-bouddhique contre l'Europe judéo-chrétienne en utilisant des thèmes comme l'ascétisme. Il donne alors l'impression de discuter de l'Inde ascétique et de l'Europe ascétique. En réalité, ses approches ne sont pas univoques : il compare étrangement les deux ascétismes, puisqu'il christianise le brahmanisme, ou bien il évoque l'ascétisme indien en des termes chrétiens. Tantôt, il fait l'éloge du *« samnyâsin »* au détriment du prêtre chrétien, en montrant la supériorité innée de l'ascétisme indien sur l'ascétisme chrétien. Tantôt il « brahmanise » l'ascétisme chrétien, c'est-à-dire qu'il prend la religion brahmanique pour critère de jugement, sans réellement connaître le sens de sa dogmatique. Ceci montre que Schopenhauer est incapable de se détacher des valeurs chrétiennes comme la loi de charité ; de ce point de vue, il ne pense pas réellement l'Inde. Illustrons ces différentes utilisations de l'Inde par les exemples suivants :

---

172 M.V.R. p. 476.

173 M.V.R. p. 500, cf. aussi p. 351.

174 M.V.R. p. 1200. Michel Hulin, dans son article « Schopenhauer et la mort-renaissance » (in *Présences de Schopenhauer*, op. cit. p. 101-110) montre aussi la vision lacunaire de l'Inde par Schopenhauer (p. 105 et 106)

175 M.V.R p. 487-492.

176 M.V.R. p. 1411. Dans le M.V.R, voici quelques pages importantes sur l'ascétisme indien : p. 467, 487, 488, 1379.

« Si les sanyasis, les martyrs, les saints de toute confession et de tout nom, ont supporté volontiers de bon cœur, leur martyre, c'est que chez eux, la volonté de vivre s'était elle-même supprimée. »[177]

« Dans la morale des Hindous [...] nous voyons [...] l'amour du prochain [...], l'amour universel [...], la charité poussée jusqu'à l'extrême [...] »[178]

« On ne peut assez admirer l'accord qu'il y a entre la conduite d'un ascète chrétien ou d'un saint et celle d'un Hindou. »[179]

« Aujourd'hui nous envoyons aux brahmanes des clergymen anglais [...] par compassion, pour leur porter une doctrine meilleure, pour leur apprendre qu'ils ont été faits de rien [...]. Notre succès,d'ailleurs, est à peu près celui d'un homme qui tire à balle contre le roc. »[180]

« En réalité, ce n'est pas le judaïsme avec son "panta kala lian" »[181], mais le brahmanisme et le bouddhisme qui, par leur esprit et leur tendance morale, sont parents du christianisme. »[182]

En présupposant la parenté de ces religions, Schopenhauer évite de s'expliquer sur la pensée indienne. D'abord pour la raison qu'il se place uniquement sur le plan religieux, ensuite parce qu'il est peu loquace sur la nature de cette parenté, même s'il la situe au niveau de l'ascétisme comparé sous le concept de l'amour infini du prochain[183]. Schopenhauer écarte volontairement le judaïsme, l'Ancien Testament, pour la raison que l'ascétisme n'y figure pas. Il se sert alors maladroitement de l'Inde en la rapprochant de l'Europe chrétienne distinguée du legs judaïste. En considérant que la vraie parenté se situe au niveau moral, Schopenhauer éloigne de façon artificielle le christianisme de la pensée indienne : il invente un *« vrai christianisme »*[184], lequel illustre assez curieusement la supériorité des religions indiennes sur le christianisme et le judaïsme. Il considère que ce *« vrai christianisme »* est parent du brahmanisme et du bouddhisme[185].

Une troisième utilisation de l'Inde consiste dans l'assaut pur et simple contre la culture chrétienne. De façon très intéressée, Schopenhauer attaque le christianisme en critiquant les *Clergymen*[186] anglais qui tentent d'évangéliser *« le plus vieux peu-*

---

177 M.V.R. p. 411.

178 M.V.R. p. 487 : c'est un exemple de christianisation du brahmanisme par le concept d'amour du prochain.

179 M.V.R. p. 488, ceci est un exemple qui illustre l'égalité entre le brahmanisme et le christianisme.

180 M.V.R. p. 449.

181 *« Tout était très bien. »* (Traduction de Schopenhauer, M.V.R. p. 1390). Cf. *La Genèse* 1, 1-31.

182 M.V.R. p. 1394.

183 M.V.R. p. 1395.

184 M.V.R. p. 1385.

185 M.V.R. p. 1395.

186 M.V.R. p. 449.

ple du monde »[187]. Il défend alors « *l'antique sagesse hindoue* » devant les missionnaires chrétiens :

> « Nos religions ne peuvent ni ne prendront racine dans l'Inde ; la sagesse primitive de la race humaine ne se laissera pas détourner de son cours pour une aventure arrivée en Galilée. Non, mais la sagesse indienne refluera encore sur l'Europe et transformera de fond en comble notre savoir et notre pensée. »[188]

Cette formule hâtive ne permet guère à Schopenhauer de montrer sa science en indologie, ni de se poser en défenseur de l'indianité naissante (quoique, aux XIXe et XXe siècles, l'Inde n'est pas chrétienne, au contraire n'est-ce pas l'Europe qui subit l'influence du bouddhisme ?). Ce genre de jugement intéresse Schopenhauer dans sa lutte partielle contre le christianisme. On sent qu'il veut mettre l'Inde en avant, mais il s'y prend de manière assez maladroite et peu claire.

d) Schopenhauer a-t-il une dette vis-à-vis de l'indologie ?

α) Du côté du bouddhisme

Paradoxalement, au cœur de la vogue de l'indianisme au début du XIXe siècle, Schopenhauer semble ne pas reconnaître sa dette vis-à-vis de l'indologie. Par exemple, il se dit qu'il ne doit rien aux doctrines bouddhistes. Cela explique en partie son refus de se livrer à une étude comparatiste entre ses conceptions et celles du Bouddha. Mais les deux hommes se parlent indirectement par-delà les siècles à travers la philosophie du M.V.R. Voici comment Schopenhauer s'identifie au Bouddha indien :

> « Dans ma dix-septième année, je fus aussi fortement saisi par la misère de la vie que le Bouddha dans sa jeunesse, quand il vit la maladie, la vieillesse, la douleur et la mort. »[189]

C'est seulement en 1818, que Schopenhauer prend la mesure des convergences entre sa philosophie et la « religion » bouddhique qu'il ne voit pas comme une philosophie. Dans une lettre à Von Doss du 27-02-1856, il écrit ceci :

> « De façon générale, la concordance avec ma doctrine est merveilleuse, d'autant plus qu'en 1814-1818, lorsque je rédigeais le 1er tome [du M.V.R.] je ne savais encore rien de tout cela, et n'en pouvais rien savoir. »[190]

Schopenhauer confirme ces propos, dans le M.V.R., en évoquant le *Manuel of Buddhism* de Spence Hardy :

> « Il semble presque qu'il en soit des religions comme des langues : les plus vieilles sont les plus parfaites ; si je voulais voir dans les résultats de ma philosophie la mesure de la vérité, je devrais mettre le bouddhisme au-

---

187 M.V.R. p. 449.

188 M.V.R. p. 449.

189 Schopenhauer : *Parerga et Paralipomena*, Félix Alcan, 1912, p. 21.

190 Arthur Schopenhauer : *Correspondance complète,* lettre 381, éditions Alive, 1996, p. 509.

dessus de toutes les autres religions. En tout cas, je me réjouis de constater un accord si profond entre ma doctrine et une religion qui, sur terre, a la majorité pour elle, puisqu'elle compte plus d'adeptes qu'aucune autre. Cet accord m'est d'autant plus agréable que ma pensée philosophique a certainement été libre de toute influence bouddhiste ; car jusqu'en 1818, date de la parution de mon ouvrage, nous ne possédions en Europe que de rares relations, insuffisantes et imparfaites, sur le bouddhisme ; elles se bornaient presque entièrement à quelques dissertations, parues dans les premiers volumes des Asiatic Researches, et concernaient principalement le bouddhisme des Birmans. »[191]

Nous pouvons croire Schopenhauer quand il affirme que c'est après coup qu'il a découvert *« l'admirable concordance »* entre sa philosophie et celle du bouddhisme[192]. Selon R.-P. Droit, le mot « concordance » a le sens *« d'une annexion du bouddhisme par la philosophie, et non d'une adhésion de la vérité philosophique à un mythe antérieur et en un sens inférieur »*[193]. L'auteur de *L'Oubli de l'Inde*[194] poursuit en affirmant que pour Schopenhauer, ce n'est pas lui qui est bouddhiste mais le bouddhisme qui est schopenhauérien. Cette formule n'est pas absurde au regard des affinités atemporelles et supposées entre les philosophies bouddhistes et la philosophie schopenhauérienne. En d'autres termes, si le Bouddha historique n'avait pas existé, Schopenhauer aurait-il pu être le Bouddha (du XIXe siècle) ?

Roger-Pol Droit a bien montré, dans son article, *« Une statuette tibétaine sur la cheminée »*[195], les similitudes entre les thèses de Schopenhauer et celles du bouddhisme en général. Nous considérons que Schopenhauer élabore sa philosophie en ignorant complètement les thèses du bouddhisme. La première raison tient dans son refus de donner un commentaire unifié sur le bouddhisme ; la deuxième : il présente, indépendamment de la doctrine bouddhiste, ses propres vues intégrées de façon systématique tout au long du M.V.R.. Aussi nous pouvons nous servir de l'article de R.-P. Droit pour illustrer les positions « néo-bouddhistes » propres à la philosophie de Schopenhauer, de sorte qu'il y aurait une « école bouddhiste » créée par Schopenhauer, dont les affinités seraient encore à établir par rapport au bouddhisme indien et chinois et au bouddhisme du Petit et du Grand véhicule.

Pour être encore plus précis sur ce point, soutenons que d'après R.-P. Droit[196], quand le Bouddha dit « tout est douleur » Schopenhauer répond : *« la souffrance est*

---

191 M.V.R. p. 861-862 - A. Schopenhauer : *Correspondance complète*, lettre 381, éditions Alive, 1996, p. 509.

192 *Dans le Monde comme volonté et représentation*, les principales références au bouddhisme se trouvent dans le livre IV (M.V.R., p. 449, 479, 481, 483, 516) ou dans les suppléments (M.V.R., p. 861-863, 1183, 1204, 1252, 1253-1254, 1258-1259, 1343, 1349, 1376, 1378, 1393, 1400, 1406).

193 R.-P. Droit : *Présences de Schopenhauer*, op. cit. p. 204.

194 R.-P. Droit : *Le Culte du néant*, op. cit. p.142.

195 R.-P. Droit : *Présences de Schopenhauer*, op. cit. p. 201-217.

196 « Une statuette tibétaine sur la cheminée » in *Présences de Schopenhauer*, op. cit. p. 207-208.

le fond de toute vie »[197]. La formule, *« tout ce qui est impermanent est douleur »*, correspond à *« nulle satisfaction possible ne peut durer »*[198]. A la parole bouddhiste, *« Tout ce qui a la nature de l'apparition, tout cela a la nature de la cessation »*, Schopenhauer ne peut que répondre : *« Tout ce qui a une cause et une fin, tout cela ne possède qu'une vérité purement relative »*[199]. La source de la souffrance qui réside dans la soif de vivre correspond à cette formule : *« le désir de sa nature est souffrance »*[200]. Si Schopenhauer n'établit guère cette concordance entre sa philosophie et celle du bouddhisme, c'est pour la raison qu'il possède des lacunes en bouddhologie et surtout parce qu'à son époque, la comparaison entre certaines thèses de la philosophie occidentale et de la philosophie bouddhiste (qui n'est pas encore connue dans sa totalité) aurait paru étrange quoiqu'il aurait eu le mérite de montrer son intérêt véritable pour la pensée indienne.

Mais Schopenhauer est l'exemple même de celui qui croit n'avoir aucunement besoin de l'histoire de la philosophie universelle pour construire son système. Et durant sa construction, il est normal qu'il se contente de vagues allusions aux philosophies indiennes. Son but n'est pas de « commenter les autres », de travailler les textes philosophiques antérieurs, mais de proposer (assez difficilement) une nouvelle réflexion dans l'Europe chrétienne.

β) Du côté du brahmanisme

Au-delà du flottement dans le rapport de Schopenhauer à l'Inde, rappelons que lui-même avertit son lecteur qu'il pourra entendre sa propre philosophie à condition qu'il ait entendu la leçon de *« l'antique sagesse indienne »*[201]. Par cette formule, il entend la leçon des Védas, des *Upanishads*. Quand il semble insinuer que les *Upanishads* sont « postérieures » à son *Monde comme Volonté et comme Représentation* (spéculativement mais non chronologiquement)[202] et que globalement toute sa propre philosophie ne doit rien à la pensée indienne, il veut dire que les thèses des philosophies indiennes, qui ne sont la conclusion d'aucun raisonnement et paraissent ainsi tombées du ciel, s'éclairent et se justifient parfaitement dans la logique du système proposé par lui pour la première fois au monde. La postérité des *Upanishad* n'est qu'une sorte d'effet rétroactif. Autrement dit, si les textes philosophiques majeurs de l'Inde n'avaient pas été diffusés par les *Asiatic Researches*, le M.V.R. aurait suffi à révéler les différentes thèses, particulièrement des *Upanishad* et du bouddhisme. Sans passer par l'Inde, Schopenhauer propose lui-même les idées majeures de l'indianité, lesquelles sont finalement ses propres thèses. Ainsi, il n'est pas nécessaire d'être Indien pour « écrire » une telle philosophie. Il s'ensuit que Schopenhauer n'est pas obligé de s'expliquer sur ses références à l'Inde. A la limite,

---

197 M.V.R. p. 393.

198 M.V.R. p. 405.

199 M.V.R. p. 30.

200 M.V.R. p. 392, cf. également R.-P. Droit : *Une statuette tibétaine sur la cheminée*, op. cit. p. 207.

201 M.V.R. p. 5.

202 M.V.R. p. 5.

comme les philosophies indiennes, quoique très accessoires dans le M.V.R., rejoignent, pense-t-il, ses propres vues, c'est comme s'il les expliquait à travers le développement de sa propre philosophie. C'est alors que nous comprenons mieux les ambiguïtés sur l'Inde de Schopenhauer.

Reprenons : il est légitime que Schopenhauer n'ait presque rien à dire sur l'Inde et tout à dire sur sa propre philosophie très singulière et supposant faire écho à *« l'antique sagesse indienne »*. Dans son esprit, ce n'est pas lui qui a besoin de l'Inde, mais l'Inde qui a besoin de sa philosophie consignée dans le M.V.R. En conséquence, ce n'est pas l'Inde qui est philosophique mais la philosophie de Schopenhauer qui porte les marques d'une philosophie systématique comme étant la synthèse de ce que les Indiens ont dit sur l'existence. L'Inde philosophique, c'est l'Inde de Schopenhauer, c'est-à-dire l'illustration rétroactive des thèses du M.V.R., quoique cette Inde ne puisse entrer dans la catégorie de la « philosophie comparée » pour la raison que Schopenhauer n'éprouve jamais le besoin de montrer les nuances entre sa philosophie et celle des Indiens. Comme l'Inde philosophique se confond avec la philosophie schopenhauérienne, nous comprenons mieux pourquoi, Schopenhauer ne paraît pas reconnaître sa dette vis-à-vis de l'Inde[203]. Ce manque de reconnaissance le conduit inévitablement à donner une idée floue de l'indologie de son temps[204]. Mais ses lecteurs n'en ont jamais eu une conscience claire. Au contraire, son Inde assez vague a eu pour conséquence que des générations de philosophes considéreront Schopenhauer comme un bouddhiste. Car si, en effet, il a fait entrer la pensée indienne dans le M.V.R. et finalement indirectement dans la pensée européenne, il n'en demeure pas moins que sur le plan de l'indologie, il a induit en erreur de nombreux étudiants en philosophie, y compris des professeurs de philosophie (ignorant l'indianisme).

Même un indianiste comme Daniel Dubuisson, durant ses cours de philosophie indienne à l'université de Lille III (1990-1991), soutenait avec sérieux que Schopenhauer est bouddhiste et même que sa philosophie de la représentation avait un lien avec le bouddhisme du Grand Véhicule.

---

203 Cf. W. Halbfass : *India and Europe*, op. cit., p. 113.

204 Rappelons que dans son article sur « *Schopenhauer et son interprétation du « Tu es cela* » (in *L'Inde inspiratrice*, op. cit. p. 45-69), Lakshmi Kapani a bien mis en évidence, l'inexactitude de la traduction du Mahavakya et la double confusion entre le brahmanisme et le bouddhisme d'une part, et entre la métaphysique et la morale d'autre part. Non seulement Schopenhauer mélange les philosophies indiennes entre elles, mais aussi la culture indienne avec la culture européenne. De sorte que le M.V.R apparait comme une fausse synthèse, voire un amalgame entre l'Orient brahmanico-bouddhique et l'Occident chrétien.

Chapitre IV
Les difficultés d'une comparaison entre l'Inde des sages et l'Europe des philosophes.

L'Inde de Hegel et l'Inde de Schopenhauer jettent la confusion sur l'idée même d'une comparaison entre philosophie européenne et philosophie indienne. D'un côté, Hegel réunit paradoxalement en lui, à la fois tous les opposants et les partisans de l'existence d'une philosophie indienne. De l'autre, l'attitude de Schopenhauer montre un réel intérêt pour la pensée indienne tout en ne proposant jamais une exploration assidue et méthodique de l'Inde. Mais ces deux philosophes sont bien excusables : ils ont le mérite de se lancer pour la première fois au monde dans la comparaison difficile entre la pensée européenne et la pensée indienne. Ainsi ils montrent que la culture européenne n'est pas la seule dans le monde : ils ont l'audace d'accueillir la culture indienne, de l'introduire dans le débat philosophique de leur temps. Par leur attitude entièrement nouvelle dans l'Europe des philosophes érudits, ils contribuent à leur insu, d'une part, à légitimer l'indologie naissante, d'autre part à poser malgré eux les premiers jalons des études de philosophie comparée entre l'Occident gréco-chrétien et l'Orient (bouddhisto-brahmanique). Pourtant la comparaison entre l'Inde des sages et l'Europe des philosophes demeure encore incertaine de nos jours. D'où viennent ces difficultés ? Que peut-on dire des philosophes de notre temps et des indianistes du XIXe siècle face à la philosophie comparée ? Dans ces difficiles comparaisons entre l'Inde des sages et l'Europe des philosophes, quelle est la position de Nietzsche ?

1) MÉTISSAGE DES CULTURES À L'AUBE DE LA PHILOSOPHIE

a) La spécificité des Grecs : apprendre de leurs voisins

La pensée comparée n'a pas de date, ni de frontières, ni de patrie[205], car elle semble naturelle à tout homme qui côtoie des étrangers. La langue, loin d'être un obstacle, fait exister l'élément comparatif et donne envie de comprendre la pensée de l'autre. En vivant avec des étrangers, nous finissons toujours par entrer dans un dialogue improvisé. On veut ainsi se rapprocher sur tel ou tel point ou examiner, malgré des difficultés, les raisons pour lesquelles il y a tant de différences ou d'affinités. De sorte que sa propre culture s'enrichit de certains apports étrangers. Ainsi toute culture est métissée. Nietzsche a très bien saisi que les cultures[206] n'ont

---

205 Marc Ballanfat : *Introduction aux philosophie de l'Inde*, Ellipses, 2002, p. 5.

206 Selon Allan Bloom, dans *L'Âme désarmée. Essai sur le déclin de la culture générale*, (Julliard, 1987, p. 213), le mot culture a deux sens : celui de peuple, nation comme lorsqu'on parle de culture française et celui d'art comme la musique, la peinture, la littérature, c'est-à-dire « *tout ce qui élève l'esprit* ». Le lien entre ces deux sens est le suivant : la culture est ce qui constitue la vie sociale, elle est essentiellement « *le mode de vie dont la richesse constitue un peuple, ses coutumes [...], tout ce qui unit les individus à un groupe dans lequel ils ont "des racines" où s'expriment en général leurs pensées et leur volonté en tant que commu-*

jamais vécu isolément, qu'elles sont plutôt le fruit d'un métissage à l'aube de la philosophie. Il le dit très tôt dès sa deuxième œuvre en 1873, *La Philosophie à l'époque tragique des Grecs* :

> « Rien n'est plus absurde que d'attribuer aux Grecs une culture autochtone : ils se sont au contraire entièrement assimilé la culture vivante d'autres peuples. Et s'ils ont été si loin, c'est précisément parce qu'ils ont su, pour le lancer plus loin, ramasser le javelot où un autre peuple l'avait abandonné. Ils sont admirables dans l'art d'apprendre avec profit, et, comme eux, nous devrions apprendre de nos voisins en mettant le savoir acquis au service de la vie, en tant que support, et non pas au service de la connaissance érudite d'où l'on s'élancerait toujours plus haut que le voisin. »[207]

Comparons avec les mots de William Jones, l'un des pionniers de l'indianisme :

> « L'Inde primitive doit être considérée comme une sorte de foyer lumineux, qui, concentrant, à une époque très reculée, les connaissances acquises par un peuple antérieur, les a réfléchies, et en a dispersé les rayons sur les nations voisines. »[208]

Ces deux grandes formules suggèrent que les Grecs et les Indiens, à l'aube de la philosophie, ne sont pas restés indifférents devant les cultures étrangères. Mais pour Nietzsche, les Grecs sont les premiers à développer cette capacité d'apprendre des autres[209]. Il leur accorde en effet une primauté sur tous les autres peuples. On peut

---

nauté ». (Ibid. p. 213).

207 *La Philosophie à l'époque tragique des Grecs* I **, §1, p. 214.

208 Jean Biès : *Littérature française et pensée hindoue*, Librairie Klincksieck, 1992, p. 91. Cette formule de Jones doit être nuancée. Car la civilisation indienne n'a jamais montré de réelle curiosité envers l'étranger : elle n'a appris des autres que malgré elle. Cela s'expliquerait par l'intransigence des brahmanes qui, dès l'Antiquité, formaient un cercle fermé de nobles érudits et en tant que tels, ils estimaient n'avoir rien à apprendre des autres mais uniquement des Vedas, des textes de la *shruti* et de la *smriti*. De plus, l'exigence de pureté de leur rang sacerdotal ne les autorisait nullement à fréquenter des étrangers, c'est-à-dire des hors-castes, des impurs. Cette attitude est la preuve que les Indiens n'ont pas ce penchant à discuter avec des hommes totalement étrangers à leur culture : le mélange des cultures paraît impossible et cela tient exclusivement à l'organisation hiérarchique de la société indienne par le biais du pur et de l'impur selon les *varnas* (les castes). D'après François Chenet (*L'Inde et la Grèce* - op. cit., p. 1293), les Indiens sont volontiers indocentriques et traitent par le mépris tout étranger. Ils considèrent les Grecs comme des guerriers, des *kshatriyas* plus ou moins déchus et n'accédant même pas au statut de l'Autre, attendu que la civilisation indienne trouve son fondement dans ce que François Chenet appelle *« une superstructure idéologique beaucoup plus élaborée, celle du Dharma »* (Ibid. p. 1293), c'est-à-dire un ethnocentrisme naturel qui l'incite à se désintéresser des autres civilisations même périphériques. Si les Grecs et les Indiens se traitent mutuellement de barbares, il n'est pas moins vrai que ce sont deux peuples opposés. D'un côté, les Grecs trouvent naturel de voyager, de rencontrer des barbares pour apprendre d'eux, de l'autre, les Indiens restent dans leur péninsule et n'ont même pas un regard pour les *mleccha*.

209 Dans un fragment posthume de l'été 1872-début 1873 (II * 19 [42], p. 187), Nietzsche oppose les Grecs et les savants du XIXe siècle :

le comprendre grâce à ce qu'il dit des « *Grecs d'exception* » ou d'après ce qu'il entend par le mot « grécité » :

> « Emprunter ses formes à l'étranger, non pas les créer, mais les refaçonner dans le sens de la plus belle apparence, voilà qui est grec .»[210]

En effet, animés par un esprit de pionniers curieux de rentrer en contact avec les autres peuples, les Grecs se sont déplacés de manière incessante autour de la Méditerranée. Leurs voyages ont façonné leur esprit et ont contribué à développer la philosophie, une nouvelle manière de penser le monde. Le Moyen Orient est le carrefour de plusieurs cultures comme celle des Européens (Grecs), des Hébreux, des Egyptiens, des Arabes, des Babyloniens, des Perses (branche indo-iranienne). Ceci implique indéniablement un brassage de langues, de races, de cultures. Ces différentes cultures n'ont pu être indifférentes aux autres. Les Grecs seraient le premier peuple à concevoir une synthèse, à présenter un panorama général des autres cultures qu'il fait siennes[211]. Ajoutons que Nietzsche ne considère pas les Grecs comme des créateurs mais comme des rebâtisseurs ; alors leur capacité à rebâtir, refaçonner, consiste à mettre de l'ordre dans le savoir, à le repenser afin de produire naturellement d'autres idées. Est-il possible que certains éléments de religion, de mathématique, de philosophie aient été empruntés par les Grecs, directement aux Barbares, c'est-à-dire aux étrangers comme les Sémites, les Egyptiens, les Perses et les Indiens[212] ? Ainsi recevoir le savoir des autres peuples est une chose, mais être capable de l'ordonner est une autre. Est-ce ici que se trouve le concept de pensée comparée, de philosophie comparée ? Par exemple, Pythagore de Samos (- 570 - 512 ?) a-t-il développé sa philosophie grâce aux contacts avec les autres peuples ? Hippolyte de Rome raconte que Pythagore, qui est un grand voyageur et dont la figure reste un peu mystérieuse, aurait rencontré en Chaldée un disciple de Zoroastre, et qu'il aurait vécu dix ans en Perse[213]. Ces informations ne peuvent être vérifiées faute de documents, mais si réellement Pythagore[214] a voyagé en Egypte, Asie

---

« *Les Grecs comme découvreurs, voyageurs et colonisateurs. Ils savent apprendre : immense faculté d'assimilation. Notre temps ne doit pas se croire tellement supérieur par sa soif de savoir : chez les Grecs, tout était converti en vie ! Chez nous, cela reste de la connaissance.* »

210 *Humain, trop humain* III, 2e partie, *Opinions et sentences mêlées*, § 221, p. 110.

211 Sur les supposés « contacts spirituels historiques » entre Grecs et Indiens, on se reportera à l'étude de l'indologue de Tubingen, Helmuth de Glasenapp : *La Philosophie indienne. Initiation à son histoire et à ses doctrines,* Payot, 1951, p. 13-18.

212 Nietzsche : *Le Service divin des Grecs*, L'Herne, 1992, p. 43-47.

213 Hippolyte de Rome : *Réfutation de toutes les hérésies*, I, 2, 12, Rieder, 1928.

214 Pythagore serait allé en Inde pour rencontrer les brahmanes que les Grecs appelaient des gymnosophistes, c'est-à-dire des philosophes nus comme les *samnyasins*. Il est frappant de constater que, dans *Aventure indienne*, Voltaire raconte comment Pythagore aurait sauvé deux Indiens condamnés à être brûlés vifs. En mettant en scène cette fiction philosophique qui prend la forme d'une satire, Voltaire vise à montrer d'une part l'intolérance religieuse des hommes de son temps, d'autre part l'absurdité, l'injustice et le ridicule des motifs de condamnation à mort :

« *Les deux Indiens,* dit Voltaire, *n'ont nulle envie d'être brûlés ; mes braves confrères les ont condamnés à ce supplice, l'un pour avoir dit que la substance de Xaca n'est pas la substance*

Mineure, Perse et Inde, il n'a pu être indifférent à la culture de chacun de ces pays. Par exemple, peut-on soutenir que sa conception de l'orphisme a des origines égyptiennes ou persanes et même indiennes ? Il apparaît que l'orphisme ne semble pas purement grec. Est-ce sous l'influence de cette doctrine que Pythagore a conçu l'âme comme substance immortelle ? De plus les idées de métensomatose[215], de la parenté des hommes et des animaux avec l'interdiction de consommer des aliments carnés se retrouvent dans le brahmanisme[216]. Est-ce une coïncidence étrange ou s'agit-il d'une influence culturelle et donc d'un métissage culturel ?

Sur d'autres thèmes comme le yoga, une question difficile : *« Y a-t-il des équivalents grecs du yoga ? »* (chez Pythagore et Platon), François Chenet répond que *« les données sont elles d'interprétation difficile et sans doute convient-il de ne pas étendre outre mesure l'applicabilité de la catégorie de chamanisme à la Grèce archaïque »*[217]. Néanmoins certaines données platoniciennes comme l'anamnèse, le mythe d'Er, la préservation de tout contact de l'âme avec le corps (Phédon 65 c et 80 d-e)..., témoigne d'une « démarche qui reconduit de l'homme extérieur au « soi essentiel »[218]. C'est là précisément que François Chenet pose cette question : cette

---

de Brahma ; et l'autre, pour avoir soupçonné qu'on pouvait plaire à l'être suprême par la vertu sans tenir en mourant une vache par la queue. » (Cf. Voltaire *: Romans et contes,* Garnier-Flammarion, 1966, p. 316)

Cette aventure indienne est la première forme d'une aventure de la philosophie comparée. Malgré lui, Voltaire utilise la culture comparée pour démystifier la religion. Il veut dénoncer les conséquences du christianisme de son temps comme l'intolérance, le manque de respect des autres. *Aventure indienne* a été écrit en 1766. A cette date, la culture indienne était très peu connue. Dans ce conte philosophique, Voltaire fait de la philosophie comparée à son insu malgré son manque d'information en indianisme. De plus, il écrit et toujours à son insu, selon la méthode des indiens védiques, c'est-à-dire en mélangeant ce qui est fable, religion, surnaturel et philosophie. Il ajoute ici la caricature de la religion en soulignant un certain ridicule en vue d'exalter la liberté de penser en matière religieuse. Ajoutons que Voltaire utilise beaucoup la pensée indienne dans ses écrits : *Histoire d'un bon brahmin, Lettre d'un Turc* (In Voltaire : *Romans et contes*, Garnier-Flammarion, 1966). Il montre ainsi qu'il a la volonté de décrire les choses de façon extérieure, coupée de leur signification sur la pensée indienne que finalement il ne pouvait connaître que dans ses aspects superficiels, faute de documents fiables à son époque.

A côté de certains philosophes qui évoquent l'Inde, même de façon partielle, il y a les littéraires qui utilisent abondamment la pensée indienne. Sur ce point on se reportera au livre de Jean Biès : *Littérature française et pensée hindoue, des origines à 1950*, op. cit., et à l'article de François Chenet : *« Sublime et monstrueuse, l'Inde au miroir de la littérature contemporaine »*, *Corps écrit* n° 34, 1990.

215 La thèse de l'emprunt de la métensomatose est rejetée, à juste titre, par Helmuth de Glasenapp : *La Philosophie indienne. Initiation à son histoire et à ses doctrines*, Payot, 1951, p. 333.

216 Thomas McEvilley : *The Shape of ancient thought, comparative studies in greek and indian philosophies,* Allworth Press, New York, 2002.

217 François Chenet : *L'Inde et la Grèce*, op. cit., p. 1313.

218 François Chenet : *L'Inde et la Grèce*, op. cit., p. 1320.

démarche *« ne coïncide-t-elle pas précisément avec la démarche d'autoconcentration isolante qui est celle du yoga ? »*[219]

b) La philosophie est-elle grecque ou orientale ?

Oser poser une telle question serait le sacrilège suprême pour un certain nombre de philosophes[220] de notre temps et elle prêterait même à rire ironiquement. Or dans ce rire, il y a comme un mépris mêlé d'indifférence, d'ignorance, de supériorité intellectuelle, culturelle sur les pensées orientales. Nietzsche ne commet pas ces graves erreurs car il a le respect des autres cultures, des autres philosophies. L'aboutissement de ses réflexions sur la philosophie grecque et les philosophies orientales se trouve dans un fragment tardif de 1885, que nous reproduisons ici :

> « Redécouvrir en soi le midi [der Süden], et déployer au-dessus de soi un de ces ciels du midi, clairs, éclatants et mystérieux ; reconquérir la santé méridionale et la méridionale et secrète vigueur de l'âme ; pas à pas, s'étendre davantage, devenir plus supranational, plus européen, plus hypereuropéen, plus oriental, enfin plus grec - car l'hellénité a été la première grande fusion, la première grande synthèse de tout ce qui est oriental et, par là précisément, l'origine de l'âme européenne, la découverte de notre "nouveau monde" : - qui sait ce que peut un jour advenir à celui qui vit selon de tels principes ? »[221]

De cette longue formule, retenons que Nietzsche nous invite à (re)découvrir, à (re)définir la grécité ou l'hellénité. Il a ainsi conscience que les intellectuels de son temps ne se tournent pas assez du côté du peuple grec, de ses premiers philosophes en rapport avec la pensée orientale : ils ont des choses à leur apprendre, notamment sur la culture orientale. A l'instar des philosophes grecs, Nietzsche nous demande de devenir à notre tour des Grecs, c'est-à-dire paradoxalement des Orientaux. De sorte qu'il n'opère ici aucune séparation entre les notions « grec », « oriental » et « européen ». Cela s'explique par l'interpénétration des cultures. Les Grecs sont les mieux instruits : ils sont la synthèse de la culture orientale parce qu'ils savent assimiler ce qu'ils ont appris. Ils admettaient que la sagesse n'était pas leur propriété privée : il y a des sagesses barbares[222]. Ceci permet de poser la question des origines de la philosophie : y a-t-il une philosophie non-grecque ? Ou bien la philosophie grecque a-t-elle des origines étrangères ? En 1873, Nietzsche répond directement à ces questions en ces termes :

---

219 Ibid. p. 1320.

220 Par exemple François Chatelet n'admet pas une origine étrangère à la philosophie grecque : pour lui, il est certain que *« la philosophie parle grec »*. (Cf. *La Philosophie, de Platon à saint Thomas*, Tome 1, Marabout, 1979 p. 13). On pourrait comprendre cette affirmation dans le sens que la philosophie est née à l'étranger, mais elle « parle grec ». Toutefois, il est certain que pour Chatelet et d'autres, la philosophie ne peut pas parler sanskrit.

221 F.P., XI, août-septembre 1885, 41 [7], p. 421.

222 Cf. Arnaldo Momigliano : *Sagesses barbares, les limites de l'hellénisation*, Maspéro, 1980. Ce livre ne dit rien sur les relations entre les Grecs et les Indiens.

« Les questions qui touchent aux origines de la philosophie sont parfaitement indifférentes, parce qu'à l'origine, la barbarie, l'informe, le vide, la laideur règnent partout [...]. Les chemins qui remontent aux origines mènent partout à la barbarie. »[223]

Le mot barbare n'est pas à prendre au sens de « sauvage » mais d'étranger, c'est-à-dire celui qui n'est pas Grec, qui ne parle pas grec, qui *« bafouille »*[224]. Pour les Grecs, barbare signifie l'inférieur ou plus exactement le non-homme, celui qu'on ne comprend pas[225]. Pourtant en voyageant constamment autour de la Méditerranée, ils ne pouvaient être indifférents totalement à ces barbares et même ils ont su les comprendre. La philosophie étant née dans les villes barbares conquises par la Grèce comme Ephèse, Milet, comment peut-on alors ne pas affirmer que la philosophie est née des contacts avec les barbares ? Diogène Laërce (IIIe siècle après J.C.) atteste des origines barbares de la philosophie :

« On a souvent prétendu que la philosophie avait pris naissance à l'étranger. Aristote (livre de la magie) et Sotion (Filiations, Livre XXIII) disent que les mages en Perse, les Chaldéens en Babylonie et en Assyrie, les Gymnosophistes dans l'Inde et les gens appelés Druides et Semnothées chez les Celtes et les Gaulois, en ont été les créateurs. »[226]

---

223 *La Philosophie à l'époque tragique des Grecs*, I **, p. 214.
Notons que pour Heidegger, les origines de la philosophie sont importantes puisqu'il les situe chez le peuple grec uniquement. Mais le silence de ce philosophe sur l'Inde est étonnant.

224 En sanskrit, le terme *« mleccha »* correspond au grec *« barbaroi »*. Selon Sylvain Auroux (*Barbarie et philosophie*, P.U.F., 1990, p. 8), les Indiens distinguent les gens cultivés (« sista ») et tous les autres qui sont barbares (« mleccha »). Mais cela ne signifie pas que la civilisation indienne ait eu la même attitude que la civilisation grecque face aux barbares.

225 Raymond Schwab : *La Renaissance orientale*, Payot, 1950, p. 10-11. Saint Paul (Rom, I, 14) identifie le Grec au « sapiens » et le barbare à « insipiens ». Il est intéressant ici de donner la position de Claude Lévi-Strauss sur l'identification du sauvage au barbare :
« "Habitudes de sauvages", "Cela n'est pas de chez nous", etc. Autant de réactions grossières qui traduisent ce même frisson, cette même répulsion en présence de manières de vivre, de croire ou de penser qui nous sont étrangères. Ainsi l'Antiquité confondait-elle tout ce qui ne participait pas de la culture grecque (puis gréco-romaine) sous le même nom de barbare ; la civilisation occidentale a ensuite utilisé le terme de sauvage dans le même sens. Or, derrière ces épithètes se dissimule un même jugement : il est probable que le mot barbare se réfère étymologiquement à la confusion et à l'inarticulation du chant des oiseaux, opposées à la valeur signifiante du langage humain ; et sauvage, qui veut dire "de la forêt", évoque aussi un genre de vie animale par opposition à la culture humaine. Dans les deux cas, on refuse d'admettre le fait même de la diversité culturelle ; on préfère rejeter hors de la culture, dans la nature, tout ce qui ne se conforme pas à la norme sous laquelle on vit. »
Claude Levi-Stauss : *Race et histoire* (UNESCO), Editions Gonthier, 1961, p. 19-20.

226 Diogène Laërce : *Vie, doctrines et sentences des philosophes illustres*, Introduction, Garnier-Flammarion, 1965, p. 39. Cf. Aussi Roger-Pol Droit : « La Supériorité philosophique des Barbares affirmée par les Grecs », in *Philosophie comparée, Grèce, Inde, Chine*, Vrin, 2005, p. 172.

Nietzsche oscille entre deux positions contradictoires sur les origines orientales de la philosophie. D'un côté, il admet formellement que la philosophie n'est pas une importation des Grecs, au contraire *« elle est née du vrai sol national »*[227]. De l'autre, il affirme que *« la philosophie grecque ne doit pas être née en Grèce »*[228]. Ces deux propositions datant de la même époque ne doivent pas être prises comme une contradiction formelle. Car Nietzsche est très explicite : tout en étant héritier de la pensée grecque par ses études de philologie, il reconnaît que la philosophie est grecque, qu'elle est une invention des seuls Grecs. Toutefois pour échapper à cette affirmation dogmatique, il ouvre le débat légitime sur « l'orientalité » de la philosophie grecque. Cela ne signifie nullement que les Orientaux auraient été les maîtres à penser des Grecs[229].

Pourtant les préplatoniciens ont vécu à l'étranger. Par exemple, d'après Nietzsche, Thalès a séjourné en Egypte[230] ; il est même le premier en sagesse parmi tous les mathématiciens. En tant qu'astronome, il est à la pointe de la science grecque. De là, Nietzsche affirme que *« les Grecs reçurent la science des Orientaux »*[231]. Il a le mérite de soulever l'origine orientale de la philosophie grecque. En ce sens, il se distingue de certains hellénistes du XXe siècle. Par exemple, dans *Les origines de la pensée grecque*, Jean-Pierre Vernant écarte soigneusement la relation de la culture grecque avec les peuples de l'Asie mineure : il refuse de se poser la question de l'origine de la philosophie en des termes orientaux (perses, indiens, égyptiens...). Même Léon Robin soutient que les ressemblances de certains mythes entre l'Inde et la Grèce n'attestent nullement d'un contact entre Grecs et Indiens. De telles ressemblances qui se rencontrent également chez les Polynésiens et les Scandinaves

227 *La Philosophie à l'époque tragique des Grecs*, I **, p. 214.

228 Nietzsche : *Les Philosophes préplatoniciens*, éditions de l'Eclat, 1994, § 5, p.108.

229 La vie des préplatoniciens montre que la philosophie grecque, à ses origines, était une sagesse pratique, un art de vivre selon la raison. Nietzsche insiste sur le fait par exemple qu'Anaximandre était un pur tragédien, habillé de somptueux vêtements *« et faisait preuve de fierté véritablement tragique dans ses comportements et ses habitudes »*. (Cf. *La Philosophie à l'époque tragique des grecs* I **, p. 227). Une formule de *La Philosophie à l'époque tragique des Grecs* (I **, p. 215) résume tout ce mouvement de pensée :
« Les Grecs ont maîtrisé leur instinct de connaissance en lui-même insatiable grâce au respect qu'ils avaient pour la vie, grâce à leur exemplaire besoin de vie... Car ce qu'ils apprenaient, ils voulaient tout aussitôt le vivre. »
Soulignons que l'une des causes de l'oubli de l'Inde, à notre époque, est la coupure avec la signification ancienne du mot philosophie : la philosophie occidentale a perdu le sens même de son étymologie. Actuellement, la philosophie est une interrogation multiple qui oublie soigneusement l'aspect ascétique de la sagesse philosophique. En ce début du XXIe siècle, un professeur de philosophie n'est pas un sage, mais un érudit qui pense le moi, le monde et Dieu, sans aucun souci de la sagesse en soi ou de la sagesse pratique : il vit selon une connaissance livresque et n'a plus ainsi aucun rapport avec les philosophes antiques.

230 Nietzsche : *Les Philosophes préplatoniciens*, op. cit., § 5, p. 108.

231 Ibid. p. 108.

s'expliquent, écrit-il, par « *une réaction de conscience collective* »[232] et nullement par des influences[233].

Plutôt que d'influence, on peut parler, comme l'affirme François Chenet[234], de parallélisme dans le développement historique des philosophies de l'Inde et de la Grèce. Par exemple, le bouddhisme et le christianisme, deux philosophies religieuses, similaires sous certaines formes quant à leur morale, opposées quant à leur dogmatique, ont grandi parallèlement sur deux continents sans jamais se rencontrer durant dix-neuf siècles, c'est-à-dire depuis la naissance du christianisme. La « philosophie comparée » doit les mettre en dialogue.

Ce parallélisme dans le développement des philosophies, à l'origine, est bien mis en évidence dans cette proposition de Brice Parain :

> « La philosophie est peut-être effectivement sortie de la terre grecque, toute armée, toute casquée comme on l'enseigne ; mais elle n'était pas la seule. Dans l'Inde, en Chine, à la même époque, il y avait des écoles de philosophie. »[235]

Si pour Nietzsche la philosophie n'est pas née en Grèce (il soutient également l'autre option), cela signifie paradoxalement que la philosophie est née en « Orient », c'est-à-dire dans les colonies grecques à Milet et à Ephèse. (F. Chenet ne dit pas autre chose : « *La philosophie est née en pays barbare.* »)[236] Les préplatoniciens ont vécu hors de leur patrie d'origine. Leurs lieux de séjour attestent d'un brassage de langues, de peuples innombrables. Ces rencontres ont donné naissance à la philosophie par la seule assimilation de toute culture étrangère par les Grecs. En conséquence la philosophie est grecque. Désormais par le mot grec, il faut entendre (avec Nietzsche), le Midi, l'Orient, la culture métissée. Ceci inclut-il que les Grecs sont des comparatistes ? La philosophie grecque est-elle le fruit des cultures comparées ? L'essentiel chez Nietzsche ne réside nullement dans les origines de la philosophie[237], mais dans sa reconnaissance de la philosophie indienne et de sa place à

---

232 Léon Robin : *La Pensée grecque et les origines de l'esprit scientifique*, La Renaissance du livre, 1928, p. 37. L'idéologie tripartite des peuples indo-européens, d'après l'œuvre de Georges Dumézil, contredit tous ceux qui affirment que les cultures sont indépendantes, que certaines ressemblances relèvent de la contingence.

233 Sur les influences réciproques entre *philosophie indienne et philosophie occidentale*, on se reportera à la conclusion de l'ouvrage de H. de Glasenapp : *La Philosophie indienne*, Payot, 1951, p. 329-338.

234 F. Chenet : *L'Inde et la Grèce*, op. cit., p. 1308-1315.

235 *Histoire de la philosophie*, tome I, Préface de Brice Parain, Gallimard, 1983, p. IX.

236 François Chenet : *L'Inde et la Grèce*, op. cit. p. 1293.

237 D'après Nietzsche, les préplatoniciens ne connaissaient pas le mot philosophie. A cette époque, il était d'un usage peu courant. Comme le dit Jean-Pierre Vernant, le terme « Philosophos » figure pour la première fois dans un fragment que l'on prête à Héraclite d'Ephèse : « *Il faut, oui tout-à-fait, que les hommes épris de sagesse soient les juges des nombreux.* » Cf. Héraclite : *Fragments*, traduits par M. Conche, P.U.F., 1987, p. 99. Les premiers philosophes tentent d'expliquer le monde en des termes rationnels et non plus surnaturels. Par exemple, Thalès de Milet développe sa cosmogonie à partir de l'eau. C'est alors que pour la philosophie universitaire, il rompt avec la pensée mythique, magique et

côté de la philosophie grecque. Dès lors la « philosophie comparée » est possible. Mais les intellectuels des XIXe et XXe siècles partagent-ils la position de Nietzsche ?

2) Rejet total de la philosophie indienne par la « *tradition occidentale* »

a) La philosophie, « une tradition intellectuelle occidentale »

Le temps est venu d'examiner attentivement les raisons pour lesquelles l'Orient est exclu de la philosophie. Rappelons que Roger-Pol Droit, dans son remarquable livre, *L'Oubli de l'Inde, une amnésie philosophique*, traite des causes de cet oubli de la philosophie indienne par de nombreux philosophes des XIXe et XXe siècles[238]. Outre le cas singulier de Hegel, qui a été vu, nous voulons prendre en compte les rejets de la philosophie indienne par un contemporain comme Sylvain Auroux. Exposons clairement sa position :

« La philosophie est une tradition intellectuelle occidentale. »[239]

Cette formule contient une certaine exaltation de l'européocentrisme, c'est-à-dire un penchant naturel qui prend la culture européenne, héritière d'Athènes (philosophie grecque), de Rome (philosophie chrétienne) et de Jérusalem (philosophie juive) pour critère absolu, pour norme de toute philosophie. Cela revient à dire que seule la philosophie de type occidental existe et se réserve le droit absolu de juger de toutes les autres formes de pensée. Une telle affirmation qui exclut purement et simplement les philosophies orientales est assez choquante sous la plume d'un philosophe. Le tout est aggravé par la double position contradictoire de Sylvain Auroux : celui-ci rejette les autres traditions philosophiques tout en affirmant que *« la différence montre justement que tout n'a pas été* dit *»*[240]. Ce paradoxe est surprenant puisque d'un côté, il admet la différence culturelle, dans ce cas, on s'attend de sa part à une reconnaissance des philosophies orientales ; de l'autre, il invoque *« la tradition philosophique occidentale »* pour justifier que l'expression conceptuelle de philosophie orientale n'a pas de sens et donc ne peut exister. Sur ce paradoxe, S. Auroux s'explique en ces termes :

---

religieuse. Avant les « préplatoniciens », le monde était expliqué par la poésie, des chants qui se transmettaient de génération en génération. On chantait ainsi la gloire des héros mythiques.

238 Pour une présentation de *L'Oubli de l'Inde*, on se reportera à l'article de Gilles Lapouge : *Sur la piste de l'Inde perdue* (*Depuis la fin du dix-neuvième siècle, l'Occident s'est désintéressé de la pensée de l'Orient. Roger-Pol Droit s'étonne de cet oubli*) in *Le Monde*, Vendredi 3 mars 1989.

239 Sylvain Auroux : article « Philosophie » in *Encyclopédie philosophique universelle. Les notions philosophiques* n° 2, P.U.F. 1990, p. 1940.

Dans *La Renaissance orientale*, Edgar Quinet propose (à la page 17, L'Archange Minotaure, 2003) une définition différente de la tradition : *« Toute révélation vient d'Orient, et, transmise à l'Occident, s'appelle tradition. L'Asie a les prophètes ; l'Europe a les docteurs ; tantôt ces deux mondes, échos de la même parole, ont entre eux un même esprit [...] tantôt leurs génies se repoussent comme deux sectes. »*

240 Sylvain Auroux : *Barbarie et philosophie*, P.U.F., 1990, p. 172.

> « On objectera, certes, qu'il n'y a pas à proprement parler de philosophie chinoise ou indienne. Il s'agit d'une évidence puisque la philosophie est une tradition spécifique. La question pourtant n'est pas là et cette remarque par où l'on pense clore la nécessité de la confrontation est justement ce qui l'ouvre. Il n'y aurait pas de problèmes, si les Chinois avaient connu des philosophes au sens où Platon et Aristote le furent [...]. Que l'on assume même le plus profondément possible le projet universitaire de la tradition philosophique occidentale et il apparaît du devoir de la philosophie d'éclairer sa position (notre position) sur ces différences. Qu'est-ce que penser dans un autre horizon culturel, comment sont résolus les problèmes sociaux ou éthiques, comment sont assumées (et peut-être autrement réparties) les fonctions intellectuelles et sociales de ce que nous appelons philosophie ? »[241]

Sylvain Auroux accorde une primauté unique, exclusive et sans condition à ce qu'il appelle *« la tradition philosophique occidentale »*. En conséquence, c'est à elle qu'il appartient de « légiférer » en matière de philosophie (universelle), c'est-à-dire qu'elle seule est habilitée à décréter si une pensée est de la philosophie ou non. Ainsi en se demandant *« ce que penser veut dire dans un autre horizon culturel »*, Auroux fait une fausse ouverture aux autres cultures pour la raison qu'il ne les considère pas comme des philosophies, il les juge à partir de la philosophie (occidentale), la seule à disposer d'une légitimité. Ajoutons qu'il développe une position anti-comparatiste car son défaut est de penser les cultures orientales à partir de la sienne. Comment peut-il juger des problèmes sociaux, éthiques, religieux chez les Orientaux en se fondant sur la philosophie occidentale et sa tradition, c'est-à-dire en se référant au cadre culturel occidental ? Son défaut pourrait s'expliquer dans les termes suivants que nous empruntons à Brice Parain, peut-être le premier philosophe à faire une large place à la philosophie indienne dans l'*Encyclopédie de la Pléiade* qu'il a dirigée[242].

> « Pour autant que l'on définisse la philosophie par le contenu et la forme de la tradition occidentale, on ne trouve rien (et pour cause) qui, ailleurs, soit pareillement constitué. »[243]

Contrairement à Parain, Auroux définit la philosophie par « la tradition occidentale ». Il n'a jamais pensé à définir également la philosophie par le contenu de la tradition indienne. Autrement dit, il se raccroche au *« projet universitaire de la tradition philosophique occidentale »*[244] pour justifier ses vues qui tendent vers un européocentrisme indéracinable. Mais remarquons avec Michel Hulin que

---

241 Ibid. p. 172.

242 *Histoire de la Philosophie*, tome 1, sous la direction de Brice Parain, on se reportera à l'article de Madeleine Biardeau : *Philosophies de l'Inde*, Gallimard, 1983, p. 82-247.

243 *Histoire de la philosophie*, Préface de B. Parain, op. cit., p. XI-XII.

244 Si l'on veut réellement parler de tradition philosophique en Europe et en Inde, dans ce cas, *« tradition pour tradition,* écrit J-L. Solère, *pourquoi ne pas appeler aussi philosophie (pris comme terme générique) celle de l'Inde »*. Cf. J.-L. Solère : *L'Orient de la pensée*, op. cit., p. 7.

« c'est par une simplification abusive que nous parlons de la tradition philosophique occidentale. A aucun moment de sa longue histoire, celle-ci n'a été totalement unifiée et son répertoire conceptuel est toujours resté dans une large mesure fluide, mouvant et ouvert. C'est d'ailleurs cette instabilité interne, cette perpétuelle inquiétude qui l'a empêchée de se scléroser et l'a maintenue, avec une faveur certes variable selon les époques, à l'écoute du reste du monde, singulièrement de l'Orient. »[245]

Sylvain Auroux continue à cultiver à son insu son paradoxe dans le *Dictionnaire des notions philosophiques*[246] qu'il a dirigé. Il y consacre une place importante à ce que nous pouvons appeler « les philosophies asiatiques » sous la rubrique « pensées asiatiques ». Là encore l'expression « philosophie indienne » est exclue, excepté dans les définitions des concepts par les philosophes indianistes tels que Guy Bugault, Michel Hulin, Lakshmi Kapani.... Pour la première fois en France, quelque 255 pages sont réservées à la définition des concepts indiens. La philosophie indienne est la plus représentée, juste devant la philosophie chinoise (75 pages). Ici encore, il y a une ambiguïté : ce dictionnaire[247] fait une triple distinction, voire une discrimination conceptuelle, entre *« philosophie occidentale »*, *« pensées asiatiques »* et *« conceptualisation des sociétés traditionnelles »*, c'est-à-dire, semble-t-il, entre philosophie, sous-philosophie et absence de philosophie[248]. L'emploi de l'expression *« philosophie occidentale »* laisse envisager l'existence d'une philosophie orientale, mais à la place, Sylvain Auroux préfère l'expression inégale de *« pensées asiatiques »* (Inde, Chine, Japon, des pays qui ont une histoire). Il ignore qu'en établissant une telle inégalité, malgré lui (et ses ambiguïtés), il contribue, peut-être pour la première fois depuis Hegel, à faire avancer l'idée d'une philosophie indienne, une reconnaissance officielle qui viendra en son temps.

Remarquons aussi que dans ce *Dictionnaire*, la philosophie indienne est également présente implicitement en tant que telle, à travers les renvois vers d'autres notions de philosophie occidentale. Ces renvois posent involontairement, un degré minimum d'homogénéité, une certaine égalité entre les philosophies occidentale et indienne d'une part, et le dialogue entre ces univers philosophiques différents, d'autre part. La philosophie indienne fait son entrée dans le vocabulaire conceptuel

---

245 M. Hulin : *Le Principe de l'ego*, op. cit. p. 54. A l'intérieur de la philosophie occidentale, il y a plusieurs philosophies, par exemple les écoles de Pythagore, d'Epicure, de Platon...

246 *Encyclopédie philosophique universelle. Les notions philosophiques* n° 2 P.U.F. 1990.

247 Dans ce dictionnaire, on se demande pourquoi à côté de Guy Bugault et de Michel Hulin, membres du comité de rédaction (cf. page III), il est uniquement écrit « sanskrit » comme si les concepts de philosophie indienne et de philosophie comparée étaient inexistants. En revanche, d'autres comme Luc Brisson ont le droit à la mention : « philosophie grecque » car ils sont considérés comme des philosophes de « l'unique tradition philosophique occidentale ».

248 C'est le terme de philosophie qui est contesté pour l'Orient. Pourtant, un indianiste du milieu du XXe siècle tel que Helmuth de Glasenapp utilise volontiers le mot philosophie et va jusqu'à distinguer entre « philosophie indienne et philosophie occidentale » dans son remarquable ouvrage : *La Philosophie indienne. Initiation à son histoire et à ses doctrines*, Payot, 1951, p. 13 et 328.

universel, même si elle n'occupe que la deuxième place bien difficilement. Il ne reste plus à la philosophie occidentale, ou plus précisément aux philosophes occidentaux, qu'à reconnaître les textes philosophiques de l'Orient (indien). Cette semi-reconnaissance de la philosophie indienne par la tradition philosophique occidentale, exigée par *« la circulation mondiale de l'information »* et des personnes, est entachée, par exemple dans le livre *Barbarie et philosophie*, d'un rejet des textes indiens. Car on ne voit pas comment le vocabulaire conceptuel indien pourrait être admis sans son complémentaire : la lecture directe ou indirecte des textes philosophiques majeurs de l'Inde[249].

b) La philosophie indienne encadrée par la religion

En utilisant l'expression « philosophie hindoue », Brice Parain n'entend pas forcément la philosophie brahmanique et bouddhique[250]. Il semble que, pour lui et d'autres, la religion hindoue jette le trouble sur le statut de la philosophie indienne. En effet, si l'Occident s'intéresse à l'Inde, ce n'est souvent moins pour sa philosophie que pour sa spiritualité avec tout ce que cela implique : les gourous, les temples hindous, le Gange, les vaches sacrées, les excès dans l'ascétisme, une forte préoccupation de la souffrance et sa conséquence comme la sortie de cette existence. (Ce sont des images un peu grossières de l'Inde). Cette présence de la religion dans toutes les attitudes majeures de la pensée des Indiens pose problème pour Parain. C'est toujours en comparant avec sa propre culture qu'il porte ce jugement très strict sur la philosophie indienne :

---

249 Cf. le troisième volume du *Dictionnaire des Œuvres philosophiques*, P.U.F. 1990.
La France est l'un des rares pays d'Europe à disposer de deux chaires de philosophie indienne, une en Sorbonne (F. Chenet) et une à Nanterre (L. Kapani). L'existence de ces deux chaires est une autre manière de reconnaître le concept de philosophie indienne et par suite de philosophie comparée.
Dans son introduction remarquable au *Vocabulaire des philosophies indiennes* (Ellipses, 2003, p. 8), Marc Ballanfat discute clairement des positions difficiles des philosophes occidentaux sur les philosophies indiennes.

250 Comme Eric Weil dans sa *Logique de la philosophie* (Vrin, 1985, p. 96), Parain utilise le mot « hindou » pour désigner la pensée tant brahmanique (hindoue) que bouddhique. Il ne veut pas utiliser le mot indien à cause de la confusion avec les Indiens d'Amérique (Amer-Indiens ou « American-natives »). Là encore cette ambiguïté vient de Christophe Colomb qui, voulant découvrir une autre route vers les Indes (autre que celle empruntée habituellement), arrive en Amérique en 1492 et croit être en Inde, et, les habitants, il les appelle les Indiens. Remarquons que cette appellation d'« hindou » par référence à la religion hindoue n'est pas valable pour les indiens de confession bouddhique, musulmane, sikh. Enfin être indien, c'est être citoyen de l'Inde. Seule la langue allemande possède deux termes pour distinguer l'indien de l'Inde, « indier » et l'indien d'Amérique, « indianer ». (R.-P. Droit préfère dire *« indisch »* et *« indianisch »* — cf. R.-P. Droit, commentaire sur l'article de P.-J. Labarrière sur *« Hegel et l'Amérique »*, in *Penser la rencontre de deux mondes*, publié par Alfredo Gomez-Muller, P.U.F. 1993, p. 31).

« Ce qui a distingué, au départ, la philosophie grecque de la chinoise et de l'indienne, c'est qu'elle est née en même temps que la science(...)[251]. La confiance des hindous dans ce qu'on appelait en Grèce la justesse du langage est la même qu'à Ephèse ou à Milet (elle est peut-être indo-européenne) mais elle n'a pas son emploi. Car notre vie terrestre ne passionne pas la pensée hindoue, qu'elle soit brahmanique ou bouddhique, puisqu'elle ne peut être que douloureuse si on reste dedans. La seule issue est de s'en libérer par un exercice approprié du corps et de l'esprit. A vrai dire, la philosophie ainsi encadrée par la religion n'a guère pu être qu'une recherche de connaissance réduite à des activités assez élémentaires : la perception et un raisonnement inductif de faible envergure. Il lui manquait l'ambition de la conquête et le pari métaphysique. »[252]

Comparons avec les paroles de l'indologue Helmuth de Glasenapp :

« On ne peut pas davantage établir de différence qualitative entre les philosophies indienne et occidentale en soutenant que la première est une spéculation religieuse et mystique, et la seconde le résultat d'une investigation scientifique sans conception a priori. Si l'on s'en tient à la position positiviste, que seul l'enseignement des principes de la connaissance compose la philosophie et que tout le reste échappe à son domaine, on devra également rejeter, comme n'appartenant pas à la philosophie, la plus grande partie de

---

251 Quand Parain soutient que la philosophie indienne n'a pas débuté comme la grecque en même temps que la science (au sens de sciences de la nature), il met en doute l'utilisation de la raison, chez les Indiens. Toutefois si l'on prend la science au sens de savoir rationnel, méthodique, et organisé, celle-ci est bien présente dans les textes indiens pléthoriques comme les *Vedas* (qui ne sont pas scientifiques au sens où l'entend B. Parain). Car justement le mot *veda* (du sanskrit « *vidya* », terme qui s'identifie aisément au latin « videre ») signifie voir ou plus exactement savoir. Les Védas, d'après F.W. Schelling dans *Philosophie de la mythologie* (Millon, 1994, Leçon vingt, p. 286) sont *« un recueil scientifique et, d'une certaine manière savant, d'essais et de compositions parmi lesquels certains renvoient à une très haute antiquité »*. Ceci montre que les Indiens, contrairement à une légende très répandue, s'intéressent au savoir. On pourrait objecter ici, par exemple, que Socrate a la conscience de son ignorance et qu'il s'identifie par là aisément au sage indien dont toute la vie est une sagesse pratique tournée vers la recherche de la délivrance *(moksha)*.

Ainsi nous retrouvons la question de la raison dans les textes dialogués de l'Inde comme le *Traité des Mille Enseignements* de Shankara dont Michel Hulin dit que « la dimension "socratique" de la relation dialogale maître-disciple y est particulièrement en évidence [...] ». (Cf. M. Hulin, *Qu'est-ce que l'ignorance métaphysique ?* Vrin 1994, p. 43). Comme Socrate, Shankara définit les concepts, (*dans Les philosophes préplatoniciens* (Grasset 1994, p. 88), Nietzsche affirme que *« la philosophie est l'art de représenter en concept l'image de tout ce qui existe »*, car c'est en comprenant le sens des mots utilisés que l'on vivra mieux en communauté. On trouvera un exemple de définition des mots dans le *Traité des Mille Enseignements de Shankara* (cf. M. Hulin, *Qu'est-ce que l'ignorance métaphysique ?*, op. cit. p. 56). Ici nous sommes bien dans une philosophie encadrée par le mythico-religieux comme en Inde.

252 B. Parain : Préface à l'*Histoire de la philosophie*, op. cit., p. X-XI. Cf. également H. de Glasenapp : *La Philosophie indienne*, Payot, 1950, p. 21-26.

ce que les penseurs occidentaux ont appris touchant le monde et l'au-delà. La notion de philosophie prend alors une signification qui ne correspond plus d'aucune façon à celle qu'on avait, depuis les temps de l'antiquité, liée à ce terme. Si, au contraire, on entend par philosophie la tentative faite pour acquérir, par une contemplation réfléchie des choses, une vision déterminée du monde et des règles de vie pratique, cette définition compréhensive de la notion convient également dans l'Inde et en Occident. Certes, il est exact que les Indiens, en tant que partie la plus religieuse de l'humanité, ont, dans la plupart de leurs systèmes, mis en valeur des conceptions religieuses, tandis qu'en Europe, surtout depuis "l'époque des Lumières", on met toujours davantage en évidence celles où manque l'intention religieuse. Mais si l'on se représente que les derniers grands champions de la philosophie indienne ont vécu au XVIIe siècle et que, jusqu'à cette époque, la métaphysique européenne, elle aussi, était marquée religieusement chez la plupart de ses représentants, on constatera alors qu'en dépit de mainte différence dans le détail, il y eut, jusqu'à l'époque de la guerre de Trente ans, une attitude analogue dans l'Inde et en Occident. »[253]

Entre ces deux vues sur le statut de la philosophie en Inde, seul le jugement anticomparatiste de Parain montre que celui-ci n'approfondit pas réellement le sens de cette proposition : qu'est-ce que penser veut dire dans les concepts des philosophies indiennes ? Au contraire, ne trouvant aucune analogie entre la pensée occidentale et celle des Indiens comme dans les domaines du langage et de la métaphysique, il exclut brutalement la philosophie indienne du champ de la philosophie universelle. Autrement dit, en définissant la philosophie occidentale comme *« une réflexion appliquée à la vie »*, qu'*« elle doit avoir pour principe que la vie a un sens et est bonne à vivre »*[254], Parain dresse la philosophie européenne contre la philosophie indienne de sorte qu'il les fige définitivement derrière une ligne de démarcation infranchissable.

Ce cloisonnement vient de ce qu'il attribue aux Indiens une conception pessimiste de l'existence. En réalité, à l'instar de la quasi-totalité des philosophes des XIXe et XXe siècles (le plus souvent ignorants des études indiennes), Parain n'a pas compris l'état de délivrance puisqu'il le considère comme une fuite hors du monde de la vie. La pensée indienne est victime ici de sa réputation de mépris pour la vie, incarnée par la figure du renonçant ; plus précisément les philosophes occidentaux jugent la philosophie indienne uniquement à partir de l'image floue qu'ils ont du *samnyasin* (le renonçant indien), tout en ne se posant aucune question sur le sens véritable de la libération (*moksha*). Mais il convient ici de préciser que les Indiens s'intéressent à l'existence : les textes du rituel védique traitant du maître de maison (*grihastha*) pourraient le prouver largement. De plus, l'état de renoncement est l'exception, il est même le dernier stade de la vie d'un brahmane. En ce sens, la philosophie indienne évoque la sortie de cette existence et la philosophie grecque recherche le sens de cette même existence. Mais il est vrai que dans l'Inde, il n'y a

253 H. de Glasenapp : *La Philosophie indienne,* Payot, 1951, p. 20.

254 B. Parain : Préface à l'*Histoire de la philosophie,* op. cit., p. XII.

pas eu un Aristote[255] pour inaugurer la philosophie par l'étonnement que le monde soit ainsi. Aux vues réductrices et fermées de Parain sur les débuts de la philosophie indienne, opposons les analyses ouvertes de deux indianistes comparatistes :

> « En Inde, *écrit M. Hulin*, à la différence de la Grèce, la réflexion philosophique ne prend pas sa source dans l'étonnement mais dans un sentiment douloureux de désorientation (moha) qui prend la forme d'une errance et d'un exil. Elle n'est pas animée au départ d'une curiosité proprement intellectuelle, tournée vers les mystères du cosmos, mais dans le besoin de se comprendre soi-même et de reprendre pied par là même dans la réalité. »[256]

> « En Inde, *écrit F. Chenet*, le projet philosophique eut au contraire pour primum-movens la visée, existentielle et concrète, de l'éradication de la souffrance, et l'aspiration à la délivrance : postulant la valeur libératrice de la connaissance, la philosophie indienne y fut davantage que la simple propédeutique d'une doctrine de salut, elle y fut intrinsèquement une sotériologie, comme l'atteste assez le nom de moksha-shastra que lui donnent les philosophes indiens. »[257]

Lorsque Parain reproche à la philosophie indienne d'avoir manqué *« le pari métaphysique »*, François Chenet lui objecterait :

> « L'étoile qui s'est levée en Grèce il y a deux mille cinq cents ans, nous devons certes continuer à nous guider sur elle. Mais à la question de savoir si, lorsqu'on parle de "métaphysique occidentale", le qualificatif "occidentale" n'est qu'un additif de pléonasme, il faut donc répondre par la négative : [...] il y a bel et bien eu ailleurs qu'en Grèce une autre naissance de la métaphysique, avec l'émergence et l'épanouissement d'une pensée d'inspiration indéniablement "métaphysique", prenant en charge cette science universelle, cette "science du tout du monde" dont parlait Husserl, mais selon des voies et méthodes tout autres puisqu'elle ne s'est pas enfermée ni dans la métaphysique de l'être ni dans la série des oppositions binaires instituées qui commandent la pensée grecque (être / apparence, être / devenir, visible / invisible, etc) : il y a donc de la métaphysique ailleurs qu'en Grèce... » [258]

---

255 Aristote : *Métaphysique* (Vrin, 1991, p. 8-9) : *« Ce fut l'étonnement,* écrit Aristote, *qui poussa, comme aujourd'hui, les premiers penseurs aux spéculations philosophiques. Au début, ce furent les difficultés les plus apparentes qui les frappèrent, puis, s'avançant ainsi peu à peu, ils cherchèrent à résoudre des problèmes plus importants, tels que les phénomènes de la Lune, ceux du Soleil et des étoiles, enfin la genèse de l'Univers. Apercevoir une difficulté et s'étonner c'est reconnaître sa propre ignorance. »*

256 Michel Hulin : *Shankara et la non-dualité*, Bayard, 2001, p. 119. Cf. également, J.-L. Solère : *L'Orient de la pensée*, op. cit, p. 40.

257 F. Chenet : *La Philosophie indienne*, Colin, 1998, p. 75.

258 Cf. F. Chenet : *La Philosophie indienne*, Colin, 1998, p. 92. Cf. également F. Chenet : *L'Inde et la Grèce* op. cit. p. 1320. Dans la même étude, l'auteur a mis en évidence la complexité de la pensée indienne (op. cit. p. 1304). Par exemple, la philosophie du bouddhisme n'admet aucune ontologie, cette *« radicalité disons ontologisante »* est *« sans équivalent dans*

Comme Hegel, Parain et les philosophes de notre temps reprochent à la pensée indienne d'être encore dans le mythe et la religion. Or nous savons que le mythe est de la pensée, que les premières élaborations de l'esprit humain sont évoquées en termes mythiques. Contrairement à la Grèce, notamment avec Platon et les présocratiques, qui expulsent de la philosophie toute représentation mythique (et encore cela n'est guère établi formellement)[259], l'Inde pense encore le monde, Dieu et le moi à travers le mythe mais pas exclusivement. Heinrich Zimmer, dans son étude sur *la Mâyâ ou le rêve cosmique dans la mythologie hindoue*[260] a bien montré que le mythe en Inde est de la pensée philosophique, notamment la notion de *mâyâ*, définie comme une incessante transformation du monde et de la personne et qui présente l'existence comme un rêve.

Sur le thème de la mythologie, *« c'est-à-dire très spécifiquement les récits mythologiques de fondation d'ordre cosmique et socio-politique »*[261] (comme les textes du Rig-Veda (10.90 et 10.129), regardons avec admiration *La Philosophie de la mythologie*. En effet dans ce livre, Schelling, en rompant avec la recherche empirico-historique, ne considère plus « les représentations purement mythologiques comme des inventions de prêtres, comme ont voulu le faire accroire tant d'écrivains, français en particulier »[262]. L'ambition de Schelling est d'étudier « la genèse et la signification de la mythologie » comme « une tâche digne de la philosophie de notre époque »[263]. Et c'est une première pour un philosophc occidental : Schelling ne sépare jamais mythologie et philosophie. Pour lui, les représentations mythologiques s'expriment à travers un procès qui existe nécessairement dans toute humanité. Ce procès mythologique est théogonique, « c'est-à-dire comme procès de restauration, de reconstruction de la conscience originelle »[264].

---

la pensée d'Occident ». Une telle nouvelle donnée fondamentale est une contribution à la philosophie globale (universelle ou sans frontière) et atteste d'une certaine puissance de réflexion de la part des « théologiens » du bouddhisme et qu'il ne serait pas inutile d'étudier ; d'autant plus que cette *« désontologie »* rejette toute foi, toute révélation, toute transcendance et par là même correspondrait à notre époque athée et en révolte absolue contre les 2000 ans de culture chrétienne. Sur ce point les sceptiques grecs, Hume et même Nietzsche seraient les élèves des bouddhistes.

259 Platon affirme que le mythe peut nous instruire sur notre condition humaine et *« il peut nous sauver nous-mêmes si nous y ajoutons foi »* (cf. Platon : *La République*, X, Flammarion, 1984, 621 d, p.386). Chez Platon, le mythe vient pallier les défaillances de la raison pour expliquer le monde de la pensée (cf. Geneviève Droz, *Les Mythes platoniciens,* Seuil, 1992 ; Pierre Aubenque : « La découverte grecque des limites de la rationalité » in *La Naissance de la raison en Grèce*, sous la direction de J. F. Mattéï, P.U.F., 1990, p. 407-417.

260 Heinrich Zimmer : *Mâya ou le rêve cosmique dans la mythologie hindoue,* traduction de Madame Michèle Hulin, Fayard, 1987.

261 Préface de Marc Richir in F.-W. Schelling : *Philosophie de la mythologie*, Millon, 1994, p. 7.

262 Ibid. Leçon 17, <239 (373)>, p. 247.

263 Ibid. Leçon 17, <239 (373)>, p. 247.

264 Ibid. Leçon 17, <240 (374)>, p. 247.

Schelling ne prétend pas expliquer la mythologie dans les termes extérieurs de la philosophie, mais pour lui « *c'est la mythologie s'auto-expliquant* » dans les termes intérieurs de son propre langage philosophique qui nous déchiffrera son sens. Autrement dit,

> « Dans cette auto-explication, de la mythologie, *poursuit Schelling*, nous ne serons non plus tenus d'éviter les expressions de la mythologie même, mais nous la laisserons la plupart du temps parler la langue qui est la sienne, quand celle-ci nous sera devenue compréhensible grâce à la perspective atteinte. Les expressions de la mythologie sont, dit-on, figurées. Ceci d'une certaine manière est vrai. Mais elles ne sont pas plus impropres aux yeux de la conscience mythologique que ne le sont aux yeux de la conscience scientifique la plupart de nos expressions également figurées. »[265]

Contre les rationalistes qui comprennent par exemple le Christ comme une figure allégorique, ayant donc un sens considéré comme impropre[266], Schelling réconcilie magistralement l'irrationnel et le rationnel, la pensée dite obscure prêtée à la mythologie et la pensée dite claire de la philosophie. Ceci est manifeste particulièrement dans ses leçons 20-21-22-25. Ainsi sous sa plume, pensée mythique et pensée philosophique ne font qu'un. Autrement dit, ce qui passe pour irrationnel dans « la tradition philosophique occidentale » est rationnel quand on se livre à des analyses sur la philosophie de la mythologie. Par exemple[267] dans le renoncement tel qu'il est conçu en Inde, Schelling repère une exaltation de l'âme moins le corps. En effet, contrairement aux sociétés occidentales paniquées par l'idée de mort car elle font uniquement confiance à la raison, l'Indien déculpabilise, dédramatise la mort. Et remarque Schelling,

> « l'âme, c'est-à-dire ce qui seul demeure, une fois supprimée l'unité matérielle (ce qui demeure, ce qui persiste après la mort, se nomme âme dans toutes les langues) ; le corps n'est plus effectivement qu'une apparence, et ne flotte que comme un rêve dans la conscience de l'Indien ».

Ce que l'Indien admet dans sa philosophie, que le monde sensible est une illusion, un phénomène transitoire, s'exprime déjà sur lui-même, dans son apparence externe tout à fait docile, dont il fait ce qu'il veut (admirons dans cette formule l'usage du langage philosophique de Schelling pour désigner la philosophie indienne relative au renoncement). Les prestigiditateurs indiens possèdent une incroyable virtuosité. Partout où quelque chose nous enchante et nous touche dans une sculpture indienne ou dans une œuvre de poésie indienne, on découvre toujours que ce qui nous saisit, c'est l'expression de l'âme, la plénitude de l'âme[268].

---

265 Ibid. Leçon 7, <3 (137)>, p. 91.

266 Ibid. p. 91.

267 Ibid. <437 (571)>, p. 378-381.

268 Ibid. Leçon 25, <435 (569)>, p. 379.

En Inde, la pensée se situe indifféremment dans le *muthos* et le *logos*. En effet, grâce à la mythologie, la noblesse de la philosophie indienne est d'*« être une pensée de l'inconcevable »*[269] :

> « L'Inde, *écrit François Chenet*, cette infatigable "tisseuse de mythes", est ainsi passée très souplement d'une vision magique du monde à des conceptions qui ont exigé d'incontestables facultés logiques, mais elle ne s'est jamais coupée de ses racines. »[270]
>
> « A dire vrai, *comme l'écrit O. Lacombe*, l'Inde ne se veut ni rationaliste ni irrationaliste. Elle pense que le rôle de la réflexion rationnelle supérieure est plus encore d'évacuer le monde en l'expliquant, que de l'expliquer pour le comprendre et s'en servir. Elle croit que les échecs de la raison ont plus de prix que ses réussites, dans la mesure où l'appel du mystère se fait ainsi mieux entendre. »[271]

Celui qui s'initie à la pensée indienne, sera confronté à ce mélange de fable, de magie, de mythe et surtout de religion, des thèmes imbriqués les uns dans les autres, lesquels aux yeux du néophyte en orientalisme passeront pour une pensée qui n'est pas philosophique. Et pourtant, chez les Indiens, une manière de philosopher existe : elle consiste à adopter une position rationnelle et irrationnelle (pour un esprit occidental), mais dans cette apparence irrationnelle, est perceptible une philosophie à laquelle on n'est pas habitué. L'Occidental a tendance, avec sa culture (gréco-judéo-chrétienne), à classer trop vite la pensée indienne dans la non-philosophie, voire dans l'anti-philosophie. Pourtant la religion[272] est une autre manière de penser. Sur

---

269 François Chenet : *L'Inde et la Grèce*, op. cit. p. 1303.

270 Ibid p. 1303.

271 O. Lacombe : *Mystère et mystique dans l'hindouisme*. Le Mystère. Semaine des intellectuels catholiques (18 au 25 nov. 1959), Pierre Horey, éd., 1960, p. 229.
Ceux qui dénient à la pensée indienne le développement et l'utilisation de la raison doivent consulter le début de l'article de François Chenet (*Que prouvent les preuves indiennes de l'existence de Dieu ?* op. cit. p. 65-67). L'auteur y affirme que la pensée indienne est *« attachée aux exigences de la pensée rationnelle : il suffit en effet de fréquenter un tant soit peu les innombrables commentaires qui forment l'immense littérature philosophique de l'Inde pour mesurer combien la pensée indienne s'est employée à inventorier les sources et les normes de la connaissance valide (pramâna), à établir les conditions formelles de la vérité du discours, à passer en revue les degrés successifs du savoir, à serrer de près le ressort de la connexion logique dans l'influence (anumâna), à passer au crible de la rigueur logique les diverses procédures argumentatives, à codifier la pratique de la dialectique (tarka). On constatera alors, telle une vérité d'évidence, que la pensée de l'Inde s'est efforcée de satisfaire toujours davantage aux exigences de la démonstration rationnelle en particulier dans l'école épistémologique et logique du Nyâya »*... (Ibid. p. 66-67). Pour une étude de la notion de *tarka*, on se reportera au travail de Madeleine Biardeau : *Théorie de la connaissance et philosophie de la parole dans le brahmanisme classique*, Mouton, 1964.

272 Le monde grec est plein de dieux, les présocratiques n'ont pas totalement rompu avec la pensée religieuse. Par exemple, quand Héraclite recevait des visiteurs, il les invitait à s'asseoir dans sa cuisine car, disait-il, *« là aussi, il y a des Dieux »*. (Cf. Aristote : *Les Parties des animaux*, Les Belles Lettres, 1990, p. 18 (645 a)).

ce point, nous savons que Hegel admet la philosophie indienne, car elle est analogue dans sa démarche à la philosophie chrétienne[273] : la philosophie scolastique, la philosophie religieuse (des Pères de l'Eglise) incarnée par saint Augustin, saint Thomas d'Aquin[274]... Ainsi, dans la philosophie occidentale, certains religieux sont des philosophes ou plus exactement pour eux, la théologie, définie par le théologien Georges Tavard comme *« une science des vérités révélées par la Bible »*[275], rend compte de l'intelligence de la foi, c'est-à-dire (dans le langage théologique) la raison tente d'expliquer la parole de Dieu rapportée par les *Ecritures.* A partir de là, nous saisissons mieux la démarche, par exemple de saint Augustin : la foi cherche, la raison trouve, car sans la foi, nous ne pouvons rien comprendre au mystère de Dieu

---

273 Les philosophies indiennes se distinguent non seulement de la philosophie antique (grecque) mais aussi de la philosophie religieuse d'un saint Augustin en ce sens que la pensée magique, mythique y est encore présente. A ce genre de socle philosophique, François Chenet donne le nom de *« nature mythopoïétique »* (Cf. F. Chenet : *Que prouvent les preuves indiennes de l'existence de Dieu ? Sur la théologie rationnelle d'« Udayana »* in Les Cahiers philosophiques, n° 14, *L'Orient de la pensée,* 1992, p. 65). En effet, la distinction entre mythe et religion n'est pas totale :
« Le mythe hindou, écrit Zimmer *(Maya ou le rêve cosmique op. cit. p. 72), c'est Dieu se rêvant lui-même et s'adonnant dans ce rêve au jeu délicieux de sa propre profondeur : celle-ci sourd, prend forme et devient cette conscience par laquelle toute créature se saisit elle-même. [...] Nous-mêmes sommes des lumières et des ombres, des figures, des tourbillons de la fantasmagorie que Dieu, dans son rêve, fait mouvoir en lui sous l'aspect de la féérie cosmique. »* Ceci implique que les Indiens sont à la fois des mythologues, des religieux, (des poètes) et des philosophes. Chez eux, l'inséparabilité entre pensée mythique (magique) religieuse et philosophique se démarque de saint Augustin dans son invocation de Dieu. Dans ses *Confessions,* en effet, saint Augustin, évêque d'Hippone, dialogue avec Dieu en termes religieux et philosophiques. Il se situe ainsi à la fois dans la religion et la philosophie et par delà la pensée mythico-magique. La présence de cette troisième instance à l'intérieur de la pensée indienne vient troubler sa bonne compréhension pour les Occidentaux habitués à suspecter toute pensée religieuse et mythique. A partir de là, nous nous trouvons en présence d'une définition plus large de la philosophie en Inde qu'en Occident. Un tel élargissement permet de penser davantage et nous incite à approfondir la culture indienne pour en déceler les différences, mais aussi pour expliquer cette autre manière de philosopher dans un autre univers de pensée que celui auquel on est habitué depuis son enfance. Avec la culture indienne, il s'agit pour l'occidental de s'adapter à un nouveau cadre de la pensée pour en tirer toute la richesse philosophique. Une telle démarche suppose un effort personnel pour sortir de sa vision naturellement européocentrique.

274 Cf. Olivier Lacombe : *Orient et Occident* (Ultima verba), 2e partie : « Christianisme et indianité », chapitre X : « Saint Thomas d'Aquin et les sagesses de l'Asie », Edit. Parole et Silence, 2001. Sur la question de la philosophie dans la théologie scolastique, on se reportera à la remarquable étude de J.-L. Solère : *L'Orient de la pensée,* op. cit., p. 29-31 et notamment à la page 30, où l'on apprend que Thomas d'Aquin se veut être théologien et non philosophe, son but n'est pas de produire de la philosophie « *mais,* écrit Etienne Gilson, *il en use, et s'il ne trouve pas toute faite celle dont il a besoin, il la produit afin de pouvoir en user* ». (E. Gilson : *La Philosophie et la théologie,* Fayard, 1960, p. 115).

275 G. Tavard : *La Théologie parmi les sciences humaines,* Beauchesne, 1975, p.40.

(« *Crois pour comprendre, comprends pour croire* »)[276]. Pour la première fois, un philosophe, Père de l'Eglise, religieux et théologien, met la foi avant la raison (une démarche inverse de celle de Platon). Sur ce point, saint Augustin s'explique lui-même en ces termes :

> « Et ce n'est pas par ses propres lumières, mais par participation à la Lumière, que l'esprit acquerra la sagesse... Car il n'est possible de parler de sagesse pour l'homme que dans la mesure où cette sagesse appartient aussi à Dieu. »[277]

Dans la pensée augustinienne, la foi (la religion) encadre la philosophie. Et même, la philosophie est considérée comme la servante de la théologie (*philosophia ancilla theologiae*). Cela s'explique par la volonté de la théologie catholique de se fonder sur la Révélation, c'est-à-dire, d'après le dominicain Claude Geffré « *le témoignage que Dieu a donné de lui-même et qui se trouve consigné dans les Saintes Ecritures* »[278]. A l'Institut catholique de Lille, dans ses cours de théologie fondamentale qui portaient sur foi et révélation (1999-2000), le dominicain Christophe Boureux soutient que la théologie ne sépare pas Révélation et Raison. A l'opposé, la philosophie se fonde sur la raison en se coupant de la révélation. Mais la philosophie religieuse ou chrétienne de saint Augustin réunit foi et raison dans un même discours, elle n'établit aucune distinction entre le Dieu des philosophes et le Dieu des théologiens. Cela suppose que les philosophes soient théologiens ou que les théologiens soient philosophes[279]. A partir de là, on ne voit guère ce qui distingue un Augustin d'un Shankara[280] qui commente les *Upanishad*[281] ; au contraire ce sont deux penseurs religieux, deux philosophes qui luttent contre les hérésies à l'intérieur de leur religion respective, qui ont apporté respectivement leur contribution à la foi

---

276 Lettre 120, 1 (2-3) in *Saint Augustin* et *l'augustinisme* par Henri-Irénée Marrou, Seuil (Maîtres spirituels), 1994, p. 146.

277 Saint Augustin, *De Trinitate*, XIV, (cité in *Les Philosophes de Platon à Sartre*, par Léon-Louis Grateloup, Hachette, 1985, p.109.

278 Cf. Claude Geffré : « Pluralité des théologies et unité de la foi », in *Initiation à la pratique de la théologie*, * *Introduction*, sous la direction de Bernard Lauret, Cerf, 1982, p. 129.

279 Dans *La Foi et la raison* (*Lettre encyclique Fides et ratio*, p. 9-10, Cerf, 1998, p.9-10), Jean-Paul II écrit :
« *L'Eglise, pour sa part, ne peut qu'apprécier les efforts de la raison pour atteindre des objectifs qui rendent l'existence personnelle toujours plus digne. Elle voit en effet dans la philosophie le moyen de connaître des vérités fondamentales concernant l'existence de l'homme. En même temps, elle considère la philosophie comme une aide indispensable pour approfondir l'intelligence de la foi et pour communiquer la vérité de l'Evangile à ceux qui ne la connaissent pas encore.* »

280 On pourrait même dire que Shankara est une sorte de saint Irénée de Lyon veillant à l'orthodoxie de sa religion, cf. Irénée de Lyon : *Contre les hérésies*, Cerf 1991. Pour une biographie et une bibliographie de Shankara, cf. M. Hulin : *Shankara et la non-dualité*, op. cit., 1re partie : « La vie et l'œuvre », p.11-49.

281 Shankara : *Mundakopanishadbhashya*, commentaire sur la *Mundaka Upanishad*, traduction de Paul Martin-Dubost, Edition orientales, 1978.

catholique et à la « foi » hindoue et par extension à la philosophie universelle[282]. Comme le remarque François Chenet[283], la pensée indienne s'articule sur la Révélation (*shruti* : textes révélés par les Dieux aux Rishis, les premiers hommes) et la Tradition (*smriti* : textes révélés par les hommes). Une telle dépendance à l'égard de la *shruti*, même interprétée par la *smriti « n'a pas empêché la pensée indienne de recourir à des arguments rationnels visant à établir l'existence d'une cause première souverainement intelligente »* [284].

c) Y a-t-il des textes de philosophie indienne ?

Pour faire de la « philosophie comparée », il faut d'abord se reporter à ce que François Chenet appelle une *« grille de lecture »*, c'est-à-dire de *« l'ensemble articulé de représentations, de croyances et de valeurs »* à l'intérieur de la philosophie indienne, ensuite nous devons étudier les concepts fondamentaux de la pensée indienne comme *dharma*, *purushârtha*, *kâma*, *varnâshramadharma*, *jâti*, *ahimsâ*, *samsâra*, *avidya*, *mâyâ*, *darshâna*, *trishna*, *alaya-vijnana*, *nirvâna*... Tous ces concepts correspondent d'abord à des philosophes indiens, comme Shankara, Nagarjuna, Râmânouja, Patanjali, Bhartrihari (...), ensuite à des ouvrages de philosophies indiennes. Lesquels ?

Commençons par nous indigner devant la question suivante : y a-t-il des textes de philosophie indienne ? Poser une telle question paraît étrange[285]. Pourtant actuellement, elle est encore une réalité : les philosophes rejettent le plus souvent la philosophie indienne sans même avoir lu quelques textes de référence. Leur jugement se fonde sur le vague, le flou et la généralité. Ils soupçonnent que les textes philosophiques indiens existent, mais ils les excluent d'office du patrimoine universel de la pensée. Leur aveuglement, d'après Jean-Luc Solère, *« ressemble fort au plus vulgaire ethnocentrisme »*[286]. Savent-ils qu'il y a autant de textes de philosophie indienne que dans les vingt-cinq siècles de philosophie occidentale (de Parménide à Sartre) ? Ils sont loin de penser que même un indianiste ne peut tous les connaître. Il faudrait d'après Madeleine Biardeau,

282 Si effectivement la philosophie indienne est encadrée par la religion, il n'est pas moins vrai que certains textes marginaux critiquent la foi védique et son emploi. Dans la traduction du *Sarvadarshanasamgraha (Panorama de toutes les vues)* de Mâdhava (cf. M. Ballanfat, *Les Matérialistes dans l'Inde ancienne*, L'Harmattan, 1997), nous pouvons lire au paragraphe 9 : « *Les sacrifices, comme l'oblation dans le feu ont pour seule et unique finalité* de subvenir à la vie (des officiants) », et le paragraphe 10 dit : *« la délivrance, le corps qui se décompose. »* (Pour un commentaire de ces deux extraits par Ballanfat, on se reportera aux pages 72 à 74).

283 F. Chenet : « Que prouvent les preuves indiennes de l'existence de Dieu ? Sur la théologie rationnelle d'Udayana », in *Les Cahiers de philosophie*, n° 14, 1992, p. 67.

284 Ibid. p. 67.

285 Cf. G. Bugault : *L'Inde pense-t-elle ?* ch. 3, « Les textes indiens », P.U.F., 1994, p. 31. M. Ballanfat : *Le Vocabulaire des philosophies de l'Inde*, op. cit. p. 10-16.

286 Jean-Luc Solère : « L'Orient de la pensée » in *L'Orient de la pensée. Philosophies en Inde* in Les Cahiers de Philosophie n° 14, printemps 1992, p. 5.

« à la fois l'érudition d'un Pandit indien qui serait "sarvatantrajna" (qui connaîtrait tous les systèmes et serait capable d'en réciter par cœur tous les principaux textes) et, derrière soi, quelques générations de penseurs consacrés à l'intelligence de ce donné »[287].

Jean Filliozat ajoute :

« Les philosophies grecque, arabe et chinoise, si ample qu'ait pu être leur expression, ne nous ont pas laissé une documentation écrite aussi abondante. »[288]

Du côté de la philosophie[289], il y a des textes cosmogoniques comme le 10.90 du *Rig-Veda*[290] semblable au poème de Parménide sur l'être. Si les philosophies indiennes sont fortement marquées par la religion, il n'est pas moins vrai que certains textes indiens traitent de philosophie. Ceux-ci ont pour nom du côté du brahmanisme, les *Vedas* (*Hymnes*, *Brahmana*, *Aranyaka*, *Upanishad*) les *Darshanas*, (*Le Nyâya*, *Le Samkkya*, *Le Yoga*, *La Purva-Mimansa*, *Le Vedânta*)[291] ; et du côté du bouddhisme, le *Vinayapitaka*[292], le *Majjhimanikâya*[293], le *Atthasâlinî*[294], le *Dhammapada*[295], le *Lankâvatârasûtra*[296], les *Madhyamakakârika*[297].

---

287 Madeleine Biardeau : « Philosophies de l'Inde », in *Histoire de la philosophie*, T.I., Gallimard, 1983, p.82.

288 Jean Filliozat : *Les Philosophies de l'Inde*, P.U.F., 1987, p. 1.

289 Cf. François Chenet, *La Philosophie indienne*, Armand Colin, 1998, p. 94-95.

290 *Le Veda*, op.cit. p. 331.

291 Cf. le tableau des textes védiques dans *L'Inde classique. Manuel des études indiennes* de Louis Renou, Maisonneuve, 1985, p. 310-311. On se reportera également à *L'Hindouisme*, textes recueillis et présentés par Anne-Marie Esnoul, Fayard, 1972.

292 Cf. *Aux sources du bouddhisme*, présentation de Lilian Silburn, Fayard, 1997, p. 42. Il y a des écoles de bouddhisme comme l'*Abhidarma*, le *Madyamaka*, le *Vijnana-vada*.

293 Ibid. p. 46.

294 Ibid. p. 57.

295 Ibid. p. 71.

296 Ibid. p. 87.

297 Ibid. p. 179, ce livre a été traduit par Guy Bugault : Nâgârjuna, *Stances du milieu par excellence*, Gallimard, 2002. Les textes de philosophie indienne se présentent le plus souvent sous forme dialoguée. Cette forme est double : d'une part entre deux interlocuteurs comme dans certaines *Upanishads* * et dans le Canon Bouddhique d'autre part, d'une controverse entre deux thèses opposées (*« pûrva-paksha »*, *« uttara-paksha »*) se terminant par une conclusion (*« siddhanta »* ou *« nirnaya »*), (cf. G. Bugault, *L'Inde pense-t-elle ?* op. cit. p. 33).

*La Chandogya Upanishads (68) présente un dialogue où le maître Uddalaka Aruni enseigne à son disciple Shvétakétu que l'âtman-brahman est l'essence subtile, le fondement de toutes choses. Voici un extrait :

« Seigneur, instruisez-moi davantage ! » demanda-t-il à son père. Celui-ci accepta :

« Apporte-moi une figue ! — La voici, Seigneur. — Ouvre-la ! — La voici ouverte, Seigneur. — Qu'y vois-tu ? — Des sortes de petits pépins Seigneur. — Prends-en un et partage-le. — Voici qui est fait Seigneur. — Qu'y vois-tu ? — Rien du tout, Seigneur ». Alors il lui expliqua :

Avec ces textes, nous disposons en Inde, d'une histoire complète de la philosophie analogue (et même plus élargie)[298] à l'histoire de la philosophie occidentale. Sur ce point, les spécialistes en philosophie comparée comme Olivier Lacombe (1904-2001)[299], Guy Bugault (1916-2002), Michel Hulin, François Chenet (quatre générations successives à la chaire de philosophie indienne et de philosophie comparée de la Sorbonne[300]) ont dû sortir de leur propre culture occidentale pour devenir des indianistes philosophes. En ce sens, ils ont plus de mérite que des spécialistes de la philosophie grecque (Jean-Paul Dumont), ou de la philosophie allemande (Pierre Trotignon), ou de la philosophie de Kant (Alexis Philonenko), ou de la philosophie de Nietzsche (Paul Valadier), car ces derniers, malgré eux, restent toujours « cloîtrés » dans le champ de la culture européenne : ils se sentent bien chez eux, sur leur terre natale[301]. Une telle sortie de ces philosophes comparatistes, hors de leurs habitudes mentales, suppose une faculté rare d'adaptation et de compréhension d'un autre champ conceptuel : ils se sentent bien chez les étrangers, au milieu de leur culture étrange et parfois opposée à la culture chrétienne dont ils sont issus[302]. Ils sont moins porteurs d'une double culture que d'une double formation en philosophie européenne et indienne[303]. On imagine nettement leur découverte de l'Inde, leur perception des différences, des analogies entre les deux cultures, et qu'ils ten-

---

« Il y a là, mon cher, cette essence subtile, et tu ne la vois pas. C'est par elle que l'arbre se dresse, si grand qu'il soit. Aie confiance, mon cher ! L'univers tout entier s'identifie à cette essence subtile qui n'est autre que l'Âme ! Et toi aussi, tu es Cela, Shvétakétu ! » (*Sept Upanishads*, présentation de Jean Varenne, Seuil, 1981, p. 43)

298 D'après Daniel Dubuisson, dans ses cours de philosophie indienne à Lille III (1990-1991), la philosophie indienne est florissante jusqu'au XVIIIe siècle. Depuis, disait-il, elle s'est endormie. Néanmoins, une telle remarque est un aveu complet de l'existence d'une production importante de la culture indienne, notamment de la philosophie.

299 Cf. Pierre-Sylvain Filliozat, article « Olivier Lacombe, 1904-2001 », in *Journal Asiatique*, année 2002, tome 290.1, page 1-4

300 Cf. Michel Hulin, article sur « Olivier Lacombe, 1904-2001 » in *Bulletin d'études indiennes* n° 19, 2001, Association française pour les études indiennes, Paris, 2002.

301 Soulignons avec force le mérite de certains philosophes occidentaux qui osent « s'aventurer » avec finesse dans la comparaison des philosophies occidentales et indiennes. C'est le cas d'Isabelle Dupéron, en effet, tout en n'étant pas une spécialiste de l'indologie, elle a l'audace de comparer deux philosophes, disons antiques, tels que Héraclite et le Bouddha, dans ses recherches intitulées *Héraclite et le Bouddha. Deux pensées du devenir universel,* (L'Harmattan, 2003). Notons également qu'en entreprenant une telle confrontation, I. Dupéron met à égalité la philosophie d'inspiration grecque et la philosophie du bouddhisme.

302 Olivier Lacombe (avec son ami Jacques Maritain), tout en étant indianiste, se réclamait fortement de la culture chrétienne dans son œuvre de philosophie comparée : *Chemins de l'Inde et philosophie chrétienne* (Alsatia, 1956) ; *Expérience du Soi, étude de mystique comparée* (en collaboration avec Louis Gardet, Desclée de Brouwer, 1981) ; *Orient et Occident* (ultima verba), Parole et Silence, 2001).

303 De nombreux indianistes ont été formés par Madeleine Biardeau. On se repportera à ses ouvrages : *Clefs pour la pensée hindoue* (Seghers, 1971), *Philosophies indiennes* (in *Histoire de la philosophie*, op. cit.)...

tent de rendre compte dans leurs travaux respectifs. Leur vision multiculturelle et comparatiste fait d'eux pratiquement des historiens de la philosophie occidentale[304] et de la philosophie indienne.

3) Quelques difficultés de la philosophie comparée

a) La comparaison, un instinct naturel

Comme nous l'avons vu, la philosophie est née du métissage des cultures à l'époque des préplatoniciens mais en même temps, elle est entièrement grecque, c'est-à-dire née sur le sol grec (pour Nietzsche). Une fois la philosophie occidentale constituée, elle a continué à avoir des contacts avec l'Orient. Dès lors, elle s'est naturellement tournée vers le comparatisme. Car si d'un côté, il y a de la philosophie, de l'autre, il doit y avoir quelque chose d'analogue ou de différent en fonction des cultures. Soutenons que la philosophie dès ses origines (au sens large) est comparatiste, car il serait absurde de prétendre qu'elle vivait repliée sur elle-même : les différentes écoles préplatoniciennes prouvent justement que les Grecs comparaient déjà leurs cosmogonies, par conséquent la philosophie est plurielle à l'intérieur des cultures occidentales (mais aussi à l'intérieur des cultures orientales)[305].

Le problème est la comparaison entre des philosophies occidentales et orientales[306]. Si l'éloignement géographique (la Grèce et l'Inde), en effet, gêne le comparatisme direct, n'hésitons pas, à la suite de Nietzsche, à parler de philosophie grecque, philosophie persane, philosophie indienne... Il ne s'agit là nullement d'en effacer les différences ; bien au contraire, nous devons évoquer exclusivement la comparaison entre des civilisations, des formes de pensée qui doivent entrer en dialogue. Ici aussi la comparaison est naturelle, souhaitable, sinon nous serions des étrangers les uns pour les autres et dangereusement enfermés dans une sorte de ghetto de la pensée. Et si aujourd'hui les Européens rejettent la confrontation, c'est

> « sans doute, *d'après J.-L. Solère*, parce qu'elle mettrait en question la prétention de notre pensée occidentale à l'universalité : universalité postulée plutôt que vérifiée, qui restera fausse tant que dominée par la peur d'être invalidée par l'Autre. Il faut que l'Occident se montre digne de ce qu'il pense être son plus grand mérite : la capacité à comprendre soi-même et les autres cultures »[307].

---

304 Dans *Le Temps. Temps cosmique, Temps vécu* (Armand Colin,2000), François Chenet écrit sur la conception du temps uniquement dans la philosophie occidentale. Son travail ne relève pas de la philosophie comparée, ni de la philosophie indienne, mais de l'histoire comparative du temps à l'intérieur de la pensée occidentale, notamment chez les philosophes tels que Kant, Hegel, Schelling, Schopenhauer... En écrivant un tel ouvrage, l'auteur le fait en tant qu'historien de la philosophie occidentale.

305 Cf. Jean-Paul Dumont : *Les Ecoles présocratiques,* Gallimard, 1991.

306 François Chenet : « Du sens de la philosophie comparée » in *Philosophie comparée, Grèce, Inde, Chine,* Vrin 2005, p. 79-97.

307 J.-L. Solère : *L'Orient de la pensée,* op. cit., p. 9.

Certes, la discussion avec des étrangers ne va pas de soi à cause de l'obstacle de la langue. Mais c'est justement là que se situe le véritable comparatisme naturel, instinctif. Car on apprend au contact des individus et des peuples différents. Il va de soi que le contexte malheureux de la colonisation, où régnait le dogme contestable de la supériorité supposée de la civilisation européenne sur toutes les autres, ne favorisait guère la rencontre de tous ces mondes : l'ethnocentrisme ne peut que déboucher sur l'ostracisme et la fermeture définitive au dialogue interculturel. Rappelons-nous des premiers indologues ou indianistes comme Nobili, Cœurdoux, Anquetil-Duperron, Wilkins, Jones, le Colonel de Polier et l'abbé Dubois, ils ont su, dans le contexte colonial, s'interroger sur la culture indienne et la faire connaître aux Européens. Ils sont sûrement les pionniers du comparatisme entre pensées européenne et indienne.

A leur suite, des philosophes tels que Schopenhauer, Hegel, Humboldt, Schelling évoquent l'Inde en la comparant avec le mode de pensée occidental malgré certaines maladresses dans les débuts de l'indologie. Quand les premiers textes sont connus en Europe au XVIIIe et XIXe siècles, les intellectuels européens n'avaient pas conscience qu'en les commentant avec plus ou moins de rigueur, ils faisaient de la philosophie comparée. Mais pour eux, cette comparaison était une attitude naturelle (qui allait de soi) et ne nécessitait aucune justification, alors même qu'ils n'étaient pas des spécialistes de l'Inde. Ceci est un point capital, car tout homme qui a du bon sens peut faire de la philosophie comparée puisqu'il n'y a pas d'école définie. Chacun est capable de comparer presque instinctivement sa culture avec celle des Indiens. Les intellectuels, à l'aube de l'indologie, ont compris qu'il fallait comparer même au prix de l'improvisation et de l'imprécision plus ou moins flagrantes. En ce sens, la philosophie comparée, expression qui n'existe pas encore au XIXe siècle, est née avec les premières positions des philosophes sur l'indianité[308].

---

308 En lui-même, le concept de philosophie comparée existe et a le sens d'une comparaison entre les philosophies relevant d'une même civilisation, comme entre celles de Platon et d'Aristote ou bien celles de Descartes et de Leibniz : ce travail de philosophie comparée ne pose pas de réelles difficultés, car il y a des éléments naturels de comparaison. Par exemple, la F.L.P.C. de Paris (*Faculté Libre de Philosophie Comparée*) entend la comparaison entre des philosophies occidentales. Notons une nouvelle fois que l'Orient en est exclu. Mais c'est le philosophe (occidental) qui se trouve devant des obstacles parfois insurmontables, quand il sort de sa propre civilisation pour comparer les philosophies européennes par exemple avec celles des Indiens.

Remarquons ici que ce n'est pas le philosophe indien qui veut comparer sa philosophie avec celle des Européens : au contraire c'est une « initiative parfois accidentelle » des philosophes occidentaux comme Schopenhauer, Hegel, Humboldt. Si les Indiens n'ont jamais pris l'initiative de comparer leurs philosophies avec celles des Occidentaux, c'est pour la raison que le brahmanisme n'est pas une religion missionnaire. Et même si les hindous et les bouddhistes ont exporté leurs philosophies dans certains pays de l'Extrême-Orient,* ils n'avaient pas pour objectif d'étudier les cultures locales, de mettre par écrit les confrontations. Dès lors, l'idée de venir en Europe pour étudier les cultures et provoquer ainsi une rencontre entre les philosophies indiennes et européennes, est restée étrangère aux philosophes indiens, jusqu'au XXe siècle. Cf. Guy Bugault : « La Philosophie indienne contemporaine » in *Histoire de la philosophie,* Tome III, sous la direction d'Yvon Belaval, Gallimard, 1984, p. 1189-1211.

Finalement, les hommes ont toujours fait de la philosophie comparée. Ils ont toujours comparé leurs pensées avec des étrangers grâce aux voyages autour de la Méditerranée, mais aussi dans le reste du monde. Alors la philosophie comparée est une réalité, elle a toujours existé et chacun en fait à son insu.

b) Position du problème comparatif

Le XIXe siècle est-il comparatiste ? Nietzsche répond :

> « Notre privilège : nous vivons à l'époque de la comparaison, nous pourrons recalculer comme jamais on ne l'a pu encore... »[309]

Ici Nietzsche ne propose pas de méthode en philosophie comparée. Mais il sait que la logique comparatiste a été exploitée en linguistique (grammaire comparée...), en religion et tardivement en philosophie. La comparaison des langues, des religions, des littératures ne pose pas de réelles difficultés puisqu'il existe des linguistes, des historiens des religions, tous capables de faire des recherches souvent acceptées aisément par une majorité. Mais c'est en philosophie comparée que les choses se compliquent pour la raison que le philosophe occidental est obligé de sortir de sa propre civilisation, de son propre système conceptuel pour essayer de comprendre l'organisation de la réflexion philosophique dans un univers de pensée parfois opposé à sa propre culture. Avec Michel Hulin, posons le problème comparatif en ces termes :

> « Comment déterminer a priori ce qui est comparable et ce qui ne l'est pas ? »[310]

Cette formule pose la question délicate de la prédétermination des problèmes philosophiques, dont on peut se demander s'ils existent vraiment en soi avant toute tentative historique et culturelle pour les résoudre. Ceci met en évidence la présélection arbitraire des problèmes philosophiques. Une telle démarche est l'exacte opposée de la philosophie comparée. Car, explique Michel Hulin,

> « elle suppose résolues une multitude de questions préalables : les éléments conceptuels isolés pour les besoins de la comparaison s'insèrent-ils dans une structure d'ensemble de même type ? Y jouent-ils le même rôle ? Y apparaissent-ils au même niveau ? Sont-ils mis au service d'une finalité identique ? Les auteurs confrontés conçoivent-ils leur projet philosophique de la même manière ? »[311]

En revanche, un autre comparatiste comme Paul Masson-Oursel, fait confiance à cette prédétermination des problèmes philosophiques. Rappelons d'abord que la

---

* Dans *La Légende royale dans l'Inde ancienne, Râma et le Râmâyana* (Economica, 1986, p. 3-5), Daniel Dubuisson montre qu'il existe plusieurs dizaines de versions du *Râmâyana* dans l'Asie entière. Dans ce cas, la comparaison est aisée puisqu'il s'agit de la même histoire dans des cultures différentes, mais qui est reformulée en fonction de la structure locale.

309 F.P. XIII, novembre 1887-mars 1888, 11 [374], p. 343.

310 M. Hulin : *Le Principe de l'ego dans la pensée indienne classique. La notion d'Ahamkâra*, Editions de Boccard, 1978, p. 6.

311 Ibid. p. 7

philosophie comparée, une très jeune discipline, est une expression forgée par Masson-Oursel dans sa thèse de doctorat présentée en Sorbonne, *La Philosophie* comparée[312]. Devant l'émergence de travaux comparatifs sur les religions dans l'Inde et dans l'Europe (notons que le christianisme a des origines entièrement orientales/sémitiques), Masson-Oursel indique des méthodes pour faire de la philosophie comparée. Il propose en effet de comparer, entre l'Occident et l'Orient, des systèmes entiers de type A/B = C/D. Cette méthode par analogie lui fait confronter les chronologies comparées, la logique comparée, la métaphysique comparée, la psychologie comparée[313].

> « Sa tentative, explique Michel Hulin, n'a cependant guère fait école, son défaut majeur étant de conserver intact le préjugé selon lequel les différentes philosophies attestées dans l'Histoire se seraient posées exactement les mêmes problèmes fondamentaux, "éternels", et ne différeraient entre elles que par l'inégalité de leurs outillages conceptuels. »[314]

Ajoutons qu'une telle méthode oublie les problèmes de traduction des concepts indiens dans les termes de la philosophie occidentale car en procédant par analogie conceptuelle, on laisse de côté ce qui constitue la spécificité d'un peuple : sa langue. En effet Masson-Oursel n'a pas vu que dans un espace intellectuel et culturel donné, aucun concept n'est définissable isolément mais appartient toujours à un réseau conceptuel.

Michel Hulin est le premier à faire le point sur ce problème fondamental pour la philosophie comparée. En effet le XIXe siècle, explique-t-il[315], a vu l'émergence de la philologie : les orientalistes, les romantiques, les philologues et même les philosophes tels que Hegel et Schopenhauer ont cru que les premières traductions des textes indiens étaient fiables. Aucun n'a songé à les remettre en cause, par manque

---

312 Imprimerie des Presses universitaires de France, Paris 1923. Henri Corbin, dans *Philosophie iranienne et philosophie comparée*, (p. 21, Publication : Académie impériale iranienne de philosophie, Téhéran 1977), reconnaît que Paul Masson-Oursel est l'inventeur du concept de philosophie comparée. Michel Hulin le dit également dans son article inédit : *Philosophie comparée. Méthodes et perspectives*, p. 2.

313 On pourrait contester cette proposition de Masson-Oursel, en lui adressant les avertissements donnés par François Chenet :

« Il serait dangereux et illusoire de classer sous des rubriques portant des noms d'origine grecque ou latine des notions, des conduites, des enchaînements d'idées ou des philosophèmes appartenant à une culture aussi différente de la nôtre. Car il n'est pas douteux que s'il n'y a pas de syncrétisme à construire mais seulement des isomorphismes à constater, la comparaison, [...] tout en postulant une symétrie entre deux cultures comparées, est toujours exposée au danger d'imposer subrepticement le cadre de pensée occidental aux termes de la comparaison : quand on aborde un univers de pensée exotique, ne comprend-on pas surtout ce que l'on est destiné à comprendre de par sa vocation, de par sa propre orientation culturelle et celle du moment historique auquel on appartient ? »

(Cf. F. Chenet : *Psychogenèse et cosmogonie selon le Yoga-Vâsistha*, *Le monde est dans l'âme*, tome 1, De Boccard, 1998, p. 108).

314 Cf. article inédit de M. Hulin, *Philosophie comparée. Méthodes et perspectives*, p. 2.

315 Ibid. p. 5.

de réelle compétence en indologie et même, le plus souvent, les philosophes font preuve d'une ignorance affligeante du sanskrit. Or c'était là *« une dangereuse illusion »*[316], explique Michel Hulin. Car

> « la traductibilité formelle des textes, c'est-à-dire la possibilité d'associer vaille que vaille à tout concept étranger un ou plusieurs termes de notre propre vocabulaire philosophique ne garantit en aucune manière l'identité des contenus de pensée ainsi évoqués de part et d'autre »[317].

Le intellectuels du XIXe siècle prennent la mesure du fonctionnement de la langue : celle-ci n'est pas un simple *« outil neutre »*, elle forme un tout : le découpage de la réalité n'est pas le même dans toutes les langues. Toute langue[318] traduit toujours le mode de vie et de pensée d'une communauté, d'un peuple... Il s'agit, en philosophie comparée, de restituer le plus fidèlement possible ces éléments invisibles. On s'aperçoit que dans toutes les langues, on ne retrouve pas forcément les catégories aristotéliciennes comme la substance, la qualité, le mode, l'action, le sujet. La linguistique a montré que le réel n'est pas toujours organisé selon ces catégories, par conséquent elles ne sont pas universelles[319]. Dès lors, c'est sur d'autres catégories que fonctionne la pensée indienne. Cela explique que la comparaison concept à concept et système à système n'a guère de sens en philosophie.

Pourtant il faut rendre compte du sens de certains concepts comme l'*ahamkâra*. Michel Hulin nous met en garde contre la traduction de l'*ahamkâra* par « ego », car celui-ci ne restitue pas tout son sens indien[320]. En effet *ahamkâra,* « effectuation » du je, *« désigne l'égocentrisme psychologique et métaphysique »*. Que nous révèle une telle carence ? L'absence de son équivalent conceptuel

> « en fait tout l'intérêt à nos yeux, *explique M. Hulin*, car la prise en compte d'une telle notion, pour laquelle aucune "structure d'accueil" n'est prévue

316 Ibid. p. 5.

317 Ibid. p. 6. Il faudra attendre le milieu du XXe siècle pour que les linguistes apportent cette contribution à la philosophie comparée : aucune langue n'est superposable à une autre.

318 Les langues posent des problèmes de compréhension. Il semble que Wilhelm von Humboldt ait pris la mesure de ce que traduit une langue. Cf. Jean Quillien : *L'Anthropologie philosophique de Guillaume de Humboldt*, P.U. Lille, 1991.
Madeleine Biardeau a vu que l'anthropologie est capitale en philosophie comparée car elle permet de mieux cerner la réalité brute d'un peuple, d'une langue. Cf. M. Biardeau : *L'Hindouisme, anthropologie d'une civilisation,* Champs / Flammarion, 1981.
Par ailleurs, René Guénon nous met en garde contre les traductions abusives. Par exemple le mot *darshana* signifie vue ou « point de vue » car « la racine verbale *drish*, dont il est dérivé a comme sens principal celui de « voir » : il ne peut aucunement signifier « système ». (Cf. R. Guénon : *L'Homme et son devenir selon le Vedanta*, Editions traditionnelles, 1991, p. 15).

319 Cf. Emile Benveniste : « Catégories de pensée et catégories de langues » in *Problème de linguistique générale*, Gallimard, 1966, p. 63-64

320 Cf. *Le Principe de l'ego* op. cit. p. 4, Par exemple le mot « satyagraha », terme forgé par Gandhi en Afrique du Sud et qu'il traduit par force de l'âme, vient de « sat » : vérité et « âgraha », saisie et signifie « étreinte indéfectible de la vérité ». (Cf. Gandhi : *Report of the Indian Congress,* (vol. I, chap IV, 1920), original repris par Olivier Lacombe dans *Gandhi ou la force de l'âme*, Plon, 1964, p. 133-134).

dans les grands édifices doctrinaux de la métaphysique occidentale, ne peut manquer de faire apparaître sur eux certaines lézardes »[321].

Le livre de M. Hulin, *Le Principe de l'ego dans la pensée indienne classique, la notion d'ahamkâra,* est un exemple de travail de philosophie comparée. On y trouve en effet une explication de l'*ahamkâra* dans les concepts de la pensée indienne. Ce qui montre qu'il n'y a pas de trahison de l'esprit philosophique indien. Mais alors, imaginons la surprise du philosophe occidental (ignorant la philosophie indienne) lisant ce livre. Car il ne se retrouve plus chez lui, surtout avec des notions comme *maya, atman, avidya, drishti...*[322]. Il s'ensuit, d'une part, qu'une initiation à la pensée indienne est nécessaire pour comprendre cet ouvrage, d'autre part que la philosophie comparée semble une spécialité appartenant aux indianistes philosophes. Mais il n'en demeure pas moins que tout travail de philosophe évoquant la pensée indienne est le bienvenu. Songeons ici aux écrits de Roger-Pol Droit comme *Le Culte du néant,* ouvrage qui traite de certains éléments de philosophie comparée accessibles à tous.

Devant l'absence d'équivalent conceptuel, le deuxième problème de la philosophie serait la renonciation à comparer les philosophies issues de continents différents. Un tel refus nous ferait chuter dans ce que M. Hulin appelle le *« babélisme »*, c'est-à-dire l'impossibilité de se comprendre entre individus à cause de l'obstacle de la langue. La diversité des cultures ne doit jamais apparaître comme un obstacle pour l'unité du genre humain, pour faire de la philosophie comparée. Les cultures peuvent se comprendre : il y a sûrement des échos qu'il faut découvrir. Autrement dit,

> « chaque type de culture, *écrit M. Hulin*, possède dans son fonds, des germes d'universalité, une certaine capacité de s'ouvrir aux autres en transcendant sa localité »[323].

Le *« babélisme »*, cette impossibilité de se faire comprendre dans une autre langue, trace une frontière définitive, figeant ainsi les cultures comme des blocs monolithiques distants, insécables. Il appartient précisément à la philosophie comparée de jeter un pont entre ces deux frontières. Ajoutons que des philosophes comme Sylvain Auroux et Brice Parain sont ce que nous pouvons appeler des « *babélistes* » en ce sens qu'ils refusent de comprendre la pensée indienne à partir d'elle-même : dans

---

321 Ibid, p. 7. En sens inverse, certains concepts occidentaux n'existent pas dans la pensée indienne. Par exemple, si l'on veut comparer *« le vocable d'idéalisme en contexte indien, on mesure la difficulté de la démarche comparatiste »,* explique François Chenet. Cf. *Psychogenèse et cosmogonie...* op. cit. p. 109.

322 Certains livres d'indianisme sont difficiles à comprendre. Sur ce point, R.-P. Droit reconnaît dans son article (Le Monde, 05-11-2002) sur *La mort du philosophe et indianiste Guy Bugault, un expert en bouddhisme* que la notion de Prâjna ou de *sapience selon la perspective du Mahâyâna* de G. Bugault est une œuvre d'érudition mais « malheureusement peu faite pour attirer le grand public ». Une telle remarque montre que les indianistes gagneraient à simplifier leurs recherches afin de développer chez tout intellectuel le goût de la philosophie indienne.

323 M. Hulin : *Le Principe de l'ego,* op. cit. p. 6.

les philosophies indiennes, ils ne se sentent pas chez eux, mais chez des étrangers dont la pensée est opposée à toute la tradition philosophique occidentale[324]. Pour eux, *« les germes d'universalité »* ne semblent guère exister et les concepts philosophiques indiens tel l'ahamkâra, ne font nullement *« apparaître des lézardes »* sur la philosophie occidentale. Rappelons que, pour eux, la philosophie européenne a tout dit et que s'il apparaissait de nouvelles pensées, elles seraient une initiative des seuls Occidentaux ou bien elles s'inscriraient dans la lignée de *« la tradition philosophique occidentale »*. Le tout montre qu'ils sont prisonniers du babélisme et ne savent nullement comment y échapper. C'est contre les attitudes réductrices que Michel Hulin suggère ceci :

> « Conjurer le spectre de Babel, déployer une sorte de forum planétaire où les différentes cultures pourraient venir dialoguer, sans rien abdiquer de leur originalité créatrice mais s'ouvrant les unes aux autres, cela pourrait constituer à l'heure présente l'ambition d'une philosophie comparée. »[325]

En somme, d'une part en philosophie comparée, il s'agit d'éviter la comparaison concept à concept. Il faut alors rendre compte des concepts dans le contexte doctrinal et culturel auquel ils appartiennent. Car, il faut bien constater qu'il n'y a pas de méthode en philosophie comparée ou de *« grille d'interprétation »*[326]. (Par conséquent, rappelons-le, il n'existe pas de prédétermination des problèmes philosophiques). D'autre part, le babélisme est également à rejeter. Cela implique que des pensées communes, des approches conceptuelles communes peuvent exister de part et d'autre de la frontière culturelle. Il s'agit alors de franchir la frontière pour s'expliquer sur les divergences et les convergences de vues. En ce sens la philosophie comparée pourrait inventer un vivre ensemble, à condition qu'on prenne le temps d'étudier les travaux déjà effectués par les philosophes comparatistes (Olivier Lacombe, Guy Bugault, Michel Hulin, François Chenet, André Bareau, Lakshmi Kapani, Francis Zimmermann, André Padoux, Roger-Pol Droit, Colette Caillat, Marc Ballanfat, Christian Bouy...). Le tout sera bénéfique pour la diminution de la quantité de sectarisme, d'intolérance que l'on a en soi.

En définitive, en entrant dans la philosophie occidentale, on doit obéir à la tradition culturelle spécifique qu'elle incarne et qui est défendue farouchement par les

324 De son côté, tout en admettant que la philosophie est grecque, Jean-Pierre Vernant semble admettre que la tradition philosophique occidentale n'est pas la seule, ni le modèle pour le reste du monde. Un extrait de son livre *Mythe et pensée chez les Grecs* (tome II, Maspero, 1965, p. 96) apporte des précisions sur cette idée :
« Au cours des cinquante dernières années cependant, la confiance de l'Occident en ce monopole de la Raison a été entamée. La crise de la physique et la science contemporaine a ébranlé les fondements (qu'on croyait définitifs) de la logique classique. Le contact avec les grandes civilisations spirituellement différentes de la nôtre, comme l'Inde et la Chine, a fait éclater le cadre de l'humanisme traditionnel. L'Occident ne peut plus aujourd'hui prendre sa pensée pour la pensée, ni saluer dans l'aurore de la philosophie grecque le lever du soleil de l'Esprit. »

325 M. Hulin : *Philosophie comparée. Méthodes et perspectives*, article inédit, p. 5.

326 Cf. M. Hulin : *Le Principe de l'ego*, op. cit. p. 5.

philosophes occidentaux. Dans ce cas, on devrait respecter le même critère en entrant en philosophie orientale : les philosophies indiennes reposent également sur une tradition, celle des brahmanes. Sur ce point, Madeleine Biardeau écrit *« que ce que l'on appelle la philosophie de l'Inde est avant tout la philosophie des brahmanes »*[327]. Il semble que cette entrée dans la tradition brahmanique soit impossible puisque Auroux et d'autres contestent avec force la légitimité de la philosophie indienne : *« Il s'agit là* (rappelons-le), *d'une évidence »*[328].

Dès lors, les deux sphères philosophiques se regardent éternellement de part et d'autre de la frontière. C'est alors qu'une voie est offerte : la philosophie comparée dont l'entrée est libre, car il n'existe aucun critère défini pour comparer tel aspect occidental avec tel aspect oriental, ou bien pour rendre compte d'un élément oriental, absent de la métaphysique occidentale. Ceci montre d'abord qu'en philosophie comparée, le comparatiste a tout à inventer à chaque travail comparatiste, ensuite que la philosophie comparée respecte les traditions culturelles, les *« Weltanschauung »*. Cela suppose malgré tout que deux conditions universelles soient requises pour faire de la philosophie comparée : le refus de l'européocentrisme, et disons-le également, de l'indocentrisme[329] dans une moindre mesure.

4) Discussion de la lettre à Deussen du 03-01-1888

A l'époque des débuts de l'indianisme, Hegel était pratiquement le premier philosophe occidental à se poser la question de la légitimité de la philosophie indienne et à lui donner sa place dans l'histoire de la philosophie universelle. Contrairement à Hegel, Nietzsche, qui se situe à la fin de la vogue de l'indianisme en Europe, est le premier à s'inquiéter précisément de l'oubli de l'Inde chez les philosophes de son temps. Voici comment il dénonce cet oubli dans sa lettre à Paul Deussen du 3 janvier 1888 :

> « J'ai pour tous tes projets, tu le sais, une profonde sympathie. Aussi bien il faut compter au nombre des apports essentiels de mon absence de préjugés (de mon œil "supra- européen") que ton être et ton œuvre me rappellent toujours l'unique grande alternative qui soit à notre philosophie européenne. Ici, en France, règne toujours et encore par rapport au développement de la civilisation hindoue la même vieille ignorance accomplie : de sorte que par exemple les disciples de A. Comte construisent avec la plus grande naïveté des lois pour un développement et une succession historiquement nécessaire des différences philosophiques fondamentales, sans prendre aucune-

327 *Histoire de la philosophie*, tome 1, sous la direction de B. Parain, article M. Biardeau : « Philosophies de l'Inde », Gallimard, 1983, p. 83.

328 S. Auroux : *Barbarie et philosophie,* op. cit.,p. 172.

329 Les indologues, A. Danielou, R. Guénon et J. Evola seraient ainsi les représentants d'un courant indianiste qui pourrait se rapprocher d'une indomanie ou plutôt, d'après Michel Hulin, *« d'une indophilie réactionnaire, voire fascisante »*. (Cf. *L'Inde inspiratrice*, op. cit. article de M. Hulin : « L'Inde comme lieu des figures de l'Autre », p. 20). Ces indologues ont ainsi une curieuse position indocentrique.

ment en compte les Hindous, lois auxquelles s'oppose le développement hindou. »[330]

Comparons avec les mots de Nietzsche treize ans plus tôt (1875) :

> « L'antiquité indienne ouvre ses portes, et c'est à peine si ces connaisseurs ont des œuvres les plus impérissables des Indiens, de leur philosophie, un autre usage qu'un animal d'une lyre, bien que Schopenhauer ait estimé que la connaissance de la philosophie indienne était l'un des plus grands avantages de notre siècle. »[331]

De cette lettre à Deussen, nous pouvons dégager trois remarques majeures : Nietzsche rend hommage à son ami Deussen, indianiste et philosophe comparatiste ; *« la vieille ignorance »* et les préjugés envers la pensée indienne demeurent ; Nietzsche prétend posséder un *« œil trans-européen »*. Comment comprendre ces trois affirmations ?

a) Paul Deussen, un indianiste-philosophe, ami de Nietzsche

Aux yeux de Nietzsche (en 1887), Paul Deussen (1845-1919) est

> « le premier véritable connaisseur en Europe de la philosophie hindoue »[332].

Aux débuts de ses études, Deussen se destinait non pas à devenir indianiste mais pasteur, théologien, plus par obéissance filiale que par vocation sacerdotale. En effet, il est fils d'un pasteur (comme Nietzsche) et d'une mère très sévère dont on dit qu'elle faisait régner chez elle un christianisme fervent dans lequel tout plaisir était condamné au titre de péché[333].

> « Elle donna à ses enfants, *écrit Jean-François Boutout*, une austère éducation religieuse [...] : le matin et le soir on disait la prière en commun, [...]. En tout cas l'éveil intellectuel de Deussen fut très précoce : dès cinq ans, il savait lire et passait son temps dans les livres au point qu'on devait les lui confisquer. »[334]

Dans ses *Souvenirs sur Friedrich Nietzsche*, Paul Deussen tente d'expliquer qui fut Nietzsche, son tempérament, ses amitiés tumultueuses. Ces deux futurs philoso-

---

330 *Dernière Lettres F. Nietzsche* : Traduction de C. Perret. Editions Rivages, 1992, p. 51.

331 *Considérations inactuelles III* : *Schopenhauer éducateur, p. 93, II* ** La dernière partie de cette formule (« Bien que Schopenhauer ait estimé... ») a été prise par Nietzsche dans le M.V.R., cf. Préface de la première édition, p. 10.

332 *La Généalogie de la morale*, VII, p. 322 Dans une lettre du 8 septembre 1887 adressée à Peter Gast, Nietzsche dit encore de Deussen : *« Il est le premier Européen qui ait approfondi du dedans la philosophie hindoue. »* Cf. Nietzsche, *Lettres à Peter Gast*, Traduction Louise Servicen, tome second, Poche, 1957, p. 270.

333 *L'Inde inspiratrice*, études réunies par M. Hulin et C. Maillard, article de Hildegard Châtellier, « Parcours individuel et crise collective », P.U. Strasbourg, 1996, p. 31.

334 Cf. Jean-François Boutout « Notice sur Paul Deussen », in Paul Deussen : *Souvenirs sur Friedrich Nietzsche*, traduit de l'allemand par Jean-François Boutout, Gallimard, 2002, p.182.

phes se rencontrent pour la première fois en 1859 en classe de seconde au collège de Pforta[335] et commence ainsi une « longue amitié ».

> « En ce temps-là à Pforta, *écrit Deussen*, nous nous comprenions parfaitement. Durant nos promenades quotidiennes, nous abordions tous les sujets possibles en matière de religion et de philosophie, de poésie, d'arts plastiques et de musique. »[336]

En 1866, c'est grâce à Nietzsche que Deussen abandonne la théologie, *« la peau d'ours théologien »*[337] et qu'il se « convertit » à la philosophie de Schopenhauer. Peu à peu de lui-même, il s'intéresse à l'indologie, le tournant décisif de sa vie. Cela lui vient de sa passion pour les langues et la facilité avec laquelle il apprend le latin, le grec, le français, l'anglais, l'italien, le sanskrit, l'hébreu, à tel point qu'il possède le diplôme d'aptitude à l'enseignement secondaire en latin, grec, allemand, hébreu[338].

L'intérêt de Deussen pour l'Inde commence durant ses années d'étudiant à Bonn où il suit les cours d'indianisme au domicile de Christian Lassen (1800-1876), le fondateur de l'indologie allemande. Il est l'un des indianistes les plus célèbres de l'époque. A l'âge de 26 ans, Lassen publie en collaboration avec son ami indianiste français, Eugène Burnouf, un *Essai sur le pali* (1826). Puis entre 1844 et 1846, il écrit un livre *Indische Altertumskunde* dont R.-P. Droit dit qu'il représente l'ensemble des connaissances sur l'indianisme de l'époque[339].

Grâce à sa formation en indologie, dispensée par Lassen, Deussen est peut-être le premier européen à disposer d'une bonne connaissance des *Upanishads* et du *Vedanta*. A son tour, il devient un indianiste de renom quand il publie *Die Elemente der Metaphysik* (1877)[340], *Das System des Vedanta* (1883)[341], *Die Sutras des Vedanta* (1887)[342], *Allgemeine Geschichte der Philosophie* (1894)[343], ouvrage qui est

---

335 Cf. P. Deussen : *Souvenirs sur F. Nietzsche*, op. cit., p. 10

336 Ibid. p. 18.

337 Ibid. p. 51.

338 Cf. article de Hildegard Châtellier : « Parcours individuels et crise collective : trois médiateurs de l'indianisme en Allemagne, Paul Deussen, Leopold von Schröder, Helmuth von Glasenapp », in *L'Inde inspiratrice* op. cit. p. 30-33.

339 R.-P. Droit : *Le Culte du néant*, op. cit. p. 153.

340 Leipzig, Brockhaus 1877. Il existe une traduction française par le docteur Nyssens : *Les Eléments de la métaphysique*, Perrin, Didier, 1899. Cet ouvrage est une tentative pour faire de la philosophie comparée puisqu'il est question de comparer la Bible, les *vedas* et la philosophie occidentale (Schopenhauer, Kant...). Toutefois Deussen laisse davantage de place à la pensée européenne qu'à celle de l'Inde ancienne.

341 Leipzig, Brockhaus 1883 De ce livre, il existe deux traductions anglaises, la première : *The System of the Vedânta*, traduit par l'élève de Deussen : Charles Johnston, 1ère édition : Chicago 1912, 2e édition : Delhi 1972, Motilal Banarsidass ; la deuxième : *The Philosophy of the Upanishads* traduit par le Révérend A.S. Geden (*Tutor in Old Testament languages and literature, and classics*, Wesleyan College, Richmond), édition : Munshiram Manoharlal, New Delhi, 1979. Pour Deussen, ce livre est la seconde partie de son *Histoire générale de la philosophie*. (*Allgemeine Geschichte der Philosophie*, Leipzig, Brockhaus, 1894).

342 Leipzig, Brockhaus, 1887. Mais Nietzsche l'a-t-il lu ?

une somme de l'histoire de la philosophie dont les trois premiers tomes sont consacrés à l'Inde.

Entre Nietzsche et Deussen, les relations sont très équivoques. Cela s'explique par l'intransigeance de Nietzsche, sa volonté de considérer ses amis comme ses disciples. Leur amitié réelle a duré à peine dix ans, de 1859 à 1869. Quand Nietzsche devient en 1869 professeur de philologie à Bâle sans même avoir fini son Doctorat, Deussen, dont la situation professionnelle n'est pas brillante, lui écrit une lettre où *« assurément un peu d'envie a pu percer »*[344], avoue-t-il. Nietzsche lui répond :

> « Cher ami, si ce ne sont pas des dérangements accidentels de ton cerveau qui sont responsables de ta dernière lettre, je dois te prier de considérer désormais nos relations comme terminées. »[345]

Quelle est l'origine de cette réelle dysharmonie entre ces deux amis ? Quand, en 1865, Nietzsche commence des études de philologie et Deussen celles de théologie à Tübingen, c'est un tournant qui marque la fin de leur amitié vivante, et commence alors une « amitié » entretenue par la correspondance. Dans ce cas, il semble que leur amitié ne soit plus très sincère... (Pourtant, au XIXe siècle, il est exceptionnel pour un philosophe d'être ami avec un indianiste). Une telle rupture aura des influences indéniables sur le niveau de culture indienne de Nietzsche. Sur ce point, Andler[346] se trompe, puisqu'il affirme que Nietzsche doit une bonne part de sa culture indienne à Deussen. Car il oublie que les deux anciens condisciples-amis de *Schulpforta* ne se sont plus revus pendant près de vingt-deux ans de (1865 à 1887), à l'exception de trois rencontres à Bâle en 1871, 1873 et à Sils-Maria en 1887[347]. Comment peut-on alors parler d'amitié quand la séparation dure 14 ans (1873 à 1887) ?

---

343 Leipzig, Brockhaus, 1894. Cette œuvre d'inspiration schopenauérienne paraît en six volumes de 1894 à 1917.

344 P. Deussen : *Souvenirs sur F. Nietzsche*, op. cit., p.101.

345 Ibid., p. 101. A la fin de l'année 1869, Nietzsche écrit à Deussen : *« Mon cher ami, en commençant ma lettre si haut dans la page, je te montre combien j'aime t'écrire et par conséquent aussi combien j'ai de choses à te dire. En effet, lorsque ta dernière lettre est arrivée, je venais juste de sortir du lit et je me disais, en buvant mon cacao : Pourquoi l'ami Paul n'écrit-il pas un peu plus souvent ? Ou aurais-je dit à nouveau, dans ma dernière lettre, quelque chose d'inouï, de tout à fait blessant, ou quoi que ce soit de ce genre ? Car il arrive parfois que mes amis prennent trop au tragique un mot quelconque, alors qu'ils devraient me connaître et pourraient faire plus de cas de cette connaissance et de cette expérience que d'une parole occasionnelle. »* Cf. Lettre de Nietzsche à Deussen, Bâle fin 1869, in Paul Deussen : *Souvenirs sur F. Nietzsche* op. cit. p. 113-114.

346 C. Andler : *Nietzsche, sa vie et sa pensée*, I, *Les précurseurs de Nietzsche, la jeunesse de Nietzsche*, Gallimard, 1979, p. 349.

347 Deussen lui-même le reconnaît : « *Personnellement, même si je le désirais beaucoup ; je ne le vis pas pendant de longues années, ni pendant les sept ans que dura mon activité de précepteur (1873-1880), ni pendant les sept premières années où j'exerçais à Berlin.* » Cf. P. Deussen : *Souvenirs sur F. Nietzsche*, op. cit. p. 145.

De plus, il n'est pas certain que Nietzsche ait lu les travaux d'indianisme de Deussen, même s'il fait des déclarations générales après sa lecture des *Sutras du Vedanta* :

> « [Deussen] m'a apporté ses Soutras du Vedanta qui viennent de paraître, un livre de scolastique raffinée de la pensée hindoue, qui anticipe de quelques millénaires sur la sagacité des systèmes européens les plus modernes (kantisme, atomisme, nihilisme, etc...). Certaines pages rendent le même son que la Critique de la Raison Pure, et pas que le son. »[348]

De même, on se demande ce que Nietzsche a lu du *Système du Vedânta* de Deussen. Pourtant cette étude est fort intéressante : elle nous fournit un panorama de la doctrine des *Upanishads*. Après une longue introduction consacrée à l'histoire générale du Vedanta (dont l'étude est réservée aux Brahmanes), ses sources, sa doctrine exotérique et ésotérique, Deussen présente en cinq parties la théologie ou la doctrine du brahman, la cosmologie ou la doctrine du monde, la psychologie ou la doctrine de l'âme, le *samsara* ou la doctrine de la transmigration de l'âme, *moksha* ou l'enseignement de la libération.

Ajoutons que les deux amis sont très différents. Par exemple *« Nietzsche,* écrit Deussen, *était et resta au plus profond de lui-même une nature agitée, instable, qui ne supportait pas de s'occuper longtemps d'une chose »*[349]. En revanche Deussen est sociable, c'est un esprit qui recherche la synthèse, le système. Quand Nietzsche quitte la scène philosophique, par sa chute à Turin le 3 janvier 1889[350], Deussen commence sa carrière universitaire qui durera jusqu'à sa mort en 1919. Finalement, en apparence tout les oppose. Pourtant, Nietzsche reconnaît en Deussen un indianiste exceptionnel ; suite à son envoi du Système du Vedanta en 1883, Nietzsche écrit un éloge à son ami :

> « Il a fallu que bien des choses se rencontrent dans un même homme pour qu'il puisse nous révéler à nous autres Européens cet enseignement du Vedânta ; tu n'as pas oublié ce qu'est un travail sérieux, et ce n'est pas, cher ami, le moindre des éloges que je t'adresse. »[351]

Derrière ces mots se cachent de réelles tensions. En effet, l'ambiguïté se trouve chez les deux amis. D'un côté, Nietzsche fait l'éloge de Deussen pour son érudition en indianisme. Mais il faut reconnaître que Nietzsche ne s'explique guère sur ce qu'il entend par philosophie indienne et par suite, ce qui l'amène à s'intéresser à tel ou tel aspect de la pensée indienne. De l'autre, Deussen ne fait aucun commentaire sur les positions relatives aux philosophies indiennes dans l'œuvre de Nietzsche[352].

---

348 Nietzsche : *Lettres à Peter Gast*, traduction de L. Servicen, tome second, éditions du Rocher, 1958, lettre du 8 septembre 1887, p. 270.

349 Paul Deussen : Souvenirs sur F. Nietzsche, op. cit. p. 133-134.

350 Dr E.-F. Podach : *L'Effondrement de Nietzsche*, Gallimard, 1978.

351 *Lettre de Nietzsche à Deussen*, après le printemps 1883, in P. Deussen, *Souvenirs sur F. Nietzsche*, op. cit. p. 146.

352 Cependant Deussen rapproche lui-même le surhomme du Christ et du Veda : *« Quand le Veda dit : "Libérez-vous de l'illusion de l'individualité et reconnaissez que vous êtes*

D'autant plus que dans *Souvenirs sur F. Nietzsche*, Deussen présente sa correspondance avec son ami et en annexe, il fait « *quelques remarques sur la philosophie de Nietzsche* »[353]. L'oubli de l'étude des références de Nietzsche relatives à l'Inde par Deussen parait étonnant chez un indianiste et philosophe tel que lui, car il était sûrement le mieux placé pour entreprendre une telle recherche. Néanmoins, Deussen est bien, comme le dit Montinari, celui qui « *est entré dans l'histoire de la philosophie en tant qu'historien de la philosophie indienne et traducteur des Upanishads* »[354]. Une telle affirmation ne résonne-t-elle pas comme une reconnaissance d'abord de la philosophie indienne ensuite de la philosophie comparée ?

b) La condamnation des préjugés et de « l'ignorance accomplie »

Nietzsche est sincèrement heureux d'être ami avec un authentique indianiste-philosophe : il reconnaît, en Deussen, un indologue qui n'a pas oublié de faire des recherches sur les philosophies indiennes. Comme il s'étonne de la dérive de l'indianisme, il oppose Deussen aux indianistes et aux intellectuels non-spécialistes de l'Inde. Par exemple, on peut lire, dans sa lettre à Deussen de janvier 1875, comment il s'indigne de l'oubli de l'Inde par des indianistes comme Hermann Brockhaus, professeur de philosophie indienne à Leipzig :

> « Si tu savais combien je me fâche chaque fois que je pense aux philosophes hindous ! Quels furent, par exemple, mes sentiments lorsque le Pr X... (qui s'est beaucoup occupé de textes philosophiques et a rédigé à Londres un catalogue d'environ trois cents de ces textes) me dit en me montrant un manuscrit de Sankhya : "C'est étonnant, ces Hindous ont toujours philosophé, mais toujours de travers." Ce "toujours de travers" est devenu pour moi proverbial....
> II y a quelques années, le vieux Brockhaus avait tenu à Leipzig un discours rectoral donnant une vue générale des résultats de la philosophie de l'Inde - mais pas un traître mot de la philosophie hindoue ; je crois qu'il l'avait oubliée par mégarde.
> Conclusion : Sois loué de ne pas l'avoir aussi oubliée par mégarde. »[355]

« *Cet oubli par mégarde* » traduit une ironie : les spécialistes de l'Inde ne se livrent à aucune recherche en indologie : ils laissent volontairement de côté la comparaison des philosophies occidentales avec les philosophies indiennes (car la perspective de mettre à égalité leur culture avec celle de l'Inde les indisposerait-elle ?).

---

l'atman", quand la Bible exige que le vieil homme meure en nous, ces exigences signifient au fond et très profondément la chose même que veut Nietzsche : que l'homme en nous soit surmonté afin qu'apparaisse le surhomme. Le surhomme de Nietzsche est un idéal du genre humain, exactement comme la figure du Christ de l'Eglise... » Une telle comparaison est maladroite dans la mesure où Nietzsche lui-même ne l'effectue jamais. Cf. P. Deussen : *Souvenirs sur F. Nietzsche*, op. cit. p. 167-178.

353 P. Deussen : *Souvenirs sur F. Nietzsche*, op. cit. p. 167-179.

354 Mazzino Montinari : *Friedrich Nietzsche*, P.U.F., 2001, p. 27.

355 Cf. Lettre à Deussen de janvier 1875 in *La Vie de F. Nietzsche d'après sa correspondance*, trad. Georges Walz, Riedeur, éditeur, 1931, p. 240.

Toutefois, reconnaissons qu'ils savent bien des choses sur la pensée indienne, mais jamais ils n'arrivent à les exploiter tant ils sont prisonniers des préjugés et de *« la même vieille ignorance accomplie »*. Prétendre que les hindous philosophent *« toujours de travers »*, c'est poser sa culture philosophique comme étant supérieure à toute autre. Un tel jugement européocentrique, voire ethnocentrique, constitue une sorte de « mixophobie »[356], la peur du mélange des cultures ; une telle mixophobie ne peut que conduire à un anti-métissage des cultures. Que des spécialistes de l'Inde soient eux-mêmes un tissu de préjugés sur les philosophies indiennes, qu'ils sont censés enseigner[357], est une contradiction que Nietzsche a bien vue en son temps ; il a le mérite de dénoncer avec force cette situation comme incompatible avec l'idée même de dialogue interculturel pour lequel, on le sait, il est favorable.

Il est le premier philosophe du XIXe siècle à s'inquiéter de l'oubli de l'Inde au cœur même de la vogue de l'indianisme. Les *Asiatic Researches* ont publié certains des textes majeurs de l'indianisme de 1774 à 1875. Or 1875 est aussi la date de l'oubli de l'Inde pour Nietzsche, mais en réalité la fin des *Asiatic Researches* coïncide avec la fin de l'indianisme (dans une perspective nietzschéenne). Précisément, avec cette fin devrait débuter une recherche sérieuse en philosophie comparée : ce serait le moment de faire le point, de s'interroger sur les relations que les chercheurs pourraient établir entre les philosophies occidentale et indienne ; or nous sommes loin de cette situation. Au contraire, quand Nietzsche évoque *« l'Antiquité indienne »*[358] (qui vient de naître) comme une Antiquité déjà finissante, nous sommes dans le paradoxe de l'oubli de l'Inde. Mais en réalité a-t-elle jamais eu une naissance ? Se poser une telle question, c'est déjà répondre que l'Antiquité indienne (et la philosophie comparée) n'a jamais vu le jour, y compris en France, en Allemagne, des pays où fleurissent le plus grand nombre d'indianistes dont l'ouverture d'esprit, de collaboration, d'assimilation de certains traits de l'indianité est contestée par Nietzsche. De plus, leur défaut est d'interpréter la pensée indienne dans les concepts de la pensée occidentale comme si naturellement, il y avait des termes équivalents[359].

Nietzsche reproche aux indianistes et aux autres intellectuels de son temps leurs nombreux préjugés sur la pensée indienne. Il souscrit aux attaques de Schopenhauer contre la philosophie universitaire et reconnaît en lui un défenseur de la philosophie indienne. Il reproche aux universitaires leur supposée supériorité culturelle sur le reste du monde. Il ne ménage pas ses critiques contre ces penseurs :

---

356 Nous empruntons le terme de mixophobie à Pierre-André Taguieff et à son livre : *La Force du préjugé, essai sur le racisme et ses doubles*, Gallimard 1990.

357 R.-P. Droit nous fait remarquer dans *Le Culte du néant* (cf. Marcel Conche, *Compte rendu du Culte du néant* de R-P. Droit, in Revue internationale de philosophie n° 1 / 1998 mars 1998, p. 200) que les philosophes et, même parmi eux certains indianistes, sont de mauvais lecteurs du bouddhisme.

358 *Considérations inactuelles* III, tome II **, *Schopenhauer éducateur*, p. 93.

359 Michel Hulin : « L'Inde comme lieu des figures de l'Autre » in *L'Inde inspiratrice* op. cit. p. 19-27.

> « C'est aujourd'hui, *écrit-il*, précisément une race débile qui règne sur les chaires ; si Schopenhauer devait écrire aujourd'hui son discours de la philosophie universitaire, il n'aurait pas besoin de massue pour vaincre, un jonc lui suffirait. C'est sur les têtes biscornues des héritiers et des descendants de ces épigones qu'il a martelé ses coups : ils ressemblent suffisamment à des nourrissons et à des nains pour rappeler le proverbe hindou : *"Les hommes naissent selon leurs actions, stupides, muets, sourds, difformes"*. »[360]

Nous avons ici un exemple d'utilisation assez surprenante, voire à contre-courant, d'un concept typiquement indien comme le *Karman* pour suggérer que les universitaires européens sont déjà frappés de toutes les tares de l'existence et qu'ils renaîtront ainsi à cause de leur oubli coupable de l'Inde. Il serait évidemment naïf de prendre au sérieux une telle déclaration, quoique celle-ci s'inscrive dans la critique du savoir (historique) développée dans *La Seconde inactuelle*[361] : le savoir est stérile s'il n'est pas mis au service de la vie ; les universitaires sont des consommateurs de savoir : ils apprennent ce qui est déjà. Jamais ils ne font comme les Grecs : transformer leur savoir pour créer une autre manière de penser, de vivre. Par conséquent, ils ignorent que leur culture européenne est en crise, de sorte qu'ils sont malades, ils le sont d'autant plus qu'ils vivent dans l'ignorance de l'indologie : paradoxalement, quand ils connaissent l'indologie, elle ne leur est d'aucune utilité. Pourtant, comme l'a souligné Hildegard Chatellier[362], l'Orient indien est un espoir pour le XIXe siècle. Mais ajoutons que Nietzsche aurait vu que cet espoir n'est pas exploité à sa juste mesure : les indianistes ne conçoivent pas le sens et l'existence d'une philosophie orientale. Nietzsche anticipe ainsi d'une trentaine d'années sur les analyses de Heinrich Zimmer, indianiste et fidèle disciple de Paul Deussen :

> « Quand j'étais étudiant, écrit Zimmer, le terme « philosophie indienne » passait d'ordinaire pour une chose contradictoire, une contradictio in adjecto, comparable à l'absurdité comme "de l'acier en bois". La "philosophie indienne" était quelque chose qui n'existait pas, "un nid de jument" ou, comme disent les logiciens hindous, "les cornes d'un lièvre", "le fils de la femme stérile". Parmi tous les professeurs qui détenaient en ce temps des chaires permanentes en philosophie, il n'en était qu'un d'enthousiaste, le vieux Paul Deussen, disciple de Schopenhauer, qui donnait régulièrement des cours de philosophie indienne. »[363]

Les préjugés et l'ignorance sont les marques indéfectibles de l'oubli de l'Inde. Face aux philosophies indiennes, les intellectuels du XIXe siècle restent passifs, semblables à *« des animaux devant une lyre »*[364] : ils ne savent pas en jouer ou plus exactement, ils refusent d'en jouer car c'est une lyre dont la musique rend un son

360 *Considérations inactuelles III, tome II **, Schopenhauer éducateur*, p. 88.

361 *Considérations inactuelles* II, tome II * : *De l'utilité et des inconvénients de l'histoire pour la vie.*

362 Article de H. Chatellier : « Parcours individuels et crise collective » in *L'Inde inspiratrice* op. cit. p. 29.

363 H. Zimmer : *Les Philosophies de l'Inde.* Payot, 1996, p. 29-30.

364 *Considérations inactuelles III*, tome II** : *Schopenhauer éducateur*, p. 93.

indien. La phobie envers l'Inde, visible par les préjugés et l'ignorance, est apparue en réaction contre l'enthousiasme passionné et incontrôlé des philologues, des philosophes et des romantiques pour les premiers textes indiens[365]. Paradoxalement, cette indomanie n'a pas apporté une réelle contribution au développement de la philosophie indienne. Car, à part Hegel, Schelling et quelques indologues, on se demande quel philosophe prend réellement en compte les doctrines indiennes[366]. Et Nietzsche sait que l'Inde exerce une fascination passagère sur l'esprit des intellectuels, ils ne sont pas pour autant animés d'une réelle intention de *« boire à la source »* que Deussen a fait jaillir[367]. Parfois les indomanes, comme Schopenhauer, s'expliquant très mal sur l'indianisme, rejoignent malgré eux les indifférents devant la pensée indienne.

En réalité, la *« vieille ignorance accomplie »* s'explique par le rejet total de l'expression philosophie indienne ; celle-ci choque les universitaires, qu'ils soient indianistes ou non. Cela vient encore de préjugés[368] indéracinables contre la pensée

---

365 Dans *La Renaissance orientale*, op cit., R. Schwab a bien retracé cette indomanie. Cf. également R.-P. Droit : *L'Oubli de l'Inde*, op. cit.

366 Par exemple dans la *Philosophie de l'inconscient* (Tome I : « Phénoménologie de l'Inconscient », Tome II : « Métaphysique de l'inconscient », traduction par D. Nolen, Librairie Germer Baillère, Paris, 1877). Eduard von Hartmann reconnaît que la philosophie indienne a découvert, quelques milliers d'années avant les Européens, les principes de l'inconscient (Ibid Tome I, p. 34-35). Mais cet auteur qui affirme au passage que la philosophie indienne existe puisqu'il oppose « philosophie européenne » et « philosophie orientale », ne fait aucune étude précise sur l'inconscient comparé tel qu'il est conçu chez les Indiens et chez les Occidentaux. (Bien que von Hartmann ait utilisé le concept de Brahman, pour élaborer un inconscient absolu. cf. article de Christine Maillard : « Doctrines indiennes et ésotérisme occidental dans l'œuvre du psychanalyste viennois Herbert Silberer in *L'Inde inspiratrice*, op. cit., p.145).
Jean-Marie Paul a raison de reprocher à Eduard von Hartmann (cf. *L'Autodestruction du christianisme et la religion de l'avenir* — cf. traduction et commentaires de Jean-Marie Paul p. 39) P.U. Nancy, 1989) de fondre le christianisme dans les religions de l'Inde pour créer une nouvelle religion sans aucunement se mettre à l'écoute de la culture indienne. Assurément, le réservoir d'idées orientales destiné pour Nietzsche (et d'autres) à alimenter et à réanimer la culture occidentale, notamment le catholicisme et le protestantisme défaillants et agonisants, est très mal utilisé par tous ceux qui veulent rompre avec l'Occident chrétien. Pour mieux saisir la pensée de von Hartmann sur l'Inde, on se reportera à l'article de Michel Hulin : « La mise en perspective des pensées indiennes chez Eduard von Hartmann » in *La fascination de l'Inde en Allemagne 1800-1933*, sous la direction de Marc Cluet, Presses universitaires de Rennes, 2005, p. 139-153.

367 Lettre à Deussen, janvier 1875, in *La Vie de F. Nietzsche d'après sa correspondance*, op. cit. p. 240

368 Pour bien saisir le sens néfaste du mot préjugé, il convient ici de citer une formule d'Alain. Pour lui, le préjugé est *« ce qui est jugé d'avance, c'est-à-dire avant qu'on se soit instruit. Le préjugé fait qu'on s'instruit mal. Le préjugé peut venir des passions ; la haine aime à préjuger mal ; il peut venir de l'orgueil, qui conseille de ne point changer d'avis ; ou bien de la coutume qui ramène toujours aux anciennes formules ; ou bien de la paresse, qui n'aime point chercher ni examiner. Mais le principal appui du préjugé est l'idée juste d'après laquelle il n'est point de vérité qui subsiste sans serment à soi ; d'où l'on vient à*

indienne et que Guy Bugault[369] rappelle : — L'inexistence du mot philosophie en sanskrit : il n'y a pas d'équivalent précis (puisque le mot philosophie est grec). — La pensée indienne n'a pas le statut de philosophie car elle n'a pas tranché avec la pensée mythique et religieuse. — Les concepts ne sont pas clairement définis dans les textes indiens pléthoriques et sans réel fil conducteur.

Plus d'un siècle après les deux lettres à Deussen (janvier 1875 ; janvier 1888), l'oubli de l'Inde est toujours très préoccupant. Roger-Pol Droit situe cet oubli vers 1900, mais 1875 serait une date plus juste ; il constate encore, dans un article du *Monde de l'Education*, l'exclusion de l'Orient[370] : les philosophes indiens sont *« les délaissés de la raison »*. Nous pouvons également rapprocher la lettre de Nietzsche à Deussen du 03-01-1888 de ces remarques de Gérard Fussman :

> « Mais en France comme en Allemagne, aujourd'hui comme au XIXe siècle, on peut faire des études d'histoire de l'art, de littérature, d'histoire des religions ou de philosophie sans que jamais l'on vous parle de l'Inde. »[371]

Grâce au thème de l'oubli de l'Inde, nous avons ici un premier exemple, dans l'œuvre de Nietzsche, de l'utilisation des philosophies indiennes contre les philosophies occidentales et plus particulièrement contre les intellectuels. Si Nietzsche va aussi loin dans la critique des Occidentaux, c'est précisément pour porter un rude coup à tout l'édifice de la culture européenne qu'il voudrait voir s'éloigner de la culture chrétienne et de la philosophie chrétienne. Il sait aussi combien l'honnêteté intellectuelle est rare chez les chercheurs en indologie comme en toute autre discipline. Puisque chacun rejette naturellement le monde indien ou fait semblant de s'intéresser à la pensée indienne pour la raison qu'elle est un amas (pour Auguste Comte) de rêveries et l'expression d'une humanité désuète[372], alors Nietzsche n'hésite plus à nous faire entrevoir que les intellectuels occidentaux manquent d'audace, d'engagement dans le fait comparatif. Son injonction est intempestive, elle va contre le sens de son époque. Comme il veut forcer la rencontre entre l'Europe et l'Inde, il n'hésite pas écrire ceci dès 1874 :

---

considérer toute opinion nouvelle comme une manœuvre contre l'esprit. Le préjugé ainsi appuyé sur de nobles passions, c'est le fanatisme. » Cf. Alain : *Les Arts et les Dieux*, chapitre X : « Définitions », Gallimard, 1990, p. 1081.

369 Guy Bugault : *L'Inde pense-t-elle ?* P.U.F. 1994, p. 21. Remarquons que ce titre, après *L'Oubli de l'Inde* de R.-P. Droit, qui était déjà une profonde interrogation sur les causes du rejet de la philosophie indienne, pose problème, car se demander si l'Inde pense, c'est déjà mettre le doute dans l'esprit du lecteur non initié à la culture indienne afin de lui montrer que l'autre option est possible : l'Inde ne pense pas. Discuter de ce choix, c'est peut-être déjà jeter le discrédit sur le statut de la philosophie indienne. En somme, ces deux ouvrages témoignent de la crise profonde que traverse l'indianisme depuis Nietzsche.

370 Article de R.-P. Droit : *« L'Orient exclu »* in *Le Monde de l'Education de la culture et de la formation,* janvier, 1997, p. 44-45.

37142 Préface de G. Fussman à *L'Inde inspiratrice. Réception de l'Inde en France et en Allemagne* (XIXe et XXe siècles). Etudes réunies par M. Hulin et C. Maillard, P.U. Strasbourg, 1996, p. 9.

372 Jean Biès : *Littérature et pensée hindoue*, Klincksieck, 1992, p. 101.

« L'Orient et l'Occident sont des traits que quelqu'un dessine sous nos yeux pour duper notre pusillanimité. »[373]

A cette formule de l'indophile Nietzsche, s'oppose celle de l'indophobe Rudyard Kipling[374] :

« L'Orient est l'Orient, et l'Occident est l'Occident, et les deux ne se rencontreront jamais. »[375]

Ces paroles, opposées au métissage des cultures, dissimulent des préjugés qui traduisent une volonté de tenir à l'écart de la pensée occidentale toute pensée indienne : Kipling[376] avait peur des conséquences d'une telle confrontation sur les idées européennes. Ce refus de se remettre en cause devant l'indianité, principe contraire à l'esprit même de toute philosophie, cache mal une certaine phobie de la concurrence ; les philosophies indiennes seraient-elles des concurrentes redoutables pour les philosophies occidentales ? Paradoxalement les intellectuels, malgré leur ignorance en indologie, soupçonneraient-ils que les Indiens ne sont pas de si mauvais philosophes ? Ecoutons la réponse de Nietzsche.

« J'ai rencontré assez d'exemples montrant combien l'intellect des hommes peut être troublé. Dernièrement, je me suis entretenu avec quelqu'un qui était sur le point de partir pour les Indes comme missionnaire. Je lui posai quelques questions ; il n'avait lu aucun livre hindou, ne connaissait même pas l'Oupnekhat de nom et avait pris la résolution de ne pas s'engager dans des discussions avec les Brahmanes [...] parce qu'ils étaient très versés en philosophie. Oh, Gange sacré ! »[377]

---

373 *Considérations inactuelles III : Schopenhauer éducateur*, II ** p. 19.

374 L'indophobie de Kipling (et de Macauley) est reconnue par Raymond Schwab dans *La Renaissance orientale*, op. cit. p. 209.

375 R. Kipling : *The Ballad of East ant West*, 1889. Cette formule est mise en exergue par R.-P. Droit dans son livre, *L'Oubli de l'Inde* op. cit. p. 9.

376 Jean-Paul Hulin : « L'Inde dans les premiers écrits de Kipling » in *L'Inde et l'imaginaire*, sous la direction de C. Weinberger-Thomas, éditions EHESS, 1988, p. 159-174.

377 *Lettre de Nietzsche au Baron de Gersdorff* du 7 avril 1866, in *La Vie de F. Nietzsche d'après sa correspondance*, op. cit. p. 105. Notons ici que cette allusion à la pensée indienne est la première faite par Nietzsche puisque sa lettre à Gersdorff date de 1866.

Il n'est pas impossible que, dans la critique des indianistes de son temps, Nietzsche ait vu une certaine dérive inacceptable des études indiennes vers une position extrêmiste totalement étrangère à l'idée du métissage culturel. En effet, le domaine indien attirait de nombreux intellectuels allemands qui ne voulaient pas perdre pour autant leur identité germanique : ils se tournent alors vers ce que Hildegard Châtellier appelle *« l'Orient des wagnériens »* (in *L'Inde inspiratrice* op. cit. p. 129-143). Elle montre dans son article, *L'Orient des Wagnériens*, que l'Orient est le dernier recours dans un contexte de crise des valeurs : cela fait du bien de se tourner vers l'Inde, car on y croit discerner *« ses propres valeurs restées intactes »*. La rencontre avec l'Inde ne comporte ni dépaysement ni sentiment d'exotisme. C'est l'image la plus pure, l'image intacte de ce que l'on prétend avoir toujours été et que l'on souhaite redevenir en surmontant les effets pervers du *Zeitgeist*. Le mythe de la pérennité de l'identité semble également inspirer Paul Deussen lorsqu'il définit ainsi l'objectif de ses publications

c) Nietzsche et son *« œil trans-européen »*

Quand Nietzsche dénonce l'oubli de l'Inde chez les intellectuels de son temps, lui-même prend-il en compte les philosophies indiennes dans le développement de sa pensée ? Demandons-nous s'il faut tenir pour juste les premières lignes de sa lettre à Deussen du 3 janvier 1888. Rappelons-les en partie :

> « Aussi bien il faut compter au nombre des apports essentiels de mon absence de préjugés (de mon œil "supra-européen") que ton être et ton œuvre me rappellent toujours l'unique grande alternative qui soit à notre philosophie européenne. »[378]

Une telle affirmation très ambitieuse ne saurait être juste, d'après M. Sprung[379]. D'un côté, nous en prenons acte ; de l'autre cette lettre ne disqualifie nullement toute étude sur Nietzsche et la pensée indienne. D'abord, il n'est pas certain que Nietzsche lise ou comprenne les philosophies indiennes à partir des philosophies européennes ou à partir de sa propre philosophie. Ensuite, dans son article : « Nietzsche's trans-european eye », M. Sprung affirme que l'auteur de Zarathoustra *« possède un œil plus européen que trans-européen »* ; une telle proposition partirait du principe que Nietzsche est en harmonie totale avec la tradition philosophique européenne et notamment avec sa branche chrétienne. Sprung exige trop de Nietzsche : il lui demande quasiment d'être un philosophe-indianiste ou bien il s'attend à trouver dans son œuvre un travail de philosophie comparée. Mais il est vrai que c'est Nietzsche lui-même qui fait « des annonces fracassantes » dans ses premières positions sur l'indianisme : par exemple en janvier 1875, il manifeste sa volonté de

---

sur l'Inde : *« [...] Nous redonner, à nous autres Germains, une image très vivante des créations de nos compagnons de souche aryenne.* » Et Leopold von Schröder (antisémite) renchérit en affirmant : le monde indien, *« ce sont des pensées dans lesquelles nous reconnaissons de plus en plus la chair de notre propre chair et l'os de nos propres os ; c'est un univers culturel (eine geistige Welt), qui est lié au nôtre par une parenté proche, et même une parenté originelle (urverwandt). »*

De telles positions ne sont pas encore dangereuses. Mais elles peuvent dériver pour aboutir au *« mythe d'une communauté culturelle aryenne »* (cf. *L'Inde inspiratrice* op. cit. p. 132). Certains auteurs sont des antisémites : Förster, beau-frère de Nietzsche (il évoque en 1880 *« les peuples frères de la région de l'Inde et du Gange »*), Ludwig Schemann, wagnérien et traducteur des œuvres de Gobineau, Hanz von Wolzogen propose en 1887 des articles sur les *Traces germaniques primitives.* Ces auteurs, volontiers racistes, (Roger-Pol Droit les dénonce également dans *Le Culte du néant* op. cit., chapitre 7 : Classes noires et gens perdus, p. 153-172), portent la responsabilité d'une dérive de l'indianisme à des fins illusoires et polémiques. Cela s'explique également par le mot *aryen* (en sanskrit *arya* signifie le noble). Ce nom désigne les hommes qui parlaient sanskrit. Sur le thème des aryens, cf. Maurice Olender, *Les Langues du Paradis,* Gallimard, 1989, p. 33-39 ; et sur les problèmes du svastika, on se reportera à l'article d'Elizabeth Etienne : Le svastika, de l'Inde au nazisme in *La Fascination de l'Inde*, op. cit. p. 289-298.

378 F. Nietzsche : *Dernières Lettres*, op. cit.p. 51.

379 Cf. article de Sprung : *« Nietzsche's trans-european eye »* in *Nietzsche and Asian thought*, op. cit.,p. 76.

« boire à la source de la philosophie indienne »[380]. Une telle annonce constitue-t-elle une simple déclaration sans suite ?

Sprung exploite un autre argument pour prouver que Nietzsche ne possède pas réellement un « œil trans-européen » : il met en avant les relations conflictuelles avec son ami Paul Deussen. Par exemple, lors de leur rencontre à Bâle en Juillet 1871, Nietzsche dit à Deussen : *« Tu n'es pas doué pour la philosophie. »*[381] Sprung se fonde également sur la rupture entre les deux amis. Malgré quelques lettres échangées[382], Nietzsche a-t-il profité de la science en indianisme de Deussen ? Sprung répond clairement :

> « Mais le fait est que Nietzsche n'a jamais fourni aucun effort pour exploiter ses connaissances avec le plus compétent philosophe comparatiste de son temps pour étudier d'un œil critique les idées des philosophes sanskritistes. Etrangement, Deussen, qui a été généralement vu comme une preuve concrète de la vision trans-européenne de Nietzsche et que j'ai certainement considéré comme tel avant de travailler sur sa correspondance avec Nietzsche, s'avère être, comme je le crois maintenant, la preuve la plus cruciale que nous ayons du manque d'intérêt de Nietzsche pour les idées trans-européennes. »[383]

Le scepticisme de Sprung sur la vision trans-européenne de Nietzsche se heurte profondément à la critique innovante de ce même Nietzsche contre l'oubli de l'Inde par les intellectuels d'une part, et à son appel au métissage de la culture d'autre part. (Il se fait même le défenseur et de l'indologie et de la philosophie comparée). Par exemple comment interpréter sa déclaration presque solennelle sur l'interpénétration des cultures ?

> « J'imagine, *dit-il (dans un fragment de l'été 1876)*, de futurs penseurs chez qui la perpétuelle agitation de l'Europe et de l'Amérique s'associera à la contemplation asiatique, héritage de centaines de générations : une telle combinaison conduira à la solution de l'énigme du monde. En attendant les libres esprits contemplatifs ont leur mission : ils abolissent toutes les barrières qui font obstacle à une interpénétration des hommes. »[384]

Sprung nous dit de ne pas prendre en considération cette déclaration qui reste au stade du général et n'est jamais suivie d'effet. Bien que nous soyons en présence d'une contradiction de Nietzsche sur ses attaques contre les indianistes et son propre

---

380 Ibid. p. 84.

381 Ibid. p. 83.

382 Ibid. p. 83.

383 *« But the fact is that Nietzsche made no attempt to exploit his acquaintance with the most competent comparative philosopher of the time in order to study critically the ideas of the Sanskrit philosophers. Oddly, Deussen, who has generally been seen as concrete evidence of Nietzsche « trans-European vision », and whom I certainly so regarded before working through his correspondance with Nietzsche, turns out to be, as I now believe, the most crucial evidence we have of Nietzsche's lack of interest in trans-European ideas. »* Cf. Sprung : *« Nietzsche's trans-european eye »*, in *Nietzsche and Asian thought* op. cit, p. 84.

384 *Humain, trop humain*, III 1, F.P. Eté 1876, 17 [55], p. 362.

désintérêt supposé pour l'Inde, saluons néanmoins les intentions, les efforts de Nietzsche pour son appel à la conciliation des cultures. En ce sens, il reste fidèle à l'esprit du métissage culturel (dont il se réclame), dimension que Sprung n'a pas vue. S'il n'est pas allé loin dans son effort de développement d'une vision effectivement trans-européenne, c'est pour la raison que son objectif n'est pas là. Sprung n'a jamais vu que, dans son œuvre, Nietzsche est occupé à une tâche de procureur philosophe : la critique des idées chrétiennes. (Dans cette perspective, on se demande comment Nietzsche va se servir de l'indologie de son temps). Un philosophe qui a cette préoccupation indéfectible n'a certainement pas l'intention de se livrer à un travail de comparatiste formel. Les critiques de Sprung contre Nietzsche sont celles d'un comparatiste sur un non-comparatiste qui n'a jamais prétendu être un indianiste ; il n'a pas non plus eu le projet d'exploiter quelques textes indiens, mais seulement son défaut, reconnaissons-le, est d'annoncer un programme ambitieux de philosophie comparée qu'il n'appliquera pas. En somme, les déclarations enthousiastes de Nietzsche sur la philosophie indienne comme unique alternative à la philosophie européenne apparaissent comme excessives, mais leurs excès nous interpellent. Désormais, Nietzsche, que nous avons l'audace d'appeler l'homme à la vision trans-européenne, a le mérite de nous donner le premier thème de sa relation à l'Inde : l'oubli de la philosophie indienne dans les recherches des intellectuels de la fin du XIXe siècle.

Chapitre V
L'Inde de Nietzsche, des contours ambigus

Comme Nietzsche ne consacre jamais un ouvrage entier ou partiel à la pensée indienne, il semble important de procéder à un relevé des références à l'Inde dans ses livres[385]. Une fois cette tâche accomplie, posons-nous cette question : que dire de ces commentaires dans l'œuvre de Nietzsche ? Il apparaît que la pensée indienne est convoquée presque exclusivement de manière abrupte. Mais en y regardant de plus près, nous pouvons dégager trois genres de références à la pensée indienne.

Le premier est constitué par des allusions, très vagues, peu informées et tenant en quelques mots, parfois en une phrase, et souvent plus ou moins exploitables pour un commentaire. Nietzsche utilise alors une méthode « préschopenhauérienne » comme dans les exemples suivants :

> « Alexandrinisme de la connaissance, attirance vers l'Inde. »
>
> « La pensée de Parménide ne porte nulle trace du parfum sombre et enivrant de la pensée indienne qui n'est peut-être pas tout à fait indiscernable chez Pythagore et chez Empédocle. »[386]

Le deuxième genre de référence se présente sous une discussion assez développée, comme à propos de l'épisode du roi-ascète Viçvamitra dans la *Généalogie de la morale*. Mais de la part de Nietzsche, il ne faudra jamais s'attendre à un développement comparatif à la manière des indianistes ; en effet la partie indienne est assez peu fournie. C'est pourquoi Nietzsche utilise ici une méthode que nous appelons « schopenhauérienne », une intermédiaire entre les méthodes préschopenhauérienne et hégélienne.

Le troisième genre de référence tient en une explication assez fournie comme à propos des *Lois de Manou*. Nietzsche fait presque un travail de philosophe comparatiste (à son insu). Il utilise alors de manière très exceptionnelle une méthode que nous pouvons appeler hégélienne par référence à Hegel qui s'explique avec abondance sur les philosophies indiennes dans certaines de ses œuvres.

D'un côté, sorties du contexte de la pensée de Nietzsche, toutes ces allusions plus ou moins explicites aux philosophies indiennes auraient peu de sens. De l'autre, le classement des références relatives à la pensée indienne, dans la totalité des œuvres de Nietzsche traduites en langue française, comporte des éléments plus ou moins exploitables. Alors se pose le problème de l'explication : comment devons-nous rendre compte de l'Inde de Nietzsche ? Cela reviendrait à se poser la question maladroite (déjà évoquée ci-devant) de la prédétermination des problèmes de comparaison des philosophies. Nietzsche a le mérite de provoquer la rencontre de sa philosophie avec certains aspects des philosophies indiennes. Ce genre de bonne provocation n'est certainement pas innocent : il a un sens. Pour comprendre son

---

385 Lors de mes recherches doctorales, j'ai établi un relevé quasi exhaustif des références relatives à la pensée indienne dans l'œuvre de Nietzsche (à paraître).

386 Ecrits posthumes : *La Philosophie à l'époque tragique des Grecs*, I **, §11, p 249.

sens, il faut d'abord étudier les conditions des relations de Nietzsche à la pensée indienne, c'est-à-dire quelles sont les sources de sa culture indienne (les textes qu'il connaît et qu'il aurait travaillés) ? Quels sont les thèmes indiens qui l'intéressent ? Comment comprendre sa méthode d'écriture car elle est souvent en décalage avec le style des universitaires de son temps ? Enfin le thème de l'anti-christianisme radical est-il au centre de son rapport avec la pensée indienne ?

1) LES SOURCES DE LA CULTURE INDIENNE DE NIETZSCHE

a) Nietzsche connaît-il le sanskrit ?

Il n'est pas certain que Nietzsche ait appris le sanskrit[387]. Or comme il est philologue, il serait très étonnant qu'il ait délaissé la langue des aryens. D'après *Le Service divin des Grecs*[388], qui est un cours consacré aux *« Antiquités du culte religieux des Grecs »*, à la page 65, Nietzsche, en philologue intéressé, confronte les termes désignant la propriété et ayant des racines indo-européennes. Il constate que les mots maison, porte, cour, jardin ont une certaine parenté dans les langues sanskrite, grecque, latine et gothique. Reproduisons ici son tableau[389] :

Sanskrit	Grec	Latin	Gothique
dama	δομοζ (maison)	domus	timjan, bâtir
dvâr	θυρα (porte)	fores	dauro (ancien haut allemand) : turi
garta	χορτοζ (enceinte, jardin)	hortus	gartô
veça	οικσζ (maison)	vicus	vîc

A la lecture de ce tableau, il apparaît certain que Nietzsche connaît quelques mots sanskrits. Mais cela reste une initiation nettement insuffisante pour compren-

387 Voici comment Henri Michaux fait l'éloge du sanskrit dans son livre : *Un Barbare en Asie*, (Gallimard,1982, p. 35) : « *Le sanskrit, la langue la plus enchaînée du monde, la plus largement embrassante, indubitablement la plus belle création de l'esprit indien, langue panoramique, admirable aussi à entendre, contemplative, induisant à la contemplation, une langue de raisonneurs, flexible, sensible et attentive, prévoyante, grouillante de cas et de déclinaisons.* »

388 Nietzsche : *Le Service divin des Grecs. Cours de trois heures hebdomadaires*, hivers 1875-1876, L'Herne 1992.

389 Nietzsche : *Le Service divin des Grecs. Cours de trois heures hebdomadaires*, hivers 1875-1876, L'Herne 1992, p. 65.

dre la substance de la pensée indienne dans les textes sanskrits, et dans une moindre mesure les commentaires rédigés par les indianistes comme Paul Deussen[390]. Ici, il partage, avec Schopenhauer, une ignorance étonnante du sanskrit. Nous retrouvons alors les ambiguïtés de la philosophie indienne et par suite de la philosophie comparée chez ces deux philosophes du XIXe siècle.

Toutefois, dans cette position instable, Nietzsche se soucie de l'idée de comparaison et même de communauté de pensée. Par exemple, il n'est pas hostile à l'emploi de l'expression *« langue indo-européenne »* ou *« indo-germanique »*, à condition de ne pas prendre le grec comme fondement, comme mère de toutes les langues qui se situent de l'Irlande du Nord à l'Inde[391]. Ainsi, selon Nietzsche, le métissage de la culture à l'aube de la philosophie est très visible dans la parenté des langues indo-européennes. Par conséquent l'appartenance à une langue commune primitive, l'indo-européen, explique la communauté de pensée entre les différentes philosophies grecque, allemande et indienne. C'est ici qu'il existe, dans la philosophie de Nietzsche, une idée de l'interpénétration des cultures, c'est-à-dire une manière commune de penser permettant la comparaison[392].

390 P. Deussen : *Les Eléments de la métaphysique*, op. cit.

391 F.P. II * été-automne 1873, 29 [47], p. 377.

392 Dans l'intérêt pour la langue, Nietzsche est un peu comme Guillaume de Humbolt, son illustre prédécesseur. Par sa philosophie, Humbolt donne à chaque peuple sa place dans le monde car il écoute chaque langue, chaque nation afin de saisir le sens et la valeur de sa culture. C'est au cœur de sa langue que l'on peut comprendre autrui dans sa spécificité.
Humboldt, dont les travaux sur l'Inde ont été cités par Hegel et Schelling, est un authentique philosophe qui présente comme Nietzsche une capacité rare d'adaptation à toute culture, à toute expression conceptuelle différente de la sienne. Dans ses recherches philosophiques, il démontre que chaque culture, grâce à sa langue, déverse dans une autre toute sa richesse. Chaque peuple apporte sa propre contribution à l'humanité comme l'Inde dont Humboldt dit que *« l'influence, sur l'Occident tient bien moins à la forme intrinsèque de ses œuvres (une telle influence aurait dû laisser des traces) qu'à la diffusion d'un certain nombre de croyances, d'inventions et légendes ». (Introduction à l'œuvre sur le Kavi*, p. 171, Seuil 1974).
L'originalité du philosopher de Humboldt réside dans sa recherche d'une réponse à la question : qu'est-ce que l'homme ? Humboldt répond : c'est un être qui parle aux autres, c'est-à-dire un individu particulier que chacun doit respecter. Cela signifie encore que sa langue est l'individu-même qui s'exprime dans sa parole vivante (*energeia*). La chose en soi pour Humboldt est l'individualité humaine qui tient un discours sur elle-même et le monde.
Quand Humboldt parle de l'individualité ou individuum, il entend l'individu dans son être singulier et non comme élément de l'espèce humaine. C'est aussi la particularité de l'homme qui le distingue de ce qui est commun avec les autres. Individuum chez Humboldt désigne une personne particulière, mais aussi une nation, un peuple, une langue et une époque. Selon Jean Quillien, toute la philosophie humboldtienne est concentrée dans le concept de *Menschenkenntnis* lequel signifie *« la connaissance de l'homme en général comme des individus particuliers réels ».* (Jean Quillien. *L'Anthropologie philosophique* de G. de Humboldt, P.U.L. 1991)
Précisément l'anthropologie a pour objet d'étudier l'individualité. Humboldt présente le projet de cette anthropologie philosophique dans son essai sur *Hermann et Dorothée*. Voici ce qu'il entend par anthropologie :

b) Nietzsche et ses lectures des œuvres de religion et de philosophie indiennes.

Dans son article, *« Les rencontres précoces de Nietzsche avec les pensées de l'Asie »*[393], Johann Figl a bien remarqué l'intérêt précoce de Nietzsche pour les religions et les mythes de l'Asie. Pour ses 17 ans, il demande une *Altindische Mythologie* de Wolheim da Fonseca. Dès sa scolarité au Gymnase de Pforta (1858-1864), Nietzsche fut en contact avec la culture indienne grâce à August Steinhart (1801-1872), professeur de grec et d'hébreu (mais il n'est pas indianiste)[394]. Figl ajoute que Nietzsche a rédigé une dissertation comparant les *Nibelungen* et les épopées de l'Inde, le *Mahâbhârata* et le *Râmâyana*. Mais il ne subsiste aucune trace de ce travail dans les œuvres de Nietzsche, y compris sa lecture de la célèbre pièce de Kâlidâsa, *Shakuntala*, envoyée par M. Von Meysenbug. Il connaît quelques passages du *Rig-Veda* (avec des erreurs et des contresens évidents et plus ou moins volontaires).

A la différence de Figl et même de Sprung, Freny Mistry est le premier indianiste à établir la liste des livres d'indianisme que Nietzsche possède dans sa bibliothèque personnelle et qu'il aurait lus :

> « Actuellement, seuls quelques livres de philosophie indienne restent disponibles dans la bibliothèque personnelle de Nietzsche : Otto Böhtling, *Indische Sprüche*, 2e édition, 3 volumes, St Petersburg, 1870-1873 ; Paul Deussen, *Die Elemente der Metaphysik*, Aachen, 1877 ; *Das System des Vedanta* (Leipzig, 1883) avec des remarques dans les marges[395] ; *Die Sutras des Vedanta aus dem Sanskrit übersetzt*, Leipzig, 1887 ; Max Müller, *Essays*, II, *Beiträge zur vergleichenden Mythologie und Brahmanismus,* Basel, 1877, Jacob Wackernagel, *Uber den Ursprung des Brahmanismus*, Basel, 1877, avec une dédicace personnelle de l'auteur ; Hermann Olden-

---

« Quel que soit l'objet dont on veuille parler, on peut toujours le rapporter à l'homme et à la vérité, à l'ensemble de son organisation intellectuelle et morale. »
Humboldt reconnaît que Kant est le premier philosophe qui a découvert la question la plus importante de la philosophie : « Qu'est-ce que l'homme ? » Mais aucun philosophe ne pourra entièrement répondre à cette question. Il pourra simplement chercher inlassablement. Précisons aussi que l'anthropologie pour Humboldt n'est pas l'étude des caractères ethnologiques comme chez Claude Levi-Strauss, mais le projet d'une compréhension globale de l'homme. Selon B. Grœthuysen, le thème de l'anthropologie philosophique est le *Gnothi Séauton*, *« Connais-toi toi-même »* de Socrate dont le sens est une ouverture sur le monde extérieur et non une introspection. Comme le dit Jean Quillien, l'anthropologie ne doit pas être confondue avec l'humanisme du XVIIIe siècle, qui voulait développer toutes les branches du savoir humain. Ainsi l'individualité, ce souci de la spécificité d'un homme, d'un peuple, d'une langue, n'est pas une contribution à l'humanisme mais à l'anthropologie philosophique.

393 Johann Figl, *Nietzsche's Early Encounters with Asian Thought* in *Nietzsche and Asian thought* op. cit.p. 51-52.

394 Ibid. p. 54-55

395 Mervyng Sprung qui a eu accès à la Bibliothèque de Nietzsche dit, au contraire, que les livres d'indianisme n'ont jamais été ouverts, y compris *Die Sutras des Vedanta* de Deussen. Cf. M. Sprung : *« Nietzsche's trans-european eye »* in *Nietzsche and Asian thought*, op. cit., p. 82.

berg, *Buddha, Sein Leben, seine Lehre, seine Gemeinde*, Berlin, 1881. Louis Jacolliot, *Les législateurs religieux, Manou-Moïse-Mahomet,* Paris, 1876 (cf. Max Œhler, La bibliothèque de Nietzsche, Weimar 1942). Manifestement, Nietzsche avait lu plus sur la philosophie indienne que ce qui est suggéré par le caractère oriental de sa bibliothèque personnelle[396]. Il mentionne qu'il a emprunté à la bibliothèque de l'université de Bâle le livre de Martin Luther Haug, *Brahma und die Brahmanen*, à deux reprises au cours de l'été et de l'hiver des semestres de 1873 et de 1879, aussi Carl. F. Kœppen, *Die Religion des Buddha* (2 volumes) durant l'hiver (octobre) 1870-1871. Une note des Nachlass donne une liste dans laquelle est inclus "le bouddhisme de Kern" (Probablement H. Kern, *Der Buddhismus und seine Geschiste in Indien*, Leipzig, 1884 ; cf. *Sämtliche Werke in zwölf Bänden*, VII, I ; 15 (60), 518, Stuttgart, Kröner, 1964-1965). Dans sa lettre du 13 décembre 1875 à Gersdorff, Nietzsche salue les inscriptions bouddhistes du *Sutta Nipata.* Dans l'*Antéchrist* et dans sa correspondance avec Deussen, Nietzsche fait allusion aux concepts du *"Sankhya"*. »[397][398]

Etablir l'inventaire de la bibliothèque de Nietzsche est une chose, mais déterminer avec précision ce qu'il a lu et retenu de ses lectures des philosophies indiennes

---

396 Propos très contestables. Où sont les preuves d'une telle affirmation ?

397 Freny Mistry, *Nietzsche and Buddhism*, Walter de Gruyter, Berlin, New-York, 1981, p. 16-17. Voici le texte original en anglais :
« At the présent time only a handful of books dealing with Indian philosophy are available in Nietzsche's library : Otto Böhtlingk's *Indische Sprüche,* 2nd ed. 3 vols (St Petersburg, 1870 / 1873) ; Paul Deussen's *Die Elemente der Metaphysik* (Aachen, 1877) ; *Das System des Vedanta* (Leipzig, 1883), with marginalia ; *Die Sutras des Vedanta aus dem Sanskrit übersetzt* (Leipzig, 1887) ; Max Müller's *Essays,* II. *Beiträge zur vergleichenden Mythologie und Ethnologie* (Leipzig, 1869) ; Jakob Wackernagel's *Uber den Ursprung des Brahmanismus* (Basel, 1877), (with the personal dedication of the author) ; Hermann Oldenberg's *Buddha, Sein Leben, seine Lehre, seine Gemeinde* (Berlin, 1881) ; Louis Jacolliot's : *Les Législateurs religieux, Manou-Moïse-Mahomet* (Paris, 1876). Obviously, however, Nietzsche had read more about Indian philosophy than what is suggested by the orientalia in his present library. He is enlisted as having borrowed from the university library in Basel Martin Haug's *Brahma und die Brahmanen* twice in the summer and winter semesters of 1873 and 1879, as also Carl. F. Kœppen's Die Religion des Buddha (2 vols) in the winter semester (October) of 1870-71. A notation from the Nachlass makes up a list in wich « The Buddhism of Kern » is included (KGW VII, I ; 15 (60), 518). We have Nietzsche extolling in his letter of 13 December 1875 to Gersdorff the Buddhist scripture *Sutta Nipata.* The *Antichrist*, as also Nietzsche's correspondence with Deussen, makes allusion to « Sankhya » concepts (A, 32). »

398 A cet inventaire, ajoutons d'abord que Nietzsche a emprunté, le 18 juillet 1871, le livre du mythologue F. Creuzer, *Symbolique et mythologie des peuples antiques* (1836-1843). Ensuite, Nietzsche fait formellement référence en 1875, dans Humain trop humain (III_1 p. 108), à l'ouvrage de John Lubbock dans la traduction allemande de Passow : *Die Entstehung der Civilisation und der Urzustand des Menschengeschlechtes, erlaütert durch das innere und äusere des Wilden.* Nietzsche aurait également lu « quelques extraits du Dhammapada et trois Upanishads dans la version latine d'Anquetil-Duperron. »

en est une autre. Le plus compétent en ce domaine est de loin Mervyng Sprung. Ecoutons ses propos :

> « Les livres restés à Weimar en tant que bibliothèque personnelle de Nietzsche sont passionnants mais limités quant à la source des informations sur sa connaissance et spécialement sur son intérêt pour l'Inde. Aucun volume a présent ne témoigne de lectures qui n'apparaîtraient pas dans les écrits de Nietzsche. En fait quelques livres, spécialement importants, ne portent aucun signe qu'ils ont été ouverts : Indische Sprüche de Böhtling, Le Bouddha d'Oldenberg, les Sutras des Vedanta de Deussen et les Essays de Max Müller, des ouvrages publiés avant sa chute à Turin. Bien qu'il y ait une possibilité pour que ces exemplaires ne soient pas ceux que Nietzsche possédait, l'absence de toute preuve d'une lecture et l'absence de référence à ces travaux dans les propres écrits de Nietzsche présentant une cohérence indéniable ne peuvent être écartées. »[399]

Que Nietzsche n'ait rien retenu de ses lectures supposées des livres d'indianisme est une thèse à prendre au sérieux, à condition de prêter attention à une certaine forme d'ambiguïté qu'il entretient lui-même : a-t-il envie d'étaler son savoir, de tout dire sur l'Inde ? Sur l'état de ses connaissances des doctrines indiennes, Nietzsche s'explique lui-même dans sa lettre du 16 mars 1883 adressée à Deussen suite à sa lecture du *Système du Vedânta* :

> « J'éprouve un grand plaisir à connaître enfin l'expression classique de la mentalité qui m'est la plus étrangère : et ton livre me rend ce service. J'y vois apparaître avec la plus grande candeur tout ce que j'avais soupçonné de cette mentalité : page après page, je lis avec une parfaite "malice", tu ne saurais, cher ami, te souhaiter lecteur plus reconnaissant. »[400]

En avouant, près de six ans avant son effondrement à Turin, qu'il ignore la mentalité indienne, Nietzsche jette lui-même le trouble sur ses connaissances en indianisme. Quand Sprung soupçonne le *Système du Vedanta* de n'avoir pas été ouvert, Nietzsche semble lui répondre d'avance qu'il trouve dans ce livre tout ce qu'il avait *soupçonné* de la mentalité / pensée indienne : en lisant cet écrit de Deussen, Nietzsche se fonde sur le soupçon et la candeur dans sa connaissance réelle des philosophies indiennes. Est-ce sur ce double principe que Nietzsche fonctionne pour

---

399 M. Sprung : *Nietzsche's Asian thought*, op. cit., p. 82. Voici le texte original :
« *The books still held in Weimar as Nietzsche's own library are a fascinating, if limited, further source of information about his knowledge of and, especially, interest of India. No volumes are presently held which offer evidence of any reading not apparent from Nietzsche's writings. Indeed, some precisely relevant books bear no sign of having been opened, Böhtlink's Indische Sprüche, Oldenberg's Buddha, Deussen's Sutras des Vedanta, and Max Müller's Essays, all published before his collapse. Even though one bears in the possibility that these copies are not the one's Nietzsche possessed, the consistency of the absence of evidence of reading together, with the absence of reference to these works in Nietzsche's own writings cannot be dismissed...* »

400 Cf. Lettre à Deussen du 16 mars 1883 in *La Vie de F. Nietzsche d'après sa correspondance*, op.cit. p. 377-378

convoquer l'Inde dans ses écrits ? Répondons approximativement qu'il lui suffit de pressentir une certaine mentalité indienne en opposition, peut-être, avec le christianisme pour confronter sa propre pensée avec celle des Indiens. Derrière ce soupçon et cette candeur, se dissimule une certaine fascination pour la pensée indienne. Par exemple, que cherche-t-il quand il emprunte à la Bibliothèque de Bâle[401], le 25 octobre 1870, le livre de Friedrich Köppen, *Die Religion des Buddha* (1857) ?[402] Il est difficile de répondre à cette question. Nous pouvons simplement réécrire avec Roger-Pol Droit[403] que cet ouvrage se présente comme une synthèse des connaissances sur le bouddhisme de l'époque. Köppen se fonde beaucoup sur les affirmations d'Eugène Burnouf et son livre paru en 1844 : *Introduction à l'histoire du bouddhisme indien.* Ceci montre que Köppen a lu réellement tous les ouvrages disponibles à l'époque sur le bouddhisme. Dès lors, Nietzsche est assuré en lisant Köppen de posséder un savoir fiable sur les principes du bouddhisme. Mais l'a-t-il réellement travaillé ? Quand on lit l'œuvre de Nietzsche et les deux volumes de Köppen sur le Bouddha, il est frappant de constater que Nietzsche, en définitive, passe sous silence l'histoire du lamaïsme au Tibet, en Mandchourie et de sa hiérarchie, bien présentée dans le tome 2 de Köppen : *Tibet und der Lamaismus* (p. 39-84) ; *Die Mandschu und der Lamaismus* (p. 105-242) ; *Die Lamaische Hierarchie und Kirche* (p. 243-388).

Selon Andler, Nietzsche a lu aussi, en 1881, *Le Bouddha* d'Hermann Oldenberg (traduction française par A. Foucher en 1892, Alcan). C'est encore la somme des connaissances les plus récentes sur le bouddhisme. Nietzsche a -t-il été influencé par cette lecture complémentaire, d'autant plus que Oldenberg offre une biographie du Bouddha (et Köppen une étude de la doctrine bouddhique) ? Dans les deux cas, sa formation « bouddhologique » est-elle suffisante pour lui permettre de comparer sa philosophie avec celle des Indiens ? Comme cette question est posée naturellement par celui qui s'attend à trouver une étude de philosophie comparée, posons-la autrement : quelle idée Nietzsche se fait-il du bouddhisme indien en rapport avec sa philosophie ?

Du côté du brahmanisme, les choses semblent plus claires. Outre ce que Nietzsche dit lui-même du *Système du Vedanta* que nous venons de voir, ajoutons que d'après Mistry[404], ce livre de Deussen comporte des annotations *(Marginalia).* Sont-elles la preuve formelle que Nietzsche a lu cet ouvrage ? De plus, *Les Lois de Manou* que Nietzsche affirme avoir lues formellement[405] en 1888 ne proviennent pas d'une traduction de Loiseleur-Deslongchamp mais de Louis Jacolliot, un india-

401 Andler : *Nietzsche, sa vie et sa pensée* II, Gallimard, 1979, p. 45.

402 F. Köppen : *Die religion des Buddha*, 2 tomes, Ferdinand Schneider, Berlin 1857 ; *Die Lamaische Hierarchie und Kirche*, Ferdinand Schneider, Berlin, 1859.

403 R.-P. Droit : *Le Culte du néant,* op. cit. p. 192.

404 Mistry : *Nietzsche and Buddhism*, op. cit. p. 15.

405 Nietzsche : *Lettres à Peter Gast*, traduction Louise Servicen, tome second, Lettre 252, Turin, jeudi 31 mai 1888, Rocher, 1958, p. 314-315.

niste réputé fantaisiste[406] : il propose des extraits dans son livre *Les Législateurs religieux : Manou-Moïse-Mahomet*[407].

Pourtant Sprung affirme que les idées indiennes n'ont pas plus influencé Nietzsche que les gouttes d'eau ne pénètrent les plumes d'un canard. La validité de cette formule, que François Chenet qualifie de savoureuse[408], ne pourra être vérifiée qu'après une étude des relations de Nietzsche à la pensée indienne. Un tel jugement venant d'un indianiste ne peut éluder ce que Nietzsche cherche vraiment dans l'Inde. Il faut au contraire ouvrir le débat. Certes, dans l'hypothèse où Nietzsche n'a lu ou n'a aucune idée précise des doctrines indiennes, comment expliquer que ses références multiples à l'Inde montrent une constante préoccupation de pénétrer l'univers indien ? Que recherche-t-il réellement ? Le but de Nietzsche n'est pas de travailler les livres d'indianisme, ni les commentaires produits sur eux par Deussen, Oldenberg, Jacolliot. Alors veut-il reconsidérer les données fondamentales de la pensée indienne pour les « tordre » et peut-être les adapter à sa convenance à l'ensemble de ses thèses ? Le problème central est l'usage qu'il va faire des philosophies indiennes ou de ses faibles connaissances d'indianisme à l'intérieur de sa propre pensée philosophique.

c) Schopenhauer, maître d'indianisme de Nietzsche ?

Qui n'a lu, durant ses études de philosophie, quelques extraits du *Monde comme volonté et comme représentation* de Schopenhauer ? Au passage, qui n'a pas été interpellé par les nombreuses allusions à la pensée indienne sans toujours saisir leur sens ? Pourtant, à son insu, chaque lecteur prend connaissance, peut-être même pour la première fois, de quelques éléments d'indologie. Cette irruption de sources indiennes dans les textes d'un philosophe de la tradition culturelle occidentale est exceptionnelle. L'indianisme et la philosophie comparée sont redevables à l'origine de leur émancipation au travail de Schopenhauer, Nietzsche est l'un des premiers à reconnaître ce mérite dans un fragment posthume de 1885 :

---

406 Il s'en défend dans *Christna et le Christ* (Lacroix, 1874, p. 330) : *« Je ne puis,* écrit-il, *on le comprendra, donner ici toutes les attaques ou réponses dont mes premières études indianistes ont été l'objet. Il en est du reste beaucoup qui, dictées par l'esprit du parti, se refusent elles-mêmes par leur ignorance sur l'Inde. J'ai hésité longtemps dans le choix que je voulais de la plus sérieuse, de la plus scientifique des attaques émanées de véritables indianistes, pour la mettre sous les yeux de mes lecteurs et en même temps y répondre. »* Nous pouvons prouver le manque de sérieux de ce pseudo-indianiste (et pseudo-théologien) quand il se pose ces questions très fantaisistes : est-ce *« le christianisme qui a ses origines dans le brahmanisme, dans le culte de Christna ? Qui, du brahmanisme ou du christianisme, est le copiste ? »* (op. cit. p. 344-345).

407 Louis Jacolliot : *Les Législateurs religieux. Manou-Moïse-Mahomet. Traditions religieuses comparées des lois de Manou, de la Bible, du Coran, du rituel égyptien, du Zend-Avesta des Perses et de traditions finnoises*, Paris, Lacroix, 1876.

408 F. Chenet : « Nietzsche et la pensée de l'Asie » in *Les Etudes philosophiques*, 1995/1, p. 132.

« J'ai vu sous un jour favorable Schopenhauer et la lente émergence en Europe d'une connaissance de la philosophie indienne. »[409]

Nietzsche non plus ne reste pas indifférent devant les allusions de Schopenhauer à la pensée indienne. Nous pouvons même relever par exemple que le « voile de mâyâ », la première référence de Nietzsche à l'Inde, citée dans la *Naissance de la tragédie,* est « directement » mis en relation avec Schopenhauer[410]. Au début, Nietzsche se réfugie derrière Schopenhauer pour citer la pensée indienne ; outre le cas du *« voile de mâyâ »*, écrivons les autres cas :

« Celui donc qui, à l'instar de Schopenhauer, a entendu sur les "sommets de la pensée indienne" la parole sacrée exprimant la valeur morale de l'existence... »[411]

« Schopenhauer dit des auteurs des Upanishad : "à peine pensables en tant qu'êtres humains". »[412]

Au regard de ces quelques fragments, il apparaît que Nietzsche, rappelons-le, d'après l'expression de Roger-Pol Droit, lit une partie de la philosophie indienne (comme le *« voile de mâyâ »* et l'ascétisme brahmanique), *« sous le filtre schopenhauérien »*[413]. Se pose alors le problème de l'explication / de la compréhension par exemple du *« voile de mâyâ »*, car Nietzsche le cite en laissant son lecteur dans le vague, comme s'il voulait, d'un côté, nous renvoyer au M.V.R. (et aux « explications » fournies par Schopenhauer lui-même) et de l'autre, il part du présupposé maladroit que la compréhension de ce concept est aisée pour tous. Il croit certainement que chacun a une connaissance suffisante de l'indianisme. Dans ce cas, sa relation avec la pensée indienne s'adresserait à des indologues ou à des initiés en indologie. Il semble bien que des rudiments d'indianisme soient indispensables pour aborder l'Inde de Nietzsche.

Connaître l'Inde à travers la pensée écrite de Schopenhauer est une autre manière de s'initier à l'indianisme pour Nietzsche. Reconnaissons toutefois qu'une telle initiation est un peu insuffisante car « l'école de Schopenhauer » n'est pas la meilleure école pour apprendre des notions d'indologie. De plus, quand Nietzsche affirme que Schopenhauer *« s'est trompé en tout »*[414], nous ne savons pas si sa critique est valable pour les références à la pensée indienne dans le M.V.R.

2) Les thèmes indiens abordés par Nietzsche

Au vu des références relatives à l'Inde de Nietzsche, plusieurs thèmes apparaissent très clairement quoique disséminés dans les différents ouvrages. Citons-les

409 F.P. XI, avril-juin 1885, 34 [176], p. 208.

410 *La Naissance de la tragédie*, II *, p. 44.

411 *La Philosophie à l'époque tragique des Grecs*, I *, § 4, p. 225, cette formule date des premières années de 1870.

412 F.P. XIII, automne 1887-mars 1888, 10 [173], p. 193.

413 R.-P. Droit : *L'Oubli de l'Inde*, op. cit. p. 181.

414 *Ecce Homo*, VIII, p. 285.

chronologiquement : l'oubli de l'Inde et le souci de la philosophie comparée, le « voile de mâyâ » (1887), l'ascétisme tant brahmanique que bouddhique, les *Lois de Manou,* le bouddhisme comme *« culte du néant »*, le bouddhisme comme physiologie et non comme morale, le bouddhisme européen. Ces thèmes sont plus ou moins développés et leur rapport à la philosophie de Nietzsche est souvent confus, désordonné, le fil directeur échappe à la première lecture.

Les thèmes indiens apparaissent dans des périodes différentes : nous assistons à une dispersion déroutante des références à l'Inde dans l'œuvre de Nietzsche. Selon les époques et selon les stratégies utilisées, Nietzsche nous introduit dans une Inde qu'il nous donne désarticulée, sans avertissement, sans préparation : il fait comme si la compréhension de la pensée indienne sous sa plume était évidente et familière pour tout esprit occidental.

Les thèmes indiens traités par Nietzsche s'inscrivent dans le cadre de sa « philosophie à coups de marteau ». Sa méthode d'écriture pose un grave problème pour la bonne compréhension de sa philosophie. Son écriture prend la forme d'une provocation envers les « carcans » de la philosophie occidentale comme la procédure dialectique, l'esprit cartésien. Sur son style provocateur, Nietzsche s'explique lui-même :

> « J'écris en sorte que ni la populace, ni les populi, ni les parties en tous genres n'aient envie de me lire. »[415]

Nietzsche ne veut pas *« être compris par n'importe qui »*[416]. Il s'adresse à quelques personnes qui méritent de le comprendre. En utilisant ainsi *« un style de la prudence »*[417], il entretient une sorte de secret sur la substance de sa philosophie (nous ne sommes pas pour autant dans une sorte de pensée ésotérique). Il joue constamment avec plaisir sur deux registres : *« On ne tient pas seulement à être compris quand on écrit, mais tout aussi certainement à ne pas l'être. »*[418] Le lecteur a l'impression que Nietzsche ne veut pas tout dire sur le nihilisme, l'éternel retour, le perspectivisme. La méthode d'explication du monde en concepts témoigne parfois d'une certaine impuissance à traduire la pensée par des mots. Cela implique que dans l'homme tout n'est pas raison, il y a en lui des zones d'ombre : son écriture peut traduire des pensées inconscientes. Nietzsche s'intéresse à l'instabilité psychique : le moi est ballotté entre les pulsions de vie et les pulsions de mort. La raison est impuissante à rendre compte de cette tension de la pensée. Par son écriture anarchique, labyrinthique[419], Nietzsche illustre ce foisonnement d'instincts pour montrer que l'irrationnel, loin d'être exclu, est une partie de l'ascèse philosophique. Il fait ainsi surgir dans son écriture l'instabilité psychique de tout homme sous la forme fuyante de la pensée inconsciente. L'écriture chaotique de Nietzsche nous révèle que les thèmes indiens qu'il traite dissimulent un sens qu'il reste à trouver[420].

---

415 *Humain trop humain,* III_2, *Le Voyageur et son ombre*, § 71, p. 214.

416 *Le Gai Savoir,* V, livre cinquième, § 381, p. 290.

417 Ibid. § 71 : « *Le style de la prudence* », p. 214.

418 *Le Gai Savoir,* V, Livre cinquième, § 381, p. 289-290.

419 Cf. Angèle Kremer-Marietti, *Nietzsche : l'homme et ses labyrinthes,* L'Harmattan, 1999.

420 Dans la maxime 160 de *Par-delà bien et mal* (VII, p. 93), Nietzsche écrit : *« On n'aime*

3) La souffrance, dans le cadre du pessimisme de la faiblesse et du pessimisme de la force

a) La souffrance dans la vie de Nietzsche

Dès 1869, dans une lettre à Deussen, Nietzsche écrit :

> « Nous avons tous du mal à supporter la vie. »[421]

La souffrance et sa conséquence comme le pessimisme sont des thèmes qui font partie de la vie même de Nietzsche. Par exemple, à la lecture de sa correspondance[422], les récits sur la souffrance en lien direct avec sa mauvaise santé sont évoqués avec gravité. Ainsi c'est un homme constamment malade, forcé de rester parfois six jours sans travailler qui écrit son œuvre de philosophie, étalée sur une vingtaine d'années (1869-1889). Deux extraits de sa correspondance avec des proches montrent le degré de sa souffrance. La première lettre, datée de 1861 (Nietzsche a 16 ans), est adressée à sa sœur.

> « Je pensais bien en avoir fini avec mes ennuis de santé ; mais ils ont recommencé hier de plus belle. J'ai des maux de tête si violents qu'il m'est absolument impossible de dormir [...]. La souffrance m'empêche de dormir la nuit. »[423]

La deuxième lettre adressée à Paul Deussen date de 1869 :

> « Ta dernière lettre m'est parvenue alors que j'étais en proie aux plus vives souffrances ; quelques heures plus tard, je tombais en syncope. »[424]

A mi-chemin de sa carrière de philosophe, en 1879, Nietzsche sait que la souffrance gagne sur lui. Dans son admirable lettre de démission de son poste de professeur de philologie (qu'il occupait depuis 1869 à Bâle), adressée au Président du Conseil de l'instruction publique, Nietzsche explique les raisons réelles de son départ en ces termes :

> « Mes maux de tête d'une violence extrême, qui n'ont fait que s'accroître, la perte de temps, toujours considérable, causée par des attaques de migraine durant deux à six jours, la forte diminution de mes facultés visuelles constatée à nouveau (par M. Schiess) qui me permet à peine de lire et d'écrire vingt minutes de suite sans douleurs, tout ceci me force à reconnaître que je ne suis plus capable de faire face à mes devoirs académiques, et qu'il m'est absolument impossible de les remplir désormais... »[425]

---

plus assez sa connaissance sitôt qu'on la communique. »

421 Lettre à Deussen du 25 août 1869, in *Correspondance* II, p. 46.

422 Lettre de Nietzsche au Baron de Gersdorf du 13 décembre 1875 in *La Vie de Nietzsche d'après sa correspondance,* op. cit. p. 249.

423 *Lettre de Nietzsche à Franziska Nietzsche* du 30 janvier 1861 in *Correspondance* I, p. 61.

424 Lettre de Nietzsche à Deussen, printemps 1869 in P. Deussen, *Souvenirs sur F. Nietzsche*, op. cit. p. 70.

425 Lettre de Nietzsche du 2-5-1879 in *La Vie de F. Nietzsche d'après sa correspondance,* op. cit. p. 294-295.

Par sa souffrance chronique, Nietzsche cache sa nature profondément pessimiste. Ne soyons pas surpris quand Overbeck dit que Nietzsche a fait *« du suicide un idéal comme mort raisonnable »*[426]. Il est même reconnaissant envers le suicide, car, dit-il, c'est *« une idée qui fait passer plus d'une mauvaise nuit »*. Malgré ses moments d'abattement causés uniquement par sa maladie psychique, il prétend que sa *« plus forte qualité »* est *« la maîtrise de soi »*[427].

A sa souffrance physique, Nietzsche ajoute la souffrance morale : en tant qu'héritier du christianisme, il accorde naturellement un certain prix à la compassion bien qu'il veuille trancher avec ce principe qui multiplie la souffrance chez tout chrétien.

En étant confronté très tôt à la souffrance (il a cinq ans quand meurt son père), Nietzsche devient une sorte d'ascète forcé (car il n'a pas choisi de souffrir). Il se veut être un souffrant, un demi-ascète qui supporte tous les coups, mais dans son « ascétisme » supposé, la référence à Dieu n'existe pas et lui-même reste plus d'une fois en contradiction face à la souffrance surtout quand il écrit :

> « La souffrance dans toutes ses nuances désormais nous intéresse ; nous ne sommes pas le plus compatissant pour autant, même si l'aspect de la souffrance nous bouleverse et nous arrache des larmes, nous n'en sommes pas pour autant d'humeur secourable. »[428]

Dans ce *« nous »*, Nietzsche se veut en rupture avec le sentimentalisme bien-pensant de la société qui l'entoure. Naturellement la souffrance d'autrui nous trouble psychiquement, et à la fois, nous devons lutter contre la compassion, le fait d'ajouter la souffrance d'autrui à la nôtre. Au vu de ces lignes, Nietzsche apparaît comme un chrétien-compatissant en rébellion contre sa vraie nature : l'aide gratuite aux souffrants. Il veut ainsi acquérir une certaine force d'indifférence devant sa souffrance et celle des autres. Mais cette indifférence dissimule mal ses souffrances réelles : à partir de 1873, de violentes attaques de migraine ne le laisseront jamais longtemps en repos. Sa vue se détériore et souvent ses faiblesses oculaires le contraignent à renoncer à tout travail. Régulièrement dès 1875, il est forcé de s'aliter quelques jours. Et son état de santé se dégrade jusqu'à sa chute à Turin[429].

---

426 Franz Overbeck : *Souvenirs sur Nietzsche*, Allia, 1999, p. 24.

427 F.P. IX, novembre 1882-février 1883, 4 [13], p.122.

428 F.P. XIII, automne 1887 10 [119], p. 165.

429 Malgré les souffrances, Nietzsche écrit et s'instruit. De 1872 à 1889 il publie chaque année un livre : *La Naissance de la tragédie*, 1872 ; *Considérations inactuelles* : « David Strauss, l'apôtre et l'écrivain », 1873 ; des œuvres posthumes entre 1870 et 1873, *La Philosophie à l'époque tragique des Grecs*, *Vérité et mensonge au sens extra-moral* ; *Deuxième considération inactuelle* : « De l'utilité et des inconvénients de l'histoire pour la vie », 1874 ; *Troisième considération inactuelle* : « Schopenhauer éducateur », 1874 ; *Quatrième considération inactuelle* : « Richard Wagner à Bayreuth », 1876 ; *Humain, trop humain, Un livre pour les esprits libres*, I, *1878* ; *Humain, trop humain* II, *Opinions et sentences mêlées*, 1879 ; La deuxième partie *Le voyageur et son ombre* date de 1880 ; *Aurore*, 1881 ; *Le Gai Savoir* livres I à IV, 1882 ; *Ainsi parlait Zarathoustra, un livre pour tous et pour personne* tomes I et II, 1883 ; tome III, 1884 ; tome IV, 1885 ; *Par-delà bien et mal,* 1886 ; *Le Gai Savoir*, 5e partie, 1886 ; *Généalogie de la morale*, 1887 ; *Le Cas Wagner*, 1888 ; *Nietzsche*

b) La pensée indienne, étudiée à travers le concept de souffrance

A la lecture des références relatives à la pensée indienne dans l'œuvre de Nietzsche, deux grandes idées apparaissent avec clarté : la critique des fondements du christianisme, son credo et plus particulièrement sa morale[430] défendue et enseignée

---

contre Wagner, 1889 ; *Le Crépuscule des idoles ou comment philosopher à coups de marteau,* 1889 ; *L'Antéchrist,* 1888, publié en 1906 ; *Ecce Homo,* 1888, publié en 1908 ; ajoutons les nombreux fragments posthumes qui indiquent encore la volonté de Nietzsche de travailler jusqu'au bout malgré ses souffrances. Dans ce cas, saluons son immense courage face à la maladie.

La Volonté de puissance n'est pas une œuvre de Nietzsche mais une compilation des premiers éditeurs qui ont rassemblé des notes des années 1880. L'ensemble a été falsifié par la sœur de Nietzsche, c'est la raison pour laquelle nous n'avons jamais considéré avec sérieux les quelques références à la pensée indienne qui s'y trouvent. Mais nous les retrouvons dans certains fragments postumes de l'édition de Colli et Montinari.

Didier Franck *(Nietzsche et l'ombre de Dieu,* P.U.F 1998, p. 39) et Emmanuel Cattin *(Sur l'Aristocratie et la philosophie du retour* in Cahiers philosophiques Nietzsche, n° 90, mars 2002, CNDP et Delagrave 2002, p. 25), préfèrent dire *note* et non *fragment* en mémoire de ces paroles de Nietzsche *contre les myopes* :

« Ça vous figurez-vous donc avoir forcément affaire à une œuvre fragmentaire parce qu'on vous la présente (et ne peut que vous la présenter) en fragments ? » (Nietzsche : *Opinions et sentences mêlées* III_2, §128, p. 72).

430 La rupture avec certains principes du christianisme de l'Eglise catholique avait été préparée par Martin Luther, Erasme (cf. *Eloge de la folie),* Spinoza (cf. *Traité théologico-politique).* Paul Hazard retrace tout ce mouvement de contestation dans *La crise de la conscience européenne* (Fayard, 1989). Par exemple Martin Luther, dès le XVIe siècle, attaque l'Eglise de Rome ; il est partisan d'une doctrine de la justification par la foi seule. Pour lui, les hommes sont tous des pécheurs (pardonnés) et le Pape aussi est un « *simul pecator et justus ac semper penitens* ». Et l'on n'est guère surpris de lire ces paroles dans la lettre de Luther adressée « *A la noblesse chrétienne de la nation allemande* » :

« *C'est un spectacle effrayant et atroce qu'offre le chef suprême de la Chrétienté qui se vante d'être le Vicaire du Christ et le successeur de saint Pierre, quand il mène une existence si pompeuse et si mondaine que sur ce point aucun Roi ni aucun Empereur ne peut l'atteindre ni l'égaler ; et de la sorte le "Très Saint et Très Spirituel Père", comme il se fait nommer, se manifeste comme un être plus mondain que le monde lui-même. Il porte une triple couronne, alors que les plus grands rois ne portent qu'une seule couronne : si c'est là s'égaler au pauvre Christ et à saint Pierre, c'est une nouvelle manière de les égaler ! On s'exclame que c'est agir en hérétique que de protester encore là contre, mais on se refuse à se laisser dire à quel point cette existence est peu divine et peu chrétienne. Mais je prétends que s'il voulait prier et pleurer aux pieds de Dieu, il serait obligé de déposer ses couronnes puisque notre Dieu ne peut supporter le faste et l'orgueil. Or sa charge devrait seulement consister à pleurer et à prier quotidiennement pour la Chrétienté et à montrer l'exemple d'une complète humilité.* »

Au XVIIIe siècle, la philosophie des Lumières incite les hommes à oser penser par eux-mêmes, à se servir de leur raison pour supprimer la superstition et la dépendance vis-à-vis des majeurs, des conseillers comme les médecins, les prêtres... Et les idées de la Révolution française ne feront qu'accentuer le bouleversement de l'Eglise et la chute de la croyance au Dieu de la Bible.

par le prêtre ascétique ; le concept de souffrance, idée directrice du rapport de Nietzsche à la pensée indienne. Nietzsche propose une confrontation importante entre le christianisme, le brahmanisme et le bouddhisme dans leur relation respective à la souffrance.

Le thème du christianisme et de la souffrance est très explicite. Nietzsche sait que certains intellectuels sont lassés par dix-neuf siècles de christianisme en Europe. Etre chrétien se réduisait à une stricte pratique religieuse (la participation au culte, aux sacrements comme la réconciliation,) mais la charité semblait oubliée, ou plutôt une certaine façon d'être, de se comporter humainement, était négligée au profit de l'adoration de Dieu, de la récitation des prières (le plus souvent le chrétien prie pour sa « petite sainteté ») : la part de l'homme était nettement inférieure ou inexistante devant la part de Dieu ; seul Dieu (et son représentant : le prêtre) revêtait un caractère sacré, toujours au-dessus et loin des hommes, de leurs problèmes quotidiens. Le tout est aggravé par le déséquilibre entre le luxe éclatant des Princes de l'Eglise et l'extrême pauvreté de la majorité écrasante des chrétiens. A côté de cette adoration inconditionnelle de Dieu, les chrétiens sont dirigés spirituellement, professionnellement, économiquement, politiquement par l'Eglise de sorte qu'ils sont obligés de penser à l'intérieur de la dogmatique chrétienne. De plus la glorification de la souffrance (souffrir permet de ressembler au Christ en croix), et le principe : « point de salut en dehors de l'Eglise » révoltent quelques intellectuels du XIXe siècle. Nietz-

---

Les intellectuels athées du XIXe siècle utilisent ces données pour entreprendre la déchristianisation de la pensée. Des philosophes comme Max Stirner, Karl Marx, Engels, Eduard von Hartmann, Feuerbach, Nietzsche renversent les principes sur lesquels vivaient les hommes : le péché, la faute, la culpabilité, la peur de Dieu, de l'enfer (agité comme un spectre par les prêtres, cf. Jean Delumeau : *Le Péché et la peur. La culpabilisation en Occident XIIIe-XVIIIe siècles*, Fayard, 1983). Un philosophe comme Max Stirner dont l'influence sur Nietzsche est attestée par Franz Overbeck (cf. *Souvenirs sur Nietzsche*, éditions Allia, 1999, p. 62-65) va plus loin en s'insurgeant contre la colonisation de la pensée par la culture chrétienne :

« *Le christianisme, incapable de reconnaître l'individu comme unique, ne l'a conçu que dépendant ; il ne fut en fait qu'une théorie sociale, une doctrine de la vie en commun, aussi bien de l'homme avec Dieu que les hommes entre eux. Aussi toute caractéristique individuelle propre — intérêt personnel, caprice, volonté personnelle, particularité, amour-propre, etc... – devait-elle tomber avec lui dans le plus profond discrédit. La manière de voir chrétienne a ainsi peu à peu absolument transformé des mots honnêtes en mots malhonnêtes : pourquoi ne pas les remettre en honneur ? Par exemple, le mot "insulte" (« Schimpf ») signifiait autrefois* "plaisanterie" (« Scherz »), *mais le sérieux chrétien a fait du divertissement une privation, car il ne saurait comprendre la plaisanterie ; "impudent" (« frech ») signifiait brave, téméraire et "méfait" (« Frevel ») pas autre chose qu'"acte téméraire". On sait enfin combien le mot "raison" passa longtemps pour louche.*

Ainsi notre langue s'est passablement conformée au point de vue chrétien et la conscience générale est encore trop chrétienne pour ne pas être prise de peur et reculer devant tout ce qui ne l'est pas, comme devant quelque chose d'imparfait ou de mauvais. C'est pourquoi l'"intérêt personnel" a aussi fort mauvaise réputation. » (Cf. Max Stirner : *L'Unique et sa propriété*, L'Âge d'Homme, 1988, p. 221).

sche amplifie ce mouvement en développant une violente polémique contre le christianisme : il subvertit les concepts de bon et de mauvais, de bien et de mal, de noble et d'ignoble. Ses attaques portent sur la manière de penser chrétiennement la vie. Il dénonce ainsi chez les chrétiens leurs habitudes mentales, leur absence de critique de la révélation :

> « A quel point, le christianisme éduque mal le sens de l'honnêteté et de la justice, on peut assez bien en juger à la lumière des écrits savants : ils avancent leurs suppositions avec autant d'assurance que des dogmes, et l'interprétation d'un passage de la Bible les plonge rarement dans une perplexité honnête. Ils répètent toujours : "J'ai raison, parce qu'il est écrit", et là-dessus suit une interprétation d'un arbitraire si éhonté. »[431]

A cette critique de l'éducation chrétienne, Nietzsche ajoute la critique de la compassion : il suspecte, en effet, un manque de sincérité des prêtres et des chrétiens en général devant le malheur des autres :

> « Les grands discours pleurards, *écrit-il,* sur la détresse humaine, ne m'incitent pas à pleurnicher, mais à dire : voilà ce qui vous manque, vous ne savez pas vivre en tant que personne et vous n'avez à opposer aux privations ni richesse ni désir de domination. »[432]

Une tradition issue de la dogmatique chrétienne incite les hommes à souffrir, à « porter leur croix » de sorte qu'ils sont affaiblis et sujets au désespoir, (on dirait aujourd'hui à la dépression) : leurs souffrances ne leur permettent aucune création de valeur pour la raison qu'ils sont à côté de la vie. La pensée chrétienne contrarie profondément l'instinct (*Instinkt),* la pulsion (*Trieb*) : elle oblige les hommes à être charitables, à aimer les autres plus que soi-même, à se culpabiliser, à se tourmenter sans cesse, à se considérer comme pécheurs et finalement comme vils à leurs propres yeux et aux yeux de Dieu et aux yeux du prêtre. Le tout mène au dégoût de soi-même et de la vie. A cette attitude, Nietzsche donne le nom de pessimisme de la faiblesse ou de nihilisme[433] dont le sens est l'effondrement de toutes les valeurs chrétiennes comme l'amour pour le Christ, pour son Eglise, la compassion pour les pauvres... Mais les idées chrétiennes / occidentales tout en agonisant contaminent encore la vie psychique et intellectuelle des hommes. Ce portrait du chrétien est celui d'un malade : sous le nom de maladie, Nietzsche met la vieillesse, la laideur et les jugements pessimistes.

La souffrance a un sens très contradictoire dans l'œuvre de Nietzsche. Si nous la considérons comme mauvaise, elle relève du pessimisme de la faiblesse et donc du christianisme, de sa morale religieuse. Si nous la considérons comme bonne, elle relève du pessimisme de la force et donc du domaine supposé, mais toujours complexe de la pensée indienne. Cette double contradiction de la souffrance est bien résumée dans cette problématique :

---

431 *Aurore,* IV, § 84, p. 69-70.

432 F.P. IV, automne 1880 6 [337), p. 543.

433 F.P. XIV, printemps 1888 14 [24], p. 34.

> « Une immense lacune enveloppait l'homme incapable de se justifier, de s'expliquer, de s'affirmer, il souffrait du problème de son sens. Il souffrait aussi d'autres choses, il était pour l'essentiel un animal maladif : mais son problème n'était pas la souffrance en elle-même, c'était l'absence de réponse au cri dont il interrogeait : "Pourquoi souffrir ?" L'homme, l'animal le plus courageux et le plus habitué à souffrir, ne refuse pas la souffrance en elle-même : il la veut, il la cherche même, pourvu qu'on lui montre le sens, le pourquoi de la souffrance. »[434]

Nietzsche pressent que les Indiens ont compris l'énigme de la souffrance. Mais leur attitude devant le malheur des hommes est ambiguë. A quelle condition sont-ils dans le pessimisme de la faiblesse et dans le pessimisme de la force[435] ? Y aurait-il chez les brahmanes et chez les bouddhistes, une attitude résolument pessimiste, mais accompagnée d'une force de vie, qui leur interdit de sombrer dans le désespoir ? Par exemple, dans leurs tortures ascétiques, les *samnyasin* sont-ils heureux ? Aiment-ils la souffrance ? La considèrent-ils comme nécessaire à la vie ? Condamnent-ils comme les chrétiens le plaisir en tant que péché, faute, culpabilité ?

De ces questions contradictoires, une autre contradiction surgit naturellement dans l'œuvre de Nietzsche : le pessimisme, défini comme *« une libre recherche des côtés affreux et suspects de l'existence »*[436], n'est pas entièrement négatif s'il contient une certaine force de vie. Nietzsche invente alors l'expression de *« pessimisme de la force »*, c'est-à-dire un pessimisme des forts, un pessimisme inscrit dans l'action humaine. Dans le pessimisme, ce qui est en jeu, c'est la gestion de la souffrance, regard que les hommes portent sur elle, et la manière dont ils la vivent au quotidien. En effet, paradoxalement, la souffrance ou la douleur est bonne quand on l'intensifie et qu'on la recherche sans aucune référence à la dogmatique chrétienne et à l'Eglise catholique. Autrement dit, le pessimisme de la force est positif quand la souffrance procure un certain plaisir. Une telle proposition n'est nullement contradictoire dans l'œuvre de Nietzsche, car l'intensification du plaisir est provoquée par des douleurs[437], une succession de douleurs. Par conséquent, plaisir et douleur ne sont pas des contraires[438], ni des ennemis, mais des amis de tous les hommes du pessimisme de la force. Plaisir et douleur, des sentiments de puissance[439], sont atteints par tous *« les amis de la vie »*. En somme, il y a chez Nietzsche, une place surprenante pour un principe très étrange de l'existence : le plaisir dans la souffrance ou le plaisir provoqué par l'intensification de la souffrance. Comment le plaisir et la douleur s'articulent-ils dans la pensée indienne vue par Nietzsche, notamment chez les bouddhistes ?

---

434 Et Nietzsche poursuit ainsi : *« Et l'idéal ascétique lui donnait un sens. »* Cf. *Généalogie de la morale* VII, Troisième dissertation, § 28, p.346-347.

435 F.P. XIV, printemps 1888 14 [25], p. 35.

436 F.P. XIII, automne 1887, 10 [3], p. 110.

437 Le mot douleur signifie ici souffrance physique. Elle est « une maladie du cerveau ». Cf. F.P. XIV, printemps 1888, 14 [173], p. 137.

438 F.P. XIV, printemps 1888, 14 [121], p. 90.

439 F.P. XIV, printemps 1888, 14 [129], p. 99.

Du côté de la pensée chrétienne, Nietzsche reproche, en effet, au christianisme ecclésial, sa mauvaise pratique de la souffrance : les chrétiens offrent leurs souffrances au *Christ en croix*, or ces *« grenouilles pensantes »*[440] ne les mettent pas au service de leur vie (mais de la mort de leur Dieu). Face aux chrétiens, Nietzsche préfère enfanter ses pensées du fond de ses douleurs et les nourrir de ses désirs, de ses passions, de ses tourments. Car ce qu'il aime, c'est vivre. Or

> « vivre, cela signifie pour [nous] : changer constamment en lumière et en flamme tout ce que nous sommes ; de même nous ne saurions absolument pas faire autrement »[441] .

Il s'ensuit que Nietzsche cherche à mettre la souffrance au service de la vie afin d'en déchiffrer tout son sens. En convoquant la pensée indienne (pessimisme de la force), il rappelle constamment sa double opposition radicale au crucifix et à la morale chrétienne. Nous comprendrons mieux sa conception de la souffrance en la situant dans le cadre du pessimisme de la faiblesse (le domaine chrétien de la souffrance inutile) et du pessimisme de la force (le domaine indien de la souffrance comme bonheur).

440 *Le Gai Savoir*,V, § 3, p. 25.

441 Ibid. p. 25. Ce [nous] désigne probablement Nietzsche et ceux qui aiment la vie.

DEUXIEME PARTIE

Nietzche et la pensée bouddhiste

Dans cette recherche, par pensée bouddhiste, nous entendons la conception philosophique du bouddhisme du Petit Véhicule, telle que Nietzsche l'aborde sous les rubriques : le nirvâna comme *« aspiration au néant »*, le bouddhisme comme physiologie et non comme morale, le bouddhisme européen ou le nihilisme européen. Au vu de ces trois grands thèmes, dès 1871, dans *La Naissance de la tragédie*, suivie des *Fragments Posthumes* des années 1870-71-72[442], Nietzsche possède une idée globalement négative du bouddhisme. Quel est son sens ? Des termes généraux comme *« aspiration au néant »*[443], absence de Dieu, d'art, de métaphysique, témoignent, semble-t-il, d'une idée encore mal déterminée de la doctrine du Bouddha et par suite d'une connaissance insuffisante de la bouddhologie par Nietzsche. En effet, l'idée qu'il se fait du bouddhisme est-elle conforme à ses lectures des deux tomes de Friedrich Kœppen, *Die Religion des Buddha*[444] ? Rappelons que Nietzsche a emprunté ce livre à la Bibliothèque de Bâle le 25 octobre 1870[445], période pendant laquelle il pensait à la rédaction de *La Naissance de la tragédie*. Le nom de Kœppen est très connu dans les années 1860, son ouvrage est l'un des plus lus. Il est un disciple de Feuerbach. Sa présentation du bouddhisme est celle d'une délivrance purement humaine, une égalité stricte de tous les hommes malgré leur rang social. En établissant une synthèse des idées du bouddhisme, Kœppen ne trahit pas l'esprit des connaissances sur cette doctrine telle qu'elle est vue par les premiers bouddhologues comme Eugène Burnouf. On se demande ce que Nietzsche a retenu de cette étude de Kœppen en rapport avec le bouddhisme historique.

Nous savons que les philosophes du XIXe siècle ont mal compris la philosophie du bouddhisme. Qu'en est-il de Nietzsche ? Roger-Pol Droit présente, dans *Le Culte du néant*[446], une étude rapide, quoique non dénuée d'intérêt pour le bouddhisme vu par Nietzsche. Mais tous les aspects sont-ils présents comme sur les rapports toujours conflictuels entre le bouddhisme et le christianisme ? Néanmoins un point est important : R.-P. Droit soutient que (le choix de) la tragédie contre *« l'inaction paisible »* du Bouddha et de sa doctrine ou l'action contre l'indolence est l'idée directrice de la relation entre Nietzsche et le bouddhisme. Pour vérifier cela, il faut se reporter aux premiers écrits de Nietzsche, notamment *La Naissance de la tragédie*. Mais y est-il déjà question du bouddhisme ?

442 Tome I *, p. 187-476.

443 Ibid. p. 135.

444 Ce livre a été publié en deux tomes en 1857 puis en 1859.

445 Charles Andler : *Nietzsche, sa vie et sa pensée*, tome II, op. cit., p. 415.

446 *Le Culte du néant*, op. cit, p. 205-212.

Chapitre VI
Le bouddhisme comme « *aspiration au néant* »

Pour la première fois, Nietzsche évoque le bouddhisme dans *La Naissance de la tragédie* en 1872 :

> « A partir de l'orgiasme, il ne s'ouvre qu'une seule voie pour un peuple : celle qui conduit au bouddhisme hindou, qui, s'il veut pouvoir supporter son aspiration au néant, a besoin de ces états extatiques rares. »[447]

Un tel propos montre déjà que Nietzsche possède une certaine connaissance du bouddhisme[448]. Il met en cause sa finalité : le néant. Il s'agit ici d'expliquer cette *« aspiration au néant »* en opposition avec la tragédie, l'art.

1) Le néant-nirvâna ou le quiétisme contre l'art

a) le néant-nirvâna

Quinze ans après ses premières affirmations sur le bouddhisme comme néant, dans *La Généalogie de la morale* (1887), Nietzsche confirme sa thèse :

> « l'aspiration à une unio mystica avec Dieu n'étant que l'aspiration du bouddhisme au néant, au nirvana et rien de plus. »[449]

Dans cette définition du bouddhisme comme néant-*nirvâna*, Nietzsche suit les thèses de ses contemporains sur *« le culte du néant »* : Roger-Pol Droit[450] rappelle que c'est Victor Cousin qui a forgé l'expression de « *culte du néant* ». Cela vient d'une incompréhension du concept de *nirvâna*. Paradoxalement, Eugène Burnouf, qui s'est très tôt intéressé au bouddhisme avec son *Essai sur le Pali*, a contribué en 1844 à propager l'idée que

> « le Bouddha entre dans le nirvâna, c'est-à-dire dans l'anéantissement complet, où a lieu, suivant la plus ancienne école, la destruction définitive du corps et de l'âme »[451].

Contrairement aux affirmations de Burnouf, rappelons que le *nirvâna* (pâli : *nibbana*) dans le bouddhisme ancien, désigne l'extinction des tendances fabricatrices (*sanskara*) dans l'homme. C'est également l'arrêt des passions (*klesha*) et *« la*

---

447 *La Naissance de la tragédie*, I *, p. 135.

448 Il est certain que l'expression « bouddhisme hindou » désigne le bouddhisme indien et qu'elle ne peut être un mélange de bouddhisme et d'hindouisme.

449 *La Généalogie de la morale*, VII, Première dissertation, § 6,p. 230.

450 *Le Culte du néant*, op. cit, p. 123.

451 Eugène Burnouf : *Introduction à l'histoire du bouddhisme indien*, Maisonneuve, réédition 1876, p. 97. (Cf. R.-P. Droit, *Le Culte du néant*, op. cit., p. 114). Dans cette formule, Burnouf explique le *nirvâna* dans les termes de la pensée occidentale comme le montre l'utilisation des mots corps et âme. Or le bouddhisme, à la différence de la philosophie grecque et chrétienne, ne conçoit pas l'homme comme un corps et une âme : les bouddhistes sont des *niratmakas*, ils nient l'existence d'une âme individuelle.

délivrance (vimukti) de la douleur »[452]. Le *nirvâna* s'oppose au *samsara* (transmigration) en ce sens qu'il désigne la fin de la transmigration : il n'y a plus ni naissance, ni mort, ni douleur, le bouddhiste atteint un état stable, serein.

Or il apparaît que Nietzsche ne considère pas le *nirvâna* comme la cessation de *trishna* (la soif ou le désir) mais comme l'équivalent du néant. On peut expliquer cela par l'image que les Occidentaux se font de l'*arhant*, un être assimilé à un sage yogin avec les yeux fixés sur l'extrémité du nez, la tête droite et restant ainsi immobile pour l'éternité. Nietzsche vise ici l'inactivité du bouddhiste parvenu au *nirvâna.* Une telle attitude inerte, une mort par anticipation, dépourvue de sens, est l'image du néant ou du *nirvâna.*

Force est de constater que Nietzsche ignore le sens exact du *nirvâna.* Toutefois dans son amalgame du *nirvâna* et du néant, il voit une sorte de délivrance *post mortem* ayant le sens d'un sentiment de néant. De sorte qu'il associe toujours le *nirvâna* au néant, ce qui donne un couple très étrange : le *nirvâna*-néant qui a le sens d'une transcendance, de ce vers quoi le croyant bouddhiste est attiré. Et nous surprenons Nietzsche en train d'introduire une certaine métaphysique dans le bouddhisme d'autant plus que dans son utilisation de l'expression *« aspiration au néant »*, il prête aux bouddhistes le sentiment d'un désir. Car il faut le dire avec force, le bouddhiste n'aspire à rien ou plus exactement, il ne cherche aucune consolation à la souffrance. Ecrivons-le autrement avec François Chenet : *« aspirer à la délivrance ou désirer le nirvâna, n'est-ce pas encore désirer, alors même qu'il est impossible de se libérer du désir de l'existence par un désir quelconque. »*[453] Car toute activité fondée sur un attachement quelconque provoque la transmigration. C'est là une idée contraire à la délivrance, même dans la doctrine bouddhique.

b) Critique du quiétisme bouddhique par la tragédie

« L'aspiration au néant », c'est-à-dire à l'inertie de la vie est voulue par le bouddhiste pour fuir la souffrance. En effet Nietzsche reproche à la doctrine bouddhiste son absence d'état extatique, son refus absolu de cultiver les émotions positives comme les plaisirs ou négatives comme les douleurs. C'est alors que Nietzsche cite une parole du Bouddha :

> « Il faut s'abstenir des spectacles publics. »[454]

Une telle proposition n'est pas contraire à l'esprit du bouddhisme telle qu'on la trouve dans le *Suttapitaka* :

> « [Le religieux Gotama] s'abstient des spectacles mauvais, danse, chant, musique. »[455]

Or pour Nietzsche, toute abstention des plaisirs des sens est une faute contre la vie. Il reproche ainsi au bouddhisme de considérer le monde des plaisirs comme une illusion. Toute doctrine qui ne voit aucun bonheur dans l'illusion est fondamentale-

---

452 Article *Nirvâna*, A. Bareau, in *Les Notions philosophiques 2*, op. cit. p. 2868.

453 F. Chenet : « La délivrance, même », in *Nirvâna*, op. cit. p. 88.

454 Nietzsche : F.P. I *, sept.1870-janvier 1871 5 [56], p. 235.

455 *Suttapitaka* : Trad. L. Renou, Maisonneuve, 1989, p. 5.

ment opposée à la philosophie de Nietzsche. Car nous savons que pour lui, l'illusion est nécessaire dans la tragédie grecque. Si du côté de Nietzsche, la tragédie est la joie de vivre (la souffrance n'est pas non plus vue comme une abomination) ; du côté du Bouddha, *« l'aspiration au néant »* est un refus du plaisir et de la souffrance. Rien n'est plus contraire à la tragédie que l'Octuple Chemin proposé par le bouddhisme : il ne s'agit pas pour Nietzsche de poser la vie en termes de justice, (pensée juste, action juste, parole juste..., des préceptes de ce genre relèvent de la morale et non de l'art tragique). Dès *La Naissance de la tragédie*, Nietzsche voit le bouddhisme comme une menace pour la vie tragique. On ne sera pas surpris de son inquiétude devant la séduction qu'exerce la doctrine bouddhique sur les Européens de son temps. C'est pourquoi il écrit : « *La tragédie doit nous sauver du bouddhisme.* »[456] Cela signifie encore que la tragédie représente la vie contre « l'inaction paisible »[457] développée par le bouddhisme.

Nietzsche fait le choix de la tragédie face au bouddhisme et à son épouvantable *« aspiration au néant »*. Quel est le sens de ce choix ?

> « Préférer la tragédie au bouddhisme, *écrit R.-P. Droit*, c'est avant tout opter pour l'action contre l'indolence. C'est se reconnaître assez fort pour le conflit, et non assez faible pour ne plus rien désirer que le calme. C'est vouloir la guerre, plutôt que la paix anesthésiante. C'est choisir le pouvoir plutôt que la non-violence et le renoncement. "Vers Rome ou vers l'Inde"[458], note Nietzsche à plusieurs reprises à la même époque. »[459]

Nietzsche développe, dès le début de *La Naissance de la tragédie,* une légère critique du bouddhisme. Il écrit clairement :

> « Au bouddhiste manque l'art : d'où le quiétisme. »[460]

Cette formule de Kœppen[461], recopiée par Nietzsche, a un sens : le choix du quiétisme fait par le Bouddha est celui de *« l'aspiration au néant »*, c'est-à-dire le refus de tout ce qui, à l'exemple de l'art, maintient dans la vie. Dans la logique de sa philosophie, Nietzsche affirme que le quiétisme du bouddhisme, illustré par l'inaction paisible, le calme et l'anéantissement de toute force, est la cause de l'absence d'art. Nous savons que pour lui l'art est important. Pour qu'il y ait de l'art, il faut de l'ivresse comme dans la fête, la lutte et l'acte de bravoure. Le plus important dans l'ivresse est le sentiment de la force accrue et de la plénitude. Or le bouddhisme, par sa réduction de la volonté de vie au néant, supprime l'action artistique. Il lui manque l'art comme stimulant tonique pour la vie. Et comme le bouddhisme selon Nietzsche croit au *nirvâna*-néant, il fonctionne sur le mode du couple apparence-réalité, monde sensible-monde intelligible. L'art ne peut venir qu'après la suppression de cette opposition. Ainsi Nietzsche considère l'art comme la

---

456 F.P. I *, printemps-automne 1871, 13 [2], p. 439.

457 Ibid. p. 439.

458 Ibid. p. 441.

459 R.-P. Droit : *Le Culte du néant*, op. cit. p. 206.

460 F.P. I *, 1870-1871, 5 [44], p. 233.

461 F. Kœppen : *Die Religion des Buddha*, Ferdinand Schneider, 1857, p. 505.

« seule force antagoniste supérieure à toute négation de la vie, l'art, l'anti-christianisme, l'anti-bouddhisme, l'anti-nihilisme par excellence »[462].

Tout oppose bouddhisme et art. En effet, l'art est *« un excédent et un débordement de capacité épanouie dans le monde des images et des désirs »*, une exaltation du sentiment de la vie. En revanche, le bouddhisme est une faiblesse, un pessimisme de la faiblesse, en lui domine la puissance de tuer les instincts, les désirs, les souffrances et les plaisirs. Le bouddhisme ne connaît pas l'art comme chemin menant à des états où la souffrance est nécessaire, louée, divinisée et est *« une forme de la grande volupté »*[463].

En somme, le choix de la tragédie suppose le plaisir et la souffrance « non masochiste »[464] ; au contraire le bouddhisme rejette et le plaisir et la souffrance et préfère cultiver stérilement un *« culte du néant »*.

Le XIXe siècle est une époque dans laquelle *« nous revivons le phénomène qui nous pousse soit vers l'Inde soit vers la Grèce »*[465]. L'unique alternative est le choix entre la Grèce et l'Inde, entre Wagner (au début des années 1870) et le Bouddha, entre la tragédie et le quiétisme, entre la force et la faiblesse et finalement, entre Nietzsche et le Bouddha. En effet, Nietzsche apprécie la vie, le Bouddha déprécie la vie car il ne sait pas souffrir ni prendre du plaisir dans la souffrance. De sorte que le bouddhisme est vu par Nietzsche comme la doctrine par excellence du *« culte du néant »,* c'est-à-dire de *« l'inaction paisible »* de la quiétude, mais une quiétude qui renferme une certaine inquiétude, une angoisse devant la vie et ses difficultés.

Par ailleurs, à son insu, Nietzsche dresse le Bouddha contre Apollon et Dionysos, c'est-à-dire la quiétude contre l'agitation calme et violente. Il aurait pu comparer le Bouddha et Apollon[466] puisque l'un et l'autre gardent leur calme devant les émotions violentes[467]. Tout oppose ces deux « dieux » : à la différence d'Apollon, le Bouddha n'est pas un bâtisseur d'Etat, ni le génie du *principium individuationis.*

---

462 F.P. XIV, mai-juin 1888, 17 [2], p. 269.

463 Ibid. p. 269. Nietzsche se trompe quand il pense que les bouddhistes rejettent l'art. Dans *L'Art du Gandhara* (Poche 1996), Mario Bussagli montre que dans le Nord-Ouest de l'Inde (en Afghanistan et au Pakistan) a vu se développer une civilisation artistique qui porte le nom de cette région successivement dominée par les Perses, les Grecs (conquête d'Alexandre le Grand), les Indiens : l'art du Gandhara. Grâce à l'administration de l'empereur indien Ashoka (cf. p. 89-96), le Gandhara devient une terre sacrée du bouddhisme. Il est vrai que Nietzsche ne pouvait connaître cette région et la théorie de l'art du Gandhara. (Cf. p. 173).

464 R.-P. Droit reconnaît aussi cette dimension non-masochiste de la souffrance dans la sagesse tragique de Nietzsche. Cf. *Le Culte du néant,* op. cit. p. 207.

465 F.P. I *, 1871, 9 [36], p. 373.

466 Cf. Mario Bussagli : *L'Art du Gandhara*, Le Livre de Poche, 1996, p. 360-361.

467 Une certaine similitude existe entre le Bouddha et Apollon. Ce sont deux « dieux » solaires. Selon Emile Senart, la légende du Bouddha, de sa naissance au *nirvâna*, peut se rapprocher du parcours du soleil, de son lever à son coucher. Quand on donne au Bouddha un visage grec, il peut faire penser à une dérivation de l'image d'Apollon qui circulait dans les monnaies en vigueur dans la région du Gandhara occupée par les troupes d'Alexandre le Grand. Le Shakyamuni est considéré comme l'œil du monde (cf. *Dîgha Nikaya*, II, 158 et *Sutta Nipata*, III, 9,6). Mais cette théorie de Senart n'est plus soutenue aujourd'hui par personne.

Son grand défaut est le manque d'affirmation de sa personnalité, de sa singularité. Il veut niveler tous les comportements et aider les hommes à atteindre un seul objectif : l'absorption du singulier dans l'universel, c'est-à-dire dans *le néant.* De sorte que tout homme est appelé à atteindre le *nirvâna* par une discipline austère et visant à le supprimer. Nous retrouvons ici le perspectivisme nietzschéen, mais il n'est pas approfondi en ce sens que Nietzsche ne développe jamais la critique du Bouddha contre les *varnas* et sa volonté de mettre les hommes à égalité.

2) L'UNION MYSTIQUE AVEC DIEU OU LE NÉANT OU LE NIRVÂNA

Nietzsche voit le bouddhisme comme une religion[468]. Cela ne signifie pas que ses vues n'aient aucune portée philosophique. En effet, il considère que le bouddhisme enseigne la croyance en une délivrance *post mortem* (*videha-mukti)*, synonyme d'une instauration d'un principe métaphysique (principe évidemment contraire à la doctrine bouddhiste). Cette contradiction lui permet d'introduire, dans le bouddhisme, une sorte de mysticisme non pas religieux ou sacré mais largement athée et profane. Cette relation « mystique » du croyant bouddhiste à Dieu est étrange car Nietzsche utilise un vocabulaire religieux pour qualifier le bouddhisme. De sorte que la doctrine bouddhique apparaît sous sa plume à la fois comme une religion et une philosophie ou bien comme une religion fondamentalement athée[469]. Paradoxalement l'expression « culte du néant » désigne à la fois une croyance à un principe divin et athée. Une telle contradiction, rappelons-le, se trouve déjà dans l'égalité que Nietzsche établit entre *« l'aspiration à une unio mystica »*[470] et *« l'aspiration du bouddhisme au néant, au nirvâna »*[471].

Au fond, quand Nietzsche introduit la notion de dieu dans le bouddhisme au sens de néant ou de *nirvâna*, cela ne signifie nullement pour lui que ce dieu soit identique au dieu chrétien, mais bien à ce que nous pouvons appeler une sorte de dieu athée, signe du maintien d'une certaine transcendance stérile. De sorte qu'il amalgame volontairement Dieu avec le néant et le *nirvâna.* En ce sens, quand il évoque le bouddhisme, il parle d'une *« religion athée à la Bouddha »*[472], mais ayant un certain trait mystique, car il s'agit pour le bouddhiste (d'après Nietzsche) d'atteindre un Absolu appelé *nirvâna -néant.* Evoquer la mystique ou *l'unio mystica* avec Dieu dans le bouddhisme, c'est évidemment commettre délibérément un contresens, mais qui a un sens dans la critique de toute religion par Nietzsche. La mystique pour lui est une fable, un délire, un néant. Nous sommes ainsi dans une philosophie étrange, sans transcendance ou bien dans une pensée de l'Absolu qui est vue comme un *néant-nirvâna.*

---

468 Michel Hulin considère également que Nietzsche voit le bouddhisme d'abord comme une religion et presque pas comme une philosophie. Cf. *Nietzsche et les idéaux ascétiques indiens* op. cit.p. 1.

469 F.P. IV, Fin 1880, 7 [111], p. 585.

470 *La Généalogie de la morale* VII, Première dissertation, § 6, p. 230.

471 Ibid. p. 230.

472 F.P. IV, Fin 1880, 7 [111], p. 585.

Dans cette méthode, nous surprenons Nietzsche en train de développer des considérations sur l'union mystique en empruntant son langage à la culture chrétienne d'un côté et, dans une moindre mesure, à la culture bouddhique de l'autre (l'utilisation du concept de *nirvâna* montre les limites du « mysticisme » dans le bouddhisme). En glissant le concept de néant entre Dieu (*unio mystica* : vocabulaire chrétien) et le *nirvâna* (vocabulaire bouddhique), Nietzsche montre son indépendance idéologique : il se situe par-delà le christianisme et le bouddhisme.

A partir de là, concluons que *l'unio mystica* avec Dieu ou le néant ou le nirvâna n'a rien d'une vie *post-mortem*, d'une délivrance, mais constitue un prétexte, une ruse pour attaquer et le christianisme et le bouddhisme. Au fond, il faut toujours revenir inlassablement à la critique du christianisme, de sa dogmatique. En effet, dans *La Naissance de la tragédie* (chapitre 1 : « Essai d'autocritique », p. 31), Nietzsche considère assez singulièrement le christianisme comme un *« culte du néant »*, c'est-à-dire comme un dégoût de la vie, une paralysie de l'action[473]. Dans ce *culte du néant*, il ne saurait être question de voir un quelconque rapport avec une divinité, de sorte que Nietzsche « athéïse » le christianisme, ce néant de la vie. Dans le sillage de sa critique du christianisme, Nietzsche entraîne avec indifférence le bouddhisme : ces deux religions qui aspirent au néant, au repos, portent dans leurs principes fondamentaux, une *« lassitude de la vie envers la vie »*[474]. Il transpose dans le bouddhisme sa querelle polémique avec le christianisme : il reproche à ces deux religions du nihilisme ou philosophies du nihilisme d'introduire une dualité entre le monde terrestre et le monde céleste, c'est-à-dire entre le monde de la vie et le monde du *nirvâna* ou du néant ou de Dieu. Il prête alors au bouddhisme l'existence d'un substrat appelé *nirvâna*-néant-Dieu. De ce fait, l'union mystique suppose pour Nietzsche une certaine transcendance vide de sens que nous pouvons appeler une transcendance de néant ou une transcendance athée.

Nietzsche commet une erreur analogue à celle des brahmanes orthodoxes : ceux-ci croyaient que le bouddhisme était fondé sur une relation de l'homme avec Dieu. Mais Nietzsche va plus loin : en enlevant l'élément sacré de l'union mystique, il invente un élément profane : le néant. Doctrinalement, le bouddhisme n'admet aucun sens métaphysique de la vie. D'après Andler

> « dans la doctrine bouddhique, ce qui captivait [Nietzsche] c'est un phénoménisme total qui s'en tient à l'aspect sensible des choses et s'émeut de leur fuite, sans consentir au sophisme qui, derrière les phénomènes, invente une substance »[475].

Nietzsche sait que si le brahmanisme saisit l'être dans tout devenir, le bouddhisme saisit le devenir en tout être apparent. Nous pouvons croire Andler quand il affirme que Nietzsche possède des connaissances assez solides sur le bouddhisme du Petit Véhicule. Mais nous devons remarquer avec François Chenet[476] que Nietzsche n'est pas allé loin, il n'a pas su saisir cette opportunité unique de l'absence de

473 *La Naissance de la tragédie,* I *, p. 31.

474 Ibid. p. 31.

475 Charles Andler : *Nietzsche, sa vie et sa pensée*, II, Gallimard, 1979, p. 416.

476 Cf. L'Inde et la Grèce in *Le Discours philosophique* IV, op. cit. p. 1304.

substrat derrière les phénomènes. Dans cette carence volontaire, nous pouvons voir que Nietzsche, comme à son habitude, refuse de se servir des autres philosophies pour développer sa pensée. Il est en réalité gêné que le Bouddha avant lui ait proposé non pas une religion, mais toute une philosophie nouvelle assez proche de ses propres vues.

C'est alors qu'au début des années 1870, il commet volontairement un contresens : il prête au bouddhisme la construction d'un arrière-monde. Roger-Pol Droit a bien vu cela et il en donne une explication nihiliste :

> « Tout système de valeurs serait nihiliste quand il va à l'encontre de la vie, quand son monde de normes s'oppose contre soi-même et se contrecarre. Dieu dit, dès qu'il existe : "Le monde est mort." Et même sans Dieu, même soucieux d'une saine physiologie du ressentiment, le Bouddha à sa manière proclame la mort du monde. C'est en ce sens qu'il est une fois encore l'inventeur d'un culte du néant, que Nietzsche combat. »[477]

Dès qu'il s'agit d'un culte (culte de Dieu ou du néant), pour Nietzsche, cette doctrine est suspecte : elle construit un monde de l'être pour nous éloigner de notre monde sensible. Il reproche aux bouddhistes de croire à un principe transcendant appelé *nirvâna - néant-Dieu.* Cela ne signifie pas que Nietzsche n'a pas compris l'esprit du bouddhisme, mais que pour lui toute *aspiration au néant* est une aspiration à un désir : entrer dans le *nirvâna*. Il voit ainsi le *nirvâna* comme une substance, un principe métaphysique, l'essence du bouddhisme. Avec le bouddhisme, *« nous sommes face à la grande excitation et derrière elle, le contrecoup ! Le désir de néant, nous les amis de la vie »*[478]. Rappelons-nous, Nietzsche attaque *« les hallucinés des arrière-mondes »*, c'est-à-dire tous ceux qui n'aiment pas la vie, à commencer par les chrétiens. Et nous ne devons pas nous étonner que sa critique du christianisme comme culte du néant s'applique également au bouddhisme. Au fond, comme les chrétiens, les bouddhistes veulent être rassurés, c'est pourquoi ils construisent un au-delà apaisant. Plus précisément, christianisme et bouddhisme sont des *« cultes du néant »*. De ce fait, ces deux religions se caractérisent par

> « la haine pour "le monde", la malédiction des affects, la peur de la beauté et de la sensualité, un au-delà inventé pour mieux calomnier l'en-deça, au fond une aspiration au néant, à la fin au Sabbat des Sabbats »[479].

477 R.-P. Droit : *Le Culte du néant*, op. cit. p. 211-222.

478 F.P. IX, novembre 1882-février 1883, 4 [1], p. 119.

479 *La Naissance de la tragédie* I *, ch. 1 : *« Essai d'autocritique »* p. 31.

3) « VOLONTÉ DE NÉANT » CONTRE « VOLONTÉ DE VIE » OU CONTRE VOLONTÉ DE PUISSANCE

Le problème fondamental de Nietzsche avec la doctrine bouddhique se situe dans l'opposition qu'il établit entre *« la volonté de néant »* et *« la volonté de vie »* ou de la volonté de puissance et par extension entre sa propre philosophie et celle du bouddhisme. Expliquons-nous : dans le bouddhisme, considéré comme une *« aspiration au néant »*, il faut distinguer une aspiration à l'extinction de *« la volonté de vie »*[480] ou de la volonté de puissance. Mais une telle suppression de la volonté de puissance n'est-elle pas étrange dans la mesure où étant une force naturelle, une multitude d'instincts, elle se trouve chez tout homme, y compris le bouddhiste ? D'autant plus que Nietzsche attaque sans distinction les fondateurs de religion comme le Bouddha et le Christ, considérés par lui comme des experts en psychologie religieuse[481] ; sur leur impact dans la société, il donne cette explication :

> « Les deux religions universelles, le bouddhisme et le christianisme, pourraient bien avoir trouvé la raison de leur naissance, de leur soudaine propagation dans une extraordinaire asthénie de la volonté. »[482]

Ou bien plus exactement, *« l'asthénie de la volonté »* est une donnée innée sur laquelle ont proliféré les dogmatiques respectives du bouddhisme et du christianisme. (Ici Nietzsche ne distingue guère entre les dogmatiques de ces deux grandes religions car elles ont pour but de s'assurer la domination des individus, de leur vie intérieure). Au fond, le Bouddha et le Christ, de fins contrôleurs des consciences, n'ont même pas eu besoin d'imposer de force leurs idées morales : ils ont simplement fondé leur religion respective en instituant *« une certaine manière de vivre, une certaine pratique morale quotidienne, qui agisse en tant que disciplina voluntatis et supprime en même temps l'ennui »*[483]. Leur force tient dans l'interprétation de cette vie en termes moraux[484] ; ils la discernent et devinent en elle *« dans quel but elle se peut pratiquer »*. Leur quasi-travail de pasteurs a été facilité par la désorganisation psychique des hommes modestes (accablés par les soucis) : en leur apportant du sens à leur pauvre vie par le biais d'un accompagnement spirituel (accueilli d'ailleurs sans contrainte par les intéressés), ils en ont profité pour violer leur conscience à leur insu, ils leur ont aussi donné la force de mépriser toute autre vie. Les malheureux ont ainsi foi en quelque chose, c'est-à-dire dans la dogmatique dont le principe est une croyance au nirvâna-néant-Dieu. Nietzsche profite de dénoncer la foi ou la croyance comme une sorte *« d'hypertrophie d'un point de vue conceptuel*

480 F.P. XIV, printemps 1888, 14 [123], p. 93.

481 *Le Gai Savoir*, V, § 353, p. 252.

482 *Le Gai Savoir*, V, § 347, p. 245.

483 Ibid. § 353, p. 251. Sur la croyance, Nietzsche écrit : *« L'homme est ainsi fait : dès qu'il a besoin d'un article de foi, dût-on le lui avoir réfuté de mille manières, il ne cessera pas de le tenir pour vrai. »* (*Le Gai Savoir* V, § 347, p. 244).

484 Pourtant Nietzsche voit également le bouddhisme comme une physiologie opposée à la morale. Si ici il considère le bouddhisme comme une morale religieuse identique à la morale chrétienne, c'est parce qu'il veut attaquer le christianisme, son ennemi de toujours.

et affectif »[485] au sens d'une déviation, d'une perversion de la volonté de puissance, de sorte que la croyance provoque « la maladie de la volonté », le besoin de croire au néant. Le fait de croire instantanément sans réflexion, développe le désir du *« tu dois »*, c'est-à-dire de l'obéissance inconditionnelle du croyant aux principes moraux de sa religion (même si Nietzsche ne définit guère ces principes, on peut les rapprocher des impératifs catégoriques qui, selon *La Généalogie de la morale*, viennent de l'extérieur sous la forme de commandements cruels)[486]. Insistons sur l'ambiguïté de l'absence de pression sur les consciences de la part des chefs religieux. Car en effet, les foules incultes avaient besoin de croire :

> « La croyance se trouve toujours convoitée avec le plus d'urgence là même où la volonté fait défaut : car la volonté, en tant que passion du commandement, constitue le signe distinctif de la souveraineté et de la force. C'est-à-dire que moins quelqu'un s'entend à commander et plus il éprouve avec urgence le désir d'une réalité, d'un être ou d'une autorité qui commande, qui commande avec rigueur, soit un dieu, un prince, un état social, un médecin, un confesseur, un dogme, une conscience de parti. »[487]

Nietzsche confond volontairement les deux philosophies du bouddhisme et du christianisme pour montrer qu'au fond le Bouddha et le Christ se sont révoltés contre la hiérarchie sociale. Plus précisément du côté du Bouddha, il ne dit pas formellement qu'il est contre le système des castes (toutefois le Bouddha n'a pas réussi à supprimer les castes, notamment la figure du brahmane). Nietzsche gomme les méthodes des deux fondateurs de religion car ils ont su, sans jamais publier un seul écrit, parler pour le plus grand nombre des hommes. Plus particulièrement, le cas du Bouddha est assez singulier. En tant que religieux, il a réussi un coup de force psychologique sur les consciences. Avant le Christ, il a montré l'exemple à suivre pour promouvoir les hommes du ressentiment à la tête de la société. Dans cette perspective, Nietzsche voit aussi le Bouddha comme un inverseur des valeurs. Il a le premier mené la lutte contre les forts, les maîtres, ceux qui détiennent la *« volonté de vie »*, la volonté de puissance. Il a mobilisé les hommes du troupeau, c'est-à-dire les médiocres chez qui *« la volonté de néant l'emporte sur la volonté de vie »*[488]. Et Nietzsche continue ainsi :

> « Bouddha lui aussi trouva cette catégorie de gens, dispersée dans toutes les conditions de la hiérarchie sociale de son peuple, gens qui par paresse sont bons et bienveillants (surtout inoffensifs) et qui également par paresse pratiquent l'abstinence et vivent à peu près sans besoins : il comprit comment cette sorte d'êtres devaient inéluctablement, en vertu de la *"vis inertiae"*, se livrer à une croyance qui promet d'éviter le retour des tribulations terrestres

---

485 *Le Gai Savoir*, V, § 347, p. 246.

486 *La Généalogie de la morale*, VII, Deuxième dissertation, § 6, p. 258.

487 *Le Gai Savoir*, V, § 347, p. 245.

488 F.P., XIV, printemps 1888, 14 [123], p. 93.

> (c'est-à-dire le travail, l'agir au sens général), de comprendre cela fut son génie. »[489]

« L'asthénie de la volonté » est la caractéristique innée des croyants. Ces adeptes de *« la volonté de néant »* s'appellent les *médiocres,* les faibles, les *ratés*, les *dépravés*, les *« congénitalement tarés »*[490]. Ils ont pour devise : *« plutôt ne pas être qu'être »*[491], c'est-à-dire mieux vaut ne pas vivre, car ils ramènent *« la réalité à une formule morale »*[492]. Ces êtres souffrent de l'annihilation innée de leur volonté de vie. Comme ils viennent du néant, ils errent dans cette existence sans but. Mais le bouddhisme et le christianisme leur donnent finalement une certaine force pour supporter leur « aspiration au néant ». Au lieu d'aider ces hommes du troupeau, par exemple en développant en eux la volonté de vie, le Bouddha et le Christ se rendent coupables en leur inculquant une morale dans laquelle est recherchée l'extinction de toute pulsion de vie, ou bien paradoxalement, d'une survie de la faiblesse[493]. Dans le bouddhisme, le principe philosophique de *« l'inaction paisible »* ou de *« l'asthénie de la volonté »* peut tenir dans cette proposition :

> « On ne doit pas agir : dirent leurs frères plus conséquents qu'eux-mêmes, les bouddhistes, et ils inventèrent une règle de conduite permettant de se détacher de l'action. »[494]

La formule *« on ne doit pas agir »* est une sorte de *« perversion psychologique »*[495]. Et celle-ci s'appelle le *nirvâna* ou *« règle de conduite »* inventée pour *« se détacher de l'action »*. Le bouddhiste a horreur de l'action, car il ne veut pas se compromettre en commentant le mal, l'injustice. Mais au-delà de cette considération morale, proche du christianisme (le nirvâna fonctionne comme une morale "chré-

---

489 *Le Gai Savoir,* V, § 353, p. 252. En utilisant le mot « génie » pour qualifier la délivrance, Nietzsche n'adhère nullement à la doctrine bouddhique. Mais il apprécie le Bouddha pour sa philosophie de l'inaction paisible et finalement de l'extinction de tout désir (*nirvâna*). Paradoxalement, il le salue avec respect pour avoir su donner aux hommes une espérance.

490 F.P., XIV, printemps 1888, 14 [123], p. 93.

491 Ibid. p. 93.

492 Ibid. p. 93.

493 Sur le thème de *l'asthénie de la volonté,* Nietzsche est très contradictoire : d'un côté les hommes du troupeau malade se trouvent dépourvus de volonté de vie, ou bien leur volonté de néant est innée ; de l'autre, il trouve chez le chef du troupeau une sorte de guru *« infaillible dans la connaissance psychologique »* (cf. *Le Gai Savoir*, V, § 353, p. 252) : il apporte aux malheureux un certain baume, mais en réalité il ne leur veut aucun bien. Par la suite, il fait tout pour maintenir, grâce à son fanatisme considéré comme *« unique force de volonté »* (cf. *Le Gai Savoir,* V, § 347, p. 245), un contrôle total du *« système intellectuel »* de ses victimes. En réalité, il ne cherche jamais à éveiller l'intelligence, ni le discernement des faibles sur le statut de la croyance. Nous reconnaissons dans ces lignes la méthode de Nietzsche : comme à son habitude, il ne fait qu'étendre au bouddhisme sa critique célèbre du christianisme, de ses moyens psychologiques pour maintenir la crédulité des faibles. A partir de là, il étend au bouddhisme la catégorie de *l'asthénie de la volonté.*

494 F.P. XIV, printemps 1888, 14 [107], p. 79.

495 Ibid. p. 79.

tienne"), Nietzsche met en cause, à son insu, le « *samskâra* », c'est-à-dire tout ce qui existe hormis le nirvâna. Il semble, en effet savoir que pour les bouddhistes,

> « le plus grand des tourments ce sont les sankhara[496] [samskâra] et, sachant cela comme il convient, le nibbana [nirvâna] devient suprême bonheur »[497].

Dans la perspective nietzschéenne, ces lignes du *Dhammapada* rappellent que les *samskâra*, c'est-à-dire les activités psychiques comme la volition (*cetanâ*), le raisonnement, la réflexion (*vicâra*), la sagesse (*prajna*), les vertus, les passions et les vices[498], sont anesthésiés par la « *volonté de néant* » et ne comportent finalement aucun bonheur réel. Une telle paralysie de l'action, on le voit maintenant, vient de la croyance considérée par Nietzsche comme « *une contrainte intérieure qui rend stupide, que quelque chose doit être vrai* ». Dans le bouddhisme, tel que Nietzsche le voit, cette croyance est appelée *nirvâna - néant - Dieu*, une morale qui apaise la souffrance par la neutralité de toute action, de toute force. Finalement, par leur phobie de l'action, les bouddhistes sont des malades (des anémiques).

---

496 Sur le terme de *sankharas* (*samskara*), on pourra se reporter aux explications d'Oldenberg dans *Le Bouddha, sa vie, sa doctrine, sa communauté*, Laffont, 1975, p. 176-178.

497 *Dhammapada*, p. 203, in *Aux sources du bouddhisme* (direct. L. Silburn), Fayard, 1997, p. 43. Cf. également Le Bouddha : *Dhammapada. Les stances de la Loi*, Garnier-Flammarion, 1997, p. 90 : « *La faim est la passion suprême, les confections sont la douleur suprême. Quand on le sait effectivement, l'extinction est le bonheur suprême.* »

498 Cf. article *Samskâra* par André Bareau in *Les Notions philosophiques*, II, op. cit., p. 2900.

Chapitre VII
Le bouddhisme comme physiologie et non comme morale

Au début de son activité intellectuelle, Nietzsche considère le bouddhisme comme un *« culte du néant »*. Mais suite à sa lecture du *Bouddha* d'Oldenberg en 1881[499], il redéfinit le bouddhisme comme une physiologie et non comme une morale. Toute la problématique de la physiologie et de son rapport au bouddhisme peut tenir dans cette proposition :

> « Pour le malade, le ressentiment est, en soi, la chose interdite — c'est pour lui le mal absolu : c'est aussi malheureusement sa tendance naturelle. — C'est ce qu'a bien compris le Bouddha, ce profond physiologiste. Sa "religion", qu'il vaudrait mieux définir comme une hygiène, afin de ne pas la confondre avec une chose aussi pitoyable que le christianisme, faisait dépendre son effet de la victoire sur le ressentiment : délivrer l'âme de cela, premier pas vers la guérison. "Ce n'est pas l'inimitié qui mettra fin à l'inimitié, c'est l'amitié qui mettra fin à l'inimitié", ces mots figurent au début de l'enseignement du Bouddha ; — Ce n'est pas la morale, c'est la physiologie qui s'exprime ainsi. »[500]

De cette longue proposition, nous pouvons retenir le thème suivant : le bouddhisme est une religion de l'hygiène mentale ; cela implique le fait que le Bouddha est un profond physiologiste, de plus il sait que *« ce n'est pas l'inimitié qui mettra fin à l'inimitié, c'est l'amitié qui mettra fin à l'inimitié »*. Une telle affirmation est physiologique et non-morale. D'emblée, cette définition n'étant pas conforme au bouddhisme historique, il faut alors chercher le sens précis de la physiologie pour Nietzsche. Nous connaissons son aversion pour la morale, mais une telle substitution de la morale par la physiologie a-t-elle un sens ? Comme le reconnaît Patrick Wotling[501], le recours à la physiologie est déroutant par rapport à la philosophie générale et, ajoutons, par rapport au bouddhisme.

Pour comprendre que le bouddhisme est une physiologie, il faut d'abord saisir le sens de la physiologie dans la pensée de Nietzsche. Par exemple dans son Zarathoustra, dès 1883, il consacre un chapitre *« aux contempteurs du corps »*. Il leur dit ceci :

> « Corps suis tout entier, et rien d'autre, et âme n'est qu'un mot pour désigner quelque chose dans le corps. »[502]

Dans l'œuvre de Nietzsche, nous pourrions citer de nombreux passages où le corps et la physiologie sont mis en valeur. Et un lecteur non-averti ne peut manquer

---

499 C. Andler : *Nietzsche, sa vie et sa pensée*, II, Gallimard, 1979, p. 415.

500 *Ecce Homo*, VIII, p. 253.

501 Patrick Wotling : *Nietzsche et le problème de la civilisation*, P.U.F., 1995, p. 86.

502 *Ainsi parlait Zarathoustra*, VI, p. 45.

de s'étonner des paragraphes entiers consacrés aux thèmes du corps, du régime alimentaire, du climat, de l'hygiène de vie.

1) Le sens nietzschéen de la physiologie

a) La morale chrétienne contre la physiologie

Nietzsche évoque les maladies de l'homme, le ressentiment, la mauvaise conscience, la torture volontaire du corps comme des problèmes physiologiques :

> « Toutes nos religions et philosophies sont des symptômes de notre santé physique : - la victoire du christianisme fut la conséquence d'un sentiment général de lassitude et d'un mélange de races (c'est-à-dire de désordres et de contradictions dans l'organisme). »[503]

D'emblée c'est contre la morale, l'examen de conscience, que Nietzsche veut rétablir les choses :

> « Pour le sort du peuple et de l'humanité, il est d'une importance décisive que la culture commence au bon endroit (et pas par l'âme, comme le voudrait la funeste superstition des prêtres et des demi-prêtres) : le bon endroit, c'est le corps, l'apparence physique, le régime, la physiologie et le reste suit de lui-même. »[504]

On reconnaît aisément dans ces lignes le souci de Nietzsche de lutter contre le christianisme, *« le plus grand malheur de l'humanité »*. Comme nous le verrons[505], la morale chrétienne se fonde pour Nietzsche sur le mépris du corps et du sujet humain : le plaisir est condamné parce que c'est un péché. Il reproche à la pratique de l'Eglise, *« sa manière d'ouvrir de vieilles blessures, de se vautrer dans le mépris de soi-même, la mortification »*[506]. Le mépris du corps est très significatif dans les pratiques ascétiques. Aussi un parallélisme existe dans l'auto-torture du corps et de l'âme. Par exemple, le remords de conscience provoque un désordre psychique et physiologique : il est donc un obstacle à la guérison. La morale chrétienne, qu'elle soit appliquée au corps ou à l'âme, est dangereuse pour la santé. D'un côté, elle produit des faibles à la santé fragile, de l'autre, elle provient de la maladie des es-

---

503 F.P. X, printemps 1884, 25 [407], p. 135.
Ces lignes ont un sens biologisant bien que cette interprétation ait été définitivement écartée par Heidegger (*Nietzsche*, t.1, Paris Gallimard, 1971, p. 402-410). Nietzsche ne semble pas être totalement un précurseur de l'idéologie biologisante du nazisme. Poussé par son époque, il évoque la biologie. Mais il est vrai aussi qu'il fait de la philosophie en recourant à la métaphore de la physiologie, de la biologie : « *Une soif ardente s'empara littéralement de moi ; depuis lors, je ne me suis en fait plus occupé de rien d'autre que de physiologie, de médecine et de sciences naturelles.* » (*Ecce Homo*, VIII, *« Pourquoi j'écris de si bons livres »*, § 3 ; cf. Barbara Stiegler : *Nietzsche et la biologie*, P.U.F. 2001).
Pour une problématique de la morale, on se reportera aux analyses de Jean Granier : *Le Problème de la vérité dans la philosophie de Nietzsche*, Seuil 1966, p. 155-164.

504 *Le Crépuscule des idoles,* VIII, « Divagations d'un inactuel », § 47, p. 142.

505 Alphonse Vanderheyde : *Nietzsche et la pensée des brahmanes* (à paraître).

506 F.P. XIV, printemps 1888, 14 [155], p. 120.

prits médiocres. Ni les prières, ni les exorcismes des esprits mauvais ne peuvent guérir physiologiquement ou moralement. La bonne santé ne peut être obtenue que dans la *« honte de son remords »* et par la moquerie du sérieux avec lequel *« on s'est laissé hypnotiser »*. Nous voyons ici le lien que Nietzsche établit entre les troubles de la conscience et du corps et la physiologie. Pour lui, la morale chrétienne est signe de mauvaise santé mentale et corporelle. Qui donc sera capable de se détourner du christianisme, sinon les hommes qui se révoltent contre la praxis chrétienne et qui préfèrent une conception de la vie, non pas religieuse, mais physiologique ?

La morale chrétienne se dresse systématiquement contre la physiologie. C'est un point nouveau mais important au regard de la stratégie de renversement que Nietzsche entend opérer : tous les problèmes humains viennent de la morale chrétienne, ils sont d'ordre physiologique : le corps est malade à chaque fois qu'on lui demande d'observer les principes rigides de la morale chrétienne. Mais aussi, rappelons-le, pour Nietzsche les hommes adhèrent à la religion parce qu'ils sont déjà malades : les principes moraux qu'ils observent viennent aggraver leur cas.

Que sont réellement les jugements moraux ? Nietzsche répond en ces termes :

> « Application à la morale spécifiquement christiano-européenne : nos jugements moraux sont des indices de décadence, d'absence de foi en la vie, une préparation au pessimisme. »[507]

Nietzsche réorganise le discours sur l'homme en ramenant les jugements moraux à des symptômes, à des langages symboliques *« où se trahissent des processus de réussite et d'échec physiologiques »*[508]. Une bonne santé se voit à la paix de l'âme et du corps. Mais une telle paix est impossible à cause du christianisme, la maladie de la culture du XIXᵉ siècle en particulier.

b) Le corps et la théorie des affects

En évoquant le corps comme santé, hygiène de vie, appareil digestif, système nerveux, Nietzsche a recours au vocabulaire des sciences médico-sociales. Toutefois, ses analyses sur la physiologie sont dépourvues de valeur épistémologique[509]. Il détourne le sens initial du mot physiologie en le redéfinissant comme une manière d'être avec son corps et son âme. Il faudrait alors parler de psychophysiologie. Dans l'œuvre de Nietzsche, la physiologie n'est pas une explication de la vérité des processus organiques, mais bien un langage symbolique dont la source est l'intellect[510]. Nietzsche n'identifie pas la physiologie psychique à la physiologie scientifique car la volonté de puissance n'est pas une hypothèse scientifique. La physiologie est

---

507 F.P. XII, automne 1885-automne 1886, 2 [165], p. 150.

508 F.P. XII, automne 1885-automne 1886, 2 [164], p. 150.

509 *La Généalogie de la morale,* I, §4, II, §12.

510 Contre Descartes, Nietzsche affirme que le corps vivant est un phénomène riche, clair, saisissable et *« à placer en tête du point de vue de la méthode »*. (F.P. XIII, été 1886-automne 1887, 5 [56], p. 206). Nietzsche admet que le centre de la conscience est le centre physiologique qui tient lieu de centre psychique (ibid. p. 206). Par exemple la douleur et le plaisir peuvent être ressentis physiologiquement ou psychiquement.

discours sur le corps et discours du corps : description imagée du corps et discours tenu et constitué par l'intellect. Il n'y a aucune différence entre corps et intellect : quand Nietzsche évoque *« l'estomac des affects »*, il ne distingue pas le corps et l'âme. Ceci atteste qu'il repousse « la physiologie matérialiste » :

> « Si quelqu'un ne vient pas à bout d'une "douleur de l'âme", cela ne tient pas, pour parler grossièrement, à son "âme", mais [...] à son ventre [...]. Un homme fort et réussi digère ses expériences vécues (faits, méfaits compris) comme il digère ses repas, même s'il doit avaler de durs morceaux. S'il ne vient pas "à bout" d'une expérience vécue, cette indigestion n'est pas moins physiologique que l'autre (en fait elle n'est souvent qu'une suite de l'autre). Cette conception n'empêche aucunement, soit dit entre nous, de rester l'adversaire le plus intransigeant de tout matérialisme... »[511]

Nietzsche réduit les phénomènes psychologiques à des manifestations de la physiologie. Dès *Aurore* (1881), il ramène au langage psychologique ses analyses sur le corps et notamment à l'appareil du système nerveux. Il s'ensuit que le corps n'est pas une *res extensa*, ni un substrat matériel, mais il a le sens d'une théorie des affects[512] (lutte...), c'est-à-dire *« des interprétations élaborées par l'intellect »*[513], d'un jeu d'instincts. Un fragment posthume du printemps 1884 aide à saisir ce que Nietzsche entend par affects :

> « La morale, c'est-à-dire les affects — comme identique à l'organique ; l'intellect comme estomac des affects. »[514]

Les affects sont un autre nom de la morale, mais une morale épurée de tout principe chrétien. Ce déplacement de sens permet à Nietzsche de ramener les problèmes des hommes à la physiologie et non plus à la morale chrétienne. Une telle inversion de sens fait que les instincts comme la sexualité, la faim, l'amour de la gloire, au lieu d'être réprimés pour leur bestialité (comme dans le christianisme), sont interprétés en termes de physiologie. *« Peut-être la morale tout entière est-elle une interprétation d'instincts physiques »*[515], s'exclame Nietzsche. Il considère que le corps humain dont le sens n'est possible que par rapport à la théorie des affects, est notre unité subjective, *« une collectivité inouïe d'êtres vivants »*[516], le foyer multiple d'activités intellectuelles.

En évoquant les problèmes des hommes en terme de physiologie, Nietzsche rattache les pensées, les opinions et les états de conscience à des phénomènes physiologiques. C'est ainsi que les mouvements d'idées dans les civilisations sont dûs à

---

511 *La Généalogie de la morale*, III, §16 p. 318.

Ajoutons que dans certains cas, la physiologie chez Nietzsche n'a aucun rapport avec la biologie, cf. Barbara Stiegler : *Nietzsche et la biologie*, P.U.F. 2001.

512 P. Wotling : *Nietzsche et le problème de la civilisation*, op. cit.,p. 82-108 : Le corps comme théorie des affects.

513 F.P. XIV, printemps-automne 1881, 11 [128], p. 356.

514 F.P. X, printemps 1884, 25 [93], p. 44.

515 F.P. *Aurore* IV, automne 1880, 6 [7], p. 462.

516 F.P. XI, juin-juillet 1885, 37 [4], p. 310.

un changement de goût venant d'individus isolés qui « *ressentent et savourent différemment, voilà qui habituellement est dû à une singularité de leurs manières de vivre, de se nourrir, de digérer, peut-être à un taux plus ou moins important de sels organiques dans leur sang et dans leur cerveau, bref dans leur physis* »[517]. Les phénomènes du corps doivent être regardés sur le plan intellectuel en rapport à notre conscience, à notre « esprit », à nos façons conscientes de penser. Il y a autant de consciences que d'êtres vivants microscopiques. Les phénomènes sont « *la chose elle-même* »[518] : l'appareil neuro-cérébral participe de cette pensée mais aussi les autres phénomènes.

Nietzsche veut partir du corps et de la physiologie pour obtenir une représentation exacte de notre unité subjective[519]. En ce sens, le sujet, malgré la physiologie, est bien la question centrale de Nietzsche. S'il s'adresse au corps, c'est parce qu'il veut questionner le sujet. Il ne s'agit pas d'interroger directement le sujet sur le sujet et les reflets que l'esprit saisit de lui-même »[520], car le sujet pourrait donner une fausse interprétation de lui-même. C'est pourquoi, Nietzsche demande des comptes au corps, à ses affects.

2 - Le bouddhisme comme religion de l'hygiène mentale

a) La doctrine-médecine du Bouddha

Si d'un côté, le christianisme apparaît pour Nietzsche comme une anti-physiologie à cause de sa morale, de l'autre, le bouddhisme est considéré comme une physiologie. Pour la première fois, Nietzsche oppose les deux religions en termes physiologiques. Dans *Ecce Homo,* il unifie ses positions sur le bouddhisme en leur donnant le sens le plus éloigné possible du christianisme. Il va jusqu'à écarter le vocabulaire chrétien en le remplaçant par un vocabulaire médico-physiologique.

C'est ainsi que de la longue formule, citée ci-devant (qui date de 1888), retenons la définition hygiéniste du bouddhisme. Celle-ci ne parait pas contraire à l'esprit de la doctrine-médecine. En effet, la tradition considère le Bouddha comme un médecin qui établit son diagnostic sur l'homme : il souffre. Dans sa réflexion, le Bouddha ne sépare pas le corps du reste de l'être humain : la souffrance peut être physique ou mentale. Selon un schéma médical[521], l'Eveillé établit les quatre nobles vérités : diagnostic (tout est douleur : *sarvam duhkham*), étiologie (la soif ou « *trishna* » est l'origine de la souffrance, c'est le prototype du désir), pronostic (« *nirodha* » ou « *nirvana* » : arrêt de la soif et de la douleur), prescription des remèdes : établir la rectitude en soi en modifiant nos points de vue *(dristi),* nos conceptions (« *samkalpa* »), nos paroles (« *vâc* »), nos actions (« *karmânta* »), nos moyens d'existence (« *âjiva* »), nos efforts (« *vyâyâma* »), notre mémoire et notre attention (« *smriti* »), notre puissance de concentration et de recueillement (« *samâdhi* »).

---

517 *Le Gai Savoir,* V, § 39, p. 82.

518 F.P.XI, juin-juillet 1885, 37 [4], p. 311.

519 F.P. XI, août-septembre 1885, 40 [21], p. 375.

520 Ibid. p. 375.

521 Guy Bugault : *L'Inde pense-t-elle ?* op. cit., p. 115-117.

Ajoutons que les maladies viennent de trois poisons physiques et moraux : l'erreur (*« moha »*), le désir (*« raga »* : concupiscence), la haine (*« dvesha »*). Le Bouddha constate que l'homme est malade, c'est-à-dire qu'il souffre, mais les solutions qu'il propose sont considérées comme physiologiques par Nietzsche.

Par sa conception physiologique de la vie, Nietzsche nous a révélé que la santé du corps et celle de l'âme sont intimement liées. Sur ce point, il n'est pas très éloigné du Bouddha. Pourtant il y a des différences : dans *Le Bouddha* d'Oldenberg[522], Nietzsche a pu lire l'énoncé des quatre nobles vérités, mais il ne les considère pas comme une doctrine-médecine. Nous expliquons cela par sa volonté de ne pas comparer ses vues sur la physiologie avec celles du bouddhisme historique. De sorte que sa conception physiologique de la vie parait sans lien avec le bouddhisme.

Néanmoins Nietzsche donne le ton : le bouddhisme est une hygiène (de vie), cela signifie que le Bouddha veut lutter contre le ressentiment. Pour cela, il propose d'étouffer les réactions car il sait que la vengeance, l'envie *« empoisonnent le sang »*[523]. Ici le mot hygiène ne contient pas l'idée de se laver, d'être propre, mais a le sens d'une tension vers la bonne santé du corps sans l'observation de la dogmatique chrétienne. Si l'homme est malade, s'il souffre, c'est parce qu'il manque d'hygiène : nettoyer son corps pour apaiser le ressentiment, c'est une autre manière de nettoyer son âme. Mais Nietzsche, à son insu, applique au corps les principes de l'âme en empruntant plus ou moins le vocabulaire conceptuel au christianisme et au bouddhisme. Par exemple, le chrétien se soucie de son âme, il veut la nettoyer en observant les principes rigides de sa morale religieuse. De même Nietzsche veut nettoyer son corps (moins la morale chrétienne).

On aura compris que Nietzsche préfère « physiologiser » le bouddhisme et le comportement de l'homme. Le malade est celui qui manque d'hygiène, c'est-à-dire qui a de fortes émotions sécrétant de la bile. Nietzsche a bien vu que le Bouddha veut un complet anéantissement de tout ce qui énerve. Le mot hygiène signifie aussi diète : le bouddhisme ramène les hommes à la paix et à la sérénité, à la *« diète dans l'ordre mental et à un certain endurcissement dans l'ordre physique »*[524]. Il est possible que Nietzsche appelle « *diète dans l'ordre mental* », le fait de vider sa conscience, de ne plus être envahi par des représentations négatives. Et ici nous reconnaissons l'un des principes du bouddhisme, l'arrêt de la formation des images, des pensées négatives.

Il n'est pas certain que Nietzsche ait vu toutes ces implications du bouddhisme, ou qu'il cherche à les voir : ce n'est pas son but. Mais il utilise au moins le langage bouddhiste comme l'hygiène, la physiologie, la diète, un vocabulaire médical sans toutefois adhérer à la vérité doctrinale de l'histoire du bouddhisme indien.

---

522 H. Oldenberg : *Le Bouddha, sa vie, sa doctrine, sa communauté*, Laffont, 1975, p. 135-136.

523 *Ecce Homo*, VIII, p. 253.

524 *L'Antéchrist*, VIII, § 22, p. 179.

b) La notion de *Reizbarkeit*

Au chapitre 22 de *L'Antéchrist*, Nietzsche compare le christianisme et le bouddhisme sur le thème de l'irritabilité ou de l'excitabilité. Une nouvelle fois, il commence par attaquer les chrétiens pour leur reprocher, à l'origine de l'évangélisation, d'être *« retournés à l'état sauvage »*[525] et d'agresser moralement les hommes en propageant des valeurs barbares comme *« le sang bu dans la Cène »*[526] ; le tout avec *« la grandiose pompe du culte »*[527]. Et finalement la méthode du christianisme consiste à rendre malade la civilisation, à l'affaiblir par la culture du ressentiment. Le chrétien est alors porteur du ressentiment ou bien *« être malade c'est déjà une sorte de ressentiment »*[528]. Dans ce cas, le ressentiment (conséquence de l'intériorisation des valeurs morales et qui se traduit par une vengeance des faibles contre les forts) s'oppose-t-il à l'hyperexcitabilité ? Nietzsche répond :

> « Le mécontentement de soi, le mal d'être de soi, n'est pas ici comme chez les bouddhistes, dû à l'hyperexcitabilité à l'hypersensibilité à la douleur. »[529]

Le concept d'hyperexcitabilité est vu positivement par Nietzsche, il est lié à l'élite intellectuelle du temps du Bouddha, mais il est aussi le signe d'un état d'épuisement, d'affaiblissement extrême. L'Indien est d'une sensibilité extrême. Cette *« hyperexcitabilité de la sensibilité*[530] *se traduit par une aptitude raffinée à la souffrance »*. La notion de *Reizbarkeit*, selon Michel Hulin[531], inclut les deux valeurs de l'excitabilité et de l'irritabilité.

Cette *Reizbarkeit* est une qualité car, pour l'acquérir, il faut quelques siècles, voire quelques millénaires de disciplines physiques et intellectuelles. Etrangement, elle est quasiment innée chez l'Indien tardif, débonnaire, hypercérébral, ressentant trop *« aisément la souffrance »*[532] et héritier d'une haute civilisation. Avec la *Reizbarkeit*, un principe fondamental est acquis pour Nietzsche : le bouddhiste est l'homme le plus souffrant tout en n'étant pas atteint totalement par le *pathos* du dégoût de la vie. Sa souffrance n'est pas morale, mais physiologique. Toute excitabilité suppose la souffrance « raffinée » : ce qui souffre, c'est le corps, cet énorme

---

525 Ibid. p. 179.

526 Ibid. p. 179.

527 Ibid. p. 179.

528 *Ecce Homo* (VIII *« Pourquoi je suis si sage*, § 6, p. 252). Contre le ressentiment, Nietzsche appelle au fatalisme russe *« qui fait qu'un soldat russe, quand la campagne lui semble trop dure, finit par se coucher dans la neige »* (Ibid. p. 252). Il ne réagit plus, il entre dans une sorte d'hibernation se traduisant par le ralentissement des échanges organiques. Il devient une sorte de *« fakir qui dort des semaines dans sa tombe »*. (Ibid. p. 252). Ce fatalisme russe rappelle l'inaction paisible du bouddhiste.

529 *L'Antéchrist*, VIII, § 22, p. 179.

530 Ibid. § 20, p. 177.

531 M. Hulin : *Nietzsche et les idéaux ascétiques indiens*, op. cit., p. 71, cf. également R.-P. Droit : *Le Culte du néant*, op. cit., p. 209.

532 *L'Antéchrist*, VII, § 22, p. 179.

rassemblement d'êtres vivants, *« ou bien notre corps n'est pas autre chose qu'un édifice d'âmes multiples »*[533]. C'est le corps qui surmonte la souffrance ou qui l'excite. De sorte que nous assistons à un déplacement de la morale sur le corps. Toute activité est liée au corps, et pourtant Nietzsche ne tient pas ici un propos strictement physiologique à la manière des physiologistes de son temps. Car au fond, il est préoccupé par la souffrance. Il trouve alors chez les bouddhistes des êtres souffrants qui s'expriment physiologiquement sur la maladie comme le ressentiment. Le corps entier est irritable (viscères, cerveau, appareil digestif), mais rien ici ne relève de la sphère de la morale chrétienne.

La *Reizbarkeit* serait incompréhensible si on ne la rapportait pas à la propre philosophie de Nietzsche. Nous savons, grâce à Wolfgang Müller-Lauter dans : *Nietzsche, physiologie de la volonté de puissance*[534], que Nietzsche s'est inspiré (dès 1881) des travaux de l'embryologiste Wilhem Roux, élève de Rudolf Virchow, biologiste. La notion physiologique d'excitation est partagée universellement par les biologistes de l'époque de Nietzsche[535]. Un physiologiste comme Claude Bernard dans *Les Leçons sur les phénomènes communs aux animaux et aux végétaux*[536] et un autre comme Roux soutiennent que sans excitation (*Reiz*), il n'y a aucun travail de l'organisme. Qu'est-ce qu'une « excitation » pour les physiologistes ou une « irritation » pour les médecins ? Virchow répond :

> « Toute activité vitale suppose [...] une irritation. L'irritation consiste en une altération passive (passio, pathos) que l'élément vivant éprouve par une influence étrangère suffisante pour troubler son arrangement interne. A la suite de cette modification passive se développe un processus actif, preuve palpable des propriétés vitales de l'élément. »[537]

La conséquence d'une telle définition sur la pensée de Nietzsche est mise en évidence par Barbara Stiegler[538]. Nous retiendrons que, pour Nietzsche qui analyse la physiologie de l'assimilation et de l'excitation, activité et excitation sont associées. Toute souffrance vient de l'action[539]. L'excitation vient d'une souffrance originaire (*Leiden*), une affection passive. Pour Virchow, l'altération passive vient d'influence étrangère, de même pour Nietzsche, les assimilations du sujet vivant comme les sensations, les jugements sont *« l'appropriation d'une impression étrangère par des métaphores »*[540]. Un corps vivant, c'est un sujet excitable.

---

533 F.P. XI, juin-juillet 1885, 37 [4], p. 311.

534 W. Müller-Lauter : *Nietzsche, physiologie de la volonté de puissance*, p. 113-161, « L'organisme comme lutte intérieure : l'influence de Wilhem Roux sur F. Nietzsche », P.U.F. 1998.

535 B. Stiegler : *Nietzsche et la biologie*, op. cit., p. 33.

536 C. Bernard : *Leçons sur les phénomènes de la vie communs aux animaux et aux végétaux*, Vrin, 1966.

537 Rudolf Virchow : *Pathologie cellulaire*, Baillère, 1874, p. 221, cité par B. Stiegler : *Nietzsche et la biologie*, op. cit., p. 33.

538 B. Stiegler : *Nietzsche et la biologie*, op. cit., p. 33-36.

539 F.P. II *, 1872-1873, 19 [210], p. 235.

540 F.P. II *, 1872-1873, 19 [227], p. 240.

Les lectures respectives des livres de Virchow (en 1881 et 1883), de Roux, de Claude Bernard coïncident pour Nietzsche avec la parution du *Bouddha* d'Oldenberg en 1881. Mais il n'a pas tenté de faire la synthèse de la physiologie de type scientifico-médical avec le bouddhisme conçu comme une physiologie. Dans le cas du bouddhisme, il apparaît que Nietzsche ne ramène pas l'excitation à des processus physiques ou chimiques. La proposition, « le bouddhisme est une physiologie », n'a aucun sens scientifique, ni aucun rapport avec les biologistes du XIXe siècle. Néanmoins, Nietzsche tente d'emprunter à la physiologie de son époque, une notion comme la *Reizbarkeit* pour l'appliquer artificiellement au bouddhisme.

c) Le bouddhisme, religion anti-ascétique

Le bouddhiste est un malade en ce sens qu'il est sujet à la souffrance. Le Bouddha a compris que le ressentiment (tendance naturelle de tout homme) est *« le mal absolu »* qui lui est interdit : il s'agit alors de le combattre. Mais ce combat n'est pas religieux. Si le bouddhisme ne contient aucune trace de prière, ni d'impératif catégorique, ni *« d'inquiétude de soi et des autres »*[541], c'est parce que *« ces moyens ne [feraient] que renforcer l'hyperexcitabilité, c'est justement pourquoi, il n'exige en rien de lutter contre ceux qui pensent différemment »*[542]. Nietzsche a en vue l'intolérance de l'Eglise sur la dogmatique, sur le refus de tout débat (philosophique) entre chrétiens, de toute ouverture sur les autres religions et cultures (au XIXe siècle). Contre le christianisme ecclésial, Nietzsche croit que le bouddhisme est *« une religion athée »*[543], c'est-à-dire qui ne défend aucun dogme (qui n'en contient pas non plus), qui ne rend pas malades les hommes en les culpabilisant.

Le bouddhisme dit *« guerre à la souffrance »*[544]. Nous reconnaissons le concept de *duhkam* (souffrance) et le premier constat du Bouddha : *tout est douleur* (*sarvam duhkam*). A partir de cette unique vérité, il propose des remèdes par l'hygiène mentale et physique (et non par la morale). Nietzsche a bien vu que l'une des questions fondamentales du bouddhisme est celle-ci :

> « Comment échapperas-tu, toi, à la douleur ?, règle et délimite tout le régime imposé à l'esprit. »[545]

On aurait pu penser que cette *« guerre contre la souffrance »*, passerait nécessairement par l'ascèse. Mais ce serait là commettre un grave contresens dans la pensée de Nietzsche relative au bouddhisme. En effet, il prétend que dans le bouddhisme l'ascèse est exclue. Il reproche au Bouddha de ne pas préconiser l'intensification de la souffrance pour produire du plaisir. Dans sa philosophie, il n'y a aucune place pour le sado-masochisme. Aucun moine ne se porte de coups. Aucune mortification n'est exigée. Pourtant les positions de Nietzsche sur le refus de la mortification sont conformes à la vision du Bouddha :

---

541 *L'Antéchrist*, VIII, § 20, p. 177.

542 Ibid. p. 177.

543 F.P. IV, fin 1880, 7 [111], p. 585.

544 *L'Antéchrist*, VIII, § 20, p. 177.

545 *L'Antéchrist*, VIII, § 20, p. 177-178.

« Ô moines, il y a deux extrêmes que doivent éviter les religieux : l'attachement aux plaisirs, avilissant, sensuel, vulgaire, sans noblesse ni profit, et l'attachement aux mortifications, douloureux, sans noblesse, associé à la douleur. »[546]

Cependant, contre la dépression physiologique et non mentale, le Bouddha propose des mesures d'hygiène qui prennent la forme d'une règle de vie. En quoi consiste-t-elle ?

« Son principe est simple, *écrit Michel Hulin* : éviter, par exemple dans l'alimentation, tout ce qui échauffe, renoncer aux imaginations qui nourrissent les affects et réveillent les passions, s'abstenir de toute entreprise susceptible d'engendrer tensions internes et conflits avec le monde extérieur. »[547]

Ajoutons que, dans cette logique, les boissons alcoolisées et les exercices yoguiques sont exclus. Mais nous sommes surpris quand Nietzsche évoque les règles de vie des moines bouddhistes, comme le note Michel Hulin,

« l'obligation faite au moine, du moins à l'origine, de vivre dans les bois au pied d'un arbre, dans un espace découvert ou dans un lieu de crémation devient "la vie au grand air". Là où les textes relatifs à la discipline monastique (vinaya) martèlent l'obligation d'être "sans maison" et de pérégriner de village,en village (sauf durant la moisson), Nietzsche parle simplement de "vie errante" (Wanderleben). Quant à l'obligation de se contenter de nourriture mendiée (c'est le sens même du terme bhikku) et de ne prendre qu'un seul repas par jour, elle se réduit chez lui à la "modération en tout et un régime alimentaire rigoureux" »[548 549].

Précisons que Nietzsche voit la communauté des moines comme un centre aéré, une sorte de clinique pour dépressifs, *« une maison de repos végétarienne »*, écrit R.-P. Droit[550]. Or concevoir les monastères bouddhiques comme des stations de cure à base d'herbes bouillies et de bains froids pour des moines dépressifs, et fatigués de l'action, est assez singulier dans l'Europe du XIXe siècle et notamment dans l'interprétation de la doctrine philosophique du bouddhisme.

Nietzsche fait jouer au Bouddha, d'après la formule de Michel Hulin, le *« rôle d'un Epicure asiatique »*[551]. Cela signifie qu'il y a plus d'une analogie entre le Bouddha et Epicure : les deux athées construisent et déconstruisent un arrière-monde appelé le néant ; les concepts de *nirvâna* et d'*ataraxie* sont analogues et sont une sorte de délivrance dans ce monde (*videha-mukti*). Mais il y a des différences :

---

546 *Majjhimanikâya*, III, p. 230-231 in *Aux sources du bouddhisme* (direction L. Silburn), Fayard, 1997, p. 49. C'est grâce à la lecture du *Bouddha* d'Oldenberg (op. cit., p. 102,103) que Nietzsche apprend la critique des mortifications.

547 M. Hulin : *Nietzsche et les idéaux ascétiques indiens*, op. cit., p. 8.

548 *L'Antéchrist*, VIII, § 20, p. 177.

549 M. Hulin, *Nietzsche et les idéaux ascétiques indiens*, op. cit., p. 8-9.

550 R.-P. Droit : *Le Culte du néant*, op. cit, p. 209.

551 M. Hulin : *Nietzsche et les idéaux ascétiques indiens*, op. cit., p. 9.

la classification des désirs d'après Epicure, en sa *Lettre à Ménecée*, ne porte pas strictement sur le régime alimentaire, mais sur l'abandon de la recherche de certains désirs comme la richesse, la gloire, car ils apportent des troubles dans l'âme. Pour maîtriser les désirs non-naturels et non-nécessaires, Epicure propose une discipline de vie austère. Un tel principe se retrouve chez le Bouddha vu par Nietzsche mais très atténué. Epicure défend une doctrine morale, le Bouddha défend une doctrine physiologique centrée autour d'une expérimentation alimentaire pour réduire les conflits, les réactions (négatives).

En ramenant ainsi le bouddhisme à une physiologie, Nietzsche ignore radicalement le règlement et les « péchés » que peuvent commettre les moines bouddhistes comme le vol, la fornication, le meurtre, les prétentions injustifiées à la sainteté[552]. Toutes ces dérives du comportement entraînent des pénitences, des temps de retraite[553]. En effet, le règlement impose treize devoirs aux moines :

> « 1 - Utiliser des vêtements d'étoffes ramassées dans les tas de poussière. 2 - N'utiliser que trois vêtements. 3 - N'avoir que de la nourriture reçue directement en aumône. 4 - Mendier de maison en maison. 5 - Ne s'asseoir qu'une fois pour manger. 6 - N'utiliser que son bol pour la nourriture. 7 - Ne pas manger après le repas unique qui doit être fait avant midi... 8 - Vivre dans les bois (âranyaka). 9 - Au pied d'un arbre. 10 - En espace libre. 11 - En un lieu de crémation. 12 - Se coucher sur une natte telle qu'elle se trouve ou s'étendre n'importe où. 13 - Dormir assis. »[554]

Ajoutons que la règle de vie bouddhiste (tout aussi ignorée par Nietzsche), s'adresse non seulement aux moines, mais aussi jusqu'à un certain point aux laïcs. Déjà Oldenberg avait mis en évidence ce clivage entre moines et laïcs[555] : on peut devenir fidèle laïc ou zélateur (« upâsaka » fém : *« upâsika »*) si l'on vénère les Joyaux, c'est-à-dire le Bouddha, la Loi (*dharma*) et la communauté (*« sangha »*). Ce moine (*« bhikhu »*, fém. : *« bhikshuni »*) très respecté des fidèles laïcs est appelé vénérable (*« doué de longue vie »*, *« ayusmant »*).

Finalement en laissant de côté les exigences de la vie monastique comme l'abandon de sa maison [(*« palbajjâ »*, *« pavrajyâ »*), condition absolue pour être libre,] la pénitence, le jeûne suivi de la récitation du formulaire de confession[556],

---

552 L. Renou : *L'Inde classique. Manuel des études indiennes*, Ecole française d'Extrême-Orient, 1966, p. 602.

553 Ibid. p. 604.

554 Ibid. p. 599.

Ajoutons que l'équipement des moines comprend un bol, trois pièces de tissu, une ceinture, un rasoir, une aiguille, un filtre à eau, un vêtement de pluie, un éventail, quelques cure-dents, des sandales. Ce n'est pas la vie sédentaire qui est la norme monastique mais la vie errante.

555 Oldenberg : *Le Bouddha*, op. cit., p. 88 : « Les fidèles laïques » ; p. 291 : « L'ordre religieux et le monde laïque ».

556 H. Oldenberg : *Le Bouddha*, op. cit., p. 283-284 : « *Quiconque a commis un péché, qu'il le confesse. Quiconque est sans péché, qu'il se taise. De votre silence, ô Révérends, je conclurai que vous êtes purs. De même qu'un homme isolé, à qui une question est adressée, doit répondre, il en est de même dans une assemblée comme celle-ci, quand la question a été*

Nietzsche « désacerdotalise » les aspects religieux, moraux de la vie des moines bouddhistes, des laïcs et des nonnes (*« bhikshunî »*) parce qu'il en a besoin contre le monachisme chrétien et sa terrifiante figure du *« Christ en croix »*.

Nietzsche conçoit le bouddhisme comme une doctrine anti-ascétique par excellence, parce qu'elle ne comporte ni mortification, ni prière, ni dieux. Seul l'égoïsme est valorisé comme *« un devoir, c'est la chose dont il est dit qu'il est besoin »*[557]. Nietzsche ne peut évidemment se satisfaire d'une telle doctrine anti-ascétique puisque la vie se réduit à une passivité, une extinction de tout sentiment, de toute force : la vie du moine bouddhiste se caractérise par la faiblesse[558], voire un pessimisme de la faiblesse.

La substitution de la morale par la physiologie vient de la conception nietzschéenne du bouddhisme comme une anti-ascèse. Nietzsche voit alors le Bouddha comme un médecin des âmes (de nombreux textes bouddhiques semblent aller dans ce sens) tout en ignorant que les bouddhistes ont tracé une voie moyenne *(madhyamaka pratipad),* c'est-à-dire entre *« le laisser-aller et l'auto-torture »*[559] modérée ou excessive. Même si Nietzsche approuve le diagnostic du Bouddha sur la souffrance, les solutions que l'un et l'autre proposent sont très opposées. D'un côté, le Bouddha demande un travail sur soi pour lutter contre la haine, l'aversion et l'erreur : il veut que l'agitation mentale *(citta-vritti)* cesse par l'observation de l'Octuple Chemin *(ariya-atthangika-magga).* Il se place alors sur le plan de la morale (a-religieuse). De l'autre, Nietzsche transforme l'agitation mentale en agitation simplement physiologique comme les troubles organiques ou la mauvaise digestion. Dans ce détournement, on se demande comment une mauvaise pensée comme l'envie de voler pourrait être un défaut physiologique. De sorte que Nietzsche laisse volontairement de côté tout règlement ascétique. Par exemple dans le bouddhisme, il veut ignorer la *Loi* (le remède), la *Communauté* (l'infirmier qui administre les médicaments) et le *Dharma*. En réalité, il n'écoute pas les paroles du Bouddha :

> « Que la Doctrine soit votre lampe, que la Doctrine soit votre refuge. Ne cherchez pas d'autres refuges. »[560]

Dans ces paroles, il n'est guère question d'un anti-ascétisme bouddhique. Au contraire, le bouddhisme est une philosophie très complexe que Nietzsche réduit

---

posée par trois fois. Un moine qui, à la troisième fois que la question est répétée, ne confesse pas un péché qu'il a commis et dont il se souvient, se rend coupable d'un mensonge volontaire. Or un mensonge volontaire, ô Révérends, est un empêchement à la vie religieuse : telle est la parole du Bien heureux. C'est pourquoi un moine qui a commis quelque chose, qui s'en souvient et a à cœur de s'en purifier, qu'il confesse son péché. Car ce qu'il confesse lui sera léger. »

557 *L'Antéchrist*, VIII, § 20, p. 177.

558 Comme le note, R.-P. Droit (cf. *Le Culte du néant*, op. cit., p. 191-212, cf. également « La faiblesse selon Taine », article de R.-P. Droit, in *L'Inde inspiratrice*, op. cit.), Nietzsche n'ignore pas les analyses de Taine sur la faiblesse.

559 M. Hulin : *Nietzsche et les idéaux ascétiques indiens*, op. cit. p. 9

560 *Dîghanikâya*, III, p. 58, cité par Lilian Silburn in *Aux sources du bouddhisme*, op. cit. p. 85

trop vite à des considérations physiologiques. De sorte que ses propos ne semblent pas toujours philosophiques. Certes, en évoquant le bouddhisme comme une doctrine anti-ascétique, il a en vue son aversion pour l'ascèse chrétienne, il a horreur de l'ascèse chrétienne, mais en édulcorant les règles de vie monastiques dans le bouddhisme, il dénature la doctrine bouddhique en général. On assiste alors à de curieuses considérations qui ne se réfèrent finalement à aucun précepte moral de la religion bouddhique.

d) L'amitié en réponse à l'inimitié

Dans la dernière année de ses écrits philosophiques (1888), Nietzsche cite trois fois[561] le commentaire d'Hermann Oldenberg sur la parole du Bouddha :

> « Ce n'est pas l'inimitié qui mettra fin à l'inimitié, c'est l'amitié qui mettra fin à l'inimitié. »[562]

Cette parole du Bouddha se trouve dans le *Dhammapada* (sous deux formes) que Oldenberg cite :

> « En parfaite joie nous vivons, sans ennemis dans le monde de l'inimitié : parmi les hommes pleins d'inimitié nous demeurons sans inimitié. »[563]

Comparons avec la traduction de Jean Pierre Osier :

> « Assurément, en ce monde jamais haine n'apaisa haine, mais absence de haine le fait : Loi éternelle. »[564]

La deuxième forme est la suivante :

> « Quel bonheur pour nous de vivre sans haine au milieu des haineux, d'être sans haine, au milieu des hommes haineux. »[565]

Comparons avec la traduction de Lilian Silburn :

> « Ah ! vivons heureux sans haïr ceux qui nous haïssent.
> Parmi ceux qui nous haïssent, demeurons sans haine.
> Ah ! vivons heureux sans désir parmi les êtres de désir.
> Parmi les hommes de désir, demeurons sans désir.
> Les haines, ici-bas, ne s'apaisent jamais au moyen de la haine,

---

561 *L'Antéchrist,* VIII, § 20, p. 177 ; Ecce Homo, VIII, p. 253 ; F.P. XIV, octobre-novembre 1888, 24 [1], p. 359.

562 H. Oldenberg : *Buddha*, 1897, Berlin, p. 337. Cette formule est reprise par Nietzsche de manière complète dans *Ecce Homo*, (VIII, p. 253), et dans le fragment posthume d'octobre-novembre 1888 (XIV, p. 359), et de manière incomplète dans *L'Antéchrist* (VIII, § 20, p.177).

563 H. Oldenberg : *Le Bouddha*, Laffont, 1975, p. 217.

564 Le Bouddha, *Dhammapada*, 1,5, Garnier Flammarion, 1997, p.54.

565 Ibid. p. 89. Du *Dhammapada,* Oldenberg dit ceci : « *Ç'a été pour l'étude du Bouddhisme une véritable bonne fortune que d'avoir à sa disposition dès le début, le Dhammapada, le plus beau et le plus riche des recueils de stances : on ne pouvait avoir la main plus heureuse : c'est à ce recueil que doit toujours revenir quiconque veut arriver à comprendre l'âme intérieure du Bouddhisme.* » Cf. H. Oldenberg : *Le Bouddha* op. cit., p. 119-120.

c'est par la non-haine qu'elles s'apaisent ; telle est la Loi éternelle. »[566]

Les deux formules du Bouddha (*Dhammapada*, I-5 et XV-197-198) sont très proches. Nietzsche semble les réduire à une seule, de sorte que nous comprenons mieux pourquoi nous les retrouvons inchangées dans le *Bouddha* d'Oldenberg et le *Dhammapada*. Soulignons qu'une grande ambiguïté demeure sur la formule de Nietzsche citée plus haut. Il semble qu'il se réfère à un passage du *Bouddha* d'Oldenberg[567] sur l'histoire de Longue-Douleur et de Longue-Vie qui se trouve dans le *Mahâvagga* (X,2) :

> « Car ce n'est pas par l'inimitié que s'apaise l'inimitié, mon fils Longue-Vie ; c'est par l'absence d'inimitié, mon fils Longue-Vie, que s'apaise l'inimitié. »[568]

Cette formule revient cinq fois dans ce conte. Nietzsche la modifie en remplaçant le mot « *absence* » par « *amitié* ». Ceci montre qu'il christianise cette formule involontairement afin de la rendre plus familière à sa propre culture. Dès lors, nous ne savons pas à quelle parole bouddhique il se réfère. Selon le traducteur des *Fragments posthumes* (début 1888-début janvier 1889)[569], Jean-Claude Hémery, la « citation » de Nietzsche appartient au Dhammapada (I,5) :

> « Car la haine ne sera pas vaincue par la haine. La haine sera vaincue par l'amour. »[570]

Cette traduction est assez éloignée de notre extrait du *Dhammapada*. Quoi qu'il en soit, en commentant le conte de Longue-Douleur et de Longue-Vie, Oldenberg rapproche cette formule directement du christianisme et l'inscrit dans la sphère morale :

> « Ainsi le Bouddhisme, écrit Oldenberg, prêche le pardon des injures ; mais une idée, sur laquelle on ne peut fermer les yeux, se trahit accidentellement au fond de cette morale : c'est que dans les affaires de ce monde, pardon et réconciliation sont de meilleure politique que la vengeance. Cette thèse que l'inimitié ne s'apaise pas par l'inimitié se vérifie copieusement dans le cas de Longue-vie, cet habile garçon qui pousse la mansuétude jusqu'à faire paix et amitié avec le barbare meurtrier de ses parents ; au lieu de perdre la vie, il y gagne un royaume et la main d'une fille de roi. »[571]

Ces paroles du Bouddha dans le *Dhammapada* réinterprétées par Oldenberg (que Nietzsche cite) rappellent celle du Christ :

---

566 Lilian Silburn, *Aux sources du bouddhisme*, « Dhammapada » 197-198, Fayard, 1997, p. 73.

567 H. Oldenberg : *Le Bouddha*, op. cit.,p. 216-219.

568 Ibid. p. 216, Nietzsche n'a pas vu dans cette formule, notamment sous l'expression « *absence d'inimitié* », qu'il s'agit de la version bouddhique de la fameuse *ahimsa* brahmanique.

569 Note du traducteur J.-C. Hémery du tome XIV des œuvres philosophiques complètes de Nietzsche, Gallimard, 1992, p. 455.

570 Ibid. p. 455.

571 Oldenberg : *Le Bouddha*, op. cit.,p. 218.

« Mais je vous le dis, à vous qui m'écoutez : Aimez vos ennemis, faites du bien à ceux qui vous haïssent, bénissez ceux qui vous maudissent, priez pour ceux qui vous diffament [...] Que si vous aimez ceux qui vous aiment, quel gré vous en saura-t-on ? Car même les pécheurs aiment ceux qui les aiment. Et si vous faites du bien à ceux qui vous en font, quel gré vous en saura-t-on ? »[572]

En apparence les paroles du Bouddha et du Christ ont un sens étrangement analogue : il est question en effet d'une compassion infinie et prenant la forme d'un désintéressement total de soi quand il s'agit d'aimer ses ennemis, de leur offrir tout ce que nous avons sans recevoir l'équivalent. Toutefois le Christ va plus loin que le Bouddha dans le détachement de soi-même et l'amour des ennemis. En effet, il demande d'aimer tout homme, y compris et surtout ses ennemis, tout en oubliant soi-même et ses intérêts.

Avec le Bouddha, nous sommes dans une autre dimension culturelle que Nietzsche est loin de prendre en considération. En effet, le Bouddha ne demande pas aux hommes de cultiver l'amour des ennemis (la compassion dont il parle est valable pour les hommes mais aussi les animaux). D'un côté, il y a les hommes incapables d'arriver à la félicité à cause de leur esprit de vengeance, et par conséquent de leur impossibilité de pardonner, c'est alors qu'ils sont malades. De l'autre, il y a les *boddhisatva*, seuls capables d'atteindre la joie, le bonheur pour arrêter le *samsâra*. Mais est-ce une recherche égoïste du bonheur ? Dans cette stance 97-98, le Bouddha ne dit pas formellement qu'il est favorable à l'amour fraternel (comme dans la conception chrétienne de l'amour inconditionnel pour tout homme). Ceci est un trait caractéristique du bouddhisme du Petit Véhicule : il s'agit toujours de soi, un bonheur pour soi-même, ensuite pour les autres (si l'on est heureux, on rayonnera de ce bonheur autour de soi), car l'homme est seul pour se délivrer de la souffrance. (A la différence du Bouddha, le Christ parle d'abord des autres, d'une relation à l'autre entièrement désintéressée (et ses « solutions » pour comprendre et s'affranchir de la souffrance diffèrent de celles du bouddhisme)[573].

---

572 L'Evangile selon saint Luc, 6, 27-33, in *Bible de Jérusalem* p. 1491, Cerf, 1979, p. 1491.

573 H. Oldenberg nous aide à comprendre les différences entre charité chrétienne et compassion bouddhique : « Dans le but de rapprocher le Bouddhisme du Christianisme, on a donné comme le cœur de la pure morale bouddhique une charité compatissante à l'égard de tous les êtres. Il y a du vrai dans cette opinion ; mais l'intime différence des deux morales n'en reste pas moins sensible. La langue du Bouddhisme n'a pas de mot pour rendre la poésie de la charité chrétienne, si bien exaltée par saint Paul, cette charité qui est plus grande que la foi et que l'espérance et sans qui, que l'on parlât la langue des hommes ou des anges, on ne serait qu'un airain retentissant ou un grelot sonore : et les réalités aussi, en qui cette poésie a pris corps au sein du monde chrétien, n'ont pas d'analogues dans l'histoire du Bouddhisme. On peut dire que la charité, telle qu'elle se montre dans la morale bouddhique, suspendue entre l'affirmative et la négative, se rapproche de la charité chrétienne, sans toutefois l'atteindre, à peu près de la même façon que la félicité du Nirvâna, au fond si différente de l'idée chrétienne de la béatitude, y incline pourtant, comme nous l'avons vu, jusqu'à un certain point. Le Bouddhisme n'ordonne pas tant d'aimer son ennemi que de ne pas le haïr ; il éveille et entretient des dispositions bienveillantes et miséricordieuses à l'égard du monde entier,

Nietzsche a bien vu que dans « la doctrine du Bouddha, l'égoïsme devient un devoir, c'est la chose dont il est dit qu'"il est besoin"[574] et la question : « Comment échapperas-tu, toi à la douleur ? », règle et délimite tout le régime imposé à l'esprit »[575].

Nietzsche croit fortement qu'avant la naissance du bouddhisme, les hommes avaient une nature bonne et altruiste, ce qui provoquait en eux de la souffrance. En somme, ils étaient lassés intellectuellement, ce *« qui se traduit par une excessive "objectivité" (c'est-à-dire affaiblissement de l'intérêt individuel, perte du centre de gravité, perte de l'égoïsme) »*. C'est alors que le Bouddha veut que les hommes se libèrent de leur amour naturel pour les autres afin de ne plus souffrir. Un tel appel plaît à Nietzsche car il y voit une occasion d'attaquer le christianisme et sa Loi de charité. Au fond, Nietzsche dessine deux perspectives à la naissance de ces deux religions : le bouddhisme croit que physiologiquement la bonté, l'instinct impersonnel qui conduit à l'objectivité, *« l'aptitude raffinée à la souffrance »*[576] doivent être rectifiés, on le sait, par *« des mesures d'hygiène »* mentale composées *« d'un régime alimentaire rigoureux »*, d'une prudence envers « *les spiritueux* » et envers tout ce *« qui échauffe le sang »*, d'un *« refus de s'inquiéter de soi et des autres »*[577] ; le christianisme croit moralement que les hommes sont naturellement pécheurs, et que la méchanceté, la violence, l'égoïsme, les regards et les pensées impurs, l'absence de foi en Dieu (qui conduisent à la subjectivité, au souci de soi, de ses intérêts), doivent être rectifiés par la prière personnelle et la pénitence, l'amour illimité du Christ en son Eglise ; aucun homme ne peut se délivrer seul de toutes ses souillures ou péchés sans le secours de la « Sainte Grâce de Dieu ». On voit bien ici ce qui sépare les deux religions : le bouddhisme repose sur un égoïsme acquis, une absence de Dieu, de la morale, et le christianisme repose sur une morale de la bonté acquise, une stricte observation de la Loi de charité et la vénération du *« Christ en croix »*. Insistons sur cette inversion de la nature humaine avant la naissance du bouddhisme : croire que les hommes sont bons ou que la bonté est innée et vouloir ainsi

---

mais sans oublier qu'attacher son cœur à d'autres êtres, c'est tomber sous le joug des joies et par suite des douleurs de ce monde passager.

"Toutes les souffrances et les plaintes, toutes les douleurs de ce monde sous toutes les formes viennent de ce qui est cher à quelqu'un : là où il n'y a rien de cher, elles non plus ne se produisent pas. C'est pourquoi ils sont riches en joie et libres de chagrin, ceux qui n'ont rien de cher en ce monde. C'est pourquoi, puisse celui qui aspire à l'état où il n'y a plus ni chagrin ni impureté, faire que rien ne lui soit cher en ce monde." (Udâna, VIII, 8).

« Ainsi la bonté des Bouddhistes est loin d'être le don gratuit, inexplicable de soi-même dans l'amour ; pour elle la raison déterminante, c'est l'idée réfléchie, la persuasion que tout est ainsi pour le mieux ; c'est encore et pour beaucoup l'espérance que la loi naturelle de la rémunération réserve aux bonnes actions la plus haute récompense. » Cf. H. Oldenberg : *Le Bouddha,* op. cit., p. 214-215.

574 Citation de H. Oldenberg, *Buddha,* Berlin, 1897, p. 337.

575 *L'Antéchrist,* VIII, § 20, p. 177-178.

576 Ibid. p. 177.

577 Ibid. p. 177.

rectifier cette morale innée par la physiologie, c'est une autre manière pour Nietzsche de lutter contre la dogmatique du christianisme.

Nietzsche n'a pas en vue l'amour des ennemis quand il cite cette parole d'Oldenberg (mentionnée ci-devant). Son explication fait défaut. Il attribue pêle-mêle au bouddhisme, une absence de ressentiment, un sens hygiéniste de la religion, une certaine *« diète dans l'ordre mental »* et les bouddhistes sont doux, débonnaires, hypercérébraux et faisant la *« guerre à la souffrance »*. Fondamentalement, Nietzsche croit que la parole du Bouddha, sur l'amitié contre l'inimitié, est contraire à celle du Christ. Or on sait que, dès son époque, par exemple Renan et d'autres philosophes comparaient les principes moraux du christianisme à ceux du bouddhisme : pour eux le bouddhisme, c'est du *« christianisme sans le Christ »*. Ou bien on pourrait dire que le bouddhisme, par sa morale athée et adogmatique, est paradoxalement très proche de la morale chrétienne et dogmatique. Sur ce point très équivoque, comme à son habitude, Nietzsche ne tient aucun compte des commentaires de ses contemporains liés à l'émergence de la connaissance bouddhique en Europe au XIXe siècle.

Au contraire, sa propre interprétation de la morale bouddhique, qui devient sous sa plume une sorte de « morale physiologique », est très surprenante à l'égard du bouddhisme historique. Mais en regardant de plus près la page 177 de *L'Antéchrist* et la page 253 de *Ecce Homo*, Nietzsche inscrit la parole du Bouddha (*« Ce n'est pas l'inimitié... »*) dans sa propre philosophie tournée contre le ressentiment. Il nous rappelle qu'il a engagé la guerre contre le sentiment de vengeance (sacerdotale) et de rancœur, et va même jusqu'à critiquer le libre-arbitre[578]. Quand il se réfère à ce qu'il appelle cet *« enseignement du Bouddha »*[579], il a en vue l'action nuisible du ressentiment chez les chrétiens, principe que nous avons déjà expliqué. Certes, il y a du vrai : le Bouddha propose de ne cultiver aucune haine, inimitié dans l'homme. Mais, rappelons-le, il dit aussi que, dans les relations dans le monde, *« pardon et réconciliation sont de meilleure politique que la vengeance »*[580]. Nous surprenons Nietzsche en train d'écarter soigneusement le sens moral et religieux de cette dernière proposition. Il détourne même la totalité de cette parole du Bouddha citée ci-devant en affirmant qu'elle ne relève pas du registre de la morale, mais de la physiologie. Et il s'ensuit alors une explication assez vague sur le ressentiment. Une telle méthode montre que Nietzsche dresse le Bouddha contre le bouddhisme car il veut éclairer vaille que vaille ses propres vues critiques sur la philosophie chrétienne.

Toutefois, tentons de cerner ce qu'il entend par physiologie pour expliquer un problème moral comme l'amitié contre l'inimitié[581]. Nous savons qu'il voit le

578 *Crépuscule des Idoles*, VIII, « Les quatre grandes erreurs », § 7, p. 94-95.

579 *Ecce Homo*, VIII, § 6, p. 253.

580 H. Oldenberg : *Le Bouddha*, op. cit., p. 218.

581 Il est intéressant de constater que Hermann Oldenberg cite la stance de la Loi dans une discussion sur le pessimisme bouddhique : d'où vient cette renommée pessimiste du bouddhisme ? Oldenberg répond : « *En cela on ne s'est pas foncièrement mépris. Le véritable disciple du Bouddha voit bien dans ce monde un séjour de perpétuelle douleur : mais cette*

bouddhisme comme une doctrine qui s'adresse à des hommes qui veulent sortir de leurs maladies comme le ressentiment, la faiblesse, le pessimisme. Car en réalité, Nietzsche veut montrer qu'à la différence du chrétien, il n'est pas malade, c'est-à-dire qu'il ne souffre pas du ressentiment (il n'a pas les nerfs malades). Sur ce point, il aurait pu lire la stance 198 du *Dhammapada* que nous citons d'après deux traductions :

> « En parfaite joie nous vivons, sains parmi les malades ; parmi les hommes malades nous demeurons sans maladies. »[582]

> « Quel bonheur pour nous de vivre sans maladie au milieu des malades, de ne pas être malade au milieu des hommes malades ! »[583]

Nietzsche reprend involontairement à son compte cette stance 198 qu'il commente davantage que la 197, ou bien, il comprend ces deux stances au sens physiologique. Il nous montre que les sentiments négatifs comme le ressentiment provoquent des désordres dans le corps, ou bien les maladies du corps traduisent les vicissitudes de l'âme. En effet, les désordres psychiques comme le ressentiment ont une répercussion néfaste sur la santé physique : les hommes sont malades quand ils accumulent des sentiments chargés d'affectivité négative comme la haine, la jalousie, l'envie de tuer. Plus précisément : *« être malade, c'est déjà une sorte de ressentiment »*[584]. Tous ces sentiments négatifs, quoique naturels en l'homme, épuisent les forces physiques. Nietzsche évoque même l'empoisonnement du sang par le ressentiment, de sorte qu'il confond les maladies du corps comme la leucémie, les furoncles, avec les maladies de l'âme comme la haine, le désir de vengeance. Mais il ne commet pas tout à fait une erreur, car certains problèmes psychologiques ont des conséquences sur le corps : (les maladies psychosomatiques). La maladie psychique est le signe, le symptôme du ressentiment. Pour lutter contre le ressentiment, caractéristique des natures faibles, Nietzsche préconise de réduire les échanges organiques, de se plonger dans une sorte d'hibernation[585]. C'est alors que l'inimitié désigne le ressentiment, et l'amitié, la guérison[586].

---

douleur n'éveille en lui qu'un sentiment de compassion pour ceux qui sont encore dans le monde ; il ne ressent pour lui-même ni tristesse, ni pitié, car il se sait proche du but, glorieux entre tous, qui l'attend. »

En citant les stances 197-198, Oldenberg les inscrit dans une problématique du bonheur. Pour le Bouddha, il s'agit de ne pas tomber dans la résignation mais de tendre vers le *nirvâna* avec allégresse. Le bouddhiste constate la souffrance dans l'homme : il veut qu'il s'en délivre par le rejet de la haine, du ressentiment.

582 H. Oldenberg, *Le Bouddha*, op. cit., p. 147.

583 Le Bouddha, *Dhammapada*, traduction J.-P. Osier, Garnier-Flammarion, 1997, p. 89.

584 *Ecce Homo*, VIII, § 1-6, p. 252. Rappelons ici que contre le ressentiment, Nietzsche appelle au fatalisme russe. Il s'agit pour lui d'écarter « tout ce qui blesse ».

585 *Ecce Homo*, VIII, § 1-6, p. 253. Sur ce point, les analyses de Nietzsche ne sont pas très éloignées du yoga en général.

586 L'image du Bouddha se préoccupant uniquement de physiologie n'est pas loin de rappeler à Nietzsche le surhomme qu'il recherche. Une formule de Robert Morrison fait mention du concept de supernaturel :

Nietzsche tente d'opposer artificiellement christianisme et bouddhisme sur la question de l'amitié. Au fond, quand le Bouddha et le Christ prêchent l'amour des hommes (et cela les rapproche), Nietzsche fait le contraire : il les éloigne pour mieux marquer la séparation doctrinale entre ces deux fondateurs de religion. A cette fin, il a besoin de détourner le sens initial du bouddhisme. Cette substitution, ou détournement de la doctrine bouddhiste, montre le souci nietzschéen de déplacer la souffrance morale sur le corps a-moral, car en effet, c'est le corps qui souffre quand l'âme est chargée de ressentiment. Voilà une leçon que nous devons retenir de son « analyse » sur l'amitié en réponse à l'inimitié. Son maître mot est le corps. Il ne fait aucune distinction entre le corps et l'âme. En réduisant la psychologie au corps, Nietzsche vit-il physiologiquement ou psychologiquement ? Une formule de *Ecce Homo* répond à cette question :

> « Je ne distingue pas une sensibilité absolument déconcertante de l'instinct de propreté, de sorte que je perçois physiquement, ou que je flaire [...] le cœur, l'intimité secrète, les "entrailles" de toute l'âme. »[587]

Nietzsche opère un amalgame entre corps et âme qu'il appelle *« les entrailles de toute l'âme »*. Seul son corps appréhende le monde. Il est son corps. Il croit que certains sont sujets à rester dans un état morbide, d'autres sont appelés à être sains. C'est alors qu'il fait référence à lui-même. Par exemple, il avoue que ses migraines sont très violentes et douloureuses, mais sa dialectique ne l'a pas quitté. C'est donc dans un contexte de rapport à sa propre maladie que Nietzsche fait appel à la physiologie. Car pour lui, sa maladie ne relève pas des nerfs, mais des *« affections gas-*

« *If the Buddha is then to be regarded as a profound physiologist in the sense that his logos is only concerned with what is entirely phusis, what the Buddha would have regarded as physiological reaches into Nietzsche and science (and other religions) would regard as the supernatural.* » (*Nietzsche and buddhism*, op. cit.p. 97).

Morrison (Ibid. p. 101) ne dégage pas clairement le sens du concept de physiologie dans le bouddhisme de Nietzsche pour la raison qu'il n'a pas vu l'arrière-plan médical dans le texte nietzschéen. Cependant il fait dépendre l'idée de physiologie dans le bouddhisme de la loi de production conditionnée (*paticca-samuppâda* : douze causes qui constituent le cycle de la souffrance), que Nietzsche a trouvée dans le *Bouddha* d'Oldenberg (p. 149). Nous ne pensons pas que Nietzsche établit ce lien et qu'il ait lu correctement cette loi chez Oldenberg. De plus rappelons que, selon Sprung qui a eu accès à la bibliothèque personnelle de Nietzsche, le livre d'Oldenberg n'a jamais été ouvert. (*Nietzsche and Asian Thought*, op. cit., p. 77). Mais alors comment expliquer la citation sur l'amitié contre l'inimitié que Nietzsche a sûrement lue dans *Le Bouddha* d'Oldenberg ? Toutefois, l'équivoque posée par Nietzsche sur le sens du bouddhisme comme physiologie s'inscrit pour Morrison dans l'expression conceptuelle d'affinités ironiques (*ironic affinities*). Mais aussi Morrison pense que le bouddhisme physiologique de Nietzsche n'est pas entièrement étranger au Bouddha lui-même, et par extension à l'un de ses commentateurs comme Oldenberg.

Selon Morrison, « *Oldenberg refers to the condition of spiritual over-excitement (and) exhaustion of the nervous system being a common condition among many of the Buddha's contemporay « religieux ». He also considers that the Buddha's preaching of deliverance is compared to the work of the physician. In Pali suttas (Anguttara-Nikâya. 340) the Buddha is called a physician (bhisakka)* ». (Morrison, *Nietzsche and buddhism*, op. cit. p. 97).

587 *Ecce Homo*, VIII, § 1-7, p. 255.

triques de nature organique »[588]. On comprend alors pourquoi il convoque le bouddhisme en gommant la pitié, la compassion : en réalité il parle de lui. En prêtant au bouddhisme des principes uniquement physiologiques, il veut lutter contre la maladie, la dépression, sa dépression. En effet le Bouddha voit uniquement des malades auxquels il prescrit d'être bons car la bonté est propice à discipliner le corps[589]. Toutefois, cette bonté ou *« l'être bon »*[590] est à entendre paradoxalement au sens de désaccoutumance des autres et de tout ce qui nous éloigne du souci pour les autres. En conséquence, cette bonté relève non pas du registre de la morale, mais de celui de la physiologie, il s'agit alors de la bonté du corps et non de l'âme.

Tout en ignorant la parole du *Dhammapada* (197), Nietzsche sait que le Bouddha est à la recherche du bonheur. Le « nous » de la Stance 197 désigne tout homme dont le bonheur n'est possible qu'en étant dépourvu de haine[591]. Nietzsche croit trouver ce bonheur dans la physiologie et non dans la morale. C'est alors qu'il a besoin de la physiologie pour éloigner le bouddhisme de la morale chrétienne. Il agite son bouddhisme physiologique contre les valeurs chrétiennes, notamment la fraternité, l'amour... En effet, le christianisme ne propose que la souffrance pour vivre tout en l'amplifiant par des attitudes anti-naturelles comme l'amour inconditionnel pour les autres. Cette religion rend malade tous les hommes par la culture du ressentiment[592] qui prend la forme d'une vengeance sacerdotale née de la faiblesse.

Nous pouvons considérer qu'à travers ces extraits, Nietzsche donne sa dernière philosophie, sa dernière position sur le bouddhisme comme une hygiène de vie. Il trace ainsi une ultime fois la ligne de démarcation entre bouddhisme et christianisme. Soulignons qu'il est aussi l'un des rares philosophes à ne pas christianiser le bouddhisme : mais il éloigne son bouddhisme personnel à la fois du christianisme et du bouddhisme indien par l'invention de l'expression conceptuelle de bouddhisme physiologique. Nietzsche est conscient que ce sont les émotions qui troublent les hommes car ils n'arrivent pas à les contrôler. Il répète que pour lui le bouddhisme est la seule religion qui a su lutter contre *« le ressentiment, la contrariété, la soif de vengeance »*[593]. Ce sont des attitudes qui contrarient profondément le corps et le rendent malade. Dès lors le ressentiment d'origine physiologique-organique permet à Nietzsche de l'exclure de la sphère morale. C'est alors que l'homme peut guérir de son ressentiment. Nous sommes ainsi dans le pessimisme de la force. La doctrine du Bouddha, telle qu'elle est vue par Nietzsche, s'adresse à des hommes physiologiquement épuisés, mais intellectuellement raffinés et donc forts.

---

588 Ibid. § 1-1, p. 246.

589 R.-P. Droit : *Le Culte du néant*, op. cit., p. 209.

590 *L'Antéchrist*, VIII, § 20, p. 177.

591 Ce « Nous » se trouve dans la formule suivante : « Quel bonheur pour nous de vivre sans haine au milieu des haineux... » (*Le Bouddha* : *Dhammapada*, Garnier-Flammarion, 1997, p. 89).

592 Georges Gœdert : *Nietzsche et la critique des valeurs chrétiennes, souffrance et compassion*, Beauchesne, 1977, p. 391.

593 F.P. XIV, octobre-novembre 1888, 24 [2], p. 359.

Néanmoins, Nietzsche ne sait pas qu'il disqualifie radicalement les solutions du bouddhisme pour éteindre la soif (*« tanhâ »*) à l'origine de la souffrance (*« dukkha »*) et de parvenir au *nirvâna.* L'application de la quatrième vérité sainte du Bouddha (*« ariya-sacca-Magga »*) est très éloignée d'une conception physiologique de la vie si l'on considère la moralité (*sîla*) comme la parole parfaite (*« sammâ-vâcâ »*). Il n'est pas facile d'accomplir une action corporelle parfaite (*« samma-kammanta »*) ou de s'abstenir de tuer, de voler, de pratiquer la débauche, d'avoir des moyens d'existence parfaits (*« sammâ-âjivâ »*) qui consistent à s'abstenir de nuire aux autres par l'exploitation lucrative de l'esclavage, de la prostitution, de l'alcool[594]...

Il n'est pas impossible de concilier *sankhâra* et physiologie si l'on définit le sankhâra par l'action de formes et signifie « *Kamma* », c'est-à-dire l'activité volitionnelle (*« cetanâ »*) bonne ou mauvaise du corps (*« kâya-sankhâra »*)[595]. Ceci montre que certains désirs sont provoqués par le corps comme les paroles mauvaises, la débauche, la violence, sur la base d'un ressentiment permanent. Nietzsche a bien vu que certains mauvais sentiments nous rendent malades, mais il ne définit jamais le ressentiment, la rancœur, la vengeance, parce qu'il ne suit pas la doctrine bouddhique de la moralité et encore moins celle des chrétiens. Les défauts des hommes ne peuvent être corrigés par la morale, mais uniquement par une hygiène de vie pour favoriser le corps.

e) La physiologie (bouddhiste) au service de la critique du christianisme

Si Nietzsche efface ce qu'il y a de pénible dans l'ascèse bouddhique et s'il fait une lecture physiologique des grands principes du bouddhisme en oubliant sa morale comme l'incitation à la non-violence, au pardon, à la confession (...), c'est pour la raison que la morale bouddhique, telle qu'elle existe dans le Petit Véhicule, ne lui sert pas dans sa lutte contre le christianisme. Au contraire, il s'acharne à éloigner le plus possible les deux religions du nihilisme car il sait qu'elles sont trop semblables par leur morale respective. Il relance ainsi sa polémique interminable contre le christianisme, sa morale qu'il accuse d'être *« opiacée »*, car on n'a pas *« la force de chercher, de combattre, d'oser et de vouloir être seul »*[596]... C'est de façon assez solennelle qu'il écrit :

> « Par ma condamnation du christianisme, je ne voudrais pas avoir porté tort à une religion qui lui est apparentée, et qui la surpasse même par le nombre de fidèles : je veux parler du bouddhisme. »[597]

Tout sépare bouddhisme et christianisme, et Nietzsche s'arrange pour les opposer conformément à sa propre morale qu'il exprime en termes physiologiques cen-

---

594 Nyanatiloka : *Vocabulaire Pali-Français des termes bouddhiques,* Magga, Editions Adhyar, 1995, p. 118-120.

595 *Samyutta-Nikâya,* XII, 2, 27.

596 F.P. XII, automne 1885-automne 1886, 2 [144], p. 140.

597 *L'Antéchrist,* VIII, § 20, p. 176.

trés autour de l'estomac[598]. Comme il le dit dans *Ecce Homo*[599], sa morale consiste en un repas copieux, ce qui permet à l'estomac de faire une bonne digestion, à s'abstenir du thé parce qu'il énerve (sauf le matin), à « rester le moins possible assis : ne prêter foi à aucune pensée qui ne soit pas née au grand air, pendant que l'on prend librement du mouvement — aucune pensée dans laquelle les muscles ne soient eux aussi en fête. Tous les préjugés viennent des entrailles »[600].

Que dire d'une telle morale physiologique ? D'abord Nietzsche possède une « morale » physiologique, mais qu'il prend soin d'épurer de toute la culture chrétienne, notamment de la Bible. Il projette sur le bouddhisme sa « morale » physiologique fondée sur des considérations relevant du régime alimentaire, de la digestion, du climat, du lieu[601]. Le choix du lieu et du climat est important pour les échanges organiques car

> « le tempo des échanges organiques est exactement proportionnel à l'agilité ou à la gaucherie des pieds de l'esprit. Il suffit de récapituler les endroits où il y a, où il y eut toujours des hommes pleins d'esprit ; où l'esprit, le raffinement, la malice furent toujours inséparables du bonheur ; où le génie s'est presque nécessairement acclimaté : tous ont un air remarquablement sec »[602].

Ces considérations physiologiques sont contraires à l'esprit du christianisme, de sa morale, notamment des « Dix commandements », des principes considérés comme contre-nature par Nietzsche : il y a une cruauté dans l'observation de principes venus de l'extérieur. Par exemple, rappelons-le, les impératifs catégoriques de Kant déstabilisent la santé. Mais Nietzsche se trompe en excluant du bouddhisme tout précepte similaire aux « Dix commandements » ou aux impératifs catégoriques kantiens. S'il avait pris le temps d'étudier *Le Bouddha* d'Oldenberg, il aurait lu ceci :

> « Un homme droit est celui qui, en actions et en paroles, se tient à l'écart de toute impureté. Parmi les diverses séries de défenses dans lesquelles les textes sacrés décomposent cette prescription, un groupe, dit "des cinq règles", a pris une place spéciale et prépondérante : leur stricte observation constitue la "quintuple droiture". Les voici en substance :
> 1) Ne pas tuer d'être vivant.
> 2) Ne pas prendre ce qui ne nous appartient pas.
> 3) Ne pas toucher à la femme d'un autre.
> 4) Ne pas dire ce qui n'est pas la vérité.
> 5) Ne pas boire de liqueur enivrante. »[603]

---

598 F.P. X, printemps 1884, 25 [432], p. 143-144.

599 *Ecce Homo*,VIII, § 1-1, p. 260-261.

600 Ibid. p. 261.

601 Ibid. p. 261.

602 Ibid. p. 261-262.

603 H. Oldenberg : *Le Bouddha*, op. cit., p. 212-213. Cette longue proposition est le noyau de ce qui constitue dans le bouddhisme la morale des laïcs.

En s'intéressant à la physiologie, Nietzsche explique la vie en termes de bonne ou de mauvaise santé. Par exemple la souffrance qu'il appelle douleur est toujours d'origine sensible :

> « Ce n'est pas la lésion qui fait mal : c'est l'expérience des mauvaises suites qu'une lésion peut avoir pour l'ensemble de l'organisme, qui parle sous forme de ce profond ébranlement qu'on appelle le plaisir [...]. Dans la douleur, ce qui est proprement spécifique est toujours le long ébranlement, la vibration prolongée d'un choc terrifiant dans le foyer cérébral du système nerveux — en réalité on ne souffre pas de la cause de la douleur [...], mais de la longue rupture d'équilibre qui se produit à la suite de ce choc. »[604]

Ajoutons que pour Nietzsche *« la douleur est une maladie du foyer nerveux du cerveau »*[605]. Le chrétien précisément est un malade par sa morale : il ne ressent pas la douleur au niveau de son corps, dans son organisme. Seule la douleur morale comme la faute, la mauvaise conscience lui est familière. D'où vient donc cette coupure physiologique chez le chrétien ? Nietzsche répond :

> « L'ignorance in physiologicis — le chrétien n'a pas de système nerveux —; le mépris et le refus délibéré de voir les exigences du corps, la découverte du corps ; le postulat implicite que c'est ainsi conforme à la nature supérieure de l'homme ; — que cela profite nécessairement à l'âme — la réduction de principe de toutes les impressions du corps comme conditionnée par la morale, en guise de punition par exemple, ou d'épreuves, ou même d'état de salut où l'homme devient plus parfait qu'il ne pourrait l'être en bonne santé (— la pensée de Pascal), se rendre au besoin, volontairement malade. »[606]

Le christianisme a toujours méprisé le corps comme lieu de perversion, de salacité. A l'opposé, Nietzsche pense que le bouddhisme est la religion de ceux qui veulent être en bonne santé parce qu'ils se sentent psychologiquement plus ou moins « épuisés » et qui se sont résolus de suivre les mesures d'hygiène mentale préconisées par le Bouddha. Les qualités humaines ne sont pas haïes. Seuls les hommes les plus intelligents, « doués d'esprit » sont capables d'avoir des qualités visibles comme la beauté, mais aussi les qualités invisibles comme la bonté (du corps). Ceci montre qu'il reconnaît la bonté comme une qualité qui appartient uniquement aux élites comme les bouddhistes ou les physiologistes. Il est vrai ici que pour le christianisme, seule la prise en charge des parias est importante, les élites sont décriées : le Christ n'a jamais trouvé aucune qualité aux puissants, y compris à l'homme riche.

---

604 F.P. XIV, printemps 1888, 14 [173], p. 137.

605 Ibid. p. 137.

606 F.P.XIV, printemps 188, 15 [89], p. 215. Nietzsche sait que le bouddhisme se soucie de la morale mais il lui trouve des excuses : *« Le bouddhisme n'a pas derrière lui une évolution foncièrement morale, c'est pourquoi il n'y a chez lui, dans son nihilisme, qu'une morale non surmontée : existence comme punition, existence comme erreur, combinées, et par conséquent l'erreur comme punition — appréciation de valeur morale. »* (F.P. XII, automne 1885-automne 1886, 2 [127], p. 130).

Chapitre VIII
« Le Bouddha contre le crucifié »

Comme un grand nombre de ses contemporains, Nietzsche confronte le Bouddha à la doctrine chrétienne. Ce qu'il en dit est réparti dans quelques fragments peu nombreux et dans quelques lignes de *L'Antéchrist.* A la lecture de ces références, on est étonné par la confrontation assez vague entre, d'un côté, le Bouddha et le Christ[607], de l'autre, le Bouddha et Paul. Par le titre : *Le Bouddha contre le crucifié,* faut-il entendre le bouddhisme contre le christianisme ? Un fragment posthume de l'année 1888 répond à cette question :

« La religion comme décadence
Bouddha contre le "crucifié" »

> « A l'intérieur du courant nihiliste on doit toujours faire une nette distinction entre nihilisme chrétien et le bouddhique : le bouddhique exprime un beau soir, une douceur et une suavité accomplie — il est gratitude envers tout, y compris ce qu'il a laissé derrière lui, sans trace d'amertume, de déception, de rancune : enfin, il a derrière lui le haut amour spirituel, le raffinement de la contradiction physiologique, et de cela aussi, il se repose : mais il en tire encore une auréole spirituelle et un rougeoiement de coucher de soleil (—origine : les plus hautes castes.—) : le mouvement chrétien est un mouvement de dégénérescence fait de toutes sortes d'éléments exclus et déchus : il n'exprime pas le déclin d'une race, il est d'emblée assemblage disparate de résidus de malades se cherchant pour se serrer l'un contre l'autre... C'est pourquoi il n'est pas national, pas lié à une race : il s'adresse aux déshérités de partout. Il a une rancune fondamentale envers tout ce qui est réussi et dominant, il a besoin d'un symbole qui signifie l'anathème sur les « réussis » et les dominateurs. Il est aussi en opposition avec tout mouvement intellectuel, toute philosophie : il prend le parti des imbéciles et jette l'anathème sur l'esprit. Rancune envers les doués, les savants, ceux qui sont indépendants par l'esprit : il devine en eux ce qui est réussi, ce qui est dominateur. »[608]

1) Le Christ, « un Bouddha né sur un sol fort peu indien »

L'Eglise catholique romaine[609] ne se reconnaîtrait pas dans la confrontation que Nietzsche établit entre le Bouddha et le Christ. On ne sera pas étonné que c'est dans

---

607 Nietzsche connaît les autres noms du Bouddha comme Gautama (*Aurore* IV, § 558, p. 284), et Shakyamuni (F.P. XIII, nov. 1887-mars 1888, 11 [404], p. 359).

608 F.P. XIV, printemps 1888, 14 [91], p. 64 : *L'Antéchrist*, VIII, 520-23, p. 176-180 : ces trois paragraphes, 20 à 23, portaient à l'origine le titre : « Bouddhisme et christianisme ». Cf. « Notes et variantes » à *L'Antéchrist* VIII, p. 489.

609 Durant ses cours de christologie, (1999-2000), le théologien Michel Castro, de l'Institut catholique de Lille, évoque rapidement la confrontation entre la christologie et la bouddhologie (terme qu'il n'utilise guère). Par exemple, certains ecclésiastiques proposent des études sur la dogmatique comparée entre le bouddhisme et le christianisme. Cf. Bernard

un contexte particulièrement violent contre la dogmatique chrétienne que Nietzsche fait allusion au Bouddha. Mais ce qu'il en dit est très énigmatique :

> « Un véritable abîme sépare celui qui fait des sermons sur la montagne, les lacs et les prairies et qui nous apparaît comme un Bouddha né sur un sol fort peu indien, de ce fanatique de l'agression, ennemi mortel des théologiens et des prêtres, que la malice de Renan a célébré comme "le grand maître en ironie". »[610]

Un tel texte est d'emblée assez obscur car le Christ est identifié au Bouddha, ensuite *« celui qui fait des sermons sur la montagne »*, c'est-à-dire le Christ, est comparé à un *« grand maître en ironie »* (expression de Renan). Mais on se demande qui est un *« fanatique de l'agression »*, est-ce le Jésus de l'histoire, ou bien Paul, le falsificateur des Evangiles ? Quoi qu'il en soit, Nietzsche voit, dans la figure de Jésus, un être humain comparable au Bouddha. Il se place d'emblée dans un cadre non-religieux afin de comparer ces deux sages et de provoquer la discussion entre eux par-delà les siècles. En réalité, cette longue formule, citée ci-devant, est une description de Nietzsche sur les deux faces de Jésus : il voit, en effet, un Jésus qui fait des sermons sur la montagne (c'est le Jésus de l'histoire, puisque Nietzsche ne distingue guère le Christ en deux natures : divine et humaine), et un Jésus agressif, intolérant et moraliste, inventé par les théologiens et les prêtres pour asseoir leur dogmatisme fanatique[611].

Bien que l'identification du Christ au Bouddha ne s'inscrive pas dans la théologie dogmatique comme la christologie[612], elle nous révèle que Nietzsche n'est pas contre le Jésus de l'histoire, le seul vrai chrétien qui ait jamais existé. Il considère, en effet, que Jésus est un Bouddha moins la dogmatique bouddhiste et la dogmatique de l'Eglise (catholique). Au fond, le Christ et le Bouddha sont très proches, d'abord par leur titre respectif, ensuite par leur vie exemplaire : d'après Renan, ils sont tous les deux des hommes aux *« dimensions colossales »* et qui ont su rassem-

---

Senécal : *Jésus le Christ à la rencontre de Gautama le Bouddha. Identité Chrétienne et Bouddhisme*, Cerf, 1998.

610 *L'Antéchrist*, VIII § 31, p. 190, Nietzsche est en désaccord avec le Jésus de Renan considéré comme un génie et un héros (cf. L'Antéchrist VIII § 29, p. 188).

611 La christologie a deux degrés : le Christ a été révélé selon la chair et selon l'Esprit. Cf. Bernard Sesboüé : *Pédagogie du Christ. Eléments de christologie fondamentale*, Cerf, 1997, p.53.

612 La christologie, terme du registre de la théologie dogmatique, est définie par Joseph Doré comme un discours sur la légitimité du Christ Messie. Autrement dit, la christologie a pour but d'expliquer la formule : « Jésus est le Christ. » (Cf. *Christologie*, article de Joseph Doré in *Encyclopaedia universalis*, 1993, p. 756). Il s'agit alors pour le croyant d'expliquer l'intelligence de la personne et de l'œuvre de Jésus (rôle, condition, nature). En effet *« qui est cet homme qui va jusqu'à pardonner les péchés »* (Luc 7-49), qui corrige la loi mosaïque, qui invite tout homme à tout quitter pour le suivre, qui revendique une relation unique à Dieu (son Père qu'il appelle « Abba »), qui se réclame comme Fils de Dieu et Fils de l'homme ? Jésus lui-même se dit Seigneur et Christ et s'est fait Messie et Sauveur. Le Christ a donné les sacrements mais il n'a pas fixé de constitution à l'Eglise, d'où les débats dans les premiers conciles comme celui de Nicée et de Constantinople sur la dogmatique du Credo.

bler des millions d'adeptes pour leur donner une espérance. En comparant ces deux maîtres de « religion », Nietzsche ne dit jamais ce qui les rassemble, mais il donne une indication : le Christ est *« un Bouddha né sur un sol fort peu indien »*.

Cette formule peut être comprise en l'opposant à la religion chrétienne en tant qu'institution sectaire, fondée par l'Eglise. Nietzsche reproche au christianisme d'être devenu *« quelque chose de foncièrement différent de tout ce que voulait et faisait son fondateur »*[613]. Cette formule est une autre manière pour Nietzsche de considérer Jésus comme un homme incapable d'être haineux, d'avoir des sentiments d'antipathie[614]. Il ne s'occupe pas de politique, de religion, de culte, d'histoire, de livres[615]. Nietzsche va beaucoup plus loin :

> « Jésus n'avait pas besoin de formules, de rites, pour son commerce avec Dieu et pas même de la prière. Il a rompu avec toute la doctrine juive de la pénitence et de la propitiation. Il sait que c'est seulement dans la pratique de la vie que l'on se sent "divin", "bienheureux", "évangélique", et, à chaque instant "enfant de Dieu". Ce n'est pas la pénitence, ce n'est pas "l'acte de contrition" qui sont les voies menant à Dieu. »[616]

Paradoxalement, comment ne pas voir dans ces paroles un Nietzsche défenseur de la vie et des actes de Jésus, mais séparé radicalement de la dogmatique de l'Eglise ? Il le défend non par adhésion au christianisme, mais par admiration pour un homme qu'il croit athée, volontiers sincère, qui n'apporte pas une nouvelle croyance mais *« un nouveau mode de vie »*[617] (en quel sens ?). L'Evangile primitif ne comporte pas la notion de péché, de faute, de châtiment, ne fait aucune distinction entre l'indigène et l'étranger, entre le Juif et le non Juif, ne méprise personne, ne s'irrite contre personne...[618] Nietzsche dessine là les contours de son *« christianisme primitif »*[619], celui du Christ.

Toutes ces remarques se rapprochent de la figure du Bouddha, « un religieux » qui ne dresse pas les hommes les uns contre les autres. Il fonde une *« religion »* sans transcendance, sans prière, sans inimitié, sans ressentiment[620] et même sans péché[621]. Nietzsche trace-t-il en partie les principes exacts du christianisme tel que l'avait voulu le Christ ? Quoi qu'il en soit, il rapproche le bouddhisme du *« christianisme primitif »* ou a-ecclésial. Il croit que *« le combat contre le ressentiment apparaît presque comme la première tâche du bouddhisme : ce n'est qu'ainsi qu'il garantit la paix de l'âme »*[622]. Ces traits du parfait bouddhiste permettent à Nietzsche de tracer la pensée première du christianisme du Christ. Plus précisément,

---

613 F.P. XIII, nov. 1887-mars 1888 11 [294], p. 297.

614 *L'Antéchrist*, VIII, §30, p. 188.

615 Ibid. §32.

616 *L'Antéchrist*, VIII, § 33, p. 188.

617 Ibid. §33, p. 188.

618 Ibid. §33, p. 188.

619 F.P. XIII, nov. 1887-mars 1888, 11 [282], p. 293.

620 F.P. XIII, nov. 1886-mars 1888, 11 [237], p. 281.

621 F.P. XIII, nov. 1887-mars 1888, 11 [297], p. 307.

622 F.P. XIII, automne 1887, 10 [157-2], p. 183.

Nietzsche reconstruit ou plutôt essaie de retrouver le *« christianisme primitif »*, moins la falsification apportée *« par ce fanatique de l'agression »* ennemi de la vie : Paul (et les Pères de l'Eglise). Il dresse Paul contre le Christ et contre le Bouddha. A cause des théologiens et des prêtres, le christianisme a dérivé dans l'intolérance et la haine du non-chrétien. Nietzsche critique la pratique ecclésiale des chrétiens. Il préfère voir que *« Jésus voulait apporter la paix et la félicité des agneaux »*[623].

Ces paroles ne sont pas différentes de celles consacrées à la description de la doctrine bouddhique :

> « [Dans le bouddhisme], on s'assigne comme but suprême la sérénité, la paix, l'extinction de tout désir. »[624]

Dans ces mots, rien n'est contraire à l'esprit de la philosophie historique du bouddhisme. D'autant plus que Nietzsche croit que le bouddhisme et le christianisme (du Christ moins la dogmatique de l'Eglise) luttent contre le ressentiment,

---

623 F.P. XIII, nov. 1887-mars 1888, 11 [294], p. 297-298.
A l'origine tout sépare ces deux hommes. Le Bouddha est de naissance royale (kshatriya). Le Christ est né dans une étable et a fini sa vie supplicié sur une croix au Golgotha. Dans la perspective nietzschéenne, nous pourrions dire que cette mort « digne d'un criminel de droit commun » est déjà le signe d'une accoutumance à la souffrance et prenant paradoxalement la forme d'une glorification grâce à ses disciples. Les figures du Christ et du Bouddha sont aussi très opposées et presque inconciliables même si les deux « religieux » constatent la faute, les souffrances des hommes, mais chacun a des solutions bien particulières. Le Bouddha veut que chacun se libère par lui-même de la souffrance. Le Christ accepte d'être le rédempteur du monde. Pour cela, il veut que les hommes le reconnaissent comme le Messie. Déjà au niveau des visages, le Bouddha souriant et paisible s'oppose à la figure du Christ douloureux. Le premier ne pleure pas sur la méchanceté des hommes. Le deuxième souffre, pleure, avec un visage tuméfié et en sang. (Nietzsche avait remarqué déjà que *« sur le fondateur du christianisme, l'avantage de Socrate est le sourire »* [...] : *Le Voyageur et son ombre*, III2, § 86, p. 221). Tracer ainsi un portrait pour deux hommes paraît peu adéquat. L'image de la croix apparaît alors comme un scandale, une imposture pour les Juifs et les païens.
En effet comme l'écrit le dominicain Bernard Rey, *« si Jésus est véritablement l'expression même d'un Dieu d'amour qui se met à la recherche du pécheur pour lui pardonner et s'inviter à sa table, si son existence est le lieu où le Dieu des Pères a pris un visage, si elle est la manifestation du Règne de Dieu annoncé par les prophètes, comment s'expliquer un tel refus de la part des hommes ? Comment comprendre que Dieu ne soit pas intervenu pour protéger son envoyé ? »* (B. Rey : *Nous prêchons un Messie crucifié*, Cerf, 1989, p. 31).
Ajoutons que Nietzsche (comme Renan et tant d'autres) est choqué par l'image de la croix qui est un abaissement de Dieu (*kénose*). Le supplice de la Croix, la plus pitoyable des morts selon l'historien Flavius Josèphe, est la trame de la christologie d'en bas. En voyant la Croix, il n'y a aucune indication sur la christologie d'en haut, c'est-à-dire la résurrection du Christ.
Jean-Paul II explique l'importance de cette kénose dans la dogmatique chrétienne : *« Il apparaît que la première tâche de la théologie est l'intelligence de la kénose (abaissement) de Dieu, vrai et grand mystère pour l'esprit humain, auquel il semble impossible de soutenir que la souffrance et la mort puissent exprimer l'amour qui se donne sans rien demander en retour. »* Jean Paul II : *La Foi et la raison - Lettre encyclique* : *Fides et ratio*, Cerf, 1998, p. 119.

624 *L'Antéchrist*, VIII, § 21, p. 178.

contre tout ce qui pousse à l'action. Rappelons-nous, ces deux religions de « l'inaction paisible » sont des « cultes du néant » , c'est-à-dire des cultes sans morale, sans dogmatique, sans transcendance. Mais entre le Christ et le Bouddha, il y a Paul et les théologiens, les pourfendeurs de l'œuvre du Christ. Contre Paul le théoricien de la théologie de la croix, Nietzsche écrit :

> « On voit ce qui a pris fin avec la mort sur la croix : l'ébauche nouvelle et parfaitement originale d'un mouvement de paix bouddhiste, d'un bonheur sur terre effectif, et non plus seulement promis. »[625]

En considérant que le *« christianisme primitif »* était un mouvement de paix bouddhiste, Nietzsche n'a pas fondamentalement l'intention de soutenir que le Christ est un Bouddha, mais, avec son enseignement authentique, le christianisme aurait pu être un bouddhisme ; cela suppose que le Christ soit athée, qu'il ne réalise pas les projets de son Père, qu'il n'accomplisse pas sa mission. Nietzsche a l'art subtile d'effacer toute la dogmatique établie par Jésus lui-même comme sa revendication d'être le *« Fils de Dieu »*[626] et le *« Fils de l'homme »*[627]. Il transforme la dogmatique en quelque chose comme un mouvement humain, pacifique, athée, sans ressentiment, sans péché, sans prêtre, des principes, on le sait, assez proches du bouddhisme (vu par Nietzsche). Cela lui permet, non pas d'opposer le Bouddha au *« crucifié »* mais le Bouddha à Paul, au christianisme ecclésial et de rapprocher ainsi le Bouddha et le Christ. Une telle égalité entre ces deux chefs religieux « athées » n'est pas choquante car l'un et l'autre sont pris ensemble sans la dogmatique institutionnalisée respectivement après leur mort.

Insistons sur la coupure radicale que Nietzsche établit entre le christianisme de Jésus et le christianisme de l'Eglise catholique romaine[628] avec sa hiérarchie pesante, ses prêtres et évêques qui prétendent parler au nom du Christ. Les hommes d'Eglise, en effet, se compromettent dans leurs discours et attitudes, parfois très opposés au véritable Souverain Prêtre Jésus-Christ qu'ils veulent pourtant suivre. Dans la coupure entre le Christ et son Eglise, il faut entendre la coupure entre le Bouddha et l'Eglise. Ainsi le Bouddha serait un autre nom du Christ. Désormais quand Nietzsche considère, rappelons-le, le Christ comme *« un Bouddha né sur un sol fort peu indien »*, il faut entendre que le Christ a été un quasi-Bouddha européen avec des options philosophiques analogues au Bouddha indien, mais entre lui et son équivalent, le Bouddha de l'Inde, s'est glissé Paul, un *tchandala*[629] haineux, faux

625 Ibid. §42, p. 202.

626 Bernard Sesboüé : *Pédagogie du Christ. Eléments de christologie fondamentale*, Cerf, 1997, p. 40-41.

627 Ibid. p. 34-36 : l'expression « Fils de l'homme » n'est pas un titre christologique : « *Elle représente,* écrit Sesboüé, *une sorte de substitut du propre "je"* de Jésus. »

628 Une telle séparation entre le Christ et son Eglise est contraire à l'esprit de la dogmatique catholique telle qu'elle est exposée dans *Lumen Gentium* in Concile œcuménique Vatican II, Centurion, 1967, I, 6-8, p. 17-25. Dans ce texte, l'Eglise est définie comme l'Epouse du Christ. Elle est également *« le terrain de culture, le champ de Dieu* (1 Corinthiens, 3-9) *»*.

629 Pour une explication de ce terme de « tchandala », on se reportera à mon ouvrage : *Nietzsche et la pensée des brahmanes* (en cours de publication).

prêtre, véritable et unique théoricien de la dogmatique de l'Eglise et grand falsificateur de l'idéologie du Christ. Avec l'avènement du Christ, on était à l'aube d'un quasi-bouddhisme propre à l'Europe mais démythifié par Paul, et tourné par lui en adoration du crucifié.

Si pour Nietzsche, le bouddhisme est, dans une certaine mesure[630], l'exact reflet de son fondateur puisque seules la paix et l'extinction des désirs sont recherchées[631], au contraire le christianisme est une religion falsifiée et monopolisée par une poignée d'hommes d'Eglise comme le Pape, les évêques, les prêtres et aussi parmi eux, les dominicains et les jésuites (considérés comme les deux têtes pensantes de l'Eglise).

Malgré les différences entre les thèses respectives du christianisme et du bouddhisme, Nietzsche apprécie que la dogmatique n'ait pas été instaurée du vivant du Bouddha et du Christ. Ou bien il salue leur esprit a-dogmatique. Cela lui fait effacer les différences fondamentales entre eux car il en a besoin pour discréditer inlassablement le christianisme ecclésial ou traditionnel. Il faut ici reconnaître à Nietzsche une certaine honnêteté. Car il sait que le Christ n'aurait jamais donné son accord à l'hypocrisie, la richesse, la violence des hommes d'Eglise à travers l'histoire. En ramenant le christianisme au Christ lui-même, Nietzsche montre que l'Eglise est pécheresse et que le Christ est sans péché. Il refuse de faire porter au Christ les erreurs de l'Eglise[632] (l'Inquisition[633]). Et finalement, par sa perfection physiologique, (en quoi ?), le Christ est comparable au Bouddha. (Il faut rappeler que, pour Nietzsche, dans le bouddhisme *« le parfait est le cas normal »*[634] : il consiste en l'extinction de tout désir). Ainsi par le titre *« le Bouddha contre le crucifié »*, il faut entendre le Bouddha contre le *« Jésus ressuscité »*[635] (inventé par Paul) ensuite contre l'Eglise tant luthérienne que catholique romaine[636], c'est-à-dire

630 *L'Antéchrist*, VIII, § 21, p. 178.

631 Ibid. p. 178.

632 Du point de vue de la dogmatique chrétienne, Nietzsche commet volontairement un grave contre-sens : le Christ ne peut être séparé de son Eglise. Malgré les erreurs des hommes d'Eglise, de leurs actions parfois contraires aux Evangiles, l'Eglise est toujours considérée comme sainte. Sur ce point les lignes de *Lumen Gentium* (op. cit., 1,8, p. 24) sont très claires : *« Mais tandis que le Christ saint, innocent, sans tache (Hébreux. 7,26) n'a pas connu le péché (2 Corinthiens 5,21), venant seulement expier les péchés du peuple (cf. Hébreux 2,17), l'Eglise, elle, qui enferme les pécheurs dans son propre sein, est donc à la fois sainte et appelée à se purifier, et poursuit constamment son effort de pénitence et de renouvellement. »*

633 René Rémond : *Le Christianisme en accusation*, Desclée de Brouwer, 2000.

634 *L'Antéchrist*, VIII, § 21, p. 178.

635 Ibid. § 42, p. 202.

636 Dans son étude sur *Jésus-Christ ou Dionysos*, (Desclée de Brouwer, 1979, p. 16), Paul Valadier a montré que le Jésus de Nietzsche n'est pas le Christ du catholicisme romain, ni celui des conciles œcuméniques de Nicée et de Constantinople, mais celui de la tradition luthérienne piétiste marquée par une théologie très « libérale ». Paul Valadier nous explique le sens de cette tradition piétiste : « *Cette tradition considère avec méfiance, pour ne pas dire plus, toute prise au sérieux d'une démarche rationnelle, considérée en elle-même ou au sein de l'acte de foi : il n'est pas rare qu'elle identifie cette démarche avec la "superbe" humaine,*

une Eglise faite de *« haine implacable de toute probité, de toute hauteur d'âme, de toute discipline de l'esprit, de toute humanité franche et bonne »*[637].

2) PAUL CONTRE LE BOUDDHA

Nietzsche profite de sa connaissance très partielle du bouddhisme du Petit Véhicule[638] pour établir une comparaison entre Paul et le Bouddha, c'est-à-dire entre le véritable fondateur du christianisme (de sa dogmatique)[639] et l'Eveillé qui propose la paix, une cessation de l'agitation mentale. Paul parle au nom du Christ, le Bouddha parle en son propre nom et ne cherche pas véritablement à fonder une religion. A propos de ces deux religieux, Nietzsche donne le ton :

> « Rien n'est plus éloigné du bouddhisme que le fanatisme juif de Paul. »[640]

a) Paul, christologue « haineux et menteur ».

Grâce au travail de Paul Valadier sur *Jésus-Christ ou Dionysos*, nous savons que Nietzsche est fondamentalement contre la christologie de Paul. Il lui reproche, en effet, d'avoir falsifié radicalement la pensée du Christ. Un tel détournement est d'autant plus choquant que Paul n'a jamais connu le Christ (contrairement à Pierre). Dans un fragment posthume de 1887, Nietzsche trace le portait de Paul en ces termes :

> « Paul : l'orgueil effréné, et même démentiel, d'un agitateur ; d'une ruse raffinée qui ne s'avoue jamais ce qu'il veut proprement et qui manie instinctivement l'habitude de se mentir à soi-même en tant que moyen de fascination. S'humiliant et distillant en sous-main le poison séducteur de l'idée d'être élu. »[641]

---

donc avec le refus de la grâce salvatrice qu'est Jésus-Christ. » (Ibid. p. 51).
Cependant, quand Nietzsche attaque le christianisme, il s'agit également de l'Eglise catholique (et même de toutes les Eglises chrétiennes à cause de leur préoccupation du péché, principe qui paralyse toute action) car elle porte le poids de 2000 ans de pouvoir absolu sur les consciences par la puissance de sa dogmatique centrée sur la souffrance, le péché et la figure du Christ en croix. Sur ce point, une formule de *L'Antéchrist* (VIII, § 51, p. 215) : *« L'Eglise elle-même, n'est-elle pas l'asile d'aliénés catholiques conçu comme suprême idéal ? »*

637 *L'Antéchrist*, VIII, § 37, p. 196.

638 Nietzsche laisse de côté les différents bouddhismes (ainsi que leurs aspects populaires), tels qu'ils se sont développés à l'étranger et donc coupés de leurs sources indiennes : le bouddhisme chinois n'est pas le bouddhisme indien... On est frappé aussi par l'ignorance radicale de Nietzsche sur le bouddhisme du Grand Véhicule.

639 L'Apôtre Pierre parlant à la foule affirme clairement le messianisme de Jésus : *« Que toute la maison d'Israël le sache donc avec certitude : Dieu l'a fait Seigneur et Christ, ce Jésus que vous, vous avez crucifié. »* Cf. « Actes des Apôtres » 2,36 in *Bible de Jérusalem*, op. cit. p. 1574.

640 F.P. XIII, automne 1887, 10 [190], p. 201.

641 F.P. XIII, automne 1887, 10 [189], p. 201.

Nietzsche reproche à Paul son *« fanatisme juif »* (c'est-à-dire sa rupture avec Israël et la fondation du christianisme ecclésial), et d'avoir imposé aux mentalités de son temps un Messie crucifié, à travers lequel, il développe une peur du péché et même de Dieu, bref il a tout fait pour terroriser les consciences et il a réussi. Il est ainsi le premier *« prêcheur de mort »*, c'est-à-dire le premier prêtre qui joue constamment sur l'inquiétude, les angoisses des hommes pour leur imposer sa théologie de la croix. Par son Christ crucifié, il leur apporte une fausse délivrance des problèmes de l'existence[642].

En surchargeant le poids de la conscience, il culpabilise les hommes. Il est clair pour Nietzsche que la méthode de Paul est contraire au bouddhisme. En effet, face à la vie et ses difficultés, Paul amplifie l'action, l'échauffement : pour lui, le péché est la source de toute mauvaise conduite. Si, d'un côté, il apparaît comme le théoricien du péché, de l'autre, face à la tyrannie de la culpabilité, Nietzsche apprécie l'enseignement du Bouddha : la déculpabilisation dont on sait qu'elle passe par *« l'inaction paisible »* et une certaine *« diète dans l'ordre mental »*.

Nietzsche est en désaccord total avec le *kérygme* des apôtres et la tradition chrétienne, il n'admet pas que la foi des hommes d'aujourd'hui repose sur la foi des premiers Apôtres. Pourtant, Paul se fait le fidèle continuateur du Credo des apôtres, c'est pourquoi il dit :

> « Je vous ai donc transmis en premier lieu ce que j'avais moi-même reçu, à savoir que le Christ est mort pour nos péchés selon les Ecritures, qu'il a été mis au tombeau, qu'il est ressuscité le troisième jour selon les Ecritures. »[643]

Nietzsche conteste également cette parole de Paul qu'il cite dans *L'Antéchrist* :

> « Si le Christ n'est pas ressuscité d'entre les morts, alors notre foi est vaine. »[644]

Avec de tels propos, Paul est le premier christologue à inventer une histoire du christianisme[645]. En effet, son œuvre, qualifiée de mensonge par Nietzsche, commence par la falsification de *« l'histoire de l'humanité pour en faire une préhistoire*

---

642 Le message évangélique de Paul est le Messie crucifié :
« *Alors que les Juifs demandent des signes et que les Grecs sont en quête de sagesse vécue, nous proclamons, nous, un Messie crucifié, scandale pour les Juifs et folie pour les païens, mais pour ceux qui sont appelés, Juifs et Grecs, c'est le Christ, puissance de Dieu et sagesse de Dieu.*
Car ce qui est folie de Dieu est plus sage que les hommes, et ce qui est faiblesse de Dieu est plus fort que les hommes. » Cf. « Première Epître aux Corinthiens » (1, 22-25), in *Bible de Jérusalem*, Cerf, 1979, p. 1648.

643 1 *Corinthiens*, 15, 3-6.

644 *L'Antéchrist*, VIII, § 41, p. 200-202 - 1 *Corinthiens*, 15, 14.

645 Paul Valadier : *Nietzsche et la critique du christianisme*, 2e partie, chap. V, III : « L'invention paulinienne du christianisme », Cerf, 1974, p. 317-335.
Pour le véritable mouvement de la christologie paulinienne, on se reportera à l'ouvrage de Bernard Sesboüé : *Pédagogie du Christ. Eléments de christologie fondamentale*, Cerf, 1997, p. 60-62.

du christianisme »[646], comme si tous les prophètes avaient évoqué la venue d'un rédempteur. Paul est *« le génie dans la haine »*[647], ou le *« faussaire par haine »*[648], parce qu'il a réussi le coup de force de faire croire aux « imbéciles » à son dieu rédempteur, une *« sorte d'hallucination »*[649]. Nietzsche conteste

> « la doctrine du jugement dernier et de la parousie, la doctrine de la mort conçue comme support sacrificiel, la doctrine de la résurrection, qui escamote toute idée de "béatitude", la vraie et unique réalité de l'Evangile, au profit d'un état d'après la mort »[650].

Avec de tels propos, en quoi le christianisme de Paul s'oppose-t-il au bouddhisme ?

b) Paul, l'anti-bouddhiste par excellence

A la lecture des passages relatifs à Paul, Nietzsche veut faire passer cet apôtre pour un anti-bouddhiste par excellence. Un tel jugement anachronique n'est pas désordonné et absurde, car Nietzsche recherche à discréditer le christianisme, et notamment Paul son véritable fondateur. Une telle opposition Paul-Bouddha, faite en des termes anti-chrétiens surprend le lecteur car on n'est guère habitué qu'un philosophe confronte des religieux par-delà les siècles et les différences de culture (doctrinale) respective.

Si Nietzsche voit le Christ comme un Bouddha, au contraire, il voit Paul comme un anti-chrétien (un anti-Christ), et un anti-Bouddha. En effet, il a falsifié, nous le savons, les données idéologiques du Christ. Il restaure *« tout ce que le Christ avait annulé par sa propre vie »*[651]. Le Christ n'a ni ressentiment, ni haine, il ne ment pas... Au contraire, répétons-le, (puisque Nietzsche le fait constamment) Paul est l'incarnation de la haine, de la méchanceté, du ressentiment, du dégoût de la vie. C'est un politicien pseudo-religieux, n'aimant pas la paix, mais Nietzsche va plus loin :

> « Un naïf commencement de mouvement de pacifisme bouddhique naissant au foyer proprement dit du ressentiment...mais retourné par Paul en une doctrine de mystères païens, qui finit par composer et s'entendre avec toute l'organisation de l'Etat... et qui mène à la guerre, condamne, torture, pire hait. »[652]

« Le mouvement de pacifisme bouddhique », autre nom du *« christianisme primitif »*, est venu des classes nobles et combattu idéologiquement par Paul, par sa dogmatique. En effet, Paul a pris la tête des « tchandalas » contre les nobles pour

646 *L'Antéchrist*, VIII, § 42, p. 202.

647 Ibid. § 42, p. 202.

648 Ibid. § 42, p. 202.

649 Ibid. § 42, p. 203.

650 Ibid. § 41, p. 201-202.

651 F.P. XIII, nov. 1887-mars 1888, 11 [281], p 293.

652 F.P. XIII, nov. 1887-mars 1888, 11 [282], p. 293 - *L'Antéchrist*, VIII, § 42, p. 202.

imposer ses idées d'égalité des hommes, de charité, de justice. Son christianisme qu'il fonde est *« une religion sémitique du non, création des classes opprimées »*[653] contrairement au bouddhisme, *« une religion aryenne du non, créée parmi les classes dominantes »*[654]. Nous retrouvons, dans cette dichotomie, la célèbre thèse de Nietzsche sur la différence entre une morale d'esclave (celle du christianisme paulinien) et une morale d'aristocrate (celle du « christianisme primitif » analogue au bouddhisme du Bouddha à ses débuts). Or, nous surprenons Nietzsche en train de transposer son conflit contre le christianisme ecclésial dans le bouddhisme indien ou plus exactement d'utiliser le langage du bouddhisme pour attaquer le christianisme dogmatique ou ecclésial. En effet, il attribue aux bouddhistes une hyper-culture, des hommes très savants (on se demande en quoi), c'est-à-dire qui sont nobles de naissance ; et aux non-bouddhistes, il attribue une certaine lassitude dans la pensée et qui se traduit par une incapacité de créer des valeurs :

> « Ce sont les classes cultivées et supra-intellectuelles qui trouvent leur compte dans le bouddhisme : une race recuite et lassée par plusieurs siècles d'un long combat philosophique, mais non pas en deçà de toute culture, telles les couches dont le christianisme est issu. »[655]

> « Nous avons à imiter le Bouddha, qui a pris la sagesse du petit nombre pour en monnayer une partie à l'usage de la foule. »[656]

Les contradictions apparaissent très nettement entre ces deux formules. D'abord, au regard du bouddhisme historique, Nietzsche se trompe quand il croit que le bouddha s'adresse à l'élite intellectuelle de son temps. En effet, nous savons qu'il s'adresse indifféremment à toutes les couches de la société brahmanique et finalement à tout homme. C'est un point qu'il partage avec le Christ. Ainsi quand le Bouddha répand sa sagesse sur la foule, il est en contradiction avec les thèses élitistes de Nietzsche. De plus, comme le Bouddha, le Christ répand sa sagesse autour de lui, mais Nietzsche ne reconnaît jamais qu'il s'adresse aux plus pauvres, aux couches les plus basses de la société. Nietzsche se trompe encore quand il croit que le Bouddha n'a pas le souci des pauvres. Certes la fameuse Loi de charité de saint Paul n'a pas son équivalent dans le bouddhisme (*karuna* : compassion ?), mais elle a son emploi et s'étend même aux animaux ; toutefois dans la logique de Nietzsche, une telle « loi de charité » effectivement n'existe pas car elle est une doctrine des faibles : les élites bouddhiques, *« les classes cultivées et supra-intellectuelles »* n'en ont nul besoin car elles sont fortes par nature. On pourrait ici discerner aisément les difficultés propres à Nietzsche pour dresser vaille que vaille le bouddhisme du Bouddha contre le christianisme de Paul. En aucune façon, le bouddhisme du

653 F.P. XIV, printemps 1888, 14 [195], p. 153.

654 Ibid. p.154.

655 F.P. XIII, automne 1887, 10 [190], p. 201.

656 F.P. I *, septembre 1870-janvier 1871, 5 [64], p. 235. Dans les débuts des années 1870, Nietzsche est très contradictoire : d'un côté, il considère le bouddhisme comme une inactivité paisible et qu'il condamne ; de l'autre, il reconnaît la sagesse du Bouddha au point qu'il recommande de l'imiter.

Bouddha n'est un équivalent du christianisme du Christ. Car finalement personne ne peut définir exactement ce que le Christ lui-même a prêché puisqu'il n'a laissé aucun écrit (comme d'ailleurs le Bouddha), mais cela ne suffit guère pour dire que le Christ est un Bouddha. Nietzsche, nous le savons, est un expert dans la double invention de thèses non historiquement attestées par les Evangiles et par le bouddhisme du Petit Véhicule[657].

c) « La rédemption par soi-même » et par un autre

Le thème de la rédemption est une nouvelle occasion pour Nietzsche de porter l'assaut contre le christianisme. La rédemption est une thèse développée par Paul, reconnaît Nietzsche, et finalement, sans lui le christianisme n'aurait jamais prospéré. Qu'entend-on par rédemption ?

> « Le terme rédemption ne sert pas seulement à désigner l'œuvre opérée par le Christ sur le Calvaire (Rm 3, 24 ; col. I, Ep. I,7), mais également celle qu'accomplira à la fin des temps lors de la parousie et de la résurrection glorieuse des corps (Lc 21,28 : Rm 8,23 ; I, 14 ; 4,30 ; I Co 7,30 ; et dans les deux cas il s'agit d'une libération mais plus encore peut-être d'une "acquisition", d'une prise de possession par Dieu. »[658]

Une telle définition montre que la rédemption ne peut venir que de Dieu. « *Le salut de l'homme est dans la vision de Dieu* », écrit le christologue Bernard Rey[659]. La rédemption est une libération des péchés grâce au Christ, un homme qui a pris sur lui les péchés de l'humanité en mourant sur une croix.

Prétendre que le salut vient du rédempteur, c'est faire dépendre sa vie d'un autre. Mais c'est aussi se placer sur le plan de la foi chrétienne considérée par Nietzsche comme une *« candeur enfantine »* et une *« séquelle de* la *dégénérescence »*[660]. Aucune preuve ne vient l'étayer, ni les miracles, ni la promesse d'une rétribution des actes. La foi pour Nietzsche est un manteau, un voile pudique, une ruse christiano-paulinienne pour contrôler les âmes. Selon Nietzsche, le Christ est mort non pour racheter les hommes, mais pour montrer comment on doit vivre : son comportement exemplaire devant ses bourreaux est à saluer car il ne supplie pas, ne se défend pas devant les accusations, les calomnies portées contre lui[661]. En somme, Nietzsche admire le Christ pour sa non-violence dans les mots et dans les gestes[662]. Et finalement, il donne une version très particulière de la rédemption :

---

657 En évoquant *« le Bouddha contre le crucifié »*, Nietzsche attaque davantage le christianisme en tournant en dérision, par exemple, les notions de péchés, de culpabilité, de victime sacrificielle en la personne du Christ, du *« Dieu en croix dont on boit le sang », « l'unio mystica avec la victime »*. (F.P. XIII, nov. 1887-mars 1888, 11 [282], p. 293). Nous atteignons le « summum de l'inexactitude quand il affirme que le christianisme de Paul prône *« une forme de sensualité »* appelée amour. (Cf. F.P. XIII, automne 1887, 10 [190], p. 201).

658 « Rédemption » in *Vocabulaire de théologie biblique*, Cerf, 1991, p. 1081.

659 B. Rey : *Nous prêchons un Messie crucifié,* Cerf, 1989, p.52.

660 *L'Antéchrist*, VIII, § 32, p. 191.

661 *L'Antéchrist*, VIII, § 35, p. 195.

662 Ibid. p. 195.

« Que signifie “la bonne nouvelle” ? La vraie vie, la vie éternelle est trouvée, elle n'est pas promise, elle est là, elle est en nous : vie dans l'amour, sans exception et sans exclusive, sans aucun sentiment de distance. »[663]

La rédemption au sens de la christologie paulinienne (selon Nietzsche) est hystérie[664] mais au sens nietzschéen elle est *« vie dans l'amour »*. Nietzsche ne croit guère au sacrifice expiatoire. Sinon ce serait du paganisme. Pour lui, la doctrine du jugement dernier est une abomination[665] inventée méchamment par Paul. C'est alors que Nietzsche reconvoque le bouddhisme pour écrire ceci :

« On voit ce qui a pris fin avec la mort sur la croix : l'ébauche nouvelle et parfaitement originale d'un mouvement de paix bouddhiste, d'un bonheur sur terre effectif, et non plus seulement promis. Car (je l'ai déjà souligné) telle reste la différence fondamentale entre les deux religions de la décadence : le bouddhisme ne promet pas, mais tient ; le christianisme promet tout, mais ne tient rien. »[666]

Il s'ensuit alors, non pas un commentaire de cette longue formule, mais une explication supplémentaire sur la critique de Paul, le *« Dysangéliste »*[667]. Etant pris dans la critique sans réserve de Paul, nous surprenons Nietzsche en train de consacrer quinze pages[668] au rédempteur et à la rédemption, dans *L'Antéchrist*, tout en laissant de côté son explication sur le sens de l'absence de promesse dans le bouddhisme. (Une nouvelle fois se dessine la méthode de Nietzsche : il convoque la pensée bouddhique dans le but d'expliquer la pensée chrétienne ; à partir de là s'expliquent les contradictions et les difficultés que nous éprouvons pour comprendre les relations de Nietzsche avec la pensée bouddhique).

Néanmoins, il utilise le concept de rédemption dans la pensée bouddhique : le bouddhisme est *« la religion de la rédemption par soi-même »*[669]. En effet le Bouddha ne se considère pas comme un Dieu, ni comme le rédempteur des hommes. Il veut simplement nous instruire sur notre propre souffrance afin que nous devenions notre propre curateur. Il veut nous délivrer des dieux et des prêtres, des *« intercesseurs »*[670]. Mais il appartient à chacun d'accomplir ce travail de délivrance, d'affranchissement de toute transcendance. On pourrait alors parler d'immanence. Le bouddhisme veut le bonheur pour tous sur cette terre et non dans un arrière-monde imaginaire. Mais Nietzsche ne définit pas ce bonheur. D'un côté, le Bouddha ne promet rien, car la promesse est un acte de chacun vis-à-vis de soi-même, de l'autre, le Christ promet au Larron repentant[671] de l'accueillir dans son royaume. Ce

663 *L'Antéchrist*, VIII, § 29, p. 188.

664 *Ecce Homo*, VIII, « Pourquoi je suis un destin », § 8, p. 341.

665 *L'Antéchrist*, VIII, § 41, p. 201.

666 *L'Antéchrist*, VIII, § 42, p. 202.

667 Ibid. p. 202.

668 Ibid. § 30-43, p. 189-204.

669 *Aurore*, IV, § 96, p. 76.

670 Ibid. p. 76.

671 *L'Antéchrist*, VIII, § 35, p. 195 et F.P. XIII, nov. 1887-mars 1888, 11 [354], p. 332.

bonheur sous la forme d'une résurrection est une hallucination[672] qui trouve son fondement *« dans le mensonge de Jésus-ressuscité »*[673] de Paul.

Nietzsche a une vague idée du « *karman* » puisqu'il rattache ce terme à la notion de faute, source du ressentiment. Si d'un côté, il semble ignorer que le *karman*[674] est la cause de la naissance et de la mort, ou la résultante des actes qu'entraînent les renaissances[675], de l'autre, il oppose logiquement *karman* et rédemption. Pourtant la différence n'est guère perceptible tant il est occupé à condamner la rédemption[676]. Il utilise le mot renaître à propos du bouddhisme dans ses *Considéra-*

---

672 *L'Antéchrist*, VIII, § 42, p. 203.

673 Ibid. p. 203.

674 Comme le dit André Barreau, *« dans le bouddhisme ancien le karman (pâli : kamma), désigne l'acte, toute action, au sens général du mot, accomplie par un être vivant (sathva). Le fruit est la sanction de cet acte »*. Cf. article *karman* in *Les Notions philosophiques*, tome II, op. cit.,p. 2845.

675 Cf. article de M. Biardeau : « Philosophies de l'Inde », in *Histoire de la philosophie*, op. cit. p. 103

676 Bernard Sesboüé : *Pédagogie du Christ*, ch. « Résurrection et réincarnation », Cerf, 1997, p. 132-139.

La différence entre rédemption par soi-même et par un autre est bien résumée dans cette discussion entre Dom Legal et Jigme Rinpoché :

« LAMA JIGME : [...] Si quelqu'un expérimente des conditions difficiles, un handicap ou une maladie grave [...], cela n'arrive pas sans raison, il existe une cause, et cette cause, c'est le karma négatif accumulé dans le passé. Bien que nous n'en ayons aucun souvenir, parce que notre conscience se manifeste dans un autre corps, ce que nous vivons aujourd'hui est bien le résultat de ce que nous avons accompli autrefois [...]. Autrement dit, la conscience que les différentes situations vécues par les êtres résultent du karma qu'ils ont eux-mêmes créé ne nous empêche nullement d'éprouver pour eux une réelle compassion et de les aider de notre mieux, au contraire !

DOM ROBERT LE GALL : Mais il est quand même choquant de regarder une personne handicapée ou souffrante nécessairement coupable d'avoir commis de graves fautes dans le passé.

LAMA JIGME: Le terme "coupable" que vous employez là induit déjà une certaine vision qui, selon le point de vue bouddhiste, n'est pas juste : la rétribution karmique ne fonctionne pas selon un système de récompenses et de punitions qui nous seraient imposées de l'extérieur. C'est nous-mêmes qui créons notre propre "réalité". Par ailleurs, si le karma est simple à comprendre dans son principe, ses effets et ses implications sont fort complexes. En fait, lorsque l'on parle des actions des vies passées qui mûrissent dans cette existence-là, il faut bien voir que l'on fait référence à d'innombrables causes créées par la personne, à des circonstances extrêmement diverses qu'elle a vécues. Certes, la loi de cause à effet fonctionne bien comme une loi physique — si vous accomplissez un acte négatif, vous récolterez des conséquences obligatoirement négatives, jamais positives, mais ce qui est en jeu, c'est la réunion et le mûrissement des effets multiples de très nombreuses causes et circonstances créées à différents moments du passé et dont il serait bien difficile, en vérité, de démêler l'écheveau. On ne saurait affirmer selon une vue mécanique et un peu simpliste : "Cette personne vit telle souffrance parce qu'elle a accompli telle action nuisible précise à tel moment d'une vie passée bien identifiée." Il n'est pas si fréquent que l'on expérimente une situation particulière en relation avec une cause unique. Si j'accumule, à travers de nombreuses existences,

tions inactuelles[677] (sans aucune explication), mais en croyant que le bouddhiste aspire au génie en renaissant saint, il fait une mauvaise lecture du concept de renaissance. Dans son emportement contre la rédemption, il semble confondre la réincarnation avec la résurrection dans le christianisme. Il ignore que rien n'est plus contraire à l'esprit de la christologie que cette rétribution des actes pour des fautes commises antérieurement.Nietzsche n'a aucune idée du « sansara » ou du processus de la naissance et de la mort[678], ni du *paticca samuppâda*, naissance dépendante, ou bien de la causalité de l'origine, décrite par le *Vinayapitaka*[679]. Le « *samsara* » traite de la cause de la renaissance et de la souffrance. En ne la comprenant pas, Nietzsche réduit le bouddhisme au non-agir afin de ne pas renaître, ou d'arrêter les tribulations terrestres comme le travail, l'agir. La confusion entre *karman* et *métensomatose* lui permet d'approuver cette idée en la traitant de génie. Car pour lui, le rapport au christianisme n'existe plus : c'est cela le plus important. Le concept de génie montre la dissolution possible de la souffrance, grâce à l'arrêt des actes.

Enfin le statut du péché n'est pas clair : Nietzsche croit volontiers que le péché n'existe pas dans le bouddhisme. Pourtant, comme nous l'avons vu chez les moines bouddhistes, la confession existe et donc la faute, mais sans toute *« la machinerie occulte du salut »*. De plus dans le bouddhisme, la naissance n'est pas une faute. Tout sépare le Bouddha et le christianisme historique de l'Eglise : le Bouddha ne culpabilise pas les hommes, ne se propose pas en holocauste pour les péchés du monde[680]. Et la tradition bouddhique a continué l'œuvre du Bouddha en se tenant à

---

de multiples actes négatifs — pas forcément très graves, pris séparément —, je peux fort bien, à un moment donné, voir toutes ces causes et circonstances mûrir sous la forme d'une situation difficile. Et l'on ne saurait dire en vérité, parlant de la personne qui expérimente une telle situation : "Regardez donc ce qu'elle est en train de vivre, ce devait être vraiment quelqu'un de très mauvais dans une vie passée !" Les manifestations du karma sont éminemment complexes. » Cf. Dom Robert Le Gall, Lama Jigmé Rinpoché : *Le Moine et le Lama*, Fayard, 2001. p. 119-121.

677 *Considérations inactuelles* III, tome II **, « Schopenhauer éducateur », § 3, p. 35.

678 Le Vénérable Narada Thera : *La Doctrine bouddhique de la renaissance*, Maisonneuve, 1979, p. 25.

679 L. Silburn : *Aux sources du bouddhisme*, Fayard, 1997, p. 42-43.

680 Un passage du bouddhologue Mohan Wijayaratna résume l'explication que le bouddhiste donne de l'injuste condamnation à mort de Jésus :
« *Si quelqu'un, étant innocent, a été condamné à mort, selon les bouddhistes c'est là le résultat d'une action mauvaise commise dans ses vies antérieures. Selon cette explication, Jésus a été crucifié car il avait lui-même sans doute commis un meurtre dans ses vies antérieures. En donnant cette explication, les bouddhistes n'ont aucune intention de médire de Jésus-Christ ou de dévaloriser sa position. Ils se fondent sur la théorie de l'action et de ses résultats (kamma, kamma vipâka). C'est de la même manière que certains événements pénibles de la vie du Bouddha sont interprêtés par les bouddhistes. Le Bouddha, par exemple, avait parfois des douleurs de reins. Selon les bouddhistes, c'était le résultat d'une mauvaise action dans ses vies antérieures : une fois, il était né athlète et, en combattant, il avait blessé un autre athlète. Le Bouddha avait mal dans le dos comme trace de cette action mauvaise.* » Cf. article de Mohan Wijayaratna : « Le Christianisme vu par le bouddhisme » in *Initiation à la pratique de la théologie*, * *Introduction*, sous la direction de B. Lauret, Cerf, 1984, p. 447.

l'écart de la faute, de la torture de la conscience, de *« cette folie circulaire »* incarnée par le *« training chrétien de pénitence et de rédemption »*[681]. Le Bouddha ne fait aucune promesse, mais il tient, c'est-à-dire, il offre son diagnostic sur l'homme et les moyens de parvenir à l'extinction de la souffrance comme par le rejet de tout ressentiment : il faut éliminer tout ce qui excite, *« échauffe le sang »* (comme la convoitise), d'où l'arrêt de toute action. Et curieusement, *« l'inaction paisible »* du Bouddha est vue ici positivement. Car elle permet de porter une attaque supplémentaire contre le christianisme.

681 *L'Antéchrist*, VIII, § 51, p. 215.

Chapitre IX
Le bouddhisme européen

1) Le bouddhisme européen, un problème européen

La compréhension précise du bouddhisme date de la publication des travaux scientifiques de Burnouf en 1844 dans son *Introduction à l'histoire du bouddhisme indien*. En Europe, cette doctrine nouvelle provoque des réactions négatives comme celle de Frédéric Ozanam ou positives comme celles de Félicité de Lammenais, Schopenhauer... Désormais le bouddhisme indien tel qu'il se présente dans le Petit Véhicule fait l'objet d'une confrontation intellectuelle inédite avec la culture chrétienne. De ce fait, il apparaît très tôt que le bouddhisme, comme l'écrit Frédéric Lenoir, est *« le grand rival du christianisme »*[682].

Au XIXe siècle, les Européens prennent connaissance de la doctrine bouddhique dans le contexte d'un recul du religieux, notamment du christianisme : on commence à constater les failles du christianisme et on s'achemine parfois à son rejet pur et simple, du moins, le christianisme ne fait plus l'unanimité parmi les philosophes. Dès lors, les intellectuels sont attirés par ce qui est neuf en matière religieuse. A leur stupéfaction, non seulement ils reconnaissent que le bouddhisme apparaît comme un concurrent du christianisme, mais aussi qu'il porte en lui une sagesse athée. Il est même défini par Renan comme *« une religion athée » qui « a été éminemment morale et bienfaisante. C'est le catholicisme sans Dieu »*[683], c'est-à-dire un christianisme sans la dogmatique chrétienne et sans l'Eglise de Rome.

Dès lors, on ne sera pas surpris de l'invention de l'expression « bouddhisme européen », c'est-à-dire un bouddhisme sans dogmatique religieuse, mais qui est réinventé parfois sans aucun rapport avec la doctrine du bouddhisme historique indien. Le « bouddhisme européen » n'est pas une expression inventée par Nietzsche, il est déjà en vogue à son époque. Comme le remarque Patrick Wotling, « le bouddhisme européen » est mentionné dès *La Naissance de la tragédie* sous le « problème européen » quand Nietzsche, rappelons-le, oppose *« le phénomène qui nous pousse soit vers l'Inde, soit vers la Grèce »*[684]. Il s'agit d'une confrontation entre la culture grecque et la culture indienne ou d'un choix entre Wagner et Schopenhauer. La culture européenne est malade de sa religion chrétienne. Elle s'en échappe en se réfugiant dans la science, mais elle n'y trouve pas non plus son compte. Alors, elle se tourne vers le bouddhisme appelé par Nietzsche *« bouddhisme européen »*. Or le « bouddhisme européen » est-il une reformulation du bouddhisme indien ? Ou bien est-il un autre nom du christianisme du Christ ou du christianisme ecclésial ?

Il faudra attendre 10-11 ans après *La Naissance de la tragédie* pour que Nietzsche utilise l'expression *« bouddhisme européen »* dans le *Gai Savoir* en 1882. Nous en trouvons également des traces dans un fragment posthume de 1884-1885[685] et

---

682 F. Lenoir : *La Rencontre du bouddhisme et de l'Occident*, Fayard, 1999, p. 97.

683 Cité par F. Lenoir : *La Rencontre du bouddhisme et de l'Occident,* op. cit. p. 104.

684 F.P. I *, §, 1871, 9 [36], p. 373.

685 F.P. XI, mai-juillet 1885, 35 [9], p. 242.

une troisième fois en 1885-1886, (il évoque alors la progression du bouddhisme en Europe)[686] ; les choses s'affinent en 1887, quand Nietzsche explicitement montre son inquiétude devant l'émergence d'un *« bouddhisme européen »*[687]. Mais il faut relever que cette formule est également préfigurée dans un fragment posthume du printemps 1884[688], quand Nietzsche évoque le développement conditionnel *« d'une croyance bouddhisto-chrétienne »* à l'intérieur de l'Europe. Une telle inquiétude est perceptible encore dans une formule énigmatique du *Gai Savoir* : Nietzsche accuse Wagner *« de préparer pour l'Europe une époque bouddhiste »*[689]. Les premières allusions plus ou moins implicites au *« bouddhisme européen »* cachent une peur, mais on se demande en quoi le *« bouddhisme (européen) »* serait mauvais pour la culture européenne.

Au vu des formules de Nietzsche relatives à l'Inde, il apparaît que c'est à travers trois références, Wagner, le Christ et l'Eglise, que Nietzsche évoque le thème du bouddhisme européen. D'emblée, il le fait dans un cadre pessimiste : le bouddhisme est une philosophie pessimiste ou nihiliste. La définition d'une telle expression conceptuelle dépend du sens du nihilisme. Le bouddhisme européen révèle-t-il un malaise des Européens face à leur propre culture européenne ou chrétienne ?

2) Le nihilisme européen ou le bouddhisme européen

Comme Roger-Pol Droit[690], Frédéric Lenoir voit le bouddhisme européen comme un nihilisme. Il repose sur des valeurs nihilistes défendues par Schopenhauer et Wagner. Dès *Humain trop humain*, Nietzsche rompt avec ces deux « bouddhistes européens ». Dans la *Généalogie de la morale* en avant-propos, Nietzsche explique les raisons de sa rupture ; il voit les dangers de la morale de la compassion : la culture européenne ne s'est pas détachée des valeurs de *« non-égoïste »*, de pitié, d'abnégation, de sacrifice. Le tout conduit au néant ou au « bouddhisme européen » ou au nihilisme[691]. Ainsi l'Europe, par son christianisme qui, pour Nietzsche, rappelons-le, est un *« culte du néant »*, passe au « bouddhisme européen » qui est encore un nihilisme européen.

L'Europe en effet est dans une culture nihiliste en ce sens que les Européens luttent contre la vie par le désir de néant, par *« l'instinct dépressif et contagieux »*, par l'importance qu'ils accordent aux faibles sur les êtres d'exception, par *« l'intensification de la décadence »*. L'hostilité à la vie est le caractère du nihilisme. Dans ce cas, la culture européenne est dans le pessimisme de la faiblesse. Le nihilisme en effet peut être considéré comme de la faiblesse[692] en ce sens qu'il est

686 F.P. XII, aut. 1885-aut. 1886, 2 [144], p. 140.

687 *La Généalogie de la morale,* VII, Avant-propos, § 5, p. 219.

688 F.P. X, printemps 1884, 25 [222], p. 86.

689 *Le Gai Savoir,* V, § 99, p. 124.

690 R.-P. Droit : *Le Culte du néant,* op. cit. p. 211.

691 *La Généalogie de la morale,* VII, *Avant-propos,* § 5, p. 219.

692 F.P. XIV, mai-juin 1888, 17 [7], p. 275.

une absence de sens : c'est l'existence qui n'a pas de sens. Rappelons-nous *« le pathos du en vain est le pathos nihiliste »*[693].

---

693 F.P. XIII, automne 1887, 9 [60], p. 40.

Dans son introduction au *Nihilisme européen* (Kimé, 1997, p. 7), Angèle Kremer-Marietti donne les définitions du mot nihilisme : « *Le recours au Littré de 1863 nous donne quatre définitions successives, dont la première concerne le monde et l'être [...] ; elle se réfère explicitement à l'enseignement du Bouddha : 1) "Terme de philosophie. Anéantissement, réduction à rien. La théorie du nihilisme attribuée à Bouddha". La seconde définition proposée concerne le rapport interne d'un sujet à son contenu de conscience : 2) "Absence de toute croyance"...* »

Le nihilisme a le sens de « rien n'a de sens ». (F.P. XII, automne 1885 2 [127] p. 179). Nietzsche donne de nombreux sens au nihilisme : *« les valeurs suprêmes se dévalorisent »* (XIII, 9 [35], p. 2), mouvement propre à nier la vie et la réalité, sentiment de détresse, *« sentiment creusant du rien »* (Ibid, 11 [228], p. 278). Le nihilisme est le signe que les schémas traditionnels des valeurs morales chrétiennes se sont effondrés. Cette chute des valeurs traduit une détresse, un découragement, un sentiment de néant. Le nihilisme est la recherche d'un sens impossible à trouver. Il est alors un *« long gaspillage de force »*, le tourment du *« en vain »* (XIII, p. 242), une propension à considérer le « en *vain* » (XIII, p. 253), l'approche d'un état de néant universel, la condamnation du monde du devenir.

Le nihilisme est *« l'absence de valeur »*(XIII, p. 243). Il a pris forme quand les hommes ne peuvent plus interpréter l'existence par le concept de fin, d'unité, de vérité.

« Bref : les catégories "fin", "unité", "être" par lesquelles nous avons glissé une valeur au monde, voici que nous les en retirons et désormais le monde paraît sans valeur. » (XIII, p. 243).

Le nihilisme désigne aussi *« l'incroyance à un monde métaphysique »* (Ibid, p. 243) : cela signifie que, devant la condamnation du monde du devenir, de l'illusion et de l'invention d'un monde vrai, l'homme s'aperçoit que l'arrière-monde *« n'est construit que de besoins psychologiques et que rien absolument ne l'autorise à une telle construction* » (Ibid, p. 243). Le seul monde vrai, la seule unique réalité est le devenir. Nietzsche n'est pas loin de la conception anti-métaphysique manifestée par le bouddhisme : le monde considéré comme vrai est le fruit de nos constructions mentales. Mais il s'en éloigne puisqu'il considère que le néant-nirvana est le principe du bouddhisme.

En somme, Nietzsche pense le nihilisme comme un éternel retour ou le néant éternel. Curieusement, l'éternel retour est une figure du nihilisme et est à penser comme retour permanent de l'effondrement des valeurs morales et religieuses d'une société. D'un côté, Nietzsche pense à la période du Bouddha : le surmenage intellectuel est un éternel retour avec ses conséquences comme l'inaction, la fin des valeurs. De l'autre, l'éternel retour est contraire à la délivrance, le fait de ne plus se réincarner. Tout en ne cherchant pas à concilier ces deux thèses, Nietzsche veut favoriser l'innocence du devenir. L'image du devenir est la succession multiple, un « continuum » n'admettant ni cause, ni effet (cf. *Le Gai Savoir*, V, § 112 : « Cause et effet », p. 142. Nietzsche affirme que cette dualité cause-effet est une description et non une explication. Elle est un « continuum ». Il n'y a pas de conditionnalité mais une succession d'événements que nous percevons par supposition, comme « les points isolés d'un mouvement ». Et Nietzsche aurait pu enchaîner avec la conception bouddhiste et la causalité sans substance, ni être. Finalement, Nietzsche ne veut pas de l'éternel retour qui prend la forme du *Samsâra*, car il est une entrave au devenir, il est une répétition et non une métamorphose, une création de valeurs. La période du Bouddha est louable avec son absence de causalité et de référence à l'être, mais elle est aussi une époque savante considérée comme un chaos, un néant éternel,

Dans l'Europe du XIXe siècle, les hommes vivent dans le nihilisme, c'est-à-dire l'effondrement des valeurs morales, spirituelles, théologiques et philosophiques. La mort de Dieu, c'est-à-dire la mort de la croyance au « Christ en croix », de la confiance dans les valeurs morales chrétiennes, provoque un vide, une inactivité spirituelle et intellectuelle. Le nihilisme est cette impasse dans laquelle se trouve la culture européenne. Nietzsche compare cette situation nihiliste du XIXe siècle en Europe à celle de l'époque du Bouddha en Inde. A la question, cet état de néant, il y a vingt-quatre siècles, a-t-il été atteint par les Indiens fatigués du rituel et des dieux du brahmanisme ? Nietzsche répond :

> « Il y a eu des époques, plus pensantes et de pensée plus destructive que la nôtre : les époques comme, par exemple, celle où Bouddha fit son apparition, quand le peuple, après des querelles de sectes, qui avaient duré des siècles, finissait par être lui-même aussi profondément égaré dans les gouffres creusés par l'enseignement des opinions philosophiques que le furent pendant un temps les peuples européens dans les subtilités du dogme religieux. »[694]

Nietzsche compare la situation des Indiens (avant la naissance du Bouddha), c'est-à-dire des discussions théologiques menées par les brahmanes à celle des théologiens de l'Eglise (notamment le IVe siècle avec le foisonnement des Pères de l'Eglise)[695] tels que saint Augustin, saint Thomas d'Aquin : dans les deux cas, on aboutit à un épuisement intellectuel, un effondrement sournois des valeurs morales, à un bouddhisme (européen). Le bouddhisme dit « européen » est ainsi la fin d'un monde religieux. L'Europe va mal : le nihilisme bouddhique ou épuisé[696] rend l'homme étranger à la vie. Nous assistons alors à la constitution d'un nihilisme passif en Europe et qui s'énonce ainsi :

> « en tant qu'un signe de faiblesse : la force de l'esprit peut être fatiguée, épuisée en sorte que les buts et les valeurs jusqu'alors prévalents sont désormais inappropriés, inadéquats et ne trouvent plus de croyance. »[697]

Nous sommes à une époque qui a « perdu ses marques » car les valeurs anciennes de la morale, de la croyance dans le Dieu chrétien se sont effondrées. Pour Nietzsche l'Europe est dans une situation de chaos, de dégoût de la vie. Le nihilisme est la méfiance des hommes du XIXe siècle à l'égard d'un sens du mal de l'existence. Nietzsche qualifie d'« en vain », cette absence de sens du mal et de l'existence. La conséquence est la paralysie de la pensée : les hommes ne savent

---

improductif, sans valeur. Et le Bouddha oublie de surmonter le plus important, le « plus inquiétant de tous les hôtes » (F.P. XII, automne1885-automne 1886, 2 [127], p. 129) : le nihilisme passif avec son impossibilité d'agir, un pessimisme de la faiblesse. Et nous retrouvons, dans le nihilisme, le bouddhisme comme une nostalgie du néant. C'est ce néant contraire à la vie qui fait la faiblesse de la doctrine du Bouddha.

694 F.P. X, printemps 1884, 25 [16], p. 26, cf. F.P. XIII, automne 1887, 10 [57], p. 181.

695 Michel Spanneut : *Les Pères de l'Eglise*, 2 volumes, Desclée, 1990 ; cf. également Hans von Campenhausen : *Les Pères latins*, Editions de l'Oronte, 1967.

696 F.P. XIII, automne 1887, 9 [35], p. 28.

697 Ibid, p. 28.

plus à quelle valeur se fier. Paradoxalement, d'un côté, ils restent dans une interprétation christiano-morale de l'existence ; de l'autre, les valeurs chrétiennes ayant décliné, l'Europe est dans le nihilisme : ici le nihilisme désigne aussi l'impossibilité d'inventer de nouvelles valeurs sans la référence à la morale chrétienne. L'Europe est alors dans l'impasse. Les chrétiens sont des nihilistes qui s'ignorent et les anciens chrétiens, qui ont dit non aux valeurs chrétiennes comme la pitié, le pardon, sont également des nihilistes[698], car ils pensent et vivent toujours selon la culture chrétienne (moins l'adhésion à la dogmatique du Credo). Tout en maintenant la morale chrétienne, les Européens sont « dans l'incapacité presque féminine à voir souffrir, à laisser souffrir »[699]. Ils sont ainsi trop sensibles à la compassion, un élément de la culture chrétiano-morale.

> « Nietzsche, *écrit F. Lenoir*, lance en fait un véritable cri d'alarme face à l'état d'extrême friabilité de la culture européenne qui a renié ses fondements judéo-chrétiens sans pour autant avoir la force d'aller jusqu'au bout de sa logique du meurtre de Dieu. »[700]

Nietzsche redoute avec le bouddhisme nihiliste, rappelons-le, l'avènement *« d'une Chine européenne avec une douce croyance bouddhisto-chrétienne, et, dans la pratique un savoir-vivre épicurien »*[701]. Au fond, Nietzsche sait qu'en construisant un bouddhisme nihiliste, les Européens ont l'illusion d'en finir avec le christianisme, sa morale, sa culture. La *« douce croyance »* est la marque du *« bouddhisme européen »* en ce sens qu'il est devenu opiacé, hédoniste[702] ; par conséquent les Européens ne savent plus vivre en souffrant : *« On répugne à présent à la douleur beaucoup plus que ne le faisaient les hommes de jadis »*[703], et le *« bouddhisme européen »* la calomnie.

Finalement, le *bouddhisme européen* est un bouddhisme nihiliste procédant du néant. Les Européens sont dans le néant de la culture, c'est-à-dire qu'ils ne sont plus chrétiens, ni bouddhistes (au sens du bouddhisme indien). Au contraire, ils sont des bouddhistes nihilistes, en ce sens qu'ils recherchent uniquement le plaisir dans l'existence, tout en cultivant paradoxalement la compassion. Cette articulation entre souffrance, compassion et plaisir est étrange car nous retrouvons des éléments du christianisme et de l'épicurisme. Quand Nietzsche évoque *« dans la pratique un savoir-vivre épicurien »*, il entend que les Européens recherchent le plaisir, tout en se montrant compatissants. Par *« croyance bouddhisto-chrétienne »*, on peut entendre une certaine « croyance athée », mais morale en ce sens que la compassion remplace Dieu ou tient lieu de Dieu. Dans ce néo-bouddhisme ou bouddhisme nihiliste,

---

698 *« Le scepticisme à l'égard de la morale constitue l'élément décisif. Le déclin de l'interprétation morale du monde, qui n'a plus de sanction, après qu'elle a tenté de se réfugier dans un au-delà, finit dans le nihilisme. »* F.P. XII, Auromne 1885-Automne 1886, 2 [127], p. 130.

699 *Par-delà bien et mal*, VII, § 202,, p. 115.

700 F. Lenoir : *La Rencontre du bouddhisme et de l'Occident*, op. cit. p. 151.

701 F.P. X, printemps 1884, 25 [222], p. 86.

702 F.P. XII, automne 1885-automne 1886, 2 [144], p. 140.

703 *Le Gai Savoir*, V, § 48, p. 88.

Nietzsche amalgame des éléments de la doctrine chrétienne (morale de la compassion), de la doctrine épicurienne (athéisme et plaisir) et de la doctrine bouddhiste (l'incapacité des hommes à savoir souffrir, pour les bouddhistes la souffrance est apparence)[704]. Cet amalgame est volontaire de la part de Nietzsche car il veut montrer que le « bouddhisme européen » va trop loin dans sa synthèse malheureuse des doctrines philosophico-religieuses de l'Asie et de l'Europe. En réalité, Nietzsche est favorable à un nouveau bouddhisme, à condition qu'il soit éloigné et du bouddhisme indien et du « bouddhisme européen », mais il reste très vague sur ce choix, ou plus exactement, comme à son habitude, il en appelle à un athéisme ou à un christianisme et à un bouddhisme vidés de leur contenu dogmatique respectif.

3) Le bouddhisme européen comme christianisme du Christ

Si effectivement le « bouddhisme européen » est vu, en première instance, comme une catastrophe pour l'Europe, puisque les valeurs chrétiennes subsistent par-delà l'effondrement de la croyance au « Christ en croix »[705], il n'en demeure pas moins que ce même bouddhisme, en seconde instance, est vu par Nietzsche comme l'occasion d'instaurer le véritable christianisme, c'est-à-dire le christianisme du Christ ou le christianisme a-ecclésial. Cette expression christianisme du Christ peut paraître étrange. Pourtant nous l'avons déjà utilisée au sens du christianisme de Jésus, ou le christianisme primitif sans le fardeau néfaste de l'Eglise catholique. Le christianisme du Christ est une idée que Nietzsche partage avec ses contemporains, notamment avec David Strauss et Eduard von Hartmann. Il n'est pas impossible que Nietzsche ait lu la *Vie de Jésus* de Strauss. E. von Hartmann[706] est l'un des premiers à développer le thème du christianisme du Christ[707], à y consacrer un chapitre entier. C'est en philosophe qu'il considère que la doctrine de Paul n'a aucun rapport avec l'enseignement de Jésus, mais elle vient de la messianité du Christ et *« de sa mort rédemptrice »*[708]. Selon Hartmann, le christianisme du Christ rejette cette idée

---

704 F.P. XIII, automne 1887, 9 [62], p. 42.
Dans le monde actuel, on trouve également cet éclatement des sphères religieuses, puisqu'un chrétien parfois va jusqu'à croire à la réincarnation. C'est ce que Jean-Luc Brunin dans ses cours de théologie sur *La mission ecclésiale aujourd'hui* (mai 2001 à l'Institut catholique de Lille), appelle *« un bricolage des religions »*. De même le Pape Benoît XVI, dans son homélie de clôture des Journées mondiales de la Jeunesse à Cologne en août 2005, affirmait que la religion n'est pas un objet de consommation, on ne doit pas essayer les religions mais rester dans la pureté du christianisme.

705 Cette expression *« Christ en croix »* est utilisée par Nietzsche dans le fragment posthume de l'automne 1885-automne 1886, 2 [96], p. 115 : *« Le Christ en croix est le plus sublime symbole, de nos jours encore. »*

706 E. von Hartmann : *L'Autodestruction du christianisme et la religion de l'avenir*, (présentation, traduction et note de Jean-Marie Paul), Presses universitaires de Nancy, 1989, p. 118.

707 Cette expression *Christianisme du Christ* est le titre du chapitre V de l'ouvrage d'E. von Hartmann : *L'Autodestruction du christianisme*, op. cit. p. 121-131.

708 E. Hartmann : *L'Autodestruction du christianisme et la religion de l'avenir,* op. cit., p. 129-130 : *« L'action et la mort de Jésus ne furent donc que la cause occasionnelle, inconsciente et involontaire, de la fondation par Paul de la nouvelle religion. S'il ne s'était trouvé*

de *Fils de Dieu* et de *Fils de l'Homme*, des expressions non utilisées par Jésus. Comme Moïse, Jésus est sans messianité. Avec Hartmann, Nietzsche partage l'idée que les exigences dogmatiques auxquelles Paul soumet les chrétiens n'existent pas dans l'enseignement du Jésus historique. (Rappelons que Paul est l'inventeur de la théologie de la croix et de la christologie). En s'écartant de la divinité du Christ, de son impeccabilité, de la trinité, de la mort rédemptrice, c'est une autre manière pour Hartmann, Nietzsche, Strauss de refuser la dogmatique du Credo. En fait, Jésus se considérait comme un prophète élu de Dieu et ce sont ses miracles qui ont exalté en ses disciples le besoin de le considérer comme le Messie. Jésus ne voulait qu'enseigner le judaïsme comme l'ont fait les prophètes de l'Ancien Testament. (Il est évident que l'Eglise catholique ne partage pas cette idée que les disciples ont créé le christianisme sans la référence au Christ).

Hartmann constate qu'au XIXe siècle, jamais on n'a autant parlé de religion (mais ajoutons que jamais on n'a été autant étranger à la religion avec les critiques de Feuerbach, Marx, Nietzsche...). On parle beaucoup de l'influence du christianisme dans la société et de la nécessité de passer à autre chose, à tourner la page des dix-neuf siècles d'histoire chrétienne. Nietzsche veut retrouver le christianisme du Christ et il constate qu'effectivement le christianisme

> « a atteint maintenant seulement des conditions de culture dans lesquelles il peut accomplir sa destination primitive — un niveau auquel il appartient, où il peut se montrer pur »[709].

Notre époque est mûre ou décadente comme l'était celle du Bouddha pour accueillir une chrétienté *« sans ces dogmes absurdes »* et sans l'Eglise catholique romaine[710]. Ce christianisme sans le Christ, autre nom du « bouddhisme européen », peut s'énoncer ainsi :

> « Le christianisme est encore possible à tout instant... Il n'est lié à aucun des dogmes insolents qui se sont ornés de son nom : il n'a besoin ni de la doctrine, ni du dieu personnel, ni du péché, ni de l'immortalité, ni de la rédemption, ni de la croyance, il n'a simplement besoin d'aucune métaphysique, moins encore d'ascétisme, moins encore d'une science de la nature chrétienne. »[711]

---

un Paul pour s'emparer de la mort de Jésus sur la croix et agrandir à partir de cette donnée la trame de ses idées nouvelles sur le dogme et la religion, si la doctrine de Jésus ne s'était pas échappée du christianisme judaïque (c'est-à-dire du christianisme tel qu'il était avant d'être modifié par le contrecoup des influences pauliniennes), la communauté des disciples de Jésus, qui ne se distinguait en rien des autres Juifs, si ce n'est par la foi en l'avènement d'un Messie et ce en la personne de Jésus revenant sur terre, se serait éteinte d'elle-même en ce qui la différenciait des autres Juifs, dès que leur foi en la promesse se serait révélée historiquement fausse. La différence était même trop insignifiante pour que l'on puisse parler de secte juive dans le sens habituel du terme, puisque la chose ne va pas sans une divergence quelconque dans les dogmes ou les rites. »

709 F.P. XIII, nov. 1887-mars 1888 11 [373], p. 343.

710 Ibid. p. 339.

711 Ibid. p. 338.

Et Nietzsche continue :

> « La pratique du christianisme n'est point quelque fantasmagorie pas plus que celle du Bouddhisme n'en est une : elle constitue un moyen d'être heureux. »[712]

Dans ces lignes, un théologien catholique ou protestant constaterait aisément qu'il ne s'agit nullement du christianisme tel qu'il est établi par l'Eglise catholique ou luthérienne (Nietzsche ne distingue guère entre les deux Eglises pour la raison qu'elles se réclament de la théologie de Paul). Néanmoins, nous retrouvons les contours exacts du bouddhisme de Nietzsche considéré comme une doctrine anti-ascétique, ne comportant ni dieu, ni péché, ni immortalité, ni croyance, ni métaphysique. Il s'agit alors d'une philosophie athée. Une nouvelle fois, Nietzsche attaque la doctrine chrétienne car elle n'est que mensonge et est exactement le contraire du mouvement chrétien. Cela revient à dire que L'Eglise, paradoxalement, est anti-chrétienne[713], elle *« est la barbarisation du christianisme »*[714]. Nietzsche combat les maîtres du christianisme tels que Paul, saint Augustin, Luther, et leur doctrine de la rédemption, de l'ascétisme comme hostilité à la nature, à la raison et finalement à l'Orient[715], c'est-à-dire à la sagesse athée comme le bouddhisme.

Nietzsche conçoit son christianisme comme dépouillé de toute trace de dogmatique. Il apprécie que l'Europe commence à mettre à l'écart le dieu chrétien et l'Eglise. Il croit pouvoir s'exprimer ainsi pour les raisons que le christianisme ecclésial est sur son déclin. Seulement son « Christ athée » n'est pas encore accepté, tant la superstition et la crédulité populaire sont encore loin d'avoir disparu dans la mentalité des Européens de base encore plus ou moins illettrés. Nietzsche veut que

> « l'Europe rattrape ce qu'en Inde, chez le peuple des penseurs, fut accompli il y a déjà quelques millénaires comme le commandement de la pensée ! Il y a bien aujourd'hui dix à vingt millions d'hommes parmi les différents peuples d'Europe qui ne croient plus en Dieu »[716].

Ils formeront ainsi une force dans l'Europe chrétienne et se feront entendre : être athée est une autre manière de vivre sans la solution unique de ce Dieu en croix. A la culture judéo-chrétienne du pessimisme de la faiblesse succèdera un christianisme du Christ. Au fond, Nietzsche veut rompre avec la peccabilité, la culpabilité et la glorification de la souffrance. Il sait que des générations d'hommes ont souffert d'une telle conception pessimiste de la vie. Et finalement, ils ne vivent pas, mais ils s'observent sans cesse pour ne pas enfreindre la morale chrétienne. Nietzsche propose, par son christianisme du Christ, un art de vivre libéré de toute idéologie, de toute religion, de tout Dieu-idolâtre, de toute Eucharistie. Il en va de la civilisation, d'un renouvellement de la culture européenne sans la pensée chrétienne[717].

---

712 Ibid. p. 339.

713 Ibid. p. 338.

714 Ibid. p. 338.

715 Ibid. p. 338.

716 *Aurore* IV, § 96, p. 77.

717 Il apparaît qu'au vu de la parole de Nietzsche citée plus haut, le christianisme du Christ

Notre époque est prête pour ce christianisme du Christ ou ce christianisme sans Christ et sans Eglise ou ce « bouddhisme européen », ou ce christianisme de Nietzsche. Entre ces expressions non-amalgamées, Nietzsche se glisse pour faire cette proposition :

> « Je pourrais devenir le Bouddha d'Europe : ce qui, bien entendu, serait la contrepartie du Bouddha indien. »[718]

Cela ne signifie nullement qu'il veuille créer un bouddhisme en Europe par référence au Bouddha indien, au contraire, comme à son habitude, il montre son désir de se situer par-delà le Bouddha et le Christ (à équidistance entre le bouddhisme et le christianisme), afin de montrer qu'il est un novateur aux dimensions colossales, (nous reconnaissons sa méthode : créer de nouvelles valeurs sans la référence aux anciennes valeurs chrétiennes). Il construit un bouddhisme personnel (un bouddhisme nietzschéen ?) dont les contours sont assez vagues. Quand Nietzsche prétend être *« le Bouddha d'Europe »*, il prend grand soin de s'opposer au Bouddha indien sur le plan doctrinal. En réalité, il n'y a rien de bouddhique dans sa prétention ni dans ses intentions philosophiques : le bouddhisme pour lui est également une religion à rejeter hors de l'Europe car il a trop de connivences ou d'affinités avec l'esprit du christianisme ecclésial. On est ainsi assez étonné qu'il rejette avec force tout bouddhisme (indien ou européen) et même le Bouddha n'est plus apprécié pour son athéisme, sa sagesse athée. En effet, Nietzsche trouve que le Bouddha n'est pas allé assez loin dans son rejet de toute transcendance. Comment comprendre ce malentendu entre Nietzsche et la pensée bouddhique ? Michel Hulin propose cette explication :

> « [...] Une faille demeure entre le bouddhisme et la pensée indienne en général et celle de Nietzsche. Le malentendu subsistant s'exprime — semble-t-il — de deux manières.
>
> D'un côté, Nietzsche incline parfois à considérer que le Bouddhisme représente seulement l'esquisse d'un véritable nihilisme, qu'il n'a pas derrière lui une évolution foncièrement morale[719], et qu'ainsi certaines valeurs morales non dépassées se retrouvent à l'intérieur même de son pessimisme, par

---

n'est qu'une expression usurpée, car elle n'a aucun lien ni avec le christianisme primitif ni avec le christianisme ecclésial. Ceci montre néanmoins la familiarité de Nietzsche dans son rapport au christianisme. Il ne rejette pas le nom de chrétien à condition qu'il ne représente plus l'arrière-fond culturel du christianisme historique falsifié par Paul et ses successeurs dans l'épiscopat.

718 F.P. IX, novembre 1882-février 1883, 4 [2], p. 119.

719 Nietzsche ne rejette pas totalement la morale bouddhique : il trouve des excuses au bouddhisme : « *Le bouddhisme hindou n'a pas derrière lui une évolution foncièrement morale, c'est pourquoi il n'y a chez lui, dans son nihilisme, qu'une morale non surmontée : existence comme punition, existence comme erreur, combinées, et par conséquent erreur comme punition-appréciation de valeur morale.* » (F.P. XII, automne 1885-automne 1886, 2 [127], p. 130).

exemple l'idée que toute réincarnation se produit en châtiment de fautes commises dans des existences précédentes[720]
De l'autre, s'il loue d'avoir su, dans sa théorie de la connaissance, refuser l'idée d'une réalité extérieure indépendante et lui substituer partout des constructions de l'esprit humain opérées à des fins pratiques, il n'en dénonce pas moins comme un symptôme d'affaiblissement du vouloir le renoncement bouddhique à toute perspective de ce genre, à toute tentation d'appropriation du réel à travers les constructions de l'esprit. »[721-722]

Et nous retrouvons dans la pensée de Nietzsche le rejet total de l'idée d'un bouddhisme indolent, nihiliste, cultivant stérilement un « culte du néant ». En effet, le Bouddha est un être débonnaire qui professe, rappelons-le, une doctrine où « la volonté de néant l'emporte sur la volonté de vie ». Avec une telle philosophie, le Bouddha indien est à la limite du « prêcheur de mort », incarné par la figure du prêtre du christianisme. Néanmoins, si Nietzsche se veut être à l'opposé du Bouddha indien, il utilise partiellement deux poids et deux mesures : d'un côté, la doctrine chrétienne est attaquée avec violence et qui prend la forme d'une polémique interminable avec Paul et tout prêtre ; de l'autre, la doctrine bouddhique est certes une religion nihiliste, mais Nietzsche ne la violente à un aucun moment de son œuvre, car elle n'est pas issue du terroir de la culture chrétienne. Remarquons aussi qu'entre le Bouddha et le Christ, sous la plume de Nietzsche, c'est le Christ qui s'en sort le mieux car il n'a pas fondé de religion, de dogmatique. (Mais également le Bouddha est épargné quand il est opposé au christianisme ecclésial). Au contraire, quand Nietzsche s'oppose au Bouddha, il choisit sa propre philosophie car il veut la création de valeurs.

4) LE BOUDDHISME EUROPÉEN COMME RÉSURGENCE DU CHRISTIANISME ECCLÉSIAL

a) Le second bouddhisme comme catastrophe nihiliste.

Nietzsche se félicite de la déchristianisation de l'Europe. A l'instar des brahmanes et des bouddhistes, les Européens ne croient plus en Dieu : ils n'en parlent plus car la foi est une fable, un apaisement pour *« des nerfs malades »*[723]. Mais ayant été façonnés par la culture chrétienne, les Européens peuvent-ils laisser de côté le christianisme de l'Eglise, celui de Paul, de saint Augustin, de Luther (Nietzsche les considère comme les grands « patrologues » de l'Eglise, sur ce plan, il ne distingue nullement l'Eglise catholique et luthérienne)[724] ? Maintenant c'est un point acquis : les hommes ne veulent plus de ce dieu en croix et de toute la machinerie lourde et hiérarchique de l'Eglise. Mais tout en rejetant le Dieu chrétien, Paul et les prêtres, une certaine forme de référence, voire d'adhésion à l'enseignement de l'Eglise, n'est

720 F.P. XII, automne 1885-automne 1886, 2 [127], p. 130.
721 F.P. XIII, automne 1887, [9-62], p. 41-42.
722 M. Hulin : *Nietzsche et les idéaux ascétiques indiens*, op. cit.p. 10.
723 F.P. XII, automne 1885-automne 1886, 2 [144], p. 140.
724 F.P. XII, automne-printemps 1886, 1 [5], p. 22.

pas morte. Les hommes ont besoin d'un guide, car ils sont encore en proie au doute : l'absence d'une référence à la transcendance provoque des inquiétudes sur la condition humaine.

C'est alors que Nietzsche dénonce le « bouddhisme européen » pour la raison qu'il ne parait qu'une forme déguisée du christianisme, du moins une résurgence ou un maintien de la morale chrétienne comme la pitié, la fraternité ; cela s'explique par l'indifférence religieuse qui masque le retour

> « du SECOND BOUDDHISME / La catastrophe nihiliste qui met un terme à la culture. / Présages de ceci : / expansion prépondérante de la pitié / le surmenage intellectuel./ Réduction des problèmes aux questions du plaisir et du déplaisir / la gloire belliqueuse que provoque un contrecoup / de même que la délimitation nationale provoque un mouvement contraire, la plus cordiale « fraternité » / l'impossibilité pour la religion de poursuivre son travail avec des dogmes et des fables »[725].

Nietzsche évoque deux bouddhismes : le premier serait celui du Bouddha indien défini (pour les Européens) comme la séduction du « culte du néant » : ils ont trouvé dans le bouddhisme un apaisement à leurs souffrances par l'annihilation de la volonté ; le deuxième serait le parachèvement de *« la volonté de néant »* : le nihilisme, l'absence de valeurs mais aussi le maintien de la morale chrétienne. Ainsi le premier bouddhisme serait indien, le deuxième serait européen et aurait le sens d'une impasse de la culture occidentale.

En effet, Nietzsche définit *« le nihilisme comme symptôme de ce que les ratés n'ont plus de consolation »*[726]. Au départ, le bouddhisme était fait pour l'élite intellectuelle, maintenant il est revendiqué par tous ceux qui veulent se séparer de la dogmatique chrétienne, acquérir la puissance par l'instinct d'auto-destruction, *« la volonté de néant »* :

> « C'est la forme européenne du bouddhisme, le faire-négatif, une fois que toute existence a perdu son sens. »[727]

Le bouddhisme est un nihilisme passif en ce sens que les hommes deviennent indifférents à la morale, à Dieu, aux sacrifices. En revanche, le christianisme est un nihilisme actif en ce sens que Dieu, la morale, le sacrifice étaient des remèdes au dénuement[728]. Une longue lassitude entre les combats intellectuels autour de la question de Dieu et de la morale a conduit *« à un scepticisme désespéré envers la philosophie »*[729]. Cela inquiète Nietzsche :

> « Toute détermination de valeurs purement morales (par exemple celle des bouddhistes) aboutit au nihilisme : il faut s'y attendre pour l'Europe ! On croit s'en sortir par un moralisme sans arrière-plan religieux : mais par là le

---

725 F.P. XIII, automne 1887, 9 [82], p. 48.

726 F.P. XII, été 1886-automne 1887, 5 [71], p. 215.

727 Ibid. p. 215.

728 Ibid. p. 215.

729 Ibid. p. 216.

chemin mène forcément au nihilisme. Dans la religion, l'obligation de nous considérer comme déterminant les valeurs est absente. »[730]

C'est alors que Nietzsche reconnaît que le bouddhisme maintient une certaine morale sans Dieu, proche d'un mouvement qui se développera après lui : le christianisme ecclésial. Les principes ont changé. Ce bouddhisme est *« latent »*[731]. *« Vraisemblance d'un nouveau bouddhisme. Le suprême danger. »*[732] *« Sans doute serait-il impossible d'éviter un bouddhisme européen »*[733], c'est-à-dire un nihilisme, une manière incertaine d'être, de vivre dans le relativisme, le dégoût de l'existence (par absence de création de valeur). Ce second bouddhisme (à distinguer du bouddhisme indien) est un « bouddhisme européen » dont la première caractéristique est le nihilisme au sens de lassitude et de dépréciation des valeurs : dans une nouvelle religion, les hommes ne seront plus dans l'obligation de déterminer des valeurs, au contraire, ils seront toujours déterminés par les anciennes valeurs du christianisme ecclésial. Cette montée du nihilisme est une propension à considérer le *« en vain »*, la ruine de toute croyance. Nous assistons à un *« anéantissement par le jugement »*[734]. Les Européens sont désabusés à l'égard de l'idéal et de la vie[735]. Ils croient qu'il suffit de chasser le « Christ en croix » et l'Eglise pour ne plus être chrétien. Mais ils se trompent : le vide laissé par « la mort de Dieu » est comblé par le nihilisme de la morale chrétienne. Au nihilisme (l'effondrement de la croyance en Dieu) succède un autre nihilisme passif ou sournois (la croyance aux valeurs chrétiennes de charité). Ni le bouddhisme européen, ni le bouddhisme indien ne savent se détacher de la morale : les hommes des deux continents restent moraux[736]. A partir de là, on comprend mieux les attaques de Nietzsche contre le bouddhisme européen, ce pessimisme de la faiblesse.

b) Le concept de *« bouddhisto-chrétien »* ou les ombres du Bouddha et du Christ sur l'Europe.

Nietzsche sait que les Européens sont fatigués de la culture judéo-chrétienne, de sa dogmatique ecclésiale. Mais ils vivent mal ce rejet car la culture judéo-chrétienne est, semble-t-il, indétachable d'une partie de la dogmatique chrétienne comme la morale de la compassion, la sacralité de toute personne (conçue à l'image de Dieu). Ainsi la situation culturelle de l'Europe est des plus paradoxales : la perte de la foi ne s'accompagne pas forcément d'un rejet total de la culture chrétienne : « *Peut-être une sorte de Chine européenne est-elle en train de naître, avec une douce croyance bouddhisto-chrétienne* [...] »[737]. Cette *« douce croyance bouddhisto-chrétienne »* est

730 F.P. XII, fin 1886, printemps 1887, 7 [64], p. 308.

731 F.P. XII, automne 1885-printemps 1886, 1 [3], p. 20.

732 F.P. XII, automne 1885-printemps 1886, 2 [131], p. 135.

733 F.P. XI, automne 1884-automne 1885, 35 [9], p. 242.

734 F.P. XIII, nov. 1887-mars 1888, 11 [123], p. 253.

735 Ibid. 11 [124], p. 253.

736

737 F.P. X, printemps 1884, 25 [222], p. 86.

Dans son article sur *Nietzsche et le bouddhisme* (Encre Marine, 1997, p. 22-25) Marcel

un leurre, car elle garde le sens d'un pessimisme de la faiblesse à cause de sa morale.

Nous surprenons Nietzsche en train de rapprocher le christianisme et le bouddhisme sur le thème d'une certaine morale religieuse paradoxalement athée. Nous avons vu, en effet, qu'il éprouvait des difficultés à opposer l'inimitié à l'amitié dans les deux grandes religions du nihilisme[738]. Quoi qu'il en soit, le parallélisme entre ces deux religions athées ne lui échappe pas. Le bouddhisme lui apparaît comme un frère jumeau du christianisme. Il va même jusqu'à dire non au bouddhisme car il est une forme du christianisme[739], une restauration d'une *« douce croyance »*[740] à la morale chrétienne.

Les deux « religions » ont un seul souci : armer les faibles contre les forts[741], car, rappelons-le, foncièrement dans la morale *« bouddhisto-chrétienne »*

> « les médiocres, *écrit Nietzsche*, ont plus de valeur que les êtres d'exception, les produits de la dégénérescence plus que les médiocres, la volonté de néant l'emporte sur la volonté de vie et le but général est exprimé en chrétien, en bouddhiste ou en schopenhauérien : plutôt ne pas être qu'être »[742].

L'expression *« douce croyance bouddhisto-chrétienne »*[743] se précise : elle désigne la fidélité des Européens à la morale chrétienne sans le Christ. Nietzsche est contre la réduction de la réalité à la morale. Penser la vie en des termes moraux, c'est être toujours dans le pessimisme de la faiblesse. Rappelons que toute morale est une sorte de *« prêche de mort »*[744] à cause de la présence supposée du péché, de la faute. Nietzsche relève, à deux reprises sur quatorze ans d'intervalle, ces deux formules qu'il prête au Bouddha :

Conche tente d'expliquer ce nihilisme bouddhique. Mais pour cela, il ne fait que reprendre les formules de Nietzsche sans réellement en proposer un commentaire détaillé. Toutefois ses propos sont fort utiles à la compréhension de Nietzsche dans son rapport au nihilisme boudique.

738 Rappelons les lignes du *Dhammapada* (*Dhammapada*, VII, Arahantavagga, cf. *Aux sources du bouddhisme*, (direct. L. Silburn, Fayard, 1997, p. 73) :

« Ah ! nous vivons heureux sans haïr ceux qui nous haïssent. Parmi ceux qui nous haïssent, demeurons sans haine. » (Ibid. p. 145).

« Compassion, patience, sollicitude, vœux, naissance, perfectionnement des êtres, tel est le grand arbre de la compassion, de la racine jusqu'au fruit. » (Ibid. p.143).

« Puissé-je être pour les pauvres un trésor inépuisable, être prêt à leur rendre tous les services qu'ils désirent. » (Ibid. p. 143).

739 F.P. X, printemps 1884, 25 [222], p. 86.

740 Ibid. p. 86.

741 F.P. XIV, printemps 1888, 14 [123], p. 93.

742 Ibid. p. 93. Les chrétiens ou les bouddhistes ou les schopenhauériens adhèrent tous à la morale issue du christianisme ecclésial même s'ils ont su tuer Dieu dans leur croyance.

743 F.P. X, printemps 1884, 25 [222], p. 86.

744 Ainsi parlait Zarathoustra, VI, p. 57.

« Bouddha : “Vivez, vous les saints, en gardant secrètes vos bonnes œuvres et en laissant voir vos péchés.” »[745]

« Laissez voir aux gens vos fautes et cachez vos vertus. »[746]

Le premier fragment qui date de janvier 1870-septembre 1871, la même époque que *La Naissance de la tragédie*, a le sens d'une *« faute de goût »*[747]. Le second fragment date de 1888 et masque une identification du bouddhisme au christianisme, à sa morale. Nietzsche a trouvé ces deux citations dans *Die Religion des Buddhas*[748] de F. Köeppen. Toutefois, en les recopiant, il ne leur donne aucune explication. Quoi qu'il en soit, il apparaît clairement que bouddhisme et christianisme défendent la morale comme une même valeur inébranlable. Le bouddhisme se soucie aussi du concept de péché, de faute. En effet, *Moha*, *raga*, *dvesha*[749] désignent les *« tares innées » (klesha)*, à l'origine de toutes les fautes déterminées et à chaque fois l'homme souffre. Nous pouvons y voir, très précisément, une similitude avec le christianisme sous le concept de péché ; toutefois les solutions pour sortir de ses fautes ne sont pas identiques dans le christianisme et le bouddhisme. En effet, le bouddhisme condamne les mauvaises actions comme le meurtre, le vol, le mensonge, les paroles grossières, la colère. Comme le remarque André Barreau[750], celui qui veut atteindre le *nirvâna* doit observer les règles de la morale. Ces règles sont fournies par la quatrième *noble vérité (Mârga)*, *la Voie de la délivrance* à *Huit Branches* : opinion correcte, intention correcte, parole correcte, moyens d'existence correctes, effort correct, attention correcte et concentration mentale correcte. Comme le christianisme de Paul, le bouddhisme est trop préoccupé par la triste condition des hommes. C'est pourquoi il insiste sur les défauts humains comme le désir (la soif), l'origine de toute douleur. A partir de là, Nietzsche reproche aux Européens de faire une sorte de lecture chrétienne du bouddhisme afin de se rassurer par rapport à leur propre culture judéo-chrétienne que finalement ils ont du mal à quitter.

Le concept de *« bouddhisme européen »* a été forgé par Nietzsche pour montrer qu'une conception commune existe dans le bouddhisme et dans le christianisme à propos de la prise en charge d'une sorte d'humanité souffrante. Dans la logique de Nietzsche, bouddhisme et christianisme ont procédé à une négation de Dieu par-delà les frontières et leur culture respective dans lesquelles ils ont grandi. (Par bouddhisme, il faut entendre le christianisme charitable moins le Christ). Et les nouveaux religieux (révisés par Nietzsche) sont des athées comme le Bouddha et le Christ. En ce qui concerne le Christ, mis à mort sur la croix, l'homme seul est responsable de

---

745 F. P. I *, septembre 1870-janvier 1871, 5 [58], p. 235. Cette formule est une citation de Köppen : *Die Religion des Buddha*, op. cit. p. 407.

746 *Aurore* IV, § 558, p. 284.

747 Ibid. p. 284.

748 Livre emprunté par Nietzsche à la Bibliothèque de l'université de Bâle, le 25-10-1870.

749 En pali : *moha* (haine), *lobha* (convoitise) et *dosa* (égarement).

750 Cf. article « Bouddhisme », André Barreau, Encyclopaedia universalis, 1992, p. 386.

ce meurtre[751]. Avec sa mort, sa divinité (supposée) durant son existence prend place réellement dans la dogmatique de ses Apôtres et des premiers chrétiens. Mais chez les chrétiens du XIXe siècle, la croyance au Christ-Dieu s'effondre : c'est une seconde mort plus redoutable que la première puisqu'avec elle, les idées chrétiennes devraient prendre fin. Mais, rappelons-le, ce n'est qu'un leurre. Les idées pour lesquelles les premiers disciples et les dogmaticiens comme les Pères de l'Eglise se sont battus et qu'ils ont expliquées à travers leurs prêches, ont tant façonné l'Europe chrétienne et même des hommes sont morts martyrs pour leur foi. Au XIXe siècle, ce Dieu dont le symbole de la croix a été le signe de ralliement au christianisme est effectivement mort une deuxième fois sous l'effet de la critique des intellectuels (allemands), fatigués par près de 2000 ans de christianisme ou de culture chrétienne (judéo-chrétienne). Ajoutons que, pour Nietzsche, cette critique proprement intellectuelle n'est que la traduction conceptuelle d'un effondrement à la fois beaucoup plus ancien et plus largement partagé. Ce Christ est mort en apparence une seconde fois dans les idées. A la fin de cette double mort, les idées du bouddhisme frappent aux portes de l'Europe, une tâche d'autant plus facile que le christianisme disparaît au XIXe siècle, donc il n'y a plus d'adversaire. Mais le vide laissé par le christianisme ecclésial n'est pas pour autant comblé par le bouddhisme indien. Au contraire, Nietzsche rejette également les idées bouddhistes car elles lui rappellent trop la morale chrétienne. Au fond, avec l'émergence en Europe de la doctrine bouddhique, Nietzsche reproche aux Européens de son temps de confondre leur christianisme agonisant avec leur « bouddhisme européen ». Finalement, dans le débat des idées religieuses, le bouddhisme (européen) n'apporte rien de nouveau, au contraire, il apporte par sa morale athée, sa sagesse athée, ce que les Européens cherchent et qu'ils ont trouvé en tuant le christianisme.

Selon Nietzsche, « parallèlement au christianisme » le Bouddha a développé une morale de la compassion. Même après sa mort physique (— 480), ses idées survivent dans les doctrines du Petit Véhicule et du Grand Véhicule. Et ce sont les hommes qui ont conceptualisé son enseignement, comme si sa morale (d'après les vues de Nietzsche) était faite pour la vie. Le Bouddha nie l'existence d'un dieu et donc d'une transcendance. Le bouddhisme a fait ce que le christianisme fera en deux mille années : avec la mort du Bouddha et même de son vivant, s'achève la croyance en Dieu et la divinisation de l'homme. Le Indiens ont su avant le christianisme faire périr les Dieux. D'ailleurs, le bouddhisme est né en réaction contre le polythéisme envahissant de la société brahmanique. Les Européens ont rattrapé leur retard de 25 siècles au XIXe siècle. Seulement, avec l'abandon de la croyance en Dieu, subsiste l'ombre du Bouddha. Ceci inquiète Nietzsche :

> « Après que le Bouddha fut mort on montra encore des siècles durant son ombre dans une caverne (ombre formidable et effrayante. Dieu est mort : mais telle est la nature des hommes que, des millénaires durant peut-être, il

751 *Ainsi parlait Zarathoustra*, VI, p.107 : « *Les prêtres ne surent aimer leur dieu qu'en clouant l'homme à la croix.* » Cf. également *Le Gai Savoir*, V, p. § 125, p.149-150.

y aura des cavernes où l'on montrera encore son ombre). Et quant à nous autres, il nous faut vaincre son ombre aussi. »[752]

Avec la mort du Bouddha, subsiste donc son ombre appelée morale (chrétienne) : si la pratique religieuse en Europe disparaît peu à peu, les ombres du « Dieu » Bouddha demeurent visibles et inévitables. Cela signifie que la morale prend la forme d'une transcendance immortelle ou bien qu'elle fonctionne comme une transcendance immortelle sans la référence à un Dieu. Ici ne perdons jamais de vue qu'il s'agit de l'Europe chrétienne qui est en train d'accomplir le même parcours que le bouddhisme indien primitif. Finalement, le bouddhisme va opérer un faux remplacement du christianisme en Europe. Autrement dit, le bouddhisme européen est une résurgence pure et simple des principes de la morale chrétienne. L'ombre du Bouddha désigne également l'ombre du Christ : les deux ombres n'en font qu'une seule en Europe et symbolisent le maintien des idées morales chrétiennes ou bouddhistes. Nietzsche fait le parallèle entre le Bouddha (le *« Christ athée »* de l'Inde)[753] et le Christ. Il est préoccupé par cette double mort corporelle qui n'entache en rien la survie des idées de chacun de ces fondateurs de « religion ». L'ombre du Bouddha dans la caverne et l'ombre du Christ sur le Golgotha planent toujours sur l'Europe bouddhisto-chrétienne. Ici Nietzsche exprime ses craintes avec une véhémence accrue dans ce fragment posthume de l'automne 1881 :

> « En tout domaine où l'on vénère, admire, dispense le bonheur, où l'on craint, espère, pressent, devine, se cache encore le Dieu que nous avons dit mort (il rôde par maints détours et ne veut surtout pas être reconnu ni nommé par son nom. C'est en effet à ce moment-là qu'il s'éteint telle l'ombre de Bouddha dans la caverne), il ne continue de vivre que sous la singulière et nouvelle condition que l'on ne croit plus en lui. Mais il est devenu un spectre ! Evidemment. »[754]

Ces lignes sont d'une grande clarté. En effet, quand Nietzsche affirme que le Bouddha continue de vivre sous la condition que l'on ne croit plus en lui, cela signifie que le bouddhisme est mort ou bien que c'est le christianisme qui est mort. Mais dans les deux cas, vivre, c'est ne plus croire ni au Bouddha ni au Christ, même si l'un et l'autre sont toujours une espérance et un référent. Ceci montre, une nouvelle fois, que sans le Christ ou le Bouddha, la morale *« bouddhisto-chrétienne »* survit. Le Christ est devenu impopulaire car il représente son Eglise constituée par les hommes au cours des siècles. Mais s'il n'est plus vénéré, et ceci est un point acquis pour Nietzsche dès son époque, il ne demeure pas moins que la pratique des idées chrétiennes comme la Loi de charité subsistera toujours[755]. Ainsi le cadavre des

---

752 *Le Gai Savoir*,V, § 108, p. 137.

753 Expression que nous empruntons à Edgar Quinet.

754 *Le Gai Savoir*, V., automne 1881, 14 [14], p. 500.

755 Mais cette idée que la morale chrétienne subsiste par-delà la mort de la religion chrétienne est également partagée par Hartmann dans son *Autodestruction du christianisme et la religion de l'avenir* (op. cit., p. 108) : *« La théologie catholique se comporte [...] comme une langue morte ; elle est un cadavre soigneusement embaumé comme la religion qu'elle sert. »*

idées chrétiennes n'est pas entièrement décomposé : Nietzsche dénonce inlassablement les principes de charité ou de pitié auxquels les Européens sont attachés naturellement. L'Europe est prête pour accueillir le bouddhisme comme une fausse nouvelle « religion » ou une fausse nouvelle manière de penser à laquelle Nietzsche livre naturellement la guerre. Il ne veut pas de ce genre de bouddhisme, car il est un christianisme déguisé. Les Européens sont incapables d'inventer un bouddhisme sans la référence à la morale chrétienne. Cela implique qu'ils ont besoin d'être rassurés après la mort du Dieu chrétien. Ils ne parviennent guère à se détacher de leurs anciennes tables de valeurs. Et certaines tentatives pour renverser les tables anciennes montrent que les Européens sont dans un auto-déchirement : le vide de leurs racines culturelles provoque en eux un malaise sans précédent dans l'histoire de l'humanité. Les conditions de la naissance du bouddhisme européen ou du christianisme européen ne sont pas comparables à l'apparition du bouddhisme en Inde, car le bouddhisme indien est apparu avec de nouvelles tables de valeurs par opposition aux tables de valeurs brahmaniques. Mais dans le cas des Européens, ceux-ci ne passent jamais d'une table à une autre : ils restent toujours dans la morale chrétienne qu'ils font passer fallacieusement pour une morale « bouddhisto-chrétienne » ou même une morale bouddhique sans la dogmatique chrétienne[756].

En réalité, Nietzsche reproche aux Européens, dans leur invention d'un pseudo-bouddhisme en Europe, d'être incapables de savoir souffrir, de refuser la souffrance, de faire comme le Bouddha une « guerre à la souffrance », mais pas au péché.

> « La forme moderne du christianisme, *écrit Patrick Wotling*, partage avec le bouddhisme le fait de rechercher avant tout des représentations apaisantes, susceptibles de calmer un appareil de perception de la douleur trop sensible. Ce qui faisait la grandeur du christianisme de Pascal, la force d'affronter les représentations tragiques de la religion, n'est plus possible. La religion de l'Europe moderne n'est donc plus spécifiquement chrétienne, elle tend à devenir indifférente[757] aux dogmes et aux différences de confession pour ne plus accepter à titre de contenu que les représentations anesthésiantes. Religion de la faiblesse, elle n'a pas la force d'affronter la souffrance que suscite l'aspect mystérieux et énigmatique du dogme. »[758]

---

756 Nietzsche sait que le bouddhisme européen n'est pas le bouddhisme asiatique. Il se place sur un plan culturel : même si les bouddhistes asiatiques ne croient pas en un être transcendant (Pourtant au Tibet, vers le VIIe siècle, le Bouddha a été divinisé, un certain bouddhisme populaire a ainsi fini par accepter un principe divin). Les Européens les rejoignent tardivement, mais ce n'est pas pour autant qu'ils adoptent la mentalité de la culture bouddhiste issue de l'Asie. L'arrière-fond culturel de l'Europe et de l'Asie est radicalement différent surtout au niveau de l'application des méthodes bouddhistes de méditation... Les Européens n'adopteront pas tels quels les principes du Petit Véhicule ou du Grand Véhicule. Ils transformeront et adapteront ces principes à leur propre culture. C'est pourquoi, selon Nietzsche, le second bouddhisme est né sur un sol européen déchristianisé, *« fort peu indien »*.

757 Sur l'indifférence des hommes d'aujourd'hui en matière de religion, on se reportera au livre de René Remond : *Le Christianisme en accusation*, Desclée, 2000.

758 P. Wotling : *Nietzsche et le problème de la civilisation*, op. cit. p. 325.

Dans ces analyses éclairantes, c'est le bouddhisme européen qui sonne comme un leurre. Car de quoi est-il composé ? Disons-le de pessimisme, de faiblesse, d'inactivité, de refus de la souffrance. Les pseudo-bouddhistes européens développent une phobie de la souffrance, en ce sens, ils sont des pessimistes européens, ou des pessimistes de la faiblesse, car ils n'ont pas compris que *« la souffrance est aussi,* écrit M. Hulin, *un ingrédient de la joie la plus haute, celle de l'acquiescement extatique au réel »* [759]. Les ombres du Bouddha ou du Christ en Europe désignent une conception *« bouddhisto-chrétienne »* de la vie qui peut tenir dans l'indifférence religieuse, l'absence de valeurs nouvelles, l'observance de la morale de la compassion, c'est-à-dire de la morale des esclaves. Et finalement, Nietzsche reproche aux Européens de pratiquer un culte sans dieu sous la forme de la morale, de restaurer le sacré dans une conception apparemment profane. Cette sacralité de la morale est le maintien manifeste d'une forme de transcendance. Une nouvelle fois, avec cet étrange amalgame entre bouddhisme et christianisme, Nietzsche reproche aux Européens d'armer les faibles contre les forts[760] et de rester finalement dans la culture chrétienne.

c) Wagner ou « le christianisme comme graine éventée du bouddhisme »

A l'égard de Richard Wagner (1813-1883)[761], Nietzsche a eu le même emportement dans le comportement qu'avec Schopenhauer : il passe de l'admiration[762] à la rupture radicale avec l'un et l'autre dès 1878-1879, date de la rédaction de *Humain trop humain.* Dans son avant-propos à *La généalogie de la morale,* Nietzsche explique sa double rupture par la confiance de Schopenhauer et de Wagner dans la morale chrétienne, une morale hostile à la vie.

Wagner passe pour un bouddhiste dans l'Europe du XIXe siècle. Il a découvert le bouddhisme avec l'*Introduction à l'histoire du bouddhisme indien* d'Eugène Burnouf, livre qui le captive et il ajoute :

---

759 M. Hulin, article : *Nietzsche et les idéaux ascétiques indiens,* op. cit., p. 10.

760 F.P. XIV, printemps 1888, 14 [123], p. 93.

Nietzsche ne distingue guère les chrétiens des bouddhistes et des schopenhauériens car ils adhèrent tous à la morale issue du christianisme ecclésial. P. Wotling a bien vu que « *Nietzsche constate effectivement, dans le cas du christianisme, l'effacement du contenu dogmatique au profit d'une "vertu" unique, la pitié, cette "religion de la pitié", qui se double du reste d'une "morale de la pitié".* » Cf. P. Wotling, *Nietzsche et le problème de la civilisation,* op. cit., p. 323-324.

761 Cf. article de Théodor de Wysewa (1897), « L'amitié de Frédéric Nietzsche et de Richard Wagner » in *Nietzsche,* 1892-1914, (« Les Trésors retrouvés de la revue des deux Mondes), Maisonneuve et Larose, Editions des Deux Mondes, 1997, p. 107-117.

762 Suite à sa rencontre avec Wagner, en 1869, Nietzsche écrit : « *Tout récemment une proximité qui me comble de bonheur, le plus chaleureux, le plus généreux, avec Richard Wagner, c'est-à-dire avec le plus grand génie, le plus grand homme de ce temps, sans commune mesure avec aucun autre !* » Cf. Lettre de Nietzsche à Deussen, Bâle, le 25 août 1869 in Paul Deussen : *Souvenirs sur Friedrich Nietzsche,* Le Promeneur, 2002, p. 110.

Comparons avec les mots de Nietzsche en 1888 : *« Je déteste Wagner. »* Cf. *Le Cas Wagner,* VIII, Avant-propos, p. 18.

« J'y trouvais même matière à un poème dramatique que je n'ai pas perdu de vue, quoique je l'aie à peine ébauché. Un jour peut-être le développerai-je. J'ai intitulé cette pièce Les Vainqueurs. »[763] (Cette pièce est restée à l'état d'ébauche).

Selon Raymond Schwab, Wagner qui *« flatte tous les instincts nihilistes »*[764] comme la morale chrétienne, avait une admiration pour l'Inde (*« qui allait de pair avec un antisémitisme forcené »*[765]). Il lut avec beaucoup moins d'attention que Taine le livre de Friedrich Köppen, *Die Religion des Buddhas* (1857), car il défend sa propre conception de la figure du Bouddha, très opposée aux commentateurs de son temps. Wagner considère le bouddhisme, d'après la formule de Schwab, comme *« une annexe à un cycle mystique de Moyen Age chrétien »*[766]. Sa fascination pour l'Inde lui permet des rêveries pour construire son *Parsifal.*

En évoquant Wagner dans ses dernières œuvres, Nietzsche met en garde les Européens contre le *« bouddhisme européen »*. Voici comment il veut réveiller les hommes de son temps :

> « On oublie [...] comment notre culture européenne en vient seulement aujourd'hui à se rapprocher à nouveau de cet état de friabilité philosophique et de culture tardive, à partir duquel la formation d'un bouddhisme devient compréhensible. »[767]

Il y a dans l'Europe la formation d'un bouddhisme dont Schopenhauer et Wagner sont responsables. Wagner est un schopenhauérien convaincu depuis qu'il a lu en 1854 *Le Monde comme volonté et comme représentation.* Dès 1882, Nietzsche met en garde contre Wagner :

> « Schopenhauérienne est la tentative de Wagner de concevoir le christianisme comme une graine éventée du bouddhisme et de préparer pour l'Europe une époque bouddhiste, un moyen d'un rapprochement temporaire avec des formules et des sentiments christiano-catholiques. »[768]

---

763 Formule citée par Raymond Schwab : *La Renaissance orientale*, op. cit. p. 460.

764 *Le Cas Wagner*, VIII, Post-scriptum, p. 47.

Dans les instincts nihilistes que Nietzsche prête à Wagner, nous retrouvons le thème de l'affaiblissement des instincts tel que nous l'avons vu dans l'anti-ascétisme bouddhique, Wagner est affaibli par son régime végétarien : « *Définition du végétarien : un être qui aurait besoin d'un régime fortifiant. Eprouver comme malfaisant ce qui fait du mal, savoir s'interdire ce qui vous fait du mal, c'est un signe supplémentaire de jeunesse, de force vitale. Un être supplémentaire de jeunesse, de force vitale. Un être épuisé est alléché par ce qui lui fait du mal : un végétarien l'est par les légumes. La maladie même peut être un stimulant vital : encore faut-il être assez sain pour ressentir ce stimulant comme tel ! Wagner aggrave l'épuisement : c'est bien pourquoi il attire les êtres faibles et épuisés.* » (*Le Cas Wagner*, VIII, § 5, p. 29).

765 R. Schwab : *La Renaissance orientale*, op. cit.,p.460.

766 R. Schwab : *La Renaissance orientale*, op. cit.,p. 466.

767 F.P. XIII, nov. 1887-mars 1888, 11 [413], p. 364.

768 *Le Gai Savoir*, V, § 99, p. 124-125.

Dans cette longue formule, Nietzsche reproche à Wagner (à son œuvre), son christianisme, son acceptation des principes pessimistes de la Bible. Lorsque vers la fin de sa vie, Wagner rend hommage à la chasteté[769], Nietzsche voit que son ancien ami et « maître » est chrétien. Mais il sait aussi que Wagner a atteint son but comme Napoléon avait atteint Moscou[770] : il le soupçonne d'être un faux chrétien,

> « de jouer un peu au chrétien et au nouveau converti pour faciliter sa récente insertion dans la société allemande : ce soupçon, poursuit Nietzsche, lui nuisit plus encore à mes yeux que le dépit d'avoir mis mes espoirs dans un romantique vieillissant dont les genoux étaient déjà assez las pour s'effondrer devant la croix »[771].

Wagner restitue, par sa morale de la compassion[772], la pensée chrétienne des Eglises luthérienne et catholique. Il instaure ainsi un mélange de christianisme et de bouddhisme, une pensée christiano-bouddhiste, fondée sur la guerre contre la souffrance. Wagner et les Européens de son temps sont particulièrement irritables, hypersensibles à la souffrance. Comme le remarque Patrick Wotling[773], la névrose européenne est le soulagement devant la souffrance par des moyens comme l'observance de la morale. *« La culture européenne est une protestation face à la souffrance. »*[774] C'est ainsi que les Européens deviennent bouddhistes, car ils ne savent plus souffrir. Ils souffrent parce qu'ils ne savent plus accueillir le bonheur comme le malheur avec la même vigueur.

L'Europe sombre alors dans la culture de la pitié :

> « La "religion de la pitié" que l'on voudrait nous persuader d'adopter, — oh ! nous ne connaissons que trop bien ces hystériques hommelettes et femmelettes qui aujourd'hui ont besoin de se voiler et de s'affubler précisément de cette religion-là ! Nous ne sommes pas des humanitaires ; nous n'oserions jamais nous permettre de parler de notre "amour de l'humanité" — aucun d'entre nous n'est assez comédien pour cela. »[775]

Nietzsche se réjouit de l'effondrement du dieu chrétien, de la mort de Dieu. Le danger est la tentation, la séduction du néant ou d'un retour à la morale chrétienne. Avec la volonté qui se retourne contre la vie s'annonce la maladie douce et triste de l'Europe :

> « Cette morale de la pitié qui gagnait de plus en plus, contaminant même les philosophes et les rendant malades, était à mes yeux, écrit Nietzsche, le symptôme le plus inquiétant de notre civilisation européenne, elle-même

---

769 Cf. *La Généalogie de la morale*, VII, troisième dissertation, § 2, p. 289.

770 F.P. XII, automne 1885-automne 1886, 2 [101], p. 117.

771 F.P. XII, automne 1885-automne 1886, 2 [101], p. 117-118.

772 *Le Gai Savoir,* V, § 99, p. 125.

773 P. Wotling : *Nietzsche et le problème de la civilisation,* op. cit. p. 323

774 Ibid. p. 323.

775 *Le Gai Savoir* : V, § 377, p. 286.

devenue inquiétante : un détour aboutissant peut-être à un nouveau bouddhisme ? à un bouddhisme européen, au nihilisme. »[776]

Il n'est pas certain que Nietzsche ait vu toutes les implications des rapports entre christianisme et bouddhisme et même, il ne cherche jamais à s'expliquer sur ce qu'il entend par l'expression *« graine éventée du bouddhisme »*[777]. Néanmoins, il reproche à Wagner de se saisir de la culture bouddhique pour la mélanger avec la culture chrétienne sans adhérer précisément à la dogmatique chrétienne ou bouddhique. Il recherche la construction d'une pensée christiano-bouddhique fondée sur la morale du troupeau. Un tel mélange d'une morale aristocratique (le bouddhisme indien) et d'une morale du troupeau (le christianisme européen) est incompatible ; il aboutit à un *« bouddhisme européen »* qui porte les marques du pessimisme de la faiblesse. *« Les religions sont détruites par la foi en la morale »*[778] : au dieu christiano-moral, on peut substituer un athéisme. Mais le problème pour Nietzsche est celui de la culture européenne. *« Car lorsqu'on a découvert les conditions nécessaires qui seules lui permettent de croître, on ne veut plus du bouddhisme »*[779]. Wagner est un faux chrétien et un faux bouddhiste car il n'incorpore nullement la dogmatique respective de ces deux religions. Il recherche la survie de la morale chrétienne sans la foi en Dieu, il incarne le bouddhisme européen, au sens de nihilisme européen.

Le bouddhisme européen ne sera jamais le bouddhisme indien, religion sans dieu : il sera toujours un christianisme européen car il apporte un grand soin à la morale de la pitié[780]. Dès lors le bouddhisme européen est christianisé, c'est-à-dire qu'il se réfère inévitablement à la culture européenne dont le trait principal est le

---

776 *La Généalogie de la morale,* VII, Avant-propos, § 5, p. 219.

777 Ibid. p. 219. Le christianisme est bien une *« graine éventée du bouddhisme »*. Cela signifie que ces deux religions sont très proches. Un administrateur anglais de Ceylan souligne clairement ce qui rapproche bouddhisme et christianisme :
« Ces dogmes (bouddhistes) se rapprochent d'une manière étrange des symboles et des dogmes chrétiens. On y trouve sous d'autres formes le fruit du mal et du bien, qui n'est plus une pomme, mais une figue ; Eve, succombant à la tentation ; le serpent tentateur ; la Vierge donnant le sein au Rédempteur — tout ce que la croyance chrétienne contient, ou de fondamental, ou de symbolique ou de mystérieux... L'idée de l'incarnation divine dans un être humain en constitue le fond même et l'essence. Le bouddhisme va plus loin : il la multiplie comme, autrefois, les gnostiques, et établit la possibilité pour l'homme de devenir dieu et de se réunir à la substance éternelle. L'orthodoxie chrétienne accepterait la plupart des préceptes inculqués par la morale bouddhiste. On croit, en parcourant leur traités ascétiques, lire Gerson ou le mystique Tauler. Ces sentences attestent l'identité des phénomènes qui se manifestent dans l'histoire de l'esprit humain. Le bouddhisme a ses catholiques et ses protestants... Certains temples, élevés au Dieu unique respirent la simplicité et l'austérité des temples réformés... » (propos cités par Henri de Lubac : *La Rencontre du bouddhisme et de l'Occident*, Aubier, 1952, p. 163).

778 F.P. XII, aut. 1885-aut. 1886, 2 [107], 8, p. 119

779 Ibid, p. 119

780 Cf. le livre du théologien catholique, Gustave Thils : *Christianisme sans religion*, Casterman, 1968.

souci des pauvres, des faibles. Pourtant Nietzsche, rappelons-nous, n'a pas cru que le bouddhisme indien comporte ce grand principe de la Loi de charité, car il *« n'a pas derrière lui une évolution foncièrement morale »*[781]. Il ne s'agit pas ici du bouddhisme indien, mais du bouddhisme européen qui porte les marques de la doctrine de l'Eglise et non du Bouddha.

Comme Wagner prépare une Europe pessimiste ou bouddhiste, ou chrétienne (sans le Christ), Nietzsche nous met en garde contre ce pessimisme de la faiblesse, synonyme de paralysie de la vie comme cela fut le cas à l'époque du Bouddha, une période semblable à la nôtre *« avec des querelles entre sectes qui avaient duré des siècles »*[782].

L'Europe a-t-elle atteint ce degré suprême ? Nietzsche répond :

> « Le pessimisme européen ne fait que commencer : il n'a pas encore cette monstrueuse fixité nostalgique du regard, où le néant se reflète, comme il l'a eu jadis en Inde, il est encore beaucoup trop fait et non devenu. »[783]

Avec la critique du faux bouddhisme de Wagner, nous pouvons voir la faillite d'un bouddhisme qui tend à un christianisme du Christ, mais également à un christianisme ecclésial. Nietzsche ne peut se réjouir de ce faux effondrement de l'Eglise et de sa tradition pesante sur les consciences des hommes. Avec le faux *« bouddhisme européen »* de Wagner, Nietzsche constate que l'abandon par les Européens de la croyance en Dieu ne supprime nullement la façon chrétienne de penser par l'intermédiaire de la morale du troupeau. Ici Nietzsche ne veut pas attaquer le bouddhisme indien, il préfère s'en prendre une nouvelle fois à l'Eglise, à son enseignement, comme le choix des pauvres. De sorte qu'à la sortie de notre chapitre sur le *« bouddhisme européen »*, on a l'impression d'une pensée circulaire, répétitive et dont le défaut vient d'un manque de méthode : la partie du bouddhisme indien n'est pas explicite chez Nietzsche. Mais nous devons aussi voir qu'à travers cette pensée circulaire, nous ne sommes plus dans une pensée labyrinthique car précisément, le thème du bouddhisme européen appliqué à Wagner, au christianisme du Christ et au christianisme ecclésial, révèle une certaine unité des propos de Nietzsche.

Relevons maintenant des évidences : le *« bouddhisme européen »* est un prétexte nietzschéen pour rompre définitivement et totalement avec Wagner et la philosophie de Schopenhauer, deux pseudo-bouddhistes qui n'ont jamais su trancher avec le christianisme et qui sont responsables de la diffusion et de la constitution du *bouddhisme européen* ou pessimiste ou nihiliste en Occident. Ces deux hommes du XIXe siècle sont favorables à la morale chrétienne la plus stricte et donc au pessimisme de la faiblesse. Ils sont tous les deux porteurs des idées du christianisme ecclésial, ou du *« bouddhisme européen »*. En conséquence, Nietzsche, finalement, ne discute jamais des thèses du bouddhisme indien avec celles du christianisme européen. Il donne la priorité à ses attaques contre la chrétienté et tous ceux qui directement ou indirectement servent sa cause. Mais il est vrai que ni Schopenhauer, ni Wagner n'avaient l'intention de proposer le bouddhisme *stricto sensu* comme un

781 F.P. XII, aut. 1885-aut. 1886, 2 [127], p. 130.

782 F.P. X, print. 1884, 25 [16], p. 26.

783 Ibid. p. 25.

modèle de religion aux Européens. C'est une donnée que Nietzsche laisse de côté, car il sait, finalement, que les options doctrinales des Européens, issus de la culture chrétienne et des Indiens bouddhistes, issus de la philosophie bouddhique du néant, sont similaires par leur nihilisme, leur opposition à la vie. Le *bouddhisme européen*, qu'il vaudrait mieux appeler le christianisme païen, est un prétexte pour Nietzsche d'attaquer l'absence de nouvelles valeurs chez les Européens de son temps, qui après avoir tué Dieu, restent dans une impasse culturelle qui provoque peu à peu l'effondrement de leur civilisation : les hommes n'ont plus rien à dire de nouveau, ils n'ont plus d'idées, ils sombrent dans le néant de la vie et même ils se trompent quand ils croient accueillir en Europe le bouddhisme indien ; Nietzsche, quant à lui, renvoie dos à dos le bouddhisme européen et le bouddhisme indien car finalement à ses yeux, ce sont deux religions de la résignation, d'une morale qui *« dit non à la vie »*[784]. La culture européenne sans la double référence à la morale chrétienne et bouddhique est possible à chaque instant. Mais le fait est que les Européens rejoignent par leur morale du *« bouddhisme européen »* (dont Wagner est le plus grand responsable) le pessimisme de la faiblesse porté par le bouddhisme indien. Finalement sur le pessimisme de la faiblesse, les bouddhistes indiens ont encore plusieurs longueurs d'avance sur les bouddhistes européens[785].

---

784 *Le Cas Wagner*, VII, Avant-propos, p. 18.
785 F.P. X, printemps 1884, 25, [16], p. 25.

Chapitre X
Le « *culte du néant* » vu par Nietzsche et Hegel

Comparer Hegel et Nietzsche sur le thème de la pensée bouddhique peut paraître étrange si l'on considère que le premier est au début de l'indianisme en Europe et le second à la fin. Ce qui laisse penser que, contrairement à Nietzsche, Hegel n'a pas eu accès à une documentation fiable sur le bouddhisme de sorte que ses thèses seraient erronées. Pourtant les deux philosophes disent peu de choses et vont jusqu'à ne jamais citer les publications des *Asiatik Researches*. Et étrangement, sur le bouddhisme, ils développent des thèses analogues, voire identiques. En effet, ils considèrent le bouddhisme comme un *« culte du néant »*. Deux propositions viennent confirmer cette thèse. D'un côté en effet, Hegel écrit :

> « Cet être pur est la pure abstraction, par conséquent ce qui est "absolument négatif" c'est-à-dire, si on le prend de façon immédiate, le néant [...]. Dieu "n'est que l'essence suprême" et rien de plus, car en l'énonçant comme tel, on fait justement de lui cette négativité ; le néant dont les bouddhistes font le principe de tout, l'ultime but final et l'ultime fin de tout, est cette même abstraction. »[786]

De l'autre rappelons la parole de Nietzsche :

> « [...] L'aspiration à une "unio mystica" avec Dieu n'étant que l'aspiration du bouddhisme au néant. »[787]

Au regard de ces deux formules, remarquons l'interprétation très personnelle du bouddhisme par Hegel et Nietzsche. En effet, leur vision du bouddhisme n'a aucun rapport à la vérité de la doctrine bouddhique : ils vont même jusqu'à commettre un contresens quand ils prêtent au bouddhisme une conception théiste du néant. (Et d'abord le bouddhisme n'est pas une philosophie du néant). Leur interprétation s'inscrit plus ou moins dans la tradition chrétienne ou dans la culture chrétienne. Mais ni l'un ni l'autre n'adhèrent au bouddhisme et à son *« aspiration au néant »*. Tous les deux inventent une dogmatique bouddhique. En quoi consiste cette invention ?

Hegel fait une lecture ontologique du bouddhisme ou bien il « ontologise » le bouddhisme, c'est-à-dire il y introduit le concept de néant qui n'est autre que le concept de Dieu ou bien *« le Dieu Fo »*[788]. (Fo ou Foé ou Fê, idole de la Chine, c'est le nom attribué au Bouddha par les Chinois. Il était ainsi connu sous ce curieux nom par les Européens tel que Louis Moreri[789] en 1725). Comme l'a montré R.-P.

---

786 Hegel : *Encyclopédie des sciences philosophiques en abrégé*, Gallimard, 1990, § 87, p. 144.

787 *La Généalogie de la morale*, VII, Première dissertation, § 6, p. 230. Cette formule, mise entre parenthèses dans le texte, illustre une nouvelle fois la méthode chaotique utilisée par Nietzsche pour convoquer la philosophie indienne.

788 Hegel : *Leçons sur la philosophie de la religion - IIe Partie : La Religion déterminée. 1. La Religion de la Nature*, Vrin, 1972, p. 113.

789 Louis Moreri : *Grand Dictionnaire historique ou Mélange curieux de l'histoire sacrée et*

Droit[790], pour Hegel le bouddhisme est un culte du néant, c'est-à-dire un culte de Dieu. Le néant a le sens d'une immortalité de l'âme, rien en lui n'est destructeur. Il rapproche, en effet, l'anéantissement de soi-même et de l'Etre et l'immortalité de l'âme. Il est bien étrange que Hegel conçoive le bouddhisme comme une *« religion de l'existence intérieure »*[791] comme le néant, l'état d'indétermination identifié à l'absolu ou au *nirvâna* ou à Dieu. Sur ce point, Hegel donne une explication en procédant par une théologie négative comme l'indiquent les lignes de la *Philosophie de la religion* :

> « Au premier abord il doit paraître surprenant que l'homme se représente Dieu comme le néant ; ce doit sembler de la plus grande étrangeté ; à y regarder de plus près cela ne signifie pas autre chose que Dieu n'est rien de déterminé, il est l'indéterminé ; il n'y a aucune détermination concrète qui puisse convenir à Dieu ; il est l'infini. Car lorsque nous disons : Dieu est l'infini, cela signifie : Dieu est la négation de tout l'individuel. Si nous usons des expressions qui ont cours aujourd'hui ; Dieu est l'infini, l'essence, l'essence pure et simple, l'essence des essences, il n'est rien que l'essence, cela revient nécessairement à peu près à dire : Dieu est le néant, cependant cela ne signifie pas que Dieu n'est pas, mais qu'il est le vide et que ce vide est Dieu. Quand nous disons : nous ne pouvons rien savoir, rien connaître de Dieu, on ne peut s'en faire aucune représentation, c'est une expression adoucie pour dire que Dieu est pour nous le néant ; pour nous, le vide veut dire qu'il s'agit de faire abstraction de tout genre de détermination. »[792]

Cette interprétation de Hegel vient de ses lectures des œuvres des pionniers du bouddhisme ; en effet, d'après Roger-Pol Droit, il reprend les thèses nihilistes de Banier[793], Grosier[794], Joseph de Guignes[795], Louis Moréri[796].

Ces quatre pionniers de l'indianisme évoquent le bouddhisme comme une religion de Fo-le Bouddha, Dieu qui professe à la fois l'idolâtrie, l'athéisme, *le Néant,*

---

profane, Paris, 1725.

790 R.-P. Droit : *Le Culte du néant*, op. cit.,p. 91-108.

791 Hegel : *Leçons sur la philosophie de l'histoire*, Vrin, 1987, p. 129.

792 Hegel : *Leçons sur la philosophie de la religion*, op. cit. p. 101-102.

793 Banier : *Histoire générale des cérémonies de tous les peuples du monde*, Paris 1741. Cité par R.-P. Droit : *Le Culte du néant*, op. cit. p. 98.

794 Jean Baptiste Grosier : *Histoire générale de la Chine*, originellement éditée à Paris en 1777 à 1785 et rééditée à l'époque de Hegel sous le titre : *De la Chine, ou Description générale de cet Empire, rédigée d'après les Mémoires de la Mission de Pékin par l'abbé J.B;* A. Grosier, Paris 1823-1830, 7 volumes.

795 Joseph de Guignes : *Histoire générale des Huns, des Turcs, des Mongols et des autres Tartares occidentaux. Avant et depuis Jésus-Christ jusqu'à présent ; précédée d'une introduction contenant des tables chronologiques et historiques des princes qui ont régné dans l'Asie*, Paris 1756-1758, 4 vol. Cité par R.-P. Droit : *Le Culte du néant*, op. cit. p. 95.

796 Louis Moreri : *Grand Dictionnaire historique ou Mélange curieux de l'histoire sacrée et profane*, Paris, 1725. Cité par R.-P. Droit : op. cit. p. 97.

premier principe des choses[797]. Cette doctrine consiste *« à établir pour principe et pour fin de toutes choses, un certain vide et un néant réel »*[798], les hommes sont sortis du vide et retournent au vide.

Hegel ne tient aucun compte des travaux exacts de Colebrooke, Hodgson, Buchanan sur la doctrine bouddhique. Ces trois pionniers du bouddhisme, en effet, décrivent avec précision le bouddhisme : ils identifient clairement *nirvâna* et *moksha* et récusent le sens de néant, d'anéantissement. En effet le *nirvâna* ou *« calme profond »* a le sens, d'après Colebrooke, d'une *« apathie incessante »* où l'existence ne s'évanouit pas. D'après Hodgson, la vacuité (*shunyata*) bouddhique n'est pas un anéantissement, mais *« l'atténuation infinie que* [les bouddhistes] *assignent à leurs forces et puissances matérielles dans l'état de Nirvritti »*[799].

Pour des décennies, Hegel diffusera cette interprétation erronée du bouddhisme comme « culte du néant ». Et on ne sera pas étonné que Nietzsche également laisse de côté les travaux de Colebrooke, Hodgson, Buchanan (y compris des travaux postérieurs à la mort de Hegel tels que ceux de Burnouf, Kœppen, Oldenberg). Comme Hegel, il considère que le bouddhisme est une *aspiration au néant*, c'est-à-dire à Dieu, au *nirvâna.* Nous retrouvons l'expression *nirvâna-néant-Dieu* dont le sens est celui d'une transcendance à la fois athée et théiste. Il fait ainsi une lecture athée du bouddhisme (ce qui en soi se rapproche davantage de l'athéisme du Bouddha) tout en empruntant son vocabulaire conceptuel à la tradition chrétienne pour mieux la combattre, mieux dénoncer en elle le culte de Dieu ou du néant, le besoin de stabilité pour fuir ce monde du changement. Rappelons-le : Nietzsche critique le bouddhisme car en lui, *« la volonté de néant l'emporte sur la volonté de vie »*. Le bouddhisme s'oppose à la vie par sa réduction finale de la volonté : les forces, les pulsions de vie sont appelées à disparaître en l'homme. Comme Nietzsche considère également que le christianisme est un culte du néant, il met cette religion à égalité avec le bouddhisme de sorte qu'il revient toujours à la critique du christianisme, pour sa proposition néfaste d'une transcendance sous la forme du *« Dieu en Croix »*.

---

797 Banier : *Histoire générale des cérémonies de tous les peuples du monde* op. cit. p. 360.

798 Louis Moreri : *Grand Dictionnaire historique...* op. cit. tome V, 1re partie.

799 Brian Houghton Hodgson : *Notice of the Langage, Literature and Religion of the Bouddhas of Nepal and Tibet,* in *Illustrations of the Literature and Religion of the Buddhists*, Serampore, 1841, p. 26 (première publication : Asiatik Researches, 1828, Vol. XVI). Cité par R.-P. Droit : *Le Culte du néant*, op. cit., p. 88.

Chapitre XI
Entre Nietzsche et le supposé bouddhisme schopenhauérien : une discordance absolue

Grâce aux travaux de R.-P. Droit[800] (et dans une moindre mesure de Frédéric Lenoir[801]), nous pouvons mieux saisir le sens du bouddhisme de Schopenhauer dans *Le Monde comme Volonté et comme Représentation.* A la double lecture des passages relatifs au bouddhisme dans les écrits de Nietzsche et Schopenhauer, quantitativement, Nietzsche fait davantage de références au bouddhisme que Schopenhauer[802]. Pourtant ni l'un ni l'autre, à de rares exceptions, ne se réfèrent directement aux textes du bouddhisme indien, d'après la documentation dont ils disposaient et qui, par ailleurs, leur est pratiquement commune (Burnouf [803], Köppen[804]). Mais cela ne les trouble guère. Au contraire, nous constatons avec étonnement qu'ils les laissent de côté bien qu'il soit vrai qu'à leur époque, se référer à la philosophie bouddhique pouvait paraître étrange. Pourtant, Schopenhauer passait pour un philosophe bouddhiste[805]. A partir de là, s'explique, sans doute, la confiance que Nietzsche accorde au bouddhisme tel qu'il a lu dans le M.V.R., c'est-à-dire des considérations disparates, générales[806] souvent amalgamées[807] avec le brahmanisme ou « *le vrai christianisme* »[808]. Ceci nous autorise-t-il à penser que Schopenhauer réinvente le bouddhisme ? Si une telle invention était avérée exacte, aurait-elle pour consé-

---

800 R.-P. Droit : *Le Culte du néant*, Seuil, 1996, p. 135-152 ; R.-P. Droit : « Une statuette tibétaine sur la cheminée » in *Présences de Schopenhauer* (sous la direction de R.-P. Droit), Grasset, 1989, p. 202-217.

801 Frédéric Lenoir : *La Rencontre du bouddhisme et de l'Occident*, Fayard, 1999, p. 117-141.

802 R.-P. Droit est le premier à établir une liste des principales références de Schopenhauer au bouddhisme : cf. *Présences de Schopenhauer*, op. cit. p. 295 : Dans *le Monde comme Volonté et comme Représentation,* le bouddhisme est évoqué aux pages 449, 479, 481, 483, 516 dans le Livre IV, et 861-863, 1183, 1204, 1252, 1253-1254, 1258-1259, 1343, 1349, 1376, 1378, 1383, 1393, 1400, 1406 dans les suppléments. Ajoutons que les références au bouddhisme sont peu nombreuses dans *La Volonté dans la nature*, *Le Fondement de la morale*, *La Religion*, *Le Néant de l'existence*. Dans ces œuvres, Schopenhauer reprend ses thèses orientalistes du M.V.R.

803 Eugène Burnouf : *Introduction à l'histoire du bouddhisme indien,* Paris, Imprimerie royale, 1844, 2e édition, Maisonneuve, Paris, 1876.

804 A la page 1252 du M.V.R. Schopenhauer évoque « le très utile *Manuel du Bouddhisme* » de l'Allemand Köppen.

805 Challemel-Lacour : « Rencontre avec Schopenhauer » (1859) in *Schopenhauer et la force du pessimisme*, Rocher 1988, p. 51-62 ; cf. aussi Challemel-Lacour : « Un bouddhiste contemporain en Allemagne » in *Revue des Deux Mondes*, 15 mars 1870, cf. R.-P. Droit : *Le Culte du néant* op. cit. 148-149 ; cf. R.-P. Droit : *L'Oubli de l'Inde*, P.U.F., 1989, p. 176.

806 R.-P. Droit : « Une statuette tibétaine sur la cheminée », in op. cit. p. 205

807 Nous empruntons ce terme « *amalgamé* » à Lakshmi Kapani, « Schopenhauer et l'Inde » in *Journal asiatique*, tome 290, 2002, numéro 1, publié par la Société asiatique, p. 282.

808 M.V.R. p. 1349.

quence de montrer que Nietzsche se fonde non pas sur le bouddhisme historique mais sur un bouddhisme propre à Schopenhauer ? De plus, nous savons déjà que le bouddhisme pour Nietzsche relève du nihilisme ou du pessimisme de la faiblesse. Comment alors comprendre la teneur et la portée de ce nihilisme bouddhique ?

1) Le bouddhisme schopenhauérien, une « négation du monde » ou une négation de la vie

Nous avons déjà vu que Nietzsche considère le bouddhisme comme une *« aspiration au néant »*, une *« négation du monde »*[809] car *« la volonté de néant l'emporte sur la volonté de vie »*[810]. Le bouddhisme est, en effet, une *« aspiration a une unio mystica »*, au *« néant oriental »*[811], au *« nirvâna »*[812], ou encore une tension vers l'absolu ou le *« néant »* ou le *« nirvâna »* ou *« Dieu »*, ou vers un arrière-monde pour fuir l'instabilité douloureuse de l'existence. Ces expressions conceptuelles, largement inspirées du *Monde comme Volonté et comme Représentation,* se retrouvent sous cette forme : le *nirvâna* défini comme *« l'état de négation de la volonté »*[813], *la « résorption en Brahma »* ou bien *« le nirvâna des bouddhistes »*[814].

A la lecture du M.V.R. et des passages relatifs au bouddhisme comme *« aspiration au néant »*, dans l'œuvre de Nietzsche, deux néants de la vie se dessinent. Le premier est négatif : Nietzsche attaque la conception de la vie comme néant chez Schopenhauer. Le second est positif : ce qui distingue ses contemporains, note R.-P. Droit, est que Schopenhauer a *« fait du néant un terme virtuellement positif »* et de *« l'avoir considéré comme l'absolu à quoi aboutit la sainteté »*[815]. Pour comprendre le sens de ce néant positif, citons un passage du M.V.R. En effet, rien n'est plus contraire à la philosophie de Nietzsche que les propos de Schopenhauer sur le néant:

> « [...] Pour ceux que la Volonté anime encore, ce qui reste après la suppression totale de la Volonté, c'est effectivement le néant. Mais à l'inverse, pour ceux qui ont converti et aboli la violence c'est notre monde actuel, ce monde si réel avec tous ses soleils et toutes ses voies lactées, qui est le néant »[816 - 817].

---

809 F.P. XI, hiver 1884-1885, 34 [204], p. 219.

810 F.P. XIV, printemps 1888, 14 [123], p. 93.

811 R.-P. Droit : *Le Culte du néant*, op. cit. p. 38 - R.-P. Droit : « L'Orient comme paradis ou comme enfer. Science des religions et mythes philosophiques à l'époque contemporaine » in *Science, mythe et religion en Europe* (direct, Dominique Lecourt), Royaumont, 1997, p. 99-100.

812 La *Généalogie de la morale*, VIII, Première dissertation, § 6, p. 230. On se reportera ici à notre chapitre VI : *« Le bouddhisme comme aspiration au néant »* — 2) : *« L'union mystique avec Dieu ou le néant ou le nirvanâ »*.

813 M.V.R. p. 1378.

814 M.V.R. p. 516.

815 R.-P. Droit : *Le Culte du néant*, op. cit. p. 145.

816 *« C'est là précisément,* écrit Schopenhauer, *le Prajna-Paramita des Bouddhistes, le point "au-delà de toute connaissance", c'est-à-dire le point où sujet et objet cessent d'être. »* Cf.

Cette proposition est en lien direct, estime Schopenhauer, avec le bouddhisme. Comme le dit R.-P. Droit, Schopenhauer reconnaît, dans le bouddhisme, des attitudes fondamentales comme « *le renoncement, la compassion, la négation du vouloir-vivre. Et le choix du néant* »[818]. Il cherche à abolir le vouloir-vivre pour arrêter la souffrance. Contrairement à Victor Cousin, Schopenhauer n'est pas effrayé par le néant car « *le dernier mot de la sagesse,* écrit-il, *ne consiste désormais pour nous, qu'à nous abîmer dans le néant* »[819]. Il est le premier philosophe à voir que le bouddhisme n'a rien d'étrange, ni d'absurde, ni d'inquiétant, il est « *une religion athée* »[820].

Nietzsche voit cette philosophie de la réduction de la volonté comme un néant de la vie[821]. Il sait que, pour Schopenhauer, la volonté, héritage du père, et l'intellect, héritage de la mère, au moment de la mort, se séparent. Seul l'intellect meurt, « *la volonté, l'élément éternel ou la substance de notre moi* »[822] transmigre. A chaque naissance, une nouvelle volonté naît. Cette doctrine est appelée par Schopenhauer « *régénération (palingénésie)* » ou « *renaissance perpétuelle* »[823].

> « Avec cette théorie concorde aussi la doctrine propre et, pour ainsi dire, ésotérique du bouddhisme, telle que nous l'ont fait reconnaître les dernières recherches. Le bouddhisme enseigne, en effet, non pas la métempsycose, mais une régénération toute particulière, fondée sur une base morale, qu'il développe et qu'il présente avec une grande profondeur. On peut s'en convaincre par l'exposition très digne d'attention et d'estime qu'en donne Spence Hardy, dans le "Manual of Buddhism" p. 394-396 (cf. p. 429, 440 et 445 du même livre), et par les confirmations qu'en fournissent Taylor, dans le "Prabodh Chandro Daya", Londres, 1812, p.35, Sangermano dans le "Burmese empire", p. 6, comme aussi les « Asiat. Researches », vol. VI, p. 179, et vol. IX, p. 256. Le très utile "Manuel du bouddhisme" de l'Allemand Köppen contient encore des notions exactes sur le sujet. Cependant, pour la grande masse des bouddhistes, cette doctrine est trop subtile ; aussi leur prêche-t-on justement la métempsycose, comme un succédané plus facile à saisir. »[824]

J.-J. Schmidt, *Ueber das Mahajana und Pradschna-Paramita.* Cf. M.V.R. p. 516.

817 M.V.R p. 516.

818 R.-P. Droit : *Le Culte du néant*, op. cit, p. 136.

819 M.V.R. p. 512.

820 M.V.R. p. 1376. Dans la philosophie de Nietzsche, nous retrouvons exactement cette expression « religion athée » (« *à la Bouddha* »), cf. F.P. IV, fin 1880, 7 [111], p. 585.

821 Pourtant, dans *Le Néant de l'existence,* (Extrait de *Parerga et Paralipomena*, Le Passeur, 1991, p. 53), Schopenhauer considère « *notre vie comme un épisode qui trouble inutilement la béatitude et le repos du néant* ».

822 M.V.R. p. 1251.

823 Ibid. p. 1251.

824 Ibid. p. 1252.

Cette « métempsycose » (il vaudrait mieux dire métensomatose) élaborée par le Bouddha est l'expression la plus subtile et la plus voisine *de la « vérité »*[825], car écrit R.-P. Droit, *« elle a conçu l'idée d'une transmigration sans individualité transmigrante »*[826]. La mort n'est pas effrayante puisqu'elle dénoue les liens de l'existence : *« la volonté redevient libre »*[827]. La mort nous rend libre, le visage est calme et en paix. L'homme qui meurt avec joie a renié ou a renoncé à la volonté de vivre » [828] et ne ressent plus l'éternité de sa personne. En quittant l'existence avec joie, qu'est-ce qui la remplace ?

> « Ce qui la remplace, écrit Schopenhauer, est néant à nos yeux, parce que justement notre existence, comparée à celle-là, n'est qu'un néant. La foi bouddhique nomme cette existence nirvana, c'est-à-dire extinction. »[829]

Les bouddhistes ou les schopenhauériens ou les chrétiens possèdent d'après Nietzsche un « instinct nihiliste » sans égal et qui peut tenir dans cette double proposition :

> « Ne pas être vaut mieux qu'être, que le désir du néant a plus de valeur que le vouloir-vivre. »[830]

> « Si l'on veut une formule de la réalité qui soit morale voici ce que dit cette morale : les médiocres ont plus de valeur que les êtres d'exception [...] et le

---

825 Ibid. p. 1253.

826 R.-P. Droit : *Le Culte du néant,* op. cit. p. 143 - F. Lenoir : *La Rencontre du bouddhisme et de l'Occident* op. cit. p. 126.

827 M.V.R. p. 1258.

828 Ibid. p. 1258.

829 Ibid. p. 1259 : « *On a donné du mot nirvana,* écrit Schopenhauer, *des étymologies différentes. Selon COLEBROOKE (Transact. of the Roy. Asiat. Soc., vol. I, p. 566), il vient de wa, souffler (souffle comme celui du vent) ; précédé de la négation nir, il signifie ainsi : « absence du vent » et comme adjectif : "éteint". — De même, OBRY, "Du Nirvana indien", dit, p. 3 : « Nirvanam, en sanscrit, signifie à la lettre : extinction, telle que celle d'un feu. » — D'après l'Asiatic Journal, vol. XXIV, p. 735, le vrai mot est : nerawana, de nera, sans, et wana, vie ; d'où le sens d'annihilatio. — Spence HARDY, dans le livre "Eastern Monachism", p. 295, fait dériver « nirwana » de wana, désirs coupables, avec la négation nir. — J.-J. SCHMIDT, dans sa traduction de l'Histoire des Mongols orientaux, p. 307, dit que le mot sanskrit nirwana se traduisait en langage mongol par une phrase qui signifie : "sorti de la misère", "soustrait à la misère". — D'après les leçons du même savant à l'Académie de Pétersbourg, nirwana est la contrepartie de « sansara », qui est le monde des renaissances continuelles, des appétits et des désirs, de l'illusion des sens et des formes variables, des phénomènes de la naissance, de la vieillesse, de la maladie et de la mort. — Dans la langue birmane le mot de nirwana, par analogie avec les autres mots sanscrits, prend la forme niéban et se traduit par « disparition complète ». (Voir SANGERMANO, « Description of the Burmese empire », transl. by TANDY, Rome, 1833, § 27). Dans la première édition de 1819 j'écrivais moi aussi : Niéban, parce que nous ne possédions alors sur le bouddhisme que des renseignements incomplets fournis par les Birmans.* »

830 F.P. XIV, mai-juin 1888, 17 [7], p. 275.

but général est exprimé en chrétien, en bouddhiste ou en schopenhauérien ; plutôt ne pas être qu'être. »[831]

Cette double proposition fait écho aux lignes du M.V.R. :

« On ne peut assigner, *écrit Schopenhauer,* d'autre but à l'existence que celui de nous apprendre qu'il vaudrait mieux pour nous ne pas exister[832] ; ou encore : il n'y a qu'une erreur innée : c'est celle qui consiste à croire que nous existons pour être heureux. »[833]

Nietzsche trouve des éléments du nihilisme dans le M.V.R., notamment sous la forme d'une haine, d'un mépris désinvolte de la vie. Ce nihilisme considéré comme le mal du XIXe siècle, est *« un non proféré,* comme le note R.-P. Droit, *à l'encontre de tout ce qui pousse à perpétuer l'existence, à la faire proliférer, à la laisser s'accrocher avidement à sa propre présence »*[834]. Nietzsche ne fait aucune distinction entre le nihilisme bouddhique, schopenhauérien et chrétien. En instaurant une égalité entre le bouddhisme, la doctrine schopenhauérienne et le christianisme, il leur reproche leur compassion active pour les faibles et de rester ainsi dans le nihilisme. Mais Nietzsche a tendance à prêter au bouddhisme une morale identique au christianisme. Finalement, il voit dans ces trois doctrines une morale plus ou moins athée (d'inspiration chrétienne) et toujours tournée contre la vie ou l'existence. En ce sens, si l'on prend le cas de Schopenhauer, *« il représente*, écrit Nietzsche, *une tentative généralement perverse de mobiliser en faveur d'une dépréciation radicale et nihiliste de la vie »*[835]...

Avec ce néant de l'existence, nous assistons à la constitution par Schopenhauer d'un bouddhisme personnel qui n'a plus beaucoup de rapport au bouddhisme indien. Ce bouddhisme est, en effet, une construction de Schopenhauer, une invention pour porter des jugements dépréciatifs sur la vie. Nietzsche croit que le Bouddha aussi porte ce même jugement. Mais quand il lit le M.V.R. pour critiquer le bouddhisme, il faut plutôt entendre par cette critique le nom de Schopenhauer, de sa propre philosophie constituée à l'écart de la philosophie bouddhique. Nous surprenons Nietzsche en train de ne jamais chercher à démarquer sa critique de Schopenhauer de la pensée bouddhique, au contraire, il recherche immédiatement, dès *La Naissance de la tragédie*, à attaquer Schopenhauer. Car pour lui la volonté de vie ne peut être confondue avec sa réduction. Il s'en prend moins à l'invention du bouddhisme dans le M.V.R (il n'en a jamais soupçonné l'existence) qu'à la philosophie de Schopenhauer[836]. Et ceci pose le problème de la réalité du bouddhisme et de ses jugements par Nietzsche. En effet, quand il attaque le supposé bouddhisme schopenhauérien, il

---

831 F.P. XIV, printemps 1888, 14 [123], p. 93.

832 M.V.R. p. 1403.

833 M.V.R. p. 1373.

834 Dans son introduction au *Culte du néant*, (op. cit. p. 39-40), R.-P. Droit donne trois sens au nihilisme : un sens métaphysique, un sens du refus opposé à la vie, un sens de l'affirmation erronée d'un monde des valeurs.

835 *Crépuscule des Idoles*, VIII, *« Divagations d'un inactuel »*, § 21, p. 120.

836 On lira avec profit la belle étude de Michel Haar sur « La critique nietzschéenne de Schopenhauer » in *Schopenhauer* (direc. Jean Lefranc), L'Herne, 1997, p. 304-316.

laisse de côté (comme son illustre « maître » Schopenhauer) le bouddhisme du Bouddha historique, du moins, croit-il, que Schopenhauer traite du bouddhisme du Bouddha historique. A partir de là s'explique en partie les incompréhensions sur la philosophie du bouddhisme dans l'Europe du XIXe siècle.

Dans ce nihilisme christiano-bouddhico-schopenhauérien (ceci n'est guère un amalgame aux yeux de Nietzsche), Nietzsche prend prétexte de son « analyse » de *« la volonté de néant »* pour porter un coup supplémentaire aux idéaux du christianisme. En revanche, sans adhérer à la double figure du Christ et de l'Eglise, Schopenhauer reste fidèle à sa culture chrétienne puisqu'il n'utilise pas le bouddhisme contre le christianisme. Cela s'explique d'abord par sa sous-exploitation des thèses majeures de la philosophie bouddhique, telles qu'elles étaient connues à son époque, ensuite, il ne cherche pas comme Nietzsche à détruire la pensée chrétienne dont il est lui-même issu.

Nous avons ainsi un exemple de l'utilisation de la philosophie comparée entre Nietzsche et le supposé bouddhisme schopenhauérien. Nietzsche se sert des positions nihilistes de l'auteur du M.V.R. sur l'Orient bouddhique et l'Occident chrétien pour les retourner contre Schopenhauer lui-même et son bouddhisme chrétien. De sorte que d'abord le nihilisme christiano-bouddhique de Schopenhauer apparaît à Nietzsche comme une synthèse de tout ce qu'il veut dépasser. L'autre conséquence est encore plus claire : le nihilisme chrétien ou bouddhique de Schopenhauer et finalement le bouddhisme schopenhauérien n'est qu'une fable, une morale, une philosophie entièrement tournée vers la laideur, la compassion, la mort, le pessimisme de la faiblesse. C'est pourquoi Nietzsche s'exclame ainsi : « *Il faut nier Schopenhauer* »[837], formule qu'il faut entendre en ce sens : « *J'abhorre le christianisme d'une haine mortelle.* »[838] Dans cette double proposition, se dessine une double rupture entre Nietzsche et Schopenhauer et entre Nietzsche et le christianisme, mais en réalité Nietzsche est davantage contre le christianisme que le bouddhisme schopenhauérien. Au fond, Nietzsche reproche à Schopenhauer de *« nier la vie par la volonté et la représentation »*[839]. Il n'a pas réussi à mettre sa philosophie au service de la vie. De même son bouddhisme est beaucoup trop négatif, inutile ; il construit, en effet, un bouddhisme nihiliste, c'est-à-dire pessimiste en le rapprochant des sentiments de faiblesse comme la morale de la compassion. Et même, Nietzsche ne peut accepter que l'auteur du M.V.R. rapproche *« le bouddhisme athée »*[840] du christianisme car, dans ce cas, le bouddhisme est un autre nom du christianisme. Schopenhauer projette ainsi son pessimisme de la faiblesse dans le bouddhisme historique du Bouddha : le *« néant oriental »* est-il un prétexte schopenhauérien pour maintenir l'héritage de la philosophie chrétienne chez les Européens du XIXe siècle ?

---

837 *Crépuscule des Idoles VIII, « Divagations d'un inactuel », §* 36, p. 130.

838 F.P. XIV, printemps 1888 14 [123], p. 93.

839 *Crépuscule des Idoles,* VIII, § 36, p. 130.

840 M.V.R. p. 1184.

2) Le Bouddha, Schopenhauer et Nietzsche : des pessimistes inégaux

a) Schopenhauer et le Bouddha historique : quelques éléments de divergences doctrinales

Les trois philosophes, le Bouddha, Schopenhauer et Nietzsche ne partagent pas le même pessimisme. Si nous prenons le cas de Schopenhauer, dans son rapport à la philosophie brahmanique, il n'est pas pessimiste d'après Michel Hulin et son étude : *Schopenhauer et la mort-renaissance*[841]. Mais dans son rapport à son propre bouddhisme, il est indéniablement un pessimiste ainsi que le Bouddha d'après Nietzsche. De manière exceptionnelle, Nietzsche fait directement allusion à son propre pessimisme, à celui de Schopenhauer et à celui du Bouddha sous cette forme.

> « Celui qui comme moi, doué de quelque mystérieuse curiosité, s'est longuement appliqué à penser le pessimisme en profondeur et à le délivrer de l'étroitesse et de la simplicité mi-chrétiennes mi-allemandes avec lesquelles il s'est manifesté pour la première fois en ce siècle, sous l'aspect de la philosophie schopenhauérienne ; celui qui a vraiment plongé une fois un regard asiatique et plus qu'asiatique dans les abîmes de la pensée la plus radicalement négatrice — par-delà bien et mal, et non plus, comme Bouddha et Schopenhauer, dans l'orbite de la morale et de son illusion —, celui-là aura peut-être ouvert les yeux sans même le vouloir, sur l'idéal opposé [...]. »[842]

Comparons avec les propos de Schopenhauer :

> « Il n'y a qu'une erreur innée : c'est celle qui consiste à croire que nous existons pour être heureux [...]. Tout dans la vie est disposé pour nous faire revenir de cette erreur originelle et nous convaincre que l'objet de notre existence n'est pas le bonheur. Bien plus, à qui la contemple de plus près et sans parti pris, la vie apparaît tout spécialement combinée pour que nous ne nous sentions pas heureux : elle porte dans toute son essence le caractère d'une chose dont nous devons nous dégoûter, pour laquelle nous devons éprouver de la répugnance, d'une erreur dont il nous faut revenir pour guérir notre cœur de la soif de jouir, de vivre même, et le détourner du monde. En ce sens il serait donc plus juste de placer le but de la vie dans la souffrance que notre bonheur. »[843]

Comparons avec les propos d'Olivier Lacombe :

> « Les disciples de Shakyamuni n'admettront jamais, me semble-t-il, (mais j'ai quelque scrupule à parler en leur nom) qu'une doctrine et une discipline conçues et élaborées pour mener à "la santé" définitive, s'appuyant sur le

841 In *Présences de Schopenhauer*, op. cit. p. 101-110.

842 *Par-delà bien et mal*, VII, § 56, p. 71.

843 M.V.R. p. 1408. On se reportera aux analyses de F. Lenoir sur le « pessimisme bouddhique », in *La Rencontre du bouddhisme et l'Occident*, op. cit. p. 137-141.

bon karman pour affaiblir le mauvais et préparer l'avènement de l'illumination libératrice, puisse mériter l'épithète de pessimiste. »[844]

Le problème ici ne porte pas entièrement sur le pessimisme supposé du bouddhisme historique (du Bouddha), bien que la formule *« tout est douleur »* (*sarvam duhkham*, première Noble Vérité), connue de Nietzsche et de Schopenhauer, ait amené les Occidentaux à regarder le Bouddha comme un pessimiste. Or c'est là une méprise pour les bouddhistes. Car il manque les trois autres Nobles Vérités sans lesquelles le système philosophique bouddhiste resterait lettre morte. Ce pessimisme du Bouddha historique a été mal interprété et par Nietzsche et par Schopenhauer. L'auteur du M.V.R. est l'un des premiers philosophes occidentaux à voir le bouddhisme comme un écho de son propre pessimisme.

En effet, nous savons depuis les études de R.-P. Droit, sur *Une statuette tibétaine sur la cheminée* et sur *Le Culte du néant,* que Schopenhauer n'a pas compris la substance de la philosophie du bouddhisme. Pourtant, honnêtement R.-P. Droit a cherché à montrer les points de concordance entre Schopenhauer et le bouddhisme. En ce sens, il a respecté les aveux mêmes de Schopenhauer sur son *« admirable concordance »* entre sa pensée et celle du bouddhisme historique. Mais nous regrettons que l'auteur du M.V.R. n'ait jamais cherché à aucun moment de sa longue vie à montrer cette concordance.

Toutefois, rappelons, d'après R.-P. Droit, quand le Bouddha dit *« la naissance est douleur, la vieillesse est douleur, la maladie est douleur, la mort est douleur »*[845], Schopenhauer affirme : *« La souffrance est le fond de toute vie. »*[846] Si pour le Bouddha la source de dukkha est la soif (tanhâ), Schopenhauer répond, « le désir de sa nature est souffrance ». De même si « tout ce qui est impermanent est douleur » (yad aniccam tam dukkham), nulle satisfaction possible ne peut durer[847]. La cessation du désir est la cessation de la souffrance pour le Bouddha. Pour Schopenhauer la négation du vouloir-vivre peut être atteinte dans l'ascétisme. En effet, l'homme parvenu à l'ascétisme *« cesse de vouloir quoi que ce soit, il se défend d'attacher sa volonté à aucun appui, il s'efforce d'assurer sa parfaite indifférence envers toute chose »* [848].

Si effectivement certaines analogies sont perceptibles entre la philosophie de Schopenhauer et celle du bouddhisme, il n'en demeure pas moins que les deux doctrines sont fort différentes. Par exemple, sur le plan de la vie, note R.-P. Droit,

> « Schopenhauer, le plus souvent, ne paraît voir d'autre issue que de guérir de la vie, qui, en elle-même, est jugée par lui incurable. D'un côté la vie

844 Olivier Lacombe : *Indianité. Etudes historiques et comparatives sur la pensée indienne* : « Pessimisme bouddhique », Belles Lettres, 1979, p. 83.

845 Schopenhauer connaît les « Quatre Vérités Saintes », cf. M.V.R. p. 449 et p. 1393-1394.

846 M.V.R. p. 393.

847 M.V.R. p. 405.

848 M.V.R. p. 478.

malade, de l'autre la vie comme maladie. La vie dans le malheur ou la vie comme malheur. Ce n'est, à l'évidence, pas du tout la même chose »[849].

Si du côté de Schopenhauer, la vie ne va pas sans le vouloir-vivre, du côté du bouddhisme, le lien entre vie et désir doit être rompu : vivre c'est ne pas désirer. Schopenhauer est à l'opposé du bouddhisme, pour lui, comme l'a bien vu R.-P. Droit[850], vivre c'est désirer : c'est une faiblesse humaine, le lien entre vie et désir est impossible à rompre. Seule la volonté de vivre peut à force de souffrance arriver à se nier. Sur cette doctrine-médecine, il y a une *« admirable discordance »*, notamment si nous nous reportons à la *« Voie du Milieu »*[851].

Les thèses de Roger-Pol Droit sur Schopenhauer valent plus ou moins pour Nietzsche. On sait, d'après l'opposition *« volonté de vie »* contre *« volonté de néant »*, que Nietzsche est favorable au maintien de la volonté, qu'on le veuille ou non, chacun est volonté de puissance, c'est-à-dire une pluralité d'instincts. Vouloir réduire ou anéantir les instincts, c'est une autre manière de refuser la vie, de la condamner. Les forces dionysiaques doivent se déchaîner, elles ne pourront jamais être anéanties. Avec cette conception de la volonté de puissance, Nietzsche se situe par-delà les philosophies de Schopenhauer et du Bouddha. Si du côté de Schopenhauer, vivre c'est ne pas désirer, principe opposé à celui du Bouddha, du côté de Nietzsche, vivre c'est désirer, mais sans arrière-fond doctrinal du bouddhisme comme le refus de la souffrance et la recherche de l'extinction de la volonté[852].

Un dernier point de divergence doctrinal est à souligner. Ni Schopenhauer, ni Nietzsche n'ont exploité le thème bouddhique du *nairmâtmyavâda* (doctrine du non-soi), opposé à l'*âtmyvâda* (doctrine du soi)[853]. Si pour les bouddhistes la personne

---

849 R.-P. Droit : *Une statuette tibétaine sur la cheminée,* op. cit. p. 211.

850 Ibid. p. 212.

851 Pour une étude sur les divergences entre la pensée de Schopenhauer et celle du bouddhisme de la « Voie du Milieu », on se reportera aux trois exemples donnés par R.-P. Droit dans *Une statuette tibétaine sur la cheminée*, op. cit. p. 213-217.

Frédéric Lenoir rapporte que même l'agrégé de philosophie, Joël Roman, rédacteur en chef de la revue *Esprit*, écrit en 1997 : *« On comprend que Schopenhauer ait pu retrouver dans le bouddhisme de nombreux accents de sa propre philosophie, avec raison. »* Cf. F. Lenoir : *La Rencontre du bouddhisme et de l'Occident*, op. cit p. 140-141.

J. Roman, qui a pourtant lu les travaux de R.-P. Droit, croit que l'assimilation entre Schopenhauer et le bouddhisme a encore de la validité. R.-P. Droit, et dans une moindre mesure F. Lenoir, ont bien montré qu'il existe des convergences entre les deux philosophies, mais certaines divergences entre elles rendent l'assimilation impossible.

852 Comme le remarque M. Haar (« La critique nietzschéenne de Schopenhauer » in *Schopenhauer*, L'Herne, 1997, p. 309). Schopenhauer ne définit jamais la volonté. Nous la connaissons que par ses manifestations comme dans les instincts, le corps, les désirs, les passions.

853 Nietzsche n'a pas exploité le thème de la *nairmâtmyavâda.* Pourtant il a bien vu avec les *Sutras* de Deussen que la corporéité, le moi est nié. Ainsi il ne met jamais en parallèle la critique du cogito cartésien et la doctrine du non-soi bouddhique. Sur ce point on pourra consulter l'étude de R.-P. Droit : *Philosophie Lycée*, (Editions de la Cité, 2000, p. 92-94). Remarquons, dans ce manuel scolaire, pour la première fois peut-être depuis le XIXe siècle, un professeur

est vide (*namarupa*), le monde n'est qu'illusion, derrière toute chose, il n'y a qu'un produit de l'ignorance ; pour Schopenhauer les choses existent, le sujet existe, il est le *« substratum du monde »*[854] (difficile à distinguer). Il est donc quelque chose moins « l'individuation » :

> « Contre l'illusion de notre néant, *écrit Schopenhauer*, contre ce mensonge impossible, s'élève en nous la conscience immédiate qui nous révèle que tous ces mondes n'existent que dans notre représentation ; ils ne sont que des modifications du sujet éternel de la pure connaissance, ils ne sont que ce que nous sentons en nous-mêmes, dès que nous oublions l'individualité ; bref, c'est en nous que réside ce qui constitue le support nécessaire et indispensable de tous les mondes et de tous les temps. »[855]

b) Critique du pessimisme de la faiblesse ou du bouddhisme schopenhauérien ou du « bouddhisme européen » ou du pessimisme européen

Du Bouddha et de Schopenhauer, Nietzsche est le seul à véritablement penser le pessimisme. Cela signifie paradoxalement qu'il n'est pas contre un certain pessimisme à condition qu'il ait un sens positif pour la vie. Le pessimisme de la faiblesse que Nietzsche prête à Schopenhauer et, à travers lui au Bouddha, est le fondement même de la négation du vouloir-vivre. Le pessimisme du bouddhisme schopenhauérien a le sens d'une haine de l'existence. Comme la vie est servitude et souffrance, Schopenhauer veut la nier. Mais c'est bien là une illusion. Et à propos du pessimisme de la faiblesse dans le bouddhisme schopenhauérien, ne soyons pas étonnés de ce que Nietzsche écrit :

> «[...] Cette haine de l'humain, plus encore de l'animalité, plus encore de la matérialité, cette horreur des sens, de la raison même, cette peur du bonheur et de la beauté, ce désir d'échapper à l'apparence, au changement, au devenir, à la mort, à tout projet, au désir même—tout cela signifie, osons le comprendre, une volonté de néant, une aversion de la vie, une révolte contre les conditions fondamentales de la vie, mais cela est et demeure une volonté !... Et pour répéter à la fin ce que j'ai dit au début : l'homme aime mieux vouloir le néant que ne pas vouloir... »[856]

Pour Nietzsche, le bouddhisme de Schopenhauer est un bouddhisme européen, un nihilisme[857]. Comme l'écrit fort justement Frédéric Lenoir, *« si la philosophie de Schopenhauer est la version moderne du nihilisme, le bouddhisme et le christianisme en sont les deux grandes manifestations religieuses »*[858]. Ajoutons que Nietzsche n'aurait pas été contre le bouddhisme ou Schopenhauer si l'un et l'autre, rap-

---

de philosophie introduit des éléments de philosophie indienne dans ses cours.

854 M.V.R. p. 27.

855 M.V.R. p. 265.

856 F.P. XIV, printemps 1888, 14 [121], p. 91.

857 *La Généalogie de la morale*, VII, Avant-propos, § 5.

858 F. Lenoir : *La Rencontre du bouddhisme et de l'Occident*, op. cit., p. 149.

pelons-le, avaient dit oui à la vie après avoir considéré le Dieu-néant, le Dieu-nirvâna, le néant-nirvâna. Ils n'ont pas su profiter de la mort de Dieu pour entrer dans la souffrance et la vie, dans le conflit tragique. La mort de Dieu[859], loin d'être un dépassement du pessimisme de la faiblesse, de l'indolence, est l'occasion de rester dans la décadence, la compassion active pour les faibles. Le schopenhauérisme ou le bouddhisme donne raison à l'indolence contre le conflit, à l'Inde plutôt qu'à Rome. C'est alors que l'Europe est sous la menace d'un bouddhisme atrophié, hyperesthesié qui n'est que le fondement pur et simple de la culture judéo-chrétienne moins la foi au Christ des Evangiles.

Ces propos s'appliquent à Schopenhauer et au Bouddha (à la fois historique et schopenhauérien), des pessimistes de la faiblesse par excellence. Ils n'ont pas compris la vie : ils ressentent une trop grande *« lassitude de la vie envers la vie »*. Ils ont inventé un pessimisme européen ou bouddhico-schopenhauérien ou un bouddhisme européen. Le pessimisme européen est *« le grand symptôme de l'épuisement ou de la faiblesse de la volonté »*[860]. Les Européens sont des malades car ils aiment ne pas être plutôt qu'être. De sorte que leur volonté est *« simple mot vide »*[861] (chez Schopenhauer).

Après la mort du christianisme, l'Europe se retrouve dans le même état qu'autrefois : l'esprit compatissant du christianisme demeure inchangé. Les valeurs anciennes subsistent sous la forme d'un bouddhisme schopenhauérien ou européen ou finalement chrétien. Quand Schopenhauer propose aux Européens la mort et le ciel, Nietzsche propose la vie et la terre, et même transcende le bouddhisme européen de Schopenhauer ou le pessimisme schopenhauérien, en ne jugeant pas la vie en termes de morale christiano-bouddhique ou bouddhico-schopenhauérien (compte tenu du fait que le schopenhauérisme représente pour Nietzsche un christianisme déguisé). Nietzsche se situe par-delà le Bouddha et Schopenhauer. Il veut être

> « l'homme le plus généreux, le plus vivant, le plus affirmateur, qui ne se contente pas d'admettre et d'apprendre à supporter la réalité telle qu'elle fut et telle qu'elle est, mais qui veut la revoir telle qu'elle fut et telle qu'elle est, pour toute l'éternité, qui crie insatiablement da capo[862], en s'adressant non pas à lui, mais à la pièce ou au spectacle tout entier, et non seulement à un spectacle, mais au fond à celui qui a besoin de ce spectacle et le rend nécessaire ; parce qu'il ne cesse d'avoir besoin de soi et de se rendre nécessaire »[863]...

Du Bouddha et de Schopenhauer, Nietzsche est de loin celui qui prétend penser le pessimisme. Cela signifie qu'il n'est pas opposé à un certain pessimisme qui donne sens à la vie. Il veut délivrer ce mot de son lien anti-philosophique avec Schopen-

---

859 Ibid. p. 150.

860 F.P. XIV, printemps 1888, 14 [121], p. 91.

861 F.P. XIV, printemps 1888, 14 [121], p. 91.

862 *Da capo* a le sens de : sa propre répétition, éternel retour, à nouveau, encore. Cf. Barbara Stiegler : *Nietzsche et la critique de la chair. Dionysos, Ariane, le Christ*, P.U.F., 2005, p. 170.

863 *Par-delà bien et mal*, VII, § 56, p. 71.

hauer, avec le christianisme, avec le bouddhisme schopenhauérien. Nietzsche donne alors la solution, pour lui

> « le pessimisme n'est pas un problème mais un symptôme, que ce nom "devrait" être remplacé par celui de nihilisme »[864].

Le bouddhisme schopenhauérien est le nihilisme propre au christianisme, à Schopenhauer et au Bouddha historique et non-historique (inventé par Schopenhauer). En utilisant le concept de nihilisme, Nietzsche revalorise le concept de pessimisme en lui donnant le sens d'une force : *« le pessimisme de la force »*[865]. Ainsi en pensant la vie en termes de souffrance mais aussi de plaisir, il se situe dans le *« pessimisme de la force »*, ce qui est l'exact opposé du bouddhisme schopenhauérien, ce pessimisme de la faiblesse qui ne fait confiance qu'à la souffrance en rejetant le plaisir[866]. Il s'ensuit que Nietzsche renvoie le Bouddha, Schopenhauer et le chrétien, des représentants du nihilisme ; leurs religions sont nihilistes *« car elles ont toutes glorifié la notion antagoniste de la vie, le Néant, en tant que but, que Dieu »*[867].

3) Impossible ascétisme comparé entre Schopenhauer et Nietzsche

Sur l'ascétisme bouddhique, il est impossible de comparer les vues de Schopenhauer et celle de Nietzsche. A cela une raison unique peut être donnée, celle-ci tient dans la confusion faite volontairement par Schopenhauer entre ascétisme brahmanique et bouddhique et même chrétien. Il amalgame ainsi les dogmatiques relatives à l'ascétisme dans les trois grandes religions : brahmanisme, bouddhisme et christianisme[868]. Mais en réalité, plutôt que d'amalgame, il faudrait parler d'un ascétisme au sens de renoncement et dont l'esprit peut tenir dans cette proposition de Schopenhauer :

> « Le véritable esprit et la substance du christianisme comme du brahmanisme et du bouddhisme consistent à reconnaître le néant des biens de ce

864 F.P. XIV, mai-juin 1888, 17 [8], p. 275.

865 F.P. XIV, printemps 1888, 14 [25], p. 35.

866 Comme le reconnaît René Guénon, le pessimisme est une catégorie occidentale (R. Guénon : *Orient et Occident*, Editions Didier et Richard, 1930). Elle est donc étrangère au bouddhisme. On peut remarquer que ce sont les exégètes de Schopenhauer qui ont compris le bouddhisme comme un pessimisme. Et Nietzsche surcharge le pessimisme schopenhauérien. De sorte que c'est lui qui a vulgarisé le concept de pessimisme et à travers lui, il est question de Schopenhauer et du Bouddha. (Sur la notion de pessimisme bouddhique, on se reportera aux analyses de F. Lenoir : *La Rencontre du bouddhisme et de l'Occident,* op. cit. p. 137-141). Par leurs propos respectifs sur le bouddhisme, Schopenhauer et Nietzsche ont contribué à diffuser, auprès des intellectuels des XIXe et XXe siècles, l'idée que le bouddhisme est une philosophie pessimiste.

867 F.P. XIV, printemps 1888, 14 [25], p. 35.

868 M.V.R. p. 483.

monde, à les mépriser entièrement et à se tourner vers une existence toute autre et même contraire. »[869]

Dans ces paroles, comment ne pas voir un écho plus ou moins vague à la pensée ascétique de Nietzsche dans le brahmanisme et le christianisme ? Mais en ce qui concerne le bouddhisme, il est vu comme une religion anti-ascétique dans la philosophie de Nietzsche, il apparaît alors que cet anti-ascétisme bouddhique a plus ou moins le sens d'un néant, d'un renoncement matériel : Nietzsche, rappelons-nous, ne connaît pas le monachisme bouddhique et sa lecture du M.V.R. ne lui a rien apporté sur ce thème car Schopenhauer définit *« l'ascétisme hindou »* comme *« la vraie renonciation, la négation de la volonté »*[870]. Pourtant Schopenhauer montre qu'il a une bonne connaissance du monachisme bouddhique quand il cite l'ouvrage de Spence Hardy : *« Estern monachism, an account of the order of mendicants founded by Gotama Bouddha, 1850 »*[871]. Mais cette référence reste un leurre car elle n'est suivie d'aucun commentaire dans le M.V.R. Au contraire, Schopenhauer cite cette parole pour affirmer que la sainteté prend sa source dans une *« religion théiste »* (le christianisme), ou dans une *« religion athée »* (le bouddhisme). Il illustre ce cas par certaines idées empruntées à l'autobiographie de Mme Guyon. Même s'il utilise des expressions comme *« Couvents bouddhistes »*[872], il n'en demeure pas moins que le défaut de Schopenhauer est d'identifier trop vite le monachisme bouddhique au monachisme chrétien. Une telle identification montre son ignorance du monachisme dans le bouddhisme. Ou bien il a été induit en erreur par le ton chrétien utilisé par Spence Hardy pour décrire les moines du bouddhisme. Bien que nous ayons l'habitude que Schopenhauer confonde les pensées chrétienne, brahmanique et bouddhique, il faut aussi, rappelons-le, l'excuser sur ses lacunes en ascétisme bouddhique, car au moment de la rédaction de son M.V.R., la doctrine bouddhiste, notamment l'existence des moines et des moniales dans le bouddhisme, était quasi inconnue des Européens de son époque.

869 M.V.R. p. 1183-1184.

870 M.V.R. p. 467.

871 M.V.R. p. 483.

872 M.V.R. p. 862, Schopenhauer évoque à plusieurs reprises S. Hardy dans son livre sur *La Religion* (*« Paralipomen »* paragraphes 174-182, Garnier-Flammarion, 1996, p. 98-129). Mais il n'y est jamais question de monachisme bouddhique.

Conclusion générale
« L'Inde bouddhiste de Nietzsche »

Le temps est venu de faire le bilan sur les fonctions et les leçons de l'Inde bouddhiste de Nietzsche. Cette Inde existe, elle est celle des bouddhistes, de leur philosophie revue, corrigée et augmentée par Nietzsche. En effet, il reprend les données fondamentales du bouddhisme du Petit Véhicule (il ne connaît guère le Grand Véhicule) en leur faisant subir une distorsion absolue pour attaquer avec férocité la pensée chrétienne contre laquelle il est en révolte depuis l'âge de 13 ans[873]. Ainsi il montre qu'il a sous-exploité les œuvres et les thèmes du bouddhisme de sorte qu'en apparence, il reste en dehors de ce que l'on appelle aujourd'hui en Sorbonne et à Nanterre « la philosophie comparée », c'est-à-dire la confrontation des philosophies européennes et indiennes. Néanmoins il a l'audace de faire de la « philosophie comparée » autrement, en effet il injecte dans l'Inde bouddhiste ses propres vues, de sorte qu'il reste en cohérence avec lui-même : dire autre chose que ses prédécesseurs, notamment sur la souffrance vue comme un fardeau par les chrétiens et les pessimistes de la vie. Le passage par une réinvention du bouddhisme permet à Nietzsche de critiquer les bouddhistes parce qu'ils sont incapables à l'instar des chrétiens de supporter la souffrance : ils ne savent guère que *« dans la douleur, il y a autant de sagesse que dans le plaisir »*[874].

1) Les difficultés du bouddhisme vues par Nietzsche

La sous-exploitation des thèmes et des œuvres d'indologie montre que la culture indienne n'est pas une priorité dans le système philosophique nietzschéen. Au fond, cet homme qui prétend avoir une vision trans-européenne de la culture possède le plus souvent un œil non-européen et non-indien sur toute chose : il se situe par-delà l'Europe et l'Inde. Il montre ainsi qu'il n'a pas besoin de l'Inde bouddhiste pour forger sa propre philosophie. Son annonce fracassante d'une interpénétration des cultures dans sa lettre à Deussen du 3 janvier 1888 ne doit pas être prise au sérieux. **Car en effet, il ne présente jamais la philosophie bouddhiste comme une alternative à la pensée chrétienne essoufflée. Cet homme à l'œil faussement trans-européen « désindianise » à sa guise la substance de la religion et de la philosophie du bouddhisme. Et ceci est une constante, le principe même de son utilisation de la pensée bouddhiste contre la pensée chrétienne**.

Cependant le bonheur d'une philosophie comparée ne consiste nullement à jauger l'exactitude de la comparaison *stricto sensu* de tel élément occidental avec tel élément indien (comment procède-t-on si un élément venait à manquer ?) ; au contraire, le plus passionnant, quoique pénible, c'est l'ensemble de ce que nous appelons « LES INCURSIONS ANARCHIQUES DE NIETZSCHE » dans la pensée bouddhiste. D'un côté, il cite les œuvres de Köppen et d'Oldenberg tout en ne montrant jamais qu'il les a travaillées. De l'autre, en dix-huit ans de production philosophi-

---

873 Albert Camus, *L'Homme révolté*, Gallimard 1992, Gallimard 1992, p. 91-108.

874 F.P. I*, fin 1870-avril 1871, 7 [204], p. 322.

que, Nietzsche témoigne d'une constante préoccupation pour l'indianité. C'est alors qu'il apparaît comme un philosophe de la contradiction. En effet tantôt, il se sert de la pensée bouddhiste dans ses assauts meurtriers contre la pensée chrétienne, tantôt il prend la défense de l'indologie devant les universitaires de son temps et même devant les indologues en leur reprochant très vivement en ces termes :

> « Vos études indiennes qui ne disent rien de la philosophie indienne. »[875]

Mais Nietzsche également oublie l'Inde bouddhiste afin de favoriser ses propres vues sur le bouddhisme. Lui non plus n'a jamais travaillé les textes du canon bouddhique, mais ce n'était pas son objectif dans ses relations conflictuelles avec le bouddhisme. Et nous regrettons qu'il n'ait jamais entrepris (un début) de dialogue avec le Bouddha et ses *« Quatre vérités saintes »*[876].

2) Les fonctions de l'Inde bouddhiste de Nietzsche

a) La critique violente de la pensée chrétienne européenne

On aura compris que si Nietzsche ne s'investit presque jamais entièrement dans ses références au bouddhisme, c'est pour la raison qu'il est constamment gêné par son procès acharné et excessif de la morale chrétienne[877]. Cet homme qui *« abhorre le christianisme d'une haine mortelle »*[878] noie ses propres explications sur l'Inde à l'intérieur de ses attaques incisives contre la pensée chrétienne. Il veut ainsi se défaire de la tradition séculaire à laquelle il appartient malgré lui, mais vouloir se couper de ses racines chrétiennes, c'est une autre manière de s'arracher à soi avec douleur, souffrance. C'est pourquoi on assiste chez lui à un véritable auto-déchirement quand il convoque la pensée bouddhiste en opposition plus ou moins grande avec la pensée chrétienne .

Dans la dernière année de sa production philosophique, en 1888, il avoue sa dette vis-à-vis de l'indianisme :

> « Si l'on est maintenant à même de comparer [*le bouddhisme et le christianisme*], c'est grâce aux savants indianistes et la critique du christianisme leur est profondément reconnaissante. »[879]

---

875 F.P. II *, printemps-automne 1873, 28 [1], p. 350.

876 H. Oldenberg : *Le Bouddha*, Robert Laffont, 1975, p.10.

877 Gustave Thibon : *Nietzsche ou le déclin de l'esprit*, 2e partie : « Le procès de la morale chrétienne », Fayard, 1985, p. 107-152.

878 F.P. XIV, printemps 1888, 14, [123], p. 93.

879 *L'Antéchrist*, VII, § 20, p. 176.

Un extrait d'une lettre adressée au Baron de Gersdorff (13 décembre 1875 in *La Vie de F. Nietzsche d'après sa correspondance* (traduction de Georges Walz), Riedeur 1932, p. 248) montre que Nietzsche convoque la pensée indienne pour attaquer la pensée occidentale d'inspiration chrétienne :

« J'ai reçu hier ta lettre, mon cher ami, et ce matin, au début d'une semaine bien chargée, tes livres. Comment, ne pas conserver son entrain quand on possède des amis si affectueux, qui vous portent tant d'intérêt ! J'admire vraiment le bel instinct de ton amitié (ce mot instinct ne te paraîtra pas trop zoologique, j'espère) qui fait que tu as juste mis la main sur ces senten-

Dans cette proposition, Nietzsche accepte non seulement le fait comparatiste mais aussi il indique clairement que la première fonction de la pensée indienne est la critique de la pensée chrétienne pour la raison que

> « la faiblesse ou la paresse se cache derrière la façon chrétienne catholique de penser »[880].

L'assaut démesuré contre la culture chrétienne est anarchique, acharné, délirant, pour la raison que Nietzsche se construit un modèle personnel du bouddhisme. Par exemple, la morale devient une physiologie, le *nirvâna* se confond avec le néant ou l'union mystique avec Dieu. Le Bouddha est un autre nom du Christ, le bouddhisme indien est transformé en bouddhisme européen de sorte que le christianisme du Christ survit dans le bouddhisme européen. Que reste-t-il du bouddhisme historique ?

C'est alors que nous reconnaissons ici une méthode particulière à Nietzsche : faisant fi de tout arrière-fond historique des philosophies bouddhistes, il se sert du bouddhisme pour donner une solidité à sa propre philosophie orientée vers la critique de la culture européenne. En ce sens, il est grec dans sa méthode : il apprend des autres cultures afin de transformer le savoir en une idée nouvelle. Mais il faut préciser qu'il n'adhère guère à son propre bouddhisme réinventé dont les contours ne sont autres que ceux du christianisme européen en faillite ecclésiale. Dans ce cas, Nietzsche reproche aux bouddhistes de partager avec les chrétiens une morale fondée sur l'amour compassionnel pour tous les *« ratés »*[881] de la vie. Un tel bouddhisme européen n'est plus un christianisme a-ecclésial ou un christianisme du Christ mais un christianisme charitable sans les figures du Christ en croix ou du Bouddha apaisé.

Certes, Nietzsche devrait connaître le bouddhisme historique grâce aux ouvrages de Köppen et d'Oldenberg, mais il reste volontairement hors de la vérité du bouddhisme car il veut parler de l'Europe et de sa crise de civilisation, de sa crise des valeurs. Il se sert de la doctrine bouddhique, qu'il voit comme une religion et

---

ces hindoues (Gerdorff avait fait cadeau à Nietzsche de l'ouvrage d'Otto Böhtling : *Sentences hindoues* en trois tomes) *alors que, depuis deux mois, une soif croissante me faisait précisément tourner mes regards vers les Indes. J'avais emprunté à M. Wiedemann, l'ami de Schmeitzner, la traduction anglaise du Soûtra Nipata qui donne un extrait des saints livres bouddhiques, et j'ai adopté pour mon usage personnel l'énergique fin d'un soûtra : "Et je chemine solitaire comme le rhinocéros."* (Cette formule se trouve également dans le livre de Köppen : *Die Religion des Buddha*, op. cit., p. 421). *« Souvent, la conviction que toute la vie est sans valeur et que tous les buts sont trompeurs s'impose à moi si fortement, en particulier quand, malade, je dois garder le lit, que j'éprouve le besoin d'en entendre davantage sur ce chapitre, mais sans aucun mélange de cette phraséologie judéo-chrétienne que j'ai prise, je ne sais quand, en tel dégoût qu'il me faut faire attention de ne pas devenir injuste. »*

880 F.P. X, été-automne 1884, 26 [347], p. 268. Dans cette formule, un autre fait est établi avec certitude : quand Nietzsche attaque la culture chrétienne, il ne fait aucune distinction entre l'Eglise catholique romaine (Rome, siège historique des apôtres Pierre et Paul) et l'Eglise protestante avec ses nombreuses composantes.

881 F.P. XII, été 1886-automne 1887, 5 [71], p. 211-216.

moins comme une philosophie, pour s'en prendre directement à la religion chrétienne avec des arguments auxquels on est peu habitué dans l'Europe du XIXe siècle.

Pour la première fois, un philosophe utilise des concepts bouddhiques tels que le *« nirvâna »* pour mettre en garde l'Europe contre une lecture chrétienne du bouddhisme. En réalité, bouddhisme et christianisme, deux *« cultes du néant »* se réduisent à un *« bouddhisme européen »* synonyme d'une résurgence des idées chrétiennes, moins la foi au Christ des Evangiles. Nietzsche joue sur deux tableaux : d'un côté, il christianise le bouddhisme, mais pour autant, il ne faut guère y voir un quelconque christianisme « bouddhisé » ou un bouddhisme christianisé ; de l'autre, en considérant le bouddhisme comme une doctrine anti-ascétique, il le distingue soigneusement de l'ascétisme chrétien auquel il est hostile.

Si dans le bouddhisme, sa critique du christianisme est moins pertinente que dans son rapport au brahmanisme[882], c'est parce qu'il nie partiellement les similitudes morales entre bouddhisme et christianisme. Il a recours à un bouddhisme falsifié que l'on peut appeler *« le bouddhisme européen »* (de Nietzsche). Mais il ne se réclame jamais de telle ou telle religion, puisqu'il veut lui-même créer une religion et être ainsi *« le Bouddha de l'Europe »* sans aucun rapport avec le Bouddha indien. De sorte que sa critique du christianisme révèle son souci de garder la haute main sur les productions religieuses, d'être lui-même un fondateur de religion mais sans culte, sans dogmatique[883]. Cela signifie que chacun doit être le créateur de ses propres valeurs et ainsi ne jamais attendre tout de la part de systèmes figés comme le christianisme. Il s'ensuit que par le titre *« Nietzsche et la pensée bouddhiste »,* il faut entendre *« Nietzsche et la critique délirante et violente du christianisme ecclésial ».*

b) Tentative de déchiffrement de l'énigme de la souffrance

A propos de la souffrance, Nietzsche écrit, dès *La Naissance de la tragédie* : *« La souffrance n'est-elle pas tout aussi inexplicable que le plaisir ? »*[884]. En se tournant vers la philosophie chrétienne, Nietzsche est révolté. Pour lui la souffrance n'a pas été comprise par l'Eglise. Rien n'est plus caractéristique de la fonction du christianisme que le fragment posthume de 1880 sur l'exaltation de la souffrance, de sa prise en charge par les « tchandalas chrétiens » :

> « Le christianisme, en tant que grand mouvement populacier de l'empire romain, représente l'exaltation des mauvais, des incultes, des opprimés, des malades, des fous, des pauvres, des esclaves, des femmes vieillies et des hommes lâches, bref, de tous ceux qui auraient eu sujet de se suicider mais n'en avaient pas le courage ; ils cherchèrent avec ardeur un moyen de ren-

882 Alphonse Vanderheyde : *Nietzsche et la pensée des brahmanes,* en cours de publication.

883 André Comte-Sponville : *L'Esprit de l'athéisme. Introduction à une spiritualité sans Dieu,* Albin Michel, 2006

884 F.P. I*, fin 1870-avril 1871, 7 [204], p. 322.

dre leur vie supportable et de la trouver digne d'être supportée, le trouvèrent et proposèrent au monde leur nouvelle espèce de bonheur. »[885]

Nietzsche, on le sait, est contre la morale chrétienne car celle-ci exclut le plaisir et dévalorise la souffrance. Il fait la même lecture concernant la morale bouddhiste. En effet, il n'admire pas le Bouddha pour sa dissolution totale de la souffrance. Au contraire, il croit fermement que le bouddhiste est fondamentalement sensible, sujet à la souffrance, redoutant de souffrir. Il lui reproche d'avoir réglé cette question en anesthésiant la volonté. De sorte que le bouddhisme est la doctrine philosophique de *« l'inaction paisible »*, principe très opposé à la volonté de puissance. En cachant leurs vices, en anéantissant leur volonté, les bouddhistes finalement refusent de souffrir. De ce fait, ils se privent des sensations positives de la souffrance : ils ne vivent pas.

Ainsi en Europe, le bouddhisme, une doctrine morte, succède au christianisme, autre doctrine morte. Le bouddhisme est un autre nom du christianisme européen (sans la référence au Christ). De sorte que Nietzsche nous met en garde contre l'avènement d'un *« bouddhisme européen »* car il porterait dans sa dogmatique une sorte de *« loi de charité »*, le trait fondamental du christianisme (moins l'Eucharistie et la sotériologie). Par là, la force de vie disparaîtrait du bouddhisme pour être remplacée par le *pathos* du dégoût de la vie. Quand le bouddhisme dit *« guerre à la souffrance »*, il dit guerre à la vie. En quelque sorte, cette sagesse athée a raté le rendez-vous de la vie. Nietzsche nous met en garde contre le bouddhisme car, en tant que résurgence des idéaux du christianisme ecclésial, il est le plus grand danger pour l'Europe. Les hommes (athées ou en révolte contre le christianisme, l'Eglise catholique) resteront chrétiens par leur morale.

Néanmoins, quand Nietzsche compare le bouddhisme historique au christianisme ecclésial, il écrit :

> « Rien n'est plus éloigné du bouddhisme que le fanatisme juif d'un Paul : rien ne répugnerait davantage à son instinct que cette tension, cette flamme, cette inquiétude de l'homme, avant tout cette forme de sensualité que le christianisme a sanctifiée sous le nom d'"amour". De surcroît, ce sont les classes cultivées et supra-intellectuelles qui trouvent leur compte dans le bouddhisme [...]. Dans l'idéal du bouddhisme apparaît non moins essentiel l'affranchissement eu égard Bien et Mal : un au-delà de la morale y est conçu, et celui-ci coïncide avec l'essence de la perfection [à] condition que l'on n'ait que temporairement besoin des bonnes actions, pur moyen notamment de se débarrasser de tout agir. »[886]

Au regard de ces mots, Nietzsche apparaît une nouvelle fois comme l'homme de la contradiction. Il transforme la morale bouddhique (assez semblable à la morale chrétienne sous certaines formes) en *« un au-delà raffiné de la morale »*, c'est-à-dire une perfection dont il ne précise pas les valeurs. Ici apparaît l'une des méthodes de Nietzsche : il attaque le christianisme avec des arguments empruntés au bouddhisme

---

885 F.P. IV, printemps 1880, 3 [20], p. 337.

886 F.P. XIII, automne 1887, 10 [190], p. 201-202.

qu'il s'est construit, pour la raison qu'il veut dénoncer le pessimisme de la philosophie chrétienne. Ce pessimisme, il le définit comme *« le mépris de l'existence »*[887], ou encore, *« une libre recherche des côtés affreux et suspects de l'existence »*[888].

En somme, tantôt Nietzsche condamne purement et simplement le bouddhisme pour sa connivence avec la morale chrétienne, dans ce cas, par le mot bouddhisme, il faut entendre le christianisme, car Nietzsche ne fait aucune distinction entre ces deux religions du nihilisme ; tantôt, il fait l'éloge du bouddhisme pour son absence de péché, pour sa perfection, le parfait est un cas normal, (on se demande en quoi), mais ici encore, il n'évoque guère le bouddhisme historique. Finalement, dans l'ensemble de son œuvre, il ne discute pas réellement de la philosophie du bouddhisme du Petit Véhicule. L'essentiel pour lui est de se servir du concept de bouddhisme pour défendre sa propre philosophie de la volonté de puissance face aux idéaux du christianisme.

3)Le drame de la dissolution de la culture chrétienne en Europe

a) Le *« culte du néant »* comparé

Sur le bouddhisme, tardivement découvert au XIXe siècle, Hegel, Schopenhauer et Nietzsche écrivent « quelques paragraphes » en discordance absolue avec l'esprit de la philosophie historique du bouddhisme. Ils n'ont pas compris la pensée bouddhiste, d'abord pour la raison que les documents sont peu nombreux au début du XIXe siècle. Ensuite, ils sont confrontés à une philosophie bien étrange car elle est gouvernée par l'idée de néant. Ils évoquent en effet le bouddhisme comme un *« culte du néant »* avec cependant des différences. Hegel juge la philosophie du bouddhisme, notamment son *nirvâna* comme une *« absorption dans le néant »* : le culte des bouddhistes est le néant[889], c'est-à-dire *« une attitude passive »* ; la sainteté consiste pour l'homme à s'unir *« à Dieu, au néant, à l'absolu »*. Une telle idée est reprise par Nietzsche de sorte que les deux philosophes considèrent le bouddhisme comme un genre de *« religion athée »*, synonyme de ce que nous avons appelé une transcendance athée. Nietzsche qui a eu accès à toutes les bonnes sources sur le bouddhisme ne rectifie nullement cette interprétation erronée, car au fond, il ne cherche pas à faire une étude d'indologie. A cette raison, on peut ajouter une autre beaucoup plus importante : il rejette la philosophie du bouddhisme pour sa *« négation de la sagesse tragique »*, sa nostalgie du néant, son *« asthénie de la volonté »*, son *« nirvâna »* qui est un *« néant oriental »*, des termes qui montrent que le bouddhiste fuit la souffrance et finalement la vie. Ainsi Nietzsche voit le bouddhisme comme une philosophie de la *« négation du monde »*[890] qui prend la forme d'un au-delà du plaisir et d'une fuite devant la souffrance, car le bouddhiste ne sait pas souffrir, en ce sens il est comme le chrétien très vite accablé par la nature néga-

887 *Le Gai Savoir*, V, Livre cinquième, § 346, p. 244.

888 F.P. XIII, automne 1887, 10 [3], p. 110.

889 R.-P. Droit : *Le Culte du néant*, op. cit., p. 62.

890 F.P. XI, avril-juin 1885, 34 [204], p. 219p. 219.

tive de la souffrance et qui le gêne pour vivre. Nietzsche positive la souffrance autrement que le chrétien et l'idée du Dieu en Croix, mais le plaisir dans la souffrance échappe à l'explication rationnelle : c'est pourquoi Nietzsche ne s'explique ni sur la souffrance ni sur le plaisir.

Contrairement à Nietzsche, Schopenhauer accueille le bouddhisme, d'abord parce qu'il y voit une concordance avec sa propre philosophie, ensuite, il va jusqu'à revendiquer le néant, à en faire un principe de philosophie occidentale. En effet, à aucun moment, il n'hésite à apprécier le néant au sens *« d'ignorance impossible à lever, d'une limite de l'inexistence de quoi que ce soit »*[891]. Sa mauvaise compréhension du bouddhisme est très nette puisque dans sa philosophie (également chez Hegel et Nietzsche),le néant fonctionne comme un absolu. Une telle interprétation ontologique du bouddhisme révèle la difficulté de nos trois philosophes à sortir de leur culture judéo-chrétienne. Plus précisément, ils ne peuvent s'empêcher de juger en philosophe de tradition occidentale une pensée telle que le bouddhisme.

Que dire également de l'interprétation du bouddhisme comme une doctrine anti-ascétique (chez Nietzsche et Hegel) ? Pour Nietzsche, les choses sont plus claires : le bouddhisme est une philosophie de l'*« inaction paisible »* et donc contraire à l'idée de volonté de puissance ou à l'idée d'intensification de la souffrance. Pour Hegel, l'ascétisme bouddhiste n'existe guère et il est excusable car les études bouddhistes ne sont pas encore développées à son époque.

A leur insu, ces trois philosophes établissent un parallélisme entre l'auto-hypnotisation du yogin (dans le brahmanisme)[892] et le néant des bouddhistes. On se demande en effet comment cela est possible. Car le brahmanisme est vu par nos trois philosophes comme une philosophie sado-masochiste : l'ascète a besoin d'intensifier ses exercices, ses souffrances pour parvenir à une auto-hypnotisation vue comme un *« sentiment hypnotique du néant »*, une négation de la vie. Et dans le bouddhisme, c'est l'absence d'exercices yoguiques qui permet d'atteindre le *« nirvâna »* ou l'anéantissement. (Des trois philosophes, seul Schopenhauer voit le bouddhisme comme une religion ascétique).

Nietzsche défie ces philosophes occidentaux en leur reprochant d'être semblables à des animaux devant une lyre[893]. En réalité ils font preuve de la plus vulgaire ignorance jusqu'à nos jours : à *« l'ignorance accomplie »*[894], dénoncée par Nietzsche dans les années 1870 fait écho *« l'ignorance crasse »*[895] mise en évidence par François Chenet à la fin du XXe siècle. Dans les deux cas, il s'agit de *« l'ignorance de la grande, de la merveilleuse aventure de la philosophie indienne »*[896].

---

891 R.-P. Droit : *Le Culte du néant,* op. cit. p. 144 ; cf. également M.V.R., p. 1376.

892 Alphonse Vanderheyde, *Nietzsche et la pensée des brahmanes*, en cours de publication.

893 *Schopenhauer éducateur*, II**, § 8, p. 93.

894 Lettre à Deussen du 03-01-1888 in *Dernières Lettres de Frédéric Nietzsche*, op. cit., p. 51.

895 F. Chenet : « Que prouvent les preuves indiennes de l'existence de Dieu ? » in *Les Cahiers philosophiques* n° 14, 1992, p. 66.

896 Ibid. p. 66.

b) Les ombres du Bouddha ou du Christ sur l'Europe

L'Inde de Nietzsche nous révèle la plus grande crise des valeurs que traverse l'Europe peut-être depuis des siècles. La critique de la morale chrétienne par Nietzsche met en lumière les difficultés spirituelles des hommes à partir du XIXe siècle. Comment le christianisme, « *la plus puissante pensée* »[897], a-t-elle pu tomber en discrédit par elle-même et par les critiques les plus violentes des intellectuels (anarchistes, tels que Nietzsche, Stirner...) ?

Les relations de Nietzsche avec la pensée bouddhiste nous révèle les difficultés de la pensée européenne, le vieillissement de la culture européenne chrétienne[898]. C'est alors que Nietzsche invente sa propre pensée ou religion qui porte toujours le nom de christianisme mais avec une sorte de dogmatique libre n'ayant aucun rapport au christianisme ecclésial :

> « Le christianisme est encore possible à tout instant... Il n'est lié à aucun des dogmes insolents qui se sont ornés de son nom : il n'a besoin ni de la doctrine, ni du dieu personnel, ni du péché, ni de l'immortalité, ni de la rédemption, ni de la croyance, il n'a simplement besoin d'aucune métaphysique moins encore d'un ascétisme, moins encore d'une "science de la nature" chrétienne... »[899]

L'Europe est malade du recul ou plus exactement des valeurs chrétiennes. La place est vide pour de nouvelles valeurs, mais celles-ci sont-elles encore chrétiennes ?

> « Notre époque, *écrit Nietzsche*, est mûre comme l'était celle du Bouddha pour accueillir une chrétienté sans ses dogmes absurdes. »[900]

Il s'agit d'un christianisme a-ecclésial ou anti-ecclésial, une sorte d'invention personnelle, une immanence, fort dissemblable de la doctrine du bouddhisme attestée dans l'histoire de la philosophie par le Bouddha et ses disciples. Dans ce cas, chacun invente un christianisme européen ou un bouddhisme européen à égale distance de la dogmatique du christianisme et du bouddhisme. Chacun donne ainsi un sens à son immanence. Et ce sens ne peut être que païen ou athée, c'est-à-dire sans aucune référence à la transcendance et à la dogmatique catholique.

La mort de Dieu et des valeurs chrétiennes provoquent un désordre, une désorientation de la culture européenne, car précisément l'Europe a des racines chrétiennes ou bien l'anarchie des valeurs provoque une envie de rester dans l'esprit de la culture chrétienne, sans l'adhésion à sa dogmatique ecclésiale. Pour le dire autrement, dans la philosophie de Nietzsche relative à sa critique du christianisme[901], nous pouvons repérer trois phases : — La dénonciation de la dogmatique chrétienne (« *le Christ en croix* ») avec sa culture de la souffrance ; — la mort de Dieu ou

897 F.P. V, printemps-automne 1888, 11 [158], p. 371.

898 René Guénon : *La Crise du monde moderne,* Gallimard, 1946.

899 F.P. XIII, nov. 1887-mars 1888, 11 [365],p. 338.

900 F.P. XIII, novembre 1887-mars 1888, 11 [366], p. 339.

901 Danièle Hervieu-Léger : *Catholicisme, la fin d'un monde*, Bayard, 2003. Cf. également Alphonse Vanderheyde : *La Pastorale de couloir*, en cours de publication.

l'annonce du déclin et la fin du christianisme en Europe ; — la survie de la morale de la compassion dans les attitudes des hommes même s'ils ne croient plus en Dieu. Nietzsche utilise la vocabulaire chrétien (*« Christ en croix »*[902], *« péché véniel »*[903], *« mortification de la chair »*[904]) contre la spiritualité chrétienne elle-même. En premier lieu, il ridiculise la prière personnelle ou collective telle qu'elle est pratiquée dans les monastères : il ne veut pas comprendre le sens sacré de l'oraison. Sur ce point, son assaut contre la délivrance chrétienne, qu'il considère comme une folie, révèle une volonté d'en finir avec la transcendance chrétienne, les arrière-mondes. C'est pourquoi il va jusqu'à appeler néant toute croyance en Dieu[905] ; pour lui la délivrance, qu'elle soit brahmanique, chrétienne ou athée est un *« sentiment hypnotique du néant »* qui cache un certain plaisir malsain. En deuxième lieu, la critique de la dogmatique chrétienne, notamment de sa morale, est une autre manière de tuer Dieu. Le meurtre de Dieu est la volonté des hommes de s'émanciper, d'assurer leur indépendance idéologique vis-à-vis de l'Eglise catholique, de sa dogmatique ; c'est une première, les Européens veulent penser la vie sans Dieu, sans diable, sans prêtre, sans évêque, sans Pape, c'est-à-dire sans aucune référence à une quelconque autorité (religieuse). En rejetant ainsi l'obéissance inconditionnelle aux prêtres, ils ont compris que les hommes d'Eglise se sont servis de leur pouvoir pour contrôler les consciences, pour obliger les plus humbles à penser en fonction de l'esprit des Evangiles et même à avoir peur de Dieu, du péché, du diable[906]. Ils veulent ainsi rompre avec le pessimisme. Tuer Dieu est une autre manière de sortir du pessimisme de la faiblesse. Mais est-ce une fausse sortie ? En effet, on est habitué à voir Nietzsche s'en prendre à la dogmatique chrétienne. Mais après avoir détruit les anciennes valeurs pessimistes, que reste-t-il ? Voici la réponse de Nietzsche :

> « Ce qui fait suite au pessimisme est la doctrine de l'absence de sens de l'existence. »[907]

---

902 F.P. XII, automne 1885-automne 1886, 2 [96], p. 115.

903 F.P. XIII, novembre 1887-mars 1888, 11 [59], p. 228.

904 F.P. XIV, printemps 1888, 14 [179], p. 141.

905 *La Généalogie de la morale*, VII, Troisième dissertation, § 17, p. 323

906 Guy Bechtel : *La Chair, le diable et le confesseur*, Plon, 1999.

907 F.P. X, été-automne 1884, 26 [326], p. 262.
Les hommes de notre temps sont nihilistes en ce sens que depuis le second meurtre de Dieu, il n'existe plus de valeur. Dieu est mort une première fois sur la croix et une deuxième fois dans les idées chrétiennes des hommes du XIXe siècle. Mais à la fois personne n'a tué Dieu : au XIXe siècle, Nietzsche a trouvé Dieu mort dans la pratique religieuse des hommes, dans leur mentalité. Maintenant ils errent sans valeur, ils sont livrés à eux-mêmes et vivent indépendants à l'égard de Dieu, des Evangiles, des évêques, des prêtres mais ils ne savent guère s'affranchir des valeurs morales d'inspiration chrétienne. Après la mort de Dieu, les hommes se raccrochent à la loi de charité qui s'appelle actuellement la solidarité (on voit bien ici la paganisation de la théologie de Paul), cela signifie que les hommes d'aujourd'hui n'ont pas rompu radicalement avec leurs racines chrétiennes. De sorte qu'ils sont des païens mais encore chrétiens : *« les ombres du Bouddha »* (il faut entendre le Christ) planent encore sur l'Europe. Les hommes d'aujourd'hui veulent nier qu'ils restent encore chrétiens dans leurs pratiques de la charité, de la compassion, leur mentalité est fortement marquée par la

L'Inde de Nietzsche révèle la détresse spirituelle de notre monde. En effet, ayant rejeté Dieu, nos contemporains sont seuls au moment des grandes difficultés de la vie[908]. Même Nietzsche s'interroge sur les hommes, les orphelins de Dieu :

---

philosophie des Evangiles moins le *« Christ en croix »*. D'ailleurs aujourd'hui, on pense qu'il vaut mieux aider les pauvres que d'assister à une célébration eucharistique ou de réconciliation... Une telle séparation, entre la Loi de charité et le Christ, est incompatible avec l'esprit des Evangiles. (Cf. Les évêques de France : *Proposer la foi dans la société actuelle. Lettre aux catholiques de France*, Cerf, 1996). Les anti-chrétiens voudraient faire croire que cette idée d'aider les autres n'est pas judéo-chrétienne, mais païenne. Quoi qu'il en soit, dans les deux cas, cette Loi de charité tant critiquée par Nietzsche, n'est nullement inscrite dans la nature. Une telle loi, reconnaît Nietzsche, est encore la marque de la manière humaine de penser la vie. Sans le christianisme, une telle idée du respect des faibles n'existerait pas.
Vers la fin de son œuvre, Nietzsche nous met en garde contre la menace d'un bouddhisme européen car elle est synonyme d'un retour au christianisme ecclésial. Mais en réalité, le bouddhisme historique n'est pas revendiqué par les Européens : personne ne vit en bouddhiste réel. Etre bouddhiste dans l'Europe d'aujourd'hui, c'est être chrétien sans le Christ (effectivement comme le reconnaît René Rémond (cf. *Le Christianisme en accusation*, Desclée de Brouwer, 2000), la figure apaisée du Bouddha attire davantage nos contemporains que l'image du Christ supplicié). Pour le dire clairement, le bouddhisme, tel qu'il est pratiqué en Asie, est du ressort d'une minorité d'instruits. En effet, en Europe, la majorité déforme le bouddhisme : la chute de la croyance en Dieu a pour conséquence que chacun est son propre référent, chacun a des idées sur tout, chacun juge tout sans aucune compétence : le débat des idées tend à disparaître au profit d'un isolement, d'une vie juxtaposée, égoïste. Nous assistons à un déplacement de la transcendance qui va de Dieu comme centre du monde humain, à une transcendance fondée sur soi-même, sur un moi personnel, isolé, livré à lui-même.
Avec cette instauration de l'immanence, nous sommes dans une anarchie des valeurs, mieux, les hommes d'aujourd'hui n'ont plus aucune idée de leurs racines culturelles d'inspiration chrétienne. Par exemple, ils n'ont aucune idée du sens des fêtes religieuses (Toussaint, Noël, Pâques, Ascension, Assomption). Notre époque médiatique ne veut plus de Dieu, de cette culture chrétienne. A partir de là, on assiste à des dérives, qui traduisent une ignorance radicale de la chrétienté. Par exemple, le fameux sapin de Noël en décembre 2004 a été retiré d'un lycée par le proviseur sous prétexte qu'il est un signe ostentatoire chrétien. C'est un bel exemple de sous-culture religieuse.
Cette crise des valeurs bien mise en évidence dans l'Inde de Nietzsche est aggravée par un acharnement à attaquer l'Eglise catholique, notamment sur ses positions sur l'avortement, la contraception, l'euthanasie. Nos contemporains ont-ils peur du christianisme, de sa morale, de sa dogmatique ? Soupçonnent-ils que le christianisme n'est pas totalement mort ? Sur ce point Nietzsche écrit : *« Le christianisme est le plus sublime symbole de nos jours. »* Ces paroles signifient-elles que les hommes écoutent toujours, malgré eux, les positions morales de l'Eglise. Quoi qu'il en soit, s'ils les combattent, c'est parce qu'ils savent que les anciennes valeurs morales chrétiennes vues sous l'œil des Evangiles survivent moins la pratique du culte. Ils veulent tuer Dieu, c'est-à-dire passer leur temps à critiquer la dogmatique chrétienne car ils ne font pas confiance aux œuvres qui annoncent la fin du christianisme. (Cf. Gérard Leclerc : *Pourquoi veut-on tuer l'Eglise ?*, Fayard, 1996). Pourtant, Nietzsche annonce bien la fin de la chrétienté quand il s'exclame de cette façon : *« Que sont donc ces Eglises, si elles ne sont les caveaux et les tombeaux de Dieu ? »* (Cf. *Le Gai Savoir*, Livre troisième, § 125, p. 150).
908 Eric Weil : *Logique de la philosophie*, Vrin, 1985, chapitre VIII : Dieu, p. 176

« Les hommes ont commis le meurtre des meurtres ! Nous nous réveillons meurtriers ! Comment semblable meurtrier se consolera-t-il ? Comment se purifiera-t-il ? »[909]

A cette réponse de Nietzsche, fait écho cette parole de Heidegger :

« Seul un Dieu peut encore nous sauver. »[910]

---

909 F.P. V, automne 1881, 12 [17], p. 458

Sur la mort de Dieu, cf. *Le Gai Savoir*, p. 149-150, cf. également Michel Haar, *Nietzsche et la métaphysique*, p. 196-197. Cette parole fait écho à celle de Jean Paul, un romantique allemand (de son vrai nom : Johan Paul Richter, 1763-1825) ; il a lancé le fameux cri dans son roman (*Siebenkäs*) paru en 1796-1797, qui s'ouvre sur cette terrible pseudo-oraison : *« Discours du Christ mort du haut de l'édifice du monde : il n'y a plus de Dieu [...]. Dieu est mort ! Le ciel est vide. » « Pleurez mes enfants, vous n'avez plus de Père. »*

910 « Spiegel-Gespräch », in *Der Spiegel*, Nr. 23 / cf. également Didier Franck : *Nietzsche et l'ombre de Dieu*, P.U.F., 1998, p. 5. De nombreux hommes d'aujourd'hui jugent l'Eglise à travers l'histoire (les Croisades...). Mais ils ignorent que l'Eglise a beaucoup changé. Par exemple, elle reconnaît que dans les autres traditions religieuses, *« il y a du vrai et du bon »*, (Lumen Gentium n° 16, op. cit.), ce sont presque d'autres voies de salut. Selon *Redemptoris missio* (n° 39) *« l'Eglise s'adresse à l'homme dans l'entier respect de sa liberté : la mission ne restreint pas la liberté, mais elle la favorise. L'Eglise propose, elle n'impose rien : elle respecte les personnes et les cultures, elle s'arrête devant l'autel de la conscience »*.

L'activité missionnaire selon *Ad Gentes* (n° 9), est « la manifestation du dessein de Dieu ». Elle s'appuie sur le Nouveau Testament : *« Allez donc : de toutes les nations faites des disciples. »* (Mt 28,18). *« Malheur à moi,* écrit saint Paul, *si je n'annonce pas l'Evangile. »* (1 Co 9, 16). Cette tâche d'annoncer le Royaume de Dieu et du Christ revient à l'Eglise. (Lumen Gentium n° 5, op. cit.).

Bibliographie générale

Ouvrages de Nietzsche

Parmi les œuvres de Nietzsche, j'ai principalement utilisé l'édition des œuvres philosophiques complètes dirigées par Colli et Montinari, Tome I à XIV (éditions Gallimard, 1982).

1) TOME I * : *La Naissance de la tragédie et Fragments posthumes*, 1869-1872
2) TOME I ** : *Ecrits posthumes*, 1870-1872
3) TOME II * : *Considérations inactuelles I et II* et *Fragments posthumes*, 1872-1874
4) TOME II ** : *Considérations inactuelles III et IV et Fragments posthumes*, 1874-1876
5) TOME III : *Humain, trop humain* et *Fragments posthumes*, 1876-1878 (2 volumes)
6) TOME IV : *Aurore et Fragments posthumes*, 1879-1881
7) TOME V : *Le Gai Savoir* et *Fragments posthumes*, 1881-1882
8) TOME VI : *Ainsi parlait Zarathoustra*
9) TOME VII : *Par-delà bien et mal. La Généalogie de la morale*
10) TOME VIII : *Le cas Wagner, Crépuscule des Idoles, L'Antéchrist, Ecce Homo, Nietzsche contre Wagner*
11) TOME IX : *Fragments posthumes.* Eté 1882-printemps 1884
12) TOME X : *Fragments posthumes.* Printemps-automne 1884
13) TOME XI : *Fragments posthumes.* Automne 1885-automne 1887
14) TOME XII : *Fragments posthumes.* Automne 1885-automne 1887
15) TOME XIII : *Fragments posthumes.* Automne 1887-mars 1888
16) TOME XIV : *Fragments posthumes.* Début 1888-début janvier 1889
17) *Correspondance*, Tome 1, juin 1850-avril 1869
18) *Correspondance*, Tome 2, avril 1869-décembre 1874

A cette liste, ajoutons les autres ouvrages de Nietzsche :

19) - *Le Livre du philosophe* (Garnier-Flammarion, 1991)
20) - *Le Service divin des Grecs* (L'Herne, 1992)
21) - *Introduction à la lecture des dialogues de Platon* (L'Eclair, 1999)
22) - *Mort, parce que bête* (Parc, 1998)
23) - *La Vie de F. Nietzsche d'après sa correspondance*, Trad. Georges WALZ, (Riedeur éditeur, 1931)
24) - *Lettres à Peter Gast*, Trad. Louis SERVICEN, 2 tomes, (Rocher, 1958)
25) - *Dernières Lettres F. Nietzsche*, Trad. Catherine PERRET, (éditions Rivages, 1992

Ouvrages sur Nietzsche et la pensée occidentale

ANDLER Charles :
26) - *Nietzsche, sa vie et sa pensée*, trois tomes, Gallimard, 1979

BENOIST Alain de :
27) - *Nietzsche*, Revue Nouvelle Ecole, numéro 51, année 2000

BLONDEL Eric :
28) - *Nietzsche, le 5e Evangile*, éditions Les Bergers et les Mages, 1980

BROISSON Yvan :
29) - *Nietzsche et la vie spirituelle*, L'Harmattan, 2003

CAMUS Albert :
30) - *L'Homme révolté* (cf. « Nietzsche et le nihilisme »), Gallimard 1992, p. 91-108

CATTIN Emmanuel :
31) - « Sur l'Aristocratie et la philosophie du retour » in *Cahiers philosophiques Nietzsche*, n° 30, mars 2002, CNDP et Delagrave, 2002

CHENET François :
32) - « Nietzsche, ou le nouvel Erostrate » in *Nietzsche*, cahier dirigé par Marc Crépon, 2000.
33) - *Le Temps. Temps cosmique, Temps vécu*, Colin, 2000

DEUSSEN Paul :
34) - *Souvenirs sur F. Nietzsche*, Gallimard, 2002

DUMONT Jean-Paul :
35) - *Les Ecoles présocratiques*, Gallimard, 1991

FINK Eugen :
36) - *La Philosophie de Nietzsche*, Minuit, 1995

FRANCK Didier :
37) - *Nietzsche et l'ombre de Dieu*, P.U.F., 1998

GRANIER Jean :
38) - *Le problème de la vérité dans la philosophie de Nietzsche*, Seuil, 1966

GŒDDERT Georges :
39) - *Nietzsche et la critique des valeurs chrétiennes, souffrance et compassion*, Beauchesne, 1977

GRATELOUP Léon-Louis :
40) - *Les Philosphes de Platon à Sartre*, Hachette, 1985

HAAR Michel :
41) - *Par-delà le nihilisme*, P.U.F., 1988
42) - *Nietzsche et la métaphysique*, Gallimard, 1993.
43) - « La critique Nietzschéenne de Schopenhauer » in *Schopenhauer*, sous la direction de Jean LEFRANC, L'Herne, 1997.
44) - « La rupture initiale de Nietzsche avec Schopenhauer » in *Schopenhauer et la force du pessimisme*, Cahiers dirigés par P. SIPRIOT, Rocher, 1988

JASPERS Karl :
45) - *Nietzsche : introduction à sa philosophie*, Gallimard, 1950

KESSLER Matthieu :
46) - *L'Esthétique de Nietzsche*, P.U.F., 1998

KREMER-MARIETTI Angèle :
47) - *Thèmes et structures dans l'œuvre de Nietzsche*, Lettres modernes, 1957.
48) - *Le Nihilisme européen*, cf. Introduction, Kimé, 1997.
49) - *Nietzsche : L'homme et ses labyrinthes*, L'Harmattan, 1999

MONTINARI Mazzinno :
50) - *Friedrich Nietzsche*, P.U.F., 2001

MULLER-LAUTER Wolfgang :
51) - *Physiologie de la Volonté de puissance*, Editions Allia,1998.
52) - *Nietzsche physiologie de la volonté de puissance*, P.U.F., 1998

OVERBECK Franz :
53) - *Souvenirs sur Nietzsche*, Allia, 1999

PODACH (Docteur) :
54) - *L'Effondrement de Nietzsche*, Gallimard 1976

RUGGENINI Mario :
55) - Foi dans le Je et foi dans la logique. La question ontologico-grammaticale du Je dans la pensée de Nietzsche, in « *Nietzsche* », L'Herne 2000

STIEGLER Barbara :
56) - *Nietzsche et la biologie*, P.U.F., 2001
57) - *Nietzsche et la critique de la chair. Dionysos, Ariane, le Christ*, P.U.F., 2005

THIBON Gustave :
58) - *Nietzsche ou le déclin de l'esprit*, Fayard, 1985

VALADIER Paul :
59) - *Nietzsche et la critique du christianisme*, Cerf, 1974.

WYSEWA Theodor de :
60) - « A propos de la mort de Nietzsche » in *Nietzsche 1892-1914*, direction Bruno de Cessole et Jeanne Caussé, Maisonneuve, Editions des Deux Mondes, 1997

Articles sur Nietzsche et la pensée indienne

(Certains livres et articles contiennent quelques lignes ou allusions vagues à Nietzsche et la pensée indienne)

ANDLER Charles :
61) - *Nietzsche, sa vie et sa pensée*, Tome II, p. 402-420
« Les origines de l'idée d'éternel retour » p. 459,462 : *Réminiscences bouddhiques*, Gallimard, 1999

BLONDEL Eric :
62) - *Crépuscule des idoles*, de Nietzsche, traduction E. Blondel, Hatier 2001, cf. Note explicative sur les *Lois de Manou*, page 55.

CHENET François :
63) - « Nietzsche et la pensée de l'Asie » in *Les Etudes philosophiques*, 1995/1.

CONCHE Marcel :
64) - *Nietzsche et le bouddhisme*, Encre Marine, 1997

DROIT Roger-Pol :
65) - *L'Oubli de l'Inde, une amnésie philosophique;* Le Livre de Poche, 1989, réédition 2004, cf. chapitre 15 : « Nietzsche, dernier brahmane », p. 178-184
66) - *Le Culte du néant. Les philosophes et le Bouddha*, P.U.F., 1996, p. 205-212

FIGL Johann :
67) - « Nietzsche's early Encounters with Asian Thought » in *Nietzsche and Asian Thought*, sous la direction de G. Parkes, The University of Chicago Press, 1991, p. 51-63

GLOBENSKY Christian :
68) - *Zarathoustra-Bouddha, vers un lexique commun*, L'Harmattan, 2004, p.156-157

HALBFASS Wilhelm :
69) - *India and Europe. An Essay in understanding*, State university of New-York, 1988, p. 124-129

HALEVY Daniel :
70) - *La Vie de Frédéric Nietzsche*, Calman-Levy, 1999, p. 293-296, p. 548-554

HULIN Michel :
71) - « Nietzsche et les idéaux ascétiques indiens », article inédit en français, mais une traduction existe en anglais sous le titre « *Nietzsche and the Suffering of the Indian Ascetic* » in *Nietzsche and Asian thought*, sous la direction de Graham PARKES, The University of Chicago Press, 1991, p. 64-75

LENOIR Frédéric :
72) - *La Rencontre du bouddhisme et de l'Occident*, Fayard, 1999, « Nietzsche et le nihilisme bouddhique », p. 143-154

LUBAC Henri de :
73) - *La Rencontre du bouddhisme et de l'Occident*, Aubier, 1952, p. 274-276

MAILLARD Christine :
74) – « Les intellectuels allemands, l'hindouisme et le bouddhisme (1890-1930) : un double regard sur l'Autre » in *Passeurs entre Inde et Europe*, Revue française de yoga n° 27, sous la direction de Y. Tardan-Masquelier, édition Dervy, 2003, p. 38

MISTRY Freny :
75) - *Nietzsche and Buddhism*, Walter de Gruyter, Berlin, New York, 1981

MORRISON Robert :
76) - *Nietzsche and Buddhism*, Oxford university Press, 1997

PARKES Graham :
77) - *Nietzsche and Asian thought,* The university of Chicago Press, 1991

PAUL Jean Marie :
78) - « Schopenhauer et Nietzsche : des images de l'Inde contrastée » in *La Fascination de l'Inde en Allemagne 1800-1933*, direction Marc CLUET, Presses universitaires de Rennes, 2004, p. 103-115

RIENCOURT Amaury de :
79) - *L'Âme de l'Inde*, Julliard, 1985, p. 265-267

SCHOBER Angélika :
80) - « Nietzsche fasciné par l'Inde » in *La Fascination de l'Inde*, 1800-1933, direction Marc CLUET, Presses universitaires de Rennes, 2004, p. 117-127

SPRUNG Mervyng :
81) - « *Nietzsche's trans-european eye* » in *Nietzsche and Asian thought,* direction de G. PARKES, The University of Chicago Press, 1991, p. 76-90

WOTLING Patrick :
82) - *Nietzsche et le problème de la civilisation*, Julliard, 1995, cf. p. 297-314 : « Un cas de ligne isochronique de culture » : le bouddhisme ; p. 317-328 : Le bouddhisme européen ; p. 352-382 : « L'éternel retour comme instrument de culture ».

Ouvrages généraux de philosophie

ALAIN :
83) - « Définitions » in *Les Arts et les Dieux,* Gallimard, 1990

ARENDT Hannah :
84) - *Le Concept d'amour chez saint Augustin*, Bibliothèque Rivages, 1996

ARISTOTE :
85) - *Métaphysique*, Vrin 1991 -Les parties des *animaux,* Les Belles Lettres, 1990

AUBENQUE Pierre :
86) - La découverte grecque des limites de la rationalité, in *La Naissance de la raison en Grèce*, direction J.-F. Mattéï, P.U.F., 1990

AUROUX Sylvain :
87) - *Barbarie et philosophie*, P.U.F,1992.
88) - « Philosophie » in *Dictonnaire des notions philosophiques* n° 2, P.U.F., 1990

BERNARD Claude :
89) - *Leçons sur les phénomènes de la vie communs aux animaux et aux végétaux*, Vrin, 1966

BLOOM Allan :
90) - *L'Âme désarmée*, Julliard, 1987

CHALLEMEL-LACOUR :
91) - Vrin, 1966, Paul Armand : « Un bouddhiste contemporain en Allemagne » in *Revue des Deux Mondes*, mars 1870. Un extrait de cet article se trouve dans *Schopenhauer*, direction J. Lefranc, L'Herne, 1997

EPICURE :
92) - *Lettres et Maximes*, trad. Marcel Conche, P.U.F., 1992

GILSON Etienne :
93) - *La Philosophie et la théologie*, Fayard, 1960

HARTMANN Eduard von :
94) - *L'Autodestruction du christianisme et la religion de l'avenir*, Presses universitaires de Nancy, 1989
95) - *Philosophie de l'inconscient*, 2 tomes, Librairie Germer Baillère, 1877

HAZARD Paul :
96) - *La Crise de la conscience européenne*, Fayard, 1989

HERACITE :
97) - *Fragments*, Traduction Marcel Conche, P.U.F., 1987

HULIN Jean-Paul :
98) - « L'Inde dans les premiers écrits de Kipling » in *L'Inde et l'imaginaire*, éditions de l'Ecole des hautes études en sciences sociales, 1988, p. 159-174

HUMBOLT Guillaume de :
99) - *Introduction à l'œuvre sur le Kavi*, Seuil, 1974

JACOLLIOT Louis :
100) - *Histoire naturelle et sociale,* Histoire universelle, Paris, 1884

LAERCE Diogène :
101) - *Vie, doctrines et sentences des philosophes illustres*, Garnier-Flammarion, 1965

LE SENNE René :
102) - *Traité de morale générale*, P.U.F. 1942

LEVI-STRAUSS Claude :
103) - *Race et histoire*, Gonthier, 1961

MISRAHI Robert :
104) - Article « Schopenhauer » in *Encyclopaedia universalis*, 1993

MOMIGLIANO Arnaldo :
105) - *Sagesses barbares, les limites de l'hellénisation*, Maspéro, 1980

OSIER Etienne :
106) -« L'abîme mystique sur Schopenhauer et le christianisme » in *Schopenhauer*, cahier dirigé par Jean LEFRANC, L'Herne, 1997

OLENDER Maurice :
107) - *Les Langues du Paradis*, Gallimard / Seuil, 2002

PANIKKAR Raimon :
108) - *Dieu, Yahweh, Allah, Shiva : l'inévitable dialogue*, édition Ose savoir, 2003

PERNIN Marie-Josée :
109) - « Une entreprise qui ne couvre pas ses frais » in *Présences de Schopenhauer,* sous la direction de R.-P. DROIT, Grasset, 1989
110) - *Schopenhauer, le déchiffrement de l'énigme du monde*, Bordas, 1992
111) - « Biographie » in *Présences de Schopenhauer*, direction R.-P. Droit, Grasset, 1989

PARAIN BRICE :
112) - Préface à *l'Histoire de la philosophie*, Tome 1, Gallimard, 1983

PELICIER Yves :
113) - « Schopenhauer et la médecine » in *Schopenhauer et la force du pessimisme*. Cahiers dirigés par P. SIPRIOT, Rocher, 1988

PHILONENKO Alexis :
114) - « Brève méditation sur la philosophie de la tragédie de Schopenhauer et la force du pessimisme, in *Schopenhauer et la force du pessimisme,*
115) - Article « Schopenhauer » in *Histoire de la philosophie,* Tome III, sous la direction de Yvon BELAVAL, Gallimard, 1984

QUILLIEN Jean :
116) - *L'Anthropologie philosophique de Guillaume de Humbolt*, Presses universitaires de Lille, 1991

ROMILLY Jacqueline de :
117) - *La Tragédie grecque*, P.U.F., 1994

ROBIN Léon :
118) - *La Pensée grecque et les origines de l'esprit scientifique*, La Renaissance du livre, 1928

SCHOPENHAUER Arthur :
119) - *Le Monde comme Volonté et comme Représentation*, P.U.F., 1966.
120) - *Le Fondement de la morale*, Aubier-Montaigne, 1978.
121) - *Sur la religion*, Flammarion, 1996.
122) - *Le Néant de l'existence*, Le Passeur, 1991.

123) - *La Volonté dans la nature*, P.U.F., 1969.
124) - *Correspondance complète*, (Lettre 217 à Julius Frauenstädt du 2 mars 1849), Alive, 1996.
125) - *Fragments sur l'histoire de la philosophie*, Alcan, 1912.
126) - *De l'Ethique*, Vrin, 1985.

SCHELLIN G.F.W. :
127) - *Philosophie de la mythologie*, Millon, 1994

STIRNER Max :
128) - *L'Unique et sa propriété*, L'Âge d'homme, 1988

TAGUIEFF Pierre-André :
129) - *La Force du préjugé. Essai sur le racisme et ses doubles*, Gallimard, 1990

WEIL Eric :
130) - *Logique de la philosophie*,Vrin, 1985

OUVRAGES GÉNÉRAUX D'INDOLOGIE (TEXTES ET ÉTUDES)

131) - *La Bhagavad-Gîta*, traduction Olivier Lacombe, Anne-Marie Esnoul, Fayard, 1977
132) - *La Bhagavad-Gîta, telle qu'elle est*, traduction et commentaire du Swami Prabhupada, Préface d'Olivier Lacombe, Editions Bhaktivedânta, Paris, 1975
133) - *Brihad-Aranyaka Upanishad*, traduction d'Emile Senart, Les Belles Lettres, 1967
134) - *Chandogya Upanishad*, traduction d'Emile Senart, Les Belles Lettres, 1930
135) - *Dhammapada. Les Stances de la Loi*, traduction Jean-Pierre Osier, Garnier-Flammarion, 1997
136) - *Aux Sources du bouddhisme*, sous la direction de Lilian Silburn, cf. « Majjihimanikâya », « Dighanikâya », « Samyutta-Nikaya », Fayard, 1997
137) - *Lois de Manou*, traduction Loiseleur-Deslongchamps, Librairie Garnier frères, 1833, réédition 1976 aux Editions d'Aujourd'hui (les Introuvables).
138) - *Pantcha Tantra*, traduction abbé J.-A. Dubois, Editions Imprimerie Nationale, 1995
139) - *Pancatantra*, traduction Edouard Lancereau en 1871, Gallimard / Unesco, 1991
140) - *Suttapitaka*, traduction Louis Renou, Maisonneuve, 1989
141) - *Le Veda*, textes réunis par Jean Varenne, Les Deux Océans, 1967
142) - *Hymnes spéculatifs du Veda*, traduction Louis Renou, Gallimard / Unesco, 1985
143) - *L'Hindouisme*, textes présentés par Anne-Marie Esnoul, Fayard, 1972
144) - *L'Inde des sages*. Les plus beaux textes de l'hindouisme et du bouddhisme, textes réunis par Michel Hulin, Félin et Philippe Lebaud, 2000
145) - *Vocabulaire Pali-Français des termes bouddhiques*, établi par Nyanatiloka, Magga, Editions Adhyar, 1995
146) - *Dictionnaire sanskrit-français* par N. Stchoupak, L. Nitti, L. Renou, Maisonneuve, 1987

AIRAULT Régis :
147) - *Fous de l'Inde. Délires d'Occidentaux et sentiments océaniques*, Payot, 2000

ANQUETIL-DUPERRON :
148 - *Voyage en Inde*, 1754-1762
Relation de voyage en préliminaire à la traduction du Zend-Avesta, Maisonneuve 1997

BALLANFAT Marc :
149) - *Introduction aux philosophies de l'Inde*, Ellipses, 2002
150) - *Vocabulaire des philosophies indiennes*, Ellipses, 2003
151) - *Les Matérialistes dans l'Inde ancienne*, L'Harmattan, 1997

BASHAM Arthur :
152) - *La Civilisation de l'Inde ancienne*, Librairie Arthaud, 1976

BAECHLER Jean :
153) - *La Solution indienne. Essai sur l'origine du régime des castes*, P.U.F., 1988

BAREAU André :
154) - Articles « Nirvâna », « Karman », « Samskara » in *Dictionnaire des notions philosophiques n° 2*, P.U.F., 1990
155) - Article « Bouddhisme » in *Encyclopaedia universalis*, 1993

BIARDEAU Madeleine :
156) - *Clefs pour la pensée hindoue*, Seghers, 1972
157) - *Le Sacerdoce dans l'hindouisme classique, Estratto da « Studi Missionalia*, Vol. XXII, Roma, 1973
158) - *L'Hindouisme Anthropologie d'une civilisation*, Champs-Flammarion, 1981
159) - Philosophies de l'Inde, in *Histoire de la philosophie*, Tome I, Gallimard, 1983
160) - Article « Karman » in *Encyclopaedia universalis*, 1993

BIES Jean :
161) - *Littérature française et pensée hindoue, des origines à 1950*, Klinksieck, 1992

BOUCHON Geneviève :
162) - L'Image de l'Inde dans l'Europe de la renaissance, in *L'Inde et l'imaginaire*, éditions de l'Ecole des hautes études en sciences sociales, collection « Purusârtha », 1988, p. 69-90

BOUILLER Véronique :
163) - Femmes et déesses dans le monde hindou, in *Religion en Inde aujourd'hui*, Dervy, 1999

BUGAULT Guy :
164) - *L'Inde pense-t-elle ?*, P.U.F., 1994
165) - Article « Monachisme : Le monachisme brahmanique et hindou », in *Encyclopaedia Universalis*, 1993
166) – La Philosophie indienne contemporaine, in *Histoire de la philosophie*, Tome III, direction Yvon BELAVAL, Gallimard, 1984

BURNOUF Eugène :
167) - *Introduction à l'histoire du bouddhisme indien,* Imprimerie royale, 1844, réédition Maisonneuve, 1876

BUSSAGLI Marie :
168) - *L'Art du Gandhara*, Livre de poche, 1995

CHATELIER Hildegard :
169) - Parcours individuels et crise collective. Trois médiateurs de l'indianisme en Allemagne : Paul Deussen, Léopold von Schröder, Helmut von Glasenap, in *L'Inde inspiratrice* sous la direction de M. Hulin et C. Maillard, Presses universitaires de Strasbourg, 1996
170) - L'Orient des wagnériens, in *L'Inde inspiratrice*, op. cit.

CHENET François :
171) - *Psychogenèse et Cosmogonie selon le Yoga-Vasistha. Le monde est dans l'âme*, tome 1, De Boccard, 1998
172) - *La Philosophie indienne*, Armand Colin 1998
173) - Article « L'Inde et la Grèce », in *Le Discours philosophique*, IV, dirigé par J.F. Mattéï, P.U.F., 1998
174) - Sublime et monstrueuse, l'Inde au miroir de la littérature contemporaine, in *Corps écrit* n° 34, 1990
175) - Article « La délivrance, même », in *Nirvâna*, cahier dirigé par François-Chenet, L'Herne, 1993
176) - Que prouvent les preuves indiennes de l'existence de Dieu ?... in *Les cahiers philosophiques* n° 14, L'Orient de la pensée, 1992
177) – Postface à la *Philosophie de la mythologie* de F.W. SCHELLING, Millon, 1994
178) – Du sens de la philosophie comparée, in *Philosophie comparée, Grèce, Inde, Chine*, Vrin, 2005

CŒURDOUX Gaston-Laurent :
179) - *Mœurs et coutumes des Indiens*, Adrien-Maisonneuve, 1987

CORBIN Léon :
180) - *Philosophie iranienne et philosophie comparée*, Académie impériale de philosophie, Téhéran, 1977

COLEBROOKE Thomas :
181) - *Essai sur la philosophie des hindous*, Firmin-Didot, 1834

CONCHE Marcel :
182) - Compte rendu du Culte du néant de R.P. Droit, in *Revue internationale de philosophie* n° 1 / 1998, mars 1998.

CREPON Marc :
183) - *L'Orient au miroir de la philosophie* (anthologie présentée par M. Crépon), Pocket, 1993

CRISENOY Maria de :
184) - *Roberto de Nobili, l'Apôtre des Brahmes*, Editions Spes, 1931

DANIELOU Jean :
185) - *Shiva et Dionysos*, Fayard, 1978

DARMESTETER Jean :

186) - *Zend-Avesta*, trois tomes, Adrien-Maisonneuve 1960

DELEURY Guy :
187) - Polier et ses cargaisons indiennes, in *Passeurs entre Inde et Europe*, Revue française de yoga n° 27, Dervy, 2003

DEUSSEN Paul :
188) - *The system of the Vedânta*, traduction, Charles Johnston, 1re édition ; Chicago 1912, 2e édition / Delhi 1972, Motilal Banarsidass,
189) - *The philosophy of the upanishads*, traduction, Révérend A.S. Geden, Munshiram Mancharlal, New Delhi, 1979
Ces deux ouvrages sont une traduction du livre de Deussen : *Das system des Vedânta,* Leipzig, Brockaus, 1883
190) - *Die Sutras des Vedânta*, Leipzig, Brockaus, 1887

DROIT Roger-Pol :
191) - *L'Oubli de l'Inde*, Le Livre de Poche, 1989, réédition 2004
192) - *Le Culte du néant. Les philosophes et Bouddha*, Seuil 1997, réédition 2004
193) - Une statuette tibétaine sur la cheminée, in *Présences de Schopenhauer* (sous la direction de R.-P. Droit, Grasset, 1989
194) - L'Orient comme paradis ou comme enfer. Science des religions et mythes philosophiques à l'époque contemporaine, in *Science mythe et religion en Europe*, sous la direction de Dominique Lecourt, Royaumont, 1997
195) - *Philosophie Lycée*, éditions de la cité, 2000, « Autres perspectives en Inde », p. 94-95
196) – L'Orient exclu, in *Le Monde de l'éducation, de la culture et de la formation,* Janvier 1997
197) – Hegel, entre les Indes occidentales et les Indes orientales, in *Penser la rencontre de deux mondes,* direction Alfred Gomez-Muller, P.U.F., 1993
198) – La Mort du philosophe et indianiste Guy Bugault, in *Le Monde* 05-11-2002, p. 90-94
199) – La supériorité philosophique des Barbares affirmée par les Grecs, in *Philosophie comparée, Grèce, Inde, Chine*, Vrin, 2005

DUBOIS Jean-Antoine :
200) - *Mœurs, institutions et cérémonies des peuples de l'Inde*, 2 tomes, Pondichéry, Imprimerie de la mission catholique, 1899

DUBUISSON Daniel :
201) - *La Légende royale dans l'Inde ancienne. Râma et le Râmâyana*, Economica, 1986
202) - *Les Sagesses de l'homme, bouddhisme - paganisme - spiritualité chrétienne*, Presses universitaires du Septentrion, 2004

DUMEZIL Georges :
203) – *L'Idéologie tripartie des Indo-Européens*, collection Latomus, Vol. XXXI, revue d'études latines, 1958
204) - *Mythe et Epopée : L'idéologie des trois fonctions dans les épopées des peuples indo-européens*, Gallimard, 1986

DUPERON Isabelle :
205) - *Héraclite et le Bouddha. Deux pensées du devenir universel*, L'Harmattan, 2003

FILLIOZAT Jean :
206) - *Les Philosophies de l'Inde*, P.U.F., 1990
207) - Article « Caste » in *Encyclopeadia universalis*, 1993
208) - En collaboration avec Louis Renou : *L'Inde classique. Manuel des études indiennes*, tome 1, Maisonneuve, 1991
209) – La Naissance et l'essor de l'indianisme, in *Bulletin de la Société des Etudes indochinoises*, t. XXIX, n° 4, 1954

FILLIOZAT Pierre-Sylvain :
210) - Olivier Lacombe, 1904-2001, in *Journal asiatique*, année 2002, tome 290.1

FRANCOIS-XAVIER :
211) - Lettre de Cochin en Inde, 15 janvier 1544, citée in *Jésuite : L'homme a été créé pour louer, respecter et servir Dieu*, Le Sarment / Fayard, 1983

GERARD René :
212) - *L'Orient et la pensée romantique allemande*, Nancy, Thomas, 1963

GLASENAPP Helmuth de :
213) - *La Philosophie indienne. Initiation à son histoire et à ses doctrines*, Payot, 1951

GUENON René :
214) - *Orient et Occident*, éditions Didier et Richard, 1930
215) - *La Crise du monde moderne*, Gallimard, 1946
216) - *L'Homme et son devenir selon le Vedânta*, éditions traditionnelles, 1991

HALBFASS Wilhelm :
217) - *India and Europe. An Essay in Understanding*, édition : State University of New York, 1988

HEGEL :
218) - *Encyclopédie des sciences philosophiques en abrégé*, Gallimard, 1990
219) - *Leçons sur la philosophie de la religion, IIe Partie : La religion déterminée. 1. La religion de la Nature*, Vrin 1972,
220) - *Leçons sur la philosophie de l'histoire*, Vrin 1987

HULIN Michel :
221) - *Le Principe de l'ego dans la pensée indienne classique. La notion d'Ahamkara*, De Boccard, 1978
222) - *Hegel et l'Orient. En annexe. Un essai de Hegel sur la Bhagavad-Gita* (traduction M. Hulin), Vrin, 1979
223) - *Corps de transmigration et corps de résurrection*, Conférence donnée à la Session d'Eranos 1983, Jajrbuck-Yearbook-Annales, Volume 62
224) - *Shankâra. Qu'est-ce que l'ignorance métaphysique (dans la pensée hindoue) ?* Vrin, 1994
225) - Articles « Mâyâ, 1 / Vedânta » , « Moksha ou Mukti », in *Dictionnaire des notions philosophiques 2*, P.U.F., 1990

226) - Articles « Jinisme (jaïnisme) », in *Le Fait religieux*, sous la direction de Jean Delumeau, Fayard, 1996
227) - *Philosophie comparée. Méthodes et perspectives*, article inédit
228) - Schopenhauer et la mort-renaissance, in *Présences de Schopenhauer,* sous la direction de R.-P. Droit, Grasset1989
229) – Olivier Lacombe, 1904-2001, in *Bulletin d'études indiennes n° 19*, 2001, Paris 2002
230) - L'Inde comme lieu des figures de l'Autre, in *L'Inde inspiratrice. Réception de l'Inde en France et en Allemagne (XIX*[e]*, XX*[e] *siècles)*, sous la direction de M. Hulin et Christine Maillard, Presses universitaires de Strasbourg, 1996

JACOLLIOT Louis :
231) - *Les Législateurs religieux : Manou, Moïse, Mahomet : traditions religieuses comparées des Lois de Manou, de la Bible, du Coran, du rituel égyptien, du Zend-Avesta des Perses et des traditions finoises*, Paris, Lacroix, 1876
232) - *La Bible dans l'Inde*, Lacroix, 1874
233) - *Christna et le Christ*, Lacroix, 1874

KAPANI Lakshmi :
234) – Schopenhauer et son interprétation du « Tu es cela », in *L'Inde inspiratrice,* sous la direction de M. Hulin et Christine Maillard, in Presses universitaires de Strasbourg, 1996
235) - Article « Karman » in *Dictionnaire des notions philosophiques, 2*, P.U.F., 1990
236) - Schopenhauer et l'Inde, in *Journal asiatique,* tome 290, 2002, numéro 1, publication de la Société asiatique de Paris.

KIEFFER Jean-Luc :
237) - *Anquetil-Duperron. L'Inde en France au XVIII*[e] *siècle*, Les Belles Lettres, 1983

KÖPPEN :
238) - *Die Religion des Buddha*, Ferdinand Schneider, 1857

LACOMBE Olivier :
239) - *Indianité. Etudes historiques et comparatives sur la pensée indienne*,
Les Belles Lettres, 1977
240) - *Chemins de l'Inde et philosophie chrétienne*, Alsatia, 1956
241) - *Orient Occident. Ultima verba,* Editions Parole et Silence, 2001

LACOUAGUE Gaston :
242) - *Dans l'Inde de Francois-Xavier,* Editions de l'Aucan, Louvain, 1931

LENOIR Frédéric :
243) - *La Rencontre du bouddhisme et de l'Occident*, Fayard, 1999

LEGAL Dom Robert, Lama Jigmé RINPOCHE :
244) - *Le Moine et le Lama*, Fayard, 2001

LAPOUAGE Gilles :
245) - Sur la piste de l'Inde perdue, depuis la fin du XIXe siècle, l'Occident s'est désintéressé de la pensée de l'Orient. Roger-Pol Droit s'étonne de cet oubli, in *Le Monde*, Vendredi 3 mars 1989

MC EVILLEY Thomas :
246) – *The Shape of Ancient Thought, Comparative Studies in Greek and Indian Philosophy,* Allworth Press, New York, 2002

MASSON-OURSEL Paul :
247) - *La Philosophie comparée,* Imprimerie des Presses universitaires de France, 1923

MONTESQUIEU :
248) - *De l'Esprit des Lois,* tome 1, Livre XIV, chapitre III,-Garnier-Flammarion 1979, p.377

MURR Sylvia :
249) - *L'Inde philosophique entre Bossuet et Voltaire, tome 1 : Mœurs et coutumes des Indiens*, Ecole française d'Extrême-Orient, 1987

OBADIA Lionel :
250) – *Bouddhisme et Occident*, L.'Harmattan, 1999

OBERHAMMER Gerhard :
251) - *La Délivrance dès cette vie (« jivânmukti »),* De Boccard, 1994

OLDENBERG Hermann :
252) - *Le Bouddha, sa vie, sa doctrine, sa communauté*, Laffont, 1975

QUINET Edgard :
253) - *De la renaissance orientale*, L'Archange Minotaure, 2003. Ce livre réédite 3 chapitres du *Génie des religions* de Quinet

RAHULA Walpola :
254) - *L'Enseignement du Bouddha*, d'après les textes les plus anciens, Seuil, 1978

RENOU Louis :
255) - *L'Inde fondamentale*, Hermann, 1978

SCHLEGEL Frédéric :
256) - *Essai sur la langue et la sagesse des Indiens*, Parent-Desbarre, 1837

SCHWAB Raymond :
257) - *La Renaissance orientale*, Payot, 1955

SENART Emile :
258) - *Les Castes dans l'Inde*, Paul Geuthner, 1927

SHANKARA :
259) - *Prolégomènes au Vedânta*, traduction Louis Renou, Imprimerie nationale,1951
260) - *Mundakopanishadbashya*, traduction Paul Martin-Dubost, Editions orientales, 1978

SOLERE Jean-Luc :
261) - L'Orient de la pensée, in *Les cahiers philosophiques n° 14*, L'Orient de la pensée, 1992

THERA :
262) - *Narada : La Doctrine bouddhique de la renaissance*, Maisonneuve, 1979

VOLTAIRE :
263) - Histoire d'un bon brahmin, Aventure indienne, in *Romans et contes*, Garnier-Flammarion, 1966

WEINBERGER-THOMAS Catherine :
264) - Introduction. Les yeux fertiles de la mémoire. Exotisme indien et représentation occidentale, in *L'Inde et l'imaginaire,* éditions de l'Ecole des hautes études en sciences sociales, 1988, p. 9-31

ZIMMER Heinrich :
265) - *Les Philosophies de l'Inde*, Payot, 1997

Ouvrages de théologie (Textes et études)

266) - *Bible de Jérusalem*, Cerf, 1970
267) - *Dictionnaire de théologie biblique*, Cerf, 1991
268) - *Dictionnaire de théologie spirituelle*, article chasteté, Tome II, Beauchesne, 1953
269) - *Lumen Gentium*, in Concile œcuménique Vatican II, (Constitution, décrets, déclarations, messages), « Décret sur le ministère et la vie des prêtres », *(Presbyterorum ordinis)* du 7 décembre 1965, Le Centurion, 1967

AUGUSTIN :
270) - *Les Confessions,* Garnier-Flammarion, 2002

BECHTEL Guy :
271) - *La Chair, le diable et le confesseur*, Plon, 1999

CAMPENHAUSEN Hans von :
272) - *Les Pères latins,* Editions de l'Oronte.

CHRISTOPHE Paul :
273) - *L'Eglise dans l'histoire des hommes,* 2 tomes, Droguet-Ardent, 1982

DESCOUVEMONT Pierre :
274) - *Guide des difficultés de la vie quotidienne*, Le Sarment /Fayard 1996

DORE Joseph :
275) - Article « Christologie » in *Encyclopaedia universalis*, 1993

FOCANT Camille (direction) :
276) - *La Loi dans l'un et l'autre*, Testament, Cerf, 1997

GEFFRE Claude :
277) - Pluralité des théologies et unité de la foi, in *Initiation à la pratique de la théologie*, * Introduction, direction de B. Lauret, Cerf, 1982

HIPPOLYTE de Rome :
278) - *Réfutation de toutes les hérésies*, Rieder, 1928

HULIN Michel :
279) - Articles « Ascèses, Ascétisme », « Eschatologie », in *Encyclopaedia Universalis*, 1993
280) - *La Face cachée du temps*, Fayard, 1985

IRENEE de Lyon :
281) - *Contre toutes les hérésies*, Cerf, 1991

JANTON Pierre :
282) - *Voies et visages de la réforme au XVIe siècle*, Desclée, 1953

LUBAC Henri de :
283) - *La Rencontre du bouddhisme et de l'Occident*, Aubier, 1952

MARROU Henri-Irénée :
284) - *L'Eglise de L'Antiquité tardive*, Seuil, 1985.
285) - *Saint Augustin et l'augustinisme*, Seuil, 1994

PEPIN Jean :
286) - Article « Salut » in *Encyclopaedia universalis,* 1993

REMOND René :
287) - *Le Christianisme en accusation*, Desclée, 2000

REY Bernard :
288) - *Nous prêchons un Messie crucifié*, Cerf, 1989

ROUSSEAU Olivier :
289) - *Théologie spirituelle et discernement,* cours polycopiés à l'usage des étudiants de la faculté de théologie catholique de Lille, 2000-2001

RUNACHER Caroline :
290) - *Evangiles synoptiques*, cours polycopiés à l'usage des étudiants de la faculté de théologie catholique de Lille, 1999-2000

SENECAL Bernard :
291) - *Jésus le Christ à la rencontre de Gautama le Bouddha. Identité chrétienne et bouddhisme*, Cerf, 1997

SESBOUE Bernard :
292) - *Pédagogie du Christ. Eléments de christologie fondamentale*, Cerf, 1997

SPANNEUT Michel :
293) - *Les Pères de l'Eglise,* 2 volumes, Desclée, 1990

TAVARD Georges :
294) - *La Théologie parmi les sciences humaines*, Beauchesne, 1975

THILS Gustave :
295) - *Christianisme sans religion*, Casterman, 1968

VALADIER Paul :
296) - *Jésus Christ ou Dionysos*, Desclée, 1979

WIJAYARATNA Mohan :
297) - Le Christianisme vu par le bouddhisme, in *Initiation à la pratique de la théologie, Introduction*, direction B. Lauret, Cerf, 1984

Table des matières

CONCLUSION GENERALE
L'Inde bouddhiste de Nietzsche

BIBLIOGRAPHIE GENERALE

L'HARMATTAN, ITALIA
Via Degli Artisti 15 ; 10124 Torino

L'HARMATTAN HONGRIE
Könyvesbolt ; Kossuth L. u. 14-16
1053 Budapest

L'HARMATTAN BURKINA FASO
Rue 15.167 Route du Pô Patte d'oie
12 BP 226
Ouagadougou 12
(00226) 50 37 54 36

ESPACE L'HARMATTAN KINSHASA
Faculté des Sciences Sociales,
Politiques et Administratives
BP243, KIN XI ; Université de Kinshasa

L'HARMATTAN GUINÉE
Almamya Rue KA 028
En face du restaurant le cèdre
OKB agency BP 3470 Conakry
(00224) 60 20 85 08
harmattanguinee@yahoo.fr

L'HARMATTAN CÔTE D'IVOIRE
M. Etien N'dah Ahmon
Résidence Karl / cité des arts
Abidjan-Cocody 03 BP 1588 Abidjan 03
(00225) 05 77 87 31

L'HARMATTAN MAURITANIE
Espace El Kettab du livre francophone
N° 472 avenue Palais des Congrès
BP 316 Nouakchott
(00222) 63 25 980

L'HARMATTAN CAMEROUN
BP 11486
Yaoundé
002374586700
002379766166
harmattancam@yahoo.fr

622580 - Octobre 2015
Achevé d'imprimer par